Klaus Wübbelmann

Management Audit

Klaus Wübbelmann

Management Audit

Unternehmenskontext, Teams und
Managerleistung systematisch analysieren

TMI Training und Consulting GmbH
Dreieck 4
53111 BONN
el.: 0228 / 76610-0 · Fax: 0228 / 76610-10

GABLER

Die Deutsche Bibliothek – CIP-Einheitsaufnahme
Ein Titeldatensatz für diese Publikation ist bei
Der Deutschen Bibliothek erhältlich

1. Auflage Dezember 2001

Alle Rechte vorbehalten
© Betriebswirtschaftlicher Verlag Dr. Th. Gabler GmbH, Wiesbaden 2001

Lektorat: Ulrike M. Vetter

Der Gabler Verlag ist ein Unternehmen der Fachverlagsgruppe BertelsmannSpringer.
www.gabler.de

Umschlaggestaltung: Nina Faber de.sign, Wiesbaden
Druck und buchbinderische Verarbeitung: Lengericher Handelsdruckerei, Lengerich
Gedruckt auf säurefreiem und chlorfrei gebleichtem Papier
Printed in Germany

ISBN 3-409-11795-4

Für Marie-Luise

Vorwort

Die möglichst optimale Nutzung des vorhandenen Potenzials der Mitarbeiter ist eine der wenigen verbliebenen Möglichkeiten moderner Unternehmen, sich relevant von den Mitbewerbern abzugrenzen. Die Steigerung der Qualität und der Qualifikation aller Mitarbeiter, und gerade des Managements, ist ganz entscheidend für den Unternehmenserfolg.

Im krassen Gegensatz dazu steht die gerade in deutschen Unternehmen noch immer häufig anzutreffende unprofessionelle Personalarbeit in diesem Segment. Ein interessanter Indikator dafür ist die erschreckend geringe Nutzung standardisierter eignungsdiagnostischer Methoden für Auswahl und Platzierung von Führungskräften, die je nach gewähltem Bereich (Leistung oder Persönlichkeit) nur ein Sechstel bis ein Zehntel der Nutzungshäufigkeit anderer großer Länder der EU ausmacht. Auch wenn sich hier in den letzten Jahren erfreulicherweise positive Entwicklungen ergeben haben, fällt doch auf, dass z. B. die Potenzialanalyse auf der Ebene von Auszubildenden und einfachen Mitarbeitern viel sorgfältiger und mit wissenschaftlich fundierteren Verfahren durchgeführt wird als im mittleren oder gar oberen Management.

Dies betrifft auch die konkrete Entscheidungsfindung bei Beförderungen. Nie werde ich vergessen, wie gerade während eines Trainings des „Goldfischteiches" eines großen deutschen Konzerns die Mitteilung kam, dass nun die Entscheidung über die Besetzung einer wichtigen Führungsposition gefallen sei – der neue Stelleninhaber stammte aber nicht aus dem mühsam ausgewählten und entwickelten „Goldfischteich", sondern stand einem Vorstandsmitglied verwandtschaftlich nahe. Auch wenn solche persönlichen Verflechtungen heute zum Glück Ausnahmen sind, so ist doch die Gewohnheit vieler Führungskräfte, das Potenzial der ihnen unterstellten Führungsebenen durch zufällige Einzelbeobachtungen und mehr oder weniger fundierte Gerüchte einzuschätzen, noch immer verbreitet. Etwas zynisch kann man durchaus die Vermutung vertreten, dass das Recht zu persönlich gefärbten, nicht auf fundierten Instrumenten aufbauenden und in diesem Sinne unprofessionellen Personalentscheidungen die beliebteste und gleichzeitig auch die teuerste Sondergratifikation des deutschen Managements sei.

Die Ursache dafür kann, neben dem verständlichen Bestreben nach persönlicher Macht und Netzwerkbildung, auch die besondere Änderungsresistenz von Personalauswahlsystemen im Führungskräftebereich sein. Wurde eine bestimmte Auswahlmethode, z. B. „Beförderung nach dem persönlichen Eindruck des Vorstandes", in einem Unternehmen längere Zeit gelebt, so wurden ja alle schließlich vorhandenen Führungskräfte nach dieser „Methode" ausgewählt. Dies hat zur Folge, dass in der subjektiven Sicht der Führungsmannschaft diese Methode auch leistungsstark sein muss, da ja gerade damit ihre besondere persönliche Qualifikation erkannt wurde. Dieser Effekt wird noch durch das Phänomen verstärkt, dass ein sehr hoher Anteil von Führungskräften das Führen eigentlich nur am Modell gelernt hat, also sich (meist unbewusst) daran orientiert, wie ihre eigenen Vorgesetzten Mitarbeiter geführt haben. Vor diesem Hintergrund ist es nicht überraschend, dass viele alte Methoden in vielen Unternehmen weitergepflegt werden. Dennoch gibt es erfreulicherweise inzwischen eine ganze Menge Unternehmen, die – vermutlich aufgrund des Zwanges zu maximaler Effizienz – fundierte Methoden zur Beurteilung der Managementleistung und des Managementpotenzials einsetzen oder zumindest einen solchen Einsatz aktuell erwägen.

Für diese Gruppe sind Informationen über leistungsfähige Verfahren des Management Audits von besonderer Bedeutung. Denjenigen, die die Frage entscheiden, wer mit welchen Konzepten und welchen Methoden die Evaluation des Managements vornimmt, müssen die Experten einen angemessenen Wissens- und Kriterienrahmen zur Verfügung stellen, um tiefer gehende und wirksame Analysen von flachen und methodisch fragwürdigen Ansätzen unterscheiden zu können.

Der interessierte Manager braucht über diese Methoden nur einen groben Überblick, um beurteilen zu können, welche Verfahren zu seinen Zielen und dem Entwicklungsstand des Unternehmens passen. Das vorliegende Buch von Klaus Wübbelmann liefert zum einen diese Orientierung, geht aber weit über sie hinaus. Es macht deutlich, dass Management Audit mehr sein kann als individualistische Potenzialbetrachtung und nennt die relevanten Ebenen der Analyse im Unternehmen. In die Tiefe gehend werden eine Vielzahl von Hintergrundinformationen und Vorschlägen zur praktischen Umsetzung entwickelt, die vor allem für die im Bereich der Personalarbeit Tätigen eine wertvolle Hilfestellung sein können. Es wird gerade vor dem Hintergrund dieser „Details" deutlich, dass eine moderne, nicht nur verwaltende, sondern das Leben im Unternehmen gestaltende Personalarbeit eine breite Wissensbasis benötigt.

Die potenziellen Effekte eines systematischen Management Audits in der hier vorgestellten Form gehen über individuelle Auswahl- und Karriereentscheidungen weit hinaus. Sie weisen Möglichkeiten der integrierten Organisations-, Team- und Managerentwicklung auf. So genutzt, sind diese Verfahren eine wesentliche Gestaltungshilfe für die Leistungsentfaltung im Management.

Ich hoffe, dass dieses Buch mit dazu beitragen wird, in möglichst vielen Unternehmen die Professionalisierung der Personalarbeit gerade im Bereich der Führungskräfte voranzutreiben.

Prof. Dr. Heinrich Wottawa

Lehrstuhl für Methodenlehre,
Diagnostik und Evaluation
Ruhr-Universität Bochum

Inhalt

Einleitung

Entscheidungsträgern, die vor der Aufgabe stehen, Leistung und Leistungsfähigkeit eines Managements und einzelner Führungskräfte zu evaluieren, soll dieses Buch eine Hilfe bieten, eine solche Evaluation professionell zu gestalten. Dazu sollten relevante Kriterien und fundierte Methoden der Beurteilung einbezogen und die Zusammenhänge zwischen organisationalen, teambezogenen und individuellen Bedingungen berücksichtigt werden.

In nahezu allen jüngeren Veröffentlichungen zum Management Audit gehen die Autoren implizit oder explizit davon aus, dass ein Management Audit eine für Manager durchgeführte Potenzialeinschätzung ist (so auch in der Mehrzahl der Beiträge des jüngst erschienen Bandes zum Thema von Samland, 2001). Als besondere Kennzeichen dieser Potenzialeinschätzung für Manager werden in der Regel die folgenden genannt (vgl. z. B. Leciewski, 2001):

▶ die Fokussierung auf die Zielgruppe der oberen Führungskräfte
▶ die Durchführung zu bestimmten Anlässen wie Due-Diligence-Verfahren, Restrukturierungen oder Wechseln im Top-Management
▶ die methodische Fokussierung auf Interviews

Bei intensiverer Beschäftigung mit dem Thema und dem entsprechenden Einblick in die Praxis wird allerdings schnell deutlich, dass die Begriffe ohne klare Abgrenzung benutzt werden: Auch Potenzialeinschätzungen für Manager der mittleren Ebenen oder Durchführungen von Potenzialeinschätzungsverfahren zu anderen als den genannten Anlässen werden „Management Audit" genannt und deren Methodik geht bisweilen auch über das Interview hinaus – wenngleich hier am wenigsten Fantasie und Mut zu bestehen scheinen. Umgekehrt werden auch systematische Beurteilungen für obere Führungskräfte nicht durchgängig als Management Audit, sondern häufig als Management-Potenzialanalysen bezeichnet, auch wenn sie zu den dargestellten Anlässen durchgeführt werden und häufig unabhängig von der eingesetzten Methode.

Die auffälligste Gemeinsamkeit von Konzepten für Management Audit und Potenzialanalyse in Theorie und Praxis besteht wohl darin, dass die expliziten wie auch die impliziten Konzepte hinter den Begriffen individualistisch sind: Es geht allen um den Manager als Individuum und seine persönliche Leistung bzw. seine persönlichen Leistungsmöglichkeiten.

Die Zielsetzung dieses Buchs ist es, die Frage nach Leistung und Leistungsmöglichkeiten von Managern über die personenbezogene Analyse hinaus auszuweiten auf die Betrachtung relevanter Variablen, die je nach ihrer Ausprägung schwache oder herausragende Leistungen von Managern befördern oder behindern. Eine solche umfangreiche

Betrachtung soll Management Audit genannt werden und drei Ebenen der Betrachtung beinhalten:

▶ **Management Context Audit:** Betrachtung relevanter Aspekte der Organisation, die besonderen Einfluss auf die Leistung und Leistungsfähigkeit im Management haben, z. B. Beurteilungs- und Belohungssysteme, Zielvereinbarungssysteme, Feedbacksysteme oder Aspekte der Unternehmenskultur

▶ **Management Team Audit:** Betrachtung relevanter Aspekte der Zusammenarbeit im Management Team, die Einfluss auf die Leistungsentfaltung der einzelnen Manager sowie die Teamleistung insgesamt haben

▶ **Manager Competence Audit:** Betrachtung relevanter Leistungsaspekte und Leistungsvoraussetzungen in der Person des einzelnen Managers

Management Audit wird also verstanden als die umfangreiche Analyse der Leistungen, Leistungsbedingungen und Leistungsmöglichkeiten des Managements und einzelner Manager im Kontext eines konkreten Unternehmens. Damit bezieht es die individuenorientierte Potenzialeinschätzung ein, die eine Teilmenge des systematischen Management Audits darstellt, aber es geht über das typische Verständnis derselben hinaus, indem es Umfeldfaktoren systematisch betrachtet.

Dieses Buch gliedert sich in vier größere Blöcke:

1. Zunächst wird die Geschichte des Begriffs Management Audit beschrieben und ein Definitionsvorschlag erarbeitet, um die Basis für ein gemeinsames Verständnis des Konzepts zu legen. In einem Exkurs wird die systemische Betrachtungsweise im hier vorgestellten Ansatz explizit dargelegt, um den Bezugsrahmen deutlich zu machen, innerhalb dessen das Konzept steht (Kapitel 1).

2. Daraufhin werden die drei Betrachtungsebenen Management Context, Management Team und Manager Competence ausführlich entwickelt. Für jede Ebene werden Kriterien und Fragen, die die Analyse leiten sollten, erarbeitet. Sie verstehen sich als Vorschläge einer sinnvollen Strukturierung, die in der praktischen Umsetzung allerdings an die jeweilige Audit Situation anzupassen sind (Kapitel 2-4).

3. Ein methodisches Kapitel stellt alle in einem Audit grundsätzlich einsetzbaren Methoden dar und bewertet sie konsequent im Hinblick auf Kosten-Nutzen-Aspekte. Dabei werden auf der Kostenseite neben wirtschaftlichen auch soziale und psychologische Kosten betrachtet, auf der Nutzenseite vor allem der Erkenntnisgewinn durch den Einsatz einer Methode abgewogen. Jede Methode wird auf ihre Einsetzbarkeit auf den drei Ebenen der Analyse hinterfragt (Kapitel 5).

4. Schließlich werden der Implementierungsprozess angelehnt an ein Projektmanagementmodell dargelegt, die Aufgaben von Auftraggebern, Projektleitern und Beratern skizziert, das konkrete Vorgehen strukturiert und wichtige Hinweise für die praktische Umsetzung gegeben (Kapitel 6).

Der Breite der Analyse entsprechend ergibt sich auch für die Gestaltung von Konsequenzen aus einem Management Audit eine weitere Perspektive. Über rein personenbezogene Entscheidungen und Vorgehensweisen hinaus, wie zum Beispiel Selektions-, Platzierungs- oder Trainings- und Coachingmaßnahmen, können Maßnahmen zur Organisations- und Managementteamentwicklung abgeleitet werden.

1 Management Audit – alter Wein in neuen Schläuchen?

Die Verbreitung des Begriffs Management Audit ist unter Managern, Mitarbeitern von Personalabteilungen und Beratern inzwischen erheblich. Leider geht diese Verbreitung nicht immer mit einem entsprechend tiefen Verständnis des Konzepts einher. Es erscheint häufig wichtiger, darüber mitreden zu können als zu verstehen, worum es geht. Nur soviel ist vordergründiger Konsens: Es geht um die Beurteilung der Leistung oder Leistungsfähigkeit von Managern.

Offenkundig lohnt es sich da, genauer hinsehen. Darum folgt hier zuerst ein Blick in die Geschichte des Konzepts. Im zweiten Teil dieses Kapitels werden Definitionen, Begriffsbestimmungen, Beschreibungen in Augenschein genommen. Aus Geschichte und Begriffsbetrachtung entwickle ich abschließend einen konzeptionellen Rahmen zum Management Audit, der ihm Sinn und Legitimation als eigenständigen Gegenstand neben vielen anderen, zum Teil sehr vergleichbaren Konzepten verleiht.

1.1 Wie alt ist Management Audit?

In jüngerer Zeit wird die Entwicklung eines Instrumentariums namens Management Audit von Unternehmens- und Personalberatern als eine besondere Leistung deutscher Beratungsfirmen dargestellt. Im Gegensatz zu anderen Management-Methoden, die fast ausschließlich aus den USA stammen und erst mit einigen Jahren Verzögerung in Deutschland Einzug hielten, liege – so lassen sie verlauten – die „Keimzelle dieses Instrumentariums" in Deutschland (vgl. Straub, 1998, S. 3). Man habe hier ein „neues Instrumentarium entwickelt, welches von Deutschland aus auch in die Unternehmenspraxis anderer Länder Einzug gehalten hat" (vgl. Leciejewski, 1998).

Wie schon gesagt: Wenn man sich näher mit ihnen beschäftigt, stellen sich die Dinge oft anders dar. Der Gedanke des Management Audits im Sinn einer Überwachung der Unternehmensführung ist zum einen keineswegs neu und hat zum anderen seinen Ursprung auch nicht in Deutschland. Er lässt sich stattdessen bis in die 30er Jahre zurück verfolgen und findet sich erstmalig in der englischsprachigen Literatur (vgl. dazu Bittel & Bittel, 1978, S. 65 ff.). Zu Beginn der 50er Jahre wurden in den USA erste Konzepte und Methoden zur Beurteilung des Managements entwickelt, und bis zum Anfang der 80er Jahre finden sich nahezu ausschließlich amerikanische Veröffentlichungen zu diesem Thema. Erst Anfang der 80er Jahre begann die deutsche Wirtschaft, sich mit Management Audits zu beschäftigen und erste eigene Konzepte zu entwickeln. Die Wurzeln des Management

Audits liegen demnach nicht in Deutschland, sondern in den USA, die neben Kanada und Australien bereits auf eine sehr viel längere Tradition des Management Audits zurückblicken können als Deutschland (vgl. Koontz & O'Donnell, 1972, S. 727 f.; Bishop, 1974, S. 262-264; Witte, S. 325-332). Einer der ersten Ansätze zur Umsetzung des Gedankens des Management Audits in die Praxis wurde von dem Amerikaner Jackson Martindell entwickelt, dem Gründer des American Institute of Management. Er formulierte als erster sogenannte „management principals", einen Katalog mit Kriterien, an denen seiner Meinung nach gutes Management erkennbar und messbar war und entwickelte aus diesen Kriterien einen Fragebogen zur Managementbeurteilung (vgl. Koontz. & O'Donnell, 1968, S. 726 f.). Beim Vergleich mit heutigen Ansätzen fallen hier zwei Aspekte besonders ins Auge: Zum einen ist Martindells Ansatz zur Beurteilung der Leistung des Managements gekennzeichnet von einer Konzentration auf ökonomische Kriterien. Im Gegensatz zu heutigen Management Audits, bei denen meist die Beurteilung sozialer Fähigkeiten und Kompetenzen im Vordergrund stehen, wurde bei Martindell die Güte des Managements im Wesentlichen direkt über den Profit des Unternehmens bewertet. Zum zweiten stand nicht der Einzelne, sondern das gesamte Management als Einheit im Fokus der Überprüfung, das heißt nicht die Leistung des einzelnen Managers wurde beurteilt, sondern die Leistung des Managements als Gesamtheit. Diese Tendenzen sind auch in anderen frühen Ansätzen des Management Audits erkennbar.

So auch bei William P. Leonard, der 1962 in einem normativen Ansatz Kriterien aufstellte, die ein Management Audit beinhalten bzw. bewerten sollte. Auch er begriff das Management als Einheit, wählte jedoch keine ökonomischen Bewertungskriterien wie Martindell. Mit Fragen zur Struktur des Unternehmens sowie der Unternehmensphilosophie und -strategie sollte die aktuelle und mögliche Leistung des gesamten Management Teams erfasst und Schwachstellen in der Struktur des Unternehmens, die diese Leistung einschränken, sollten erkundet werden. Das Neue dieses Ansatzes ist die Beschäftigung mit den Bedingungen, denen das Management ausgesetzt ist und die seine Leistung in bestimmten Bahnen halten.

Ein weiterer Ansatz dieser Zeit stammt von William T. Greenwood (1964). Seine Leistung ist vor allem in der Kombination der bereits entwickelten Ansätze und einer Erweiterung des Management Audits um eine zusätzliche Perspektive zu sehen. Neben einer Erfassung der Unternehmensleistung als Kriterium zur Bewertung ähnlich wie bei Martindell und einer Analyse der Struktur des Unternehmens mit seinen Schwachstellen ähnlich des Ansatzes von Leonard, erweiterte Greenwood das Urteil über die Güte des Managements um eine Analyse und Bewertung der Arbeitsweise des Managements. Die Entwicklung von Zielen und Strategien und die Qualität von Planungsprozessen wurden ebenso Gegenstand der Bewertung wie die Gestaltung des Marketings und die Kontrollausübung durch die Führungsmannschaft (vgl. Koontz & O'Donnell, 1968, S. 728). Er bezog also erstmals eine vom Management direkt beeinflussbare qualitative Komponente in die Beurteilung mit ein.

Zusammenfassend lässt sich festhalten, dass die Ansätze zum Management Audit umfassender wurden, gleichzeitig aber auch differenzierter. Zunächst entfernten sie sich von einer ausschließlichen Orientierung an ökonomischen Kriterien und bezogen zunehmend strukturelle Rahmenbedingungen, in denen Manager handeln (müssen) in die Beurteilung mit ein. Mit der Einbeziehung qualitativer Aspekte verloren die ökonomischen Kriterien weiter an Bedeutung und spielen heute in Management Audits häufig keine Rolle mehr. Diese Entwicklung von ökonomischen über strukturelle Kriterien hin zur Einbeziehung qualitativer Kriterien ging einher mit einer Individualisierung der Bewertung. Während in den ersten Ansätzen das Management als Team im Licht der Überprüfung stand, ist heute die Leistung und das Potenzial des Einzelnen Gegenstand der Beurteilung.

Der Begriff und die Idee des Management Audits existieren also bereits seit einigen Jahrzehnten. Bis in die 60er Jahre hinein führte es jedoch ein Schattendasein und wird erst heute als interessantes und wertvolles Instrumentarium entdeckt. Erste Versuche in den 50er Jahren, das Management Audit in der Praxis zu etablieren, scheiterten an methodischen Schwierigkeiten und an Unsicherheiten bei den anzulegenden Kriterien (vgl. Koontz, & O'Donnell, 1968, S. 730). Erst Ende der 60er Jahre wurde das Management Audit in den USA als zukunftsträchtiges Instrument der Diagnostik erkannt (Theisen, 1987, S. 119). In Deutschland hingegen setzte das Interesse an Überprüfungen des Managements erst in den Jahren der Rezession nach 1980 ein. Es handelte sich hierbei vor allem um eine Reaktion auf die große Anzahl von Unternehmenskrisen und Insolvenzfällen, die zu erheblichen Sanierungs- und Umstrukturierungsmaßnahmen in den Unternehmen geführt hatten (vgl. Straub, 1998, S. 3). Diese gingen wiederum einher mit einer Reihe von Problemen im Human Resources Management wie Fehlbesetzungen, hohen Fluktuationsraten und Schwierigkeiten beim (Zusammen-) Wachsen neuer Unternehmenskulturen.

Bei der Suche nach Möglichkeiten, diesen Situationen zu begegnen bzw. sie zu vermeiden, wurde man sich zunehmend des Wertes des Managements bewusst. Inzwischen haben etliche Beratungsfirmen in Deutschland Konzepte zum Management Audit entwickelt und vermarkten diese mit Erfolg. Hier zu Lande gehört das Management Audit heute zum Standardinstrumentarium der strategischen Unternehmensführung, und mittlerweile sind Anbieter aus Deutschland mit ihren Methoden zum Teil auch im Ausland so sehr gefragt, dass sich Personalberater nicht scheuen, vom „Exportschlager Management Audit" zu sprechen (vgl. Straub, 1998, S. 3).

Doch woher kommt dieser Erfolg? Worin besteht die Leistung der deutschen Personalberatungen, die ihre Konzepte mittlerweile sowohl in Deutschland als auch nach Japan und in die USA verkaufen? Sie sind nicht die Erfinder der Idee des Management Audits, und auch die eingesetzten Methoden sind keineswegs neue Entwicklungen. Es handelt sich dabei im Wesentlichen um Einzelinterviews, gelegentlich ergänzt um Fragebögen zur Selbsteinschätzung, sowie Simulationen, Fallstudien und die Einbeziehung des Urteils von Vorgesetzten oder Kollegen, die alle nicht unter dem Leitkonzept Management

Audit entwickelt wurden, sondern aus dem Methodenrepertoire der Potenzialanalyse in dieses übernommen worden sind. Neu ist schon eher die Kombination dieser Methoden mit der Idee einer Überprüfung ganzer Führungsebenen bzw. des gesamten Managements. Und neu ist vor allem die gezielte Vermarktung zur richtigen Zeit. Es handelt sich demnach nicht um eine konzeptionelle, sondern vor allem um eine Marketingleistung der hier aktiven Beratungsgesellschaften.

Wenn sich also die Aussage, das Management Audit sei grundsätzlich eine Entwicklung mit ihrem Ursprung in Deutschland, nicht halten lässt und auch die Beurteilung der Weiterentwicklung der Methoden eher kritisch ausfällt, so haben es renommierte Beratungsunternehmen in den letzten zwei Jahrzehnten doch geschafft, das Management Audit in den Köpfen der deutschen und internationalen Wirtschaft zu etablieren. Sie haben das Management Audit auf den Weg gebracht, ein selbstverständliches Instrument der Personalentwicklung in den Unternehmen zu werden.

1.2   Ein neuer Management-Audit-Ansatz

Bezüglich des Begriffs „Management Audit" sind sich die Autoren deutschsprachiger Veröffentlichungen nicht einmal über sein Geschlecht einig. Während sich die Mehrheit für das Neutrum entscheidet, sind Management Audits für Hengst (1997) weiblich; wieder andere Autoren (wie z. B. Stradal, 1990, S. 425-433) umgehen das Problem, indem sie konsequent keine Artikel benutzen. Der Generus ist jedoch der einzige Aspekt, der unter englischsprachigen Experten bei einer Bestimmung des Begriffs „management audit" unumstritten ist. Ansonsten besteht auch unter ihnen wenig Einigkeit, worauf Langenderfer & Robertson schon 1969 (S. 777, eigene Übersetzung) in einem ersten Systematisierungsversuch zum Thema hinwiesen:

> „Generell haben Diskussionen des Management Audits aus zwei Gründen bis heute mehr Emotionen als logisches Verständnis hervorgerufen. Erstens besteht kein generelles Einvernehmen über die exakte Bedeutung des Terminus *Management Audit*, und zweitens liegt keine explizite Theorie des *Management Audits* (im Kontext einer unabhängigen Kontrollfunktion) vor".

Wie diese Autoren schon vor über 30 Jahren bemerkten, sind die erheblichen Unterschiede in der Bestimmung des Begriffs „Management Audit" im Wesentlichen auf die mit der jeweiligen Bedeutungsfestlegung verfolgten, oft berufspolitischen Ziele der Autoren zurück zu führen. Sie führten eine in vielen späteren Arbeiten übernommene Unterscheidung zwischen Audits *für* das Management und Audits *des* Managements ein:

▶ Management Audits als Prüfungen *für* das Management sollen das Funktionieren eines Unternehmens oder einer Abteilung in allen relevanten Aspekten bewerten und für das Management daraus Empfehlungen zur Optimierung der betrieblichen Tätigkeiten im Hinblick auf die Unternehmensziele ableiten. Schon Rose (1932), dem die Einführung des Begriffs Management Audit zugeschrieben wird, und danach viele der frühen Arbeiten aus dem Bereich der internen Revision oder Kontrolle, verwenden den Begriff als Ergänzung zur Finanzprüfung (financial audit) und zum Teil auch heute noch explizit als Synonym von „operational audits" (z. B. Edds, 1980, S. 30; Lück, 1996; Stradal, 1990). Eine Überprüfung der oberen Führungsebene wird dabei meist ausdrücklich ausgeschlossen (z. B. Edds, 1980), was einige Autoren mit dem Konflikt zwischen Weisungsgebundenheit und Kontrollbefugnis begründen (z. B. Stradal, 1990).

▶ Management Audits als Prüfungen *des* Managements sollen dagegen das Management selbst bewerten, insbesondere auch auf der höchsten Führungsebene. Derartige Bestimmungen des Begriffs werden überwiegend von externen Auditoren oder Beratungsunternehmen vorgenommen. Was dabei jeweils als „Management" zu prüfen sei und mit welchen Zielen, variiert wiederum stark von Autor zu Autor. Dieser Gebrauch des Begriffs dominiert mit einigen Ausnahmen die jüngere deutschsprachige Literatur zum Thema Management Audit.

In einer dritten Kategorie von Begriffsbestimmungen finden sich Konzepte, in denen Management Audits gleichsam als umfassendes Verfahren zur Prüfung des gesamten Unternehmens angesehen werden, das also sowohl die traditionellen „operational audits" oder Prüfungen für das Management als auch die Prüfung des Managements im engeren Sinne enthält. Diese Bestimmung des Begriffs Management Audit wird überwiegend im Rahmen von Arbeiten zur Bewertung von Unternehmen für Dritte, etwa für Investoren und Banken, vorgenommen (vgl. z. B. Martindell, 1962, der Management Audits explizit als Entwicklung zur Grundlegung von Investitionsentscheidungen beschreibt, oder Bittel & Bittel, 1978).

Eine erste empirische Annäherung an die Bestimmung des Begriffs Management Audit zeigt also zusammenfassend, dass die erheblichen Unterschiede in den Konzepten vor allem auf die jeweiligen Verwendungskontexte des Management Audits und die mit ihm verbundenen Zielstellungen zurück zu führen sind. Die wichtigsten Unterschiede betreffen den Gegenstand des Management Audits, bezüglich dessen sich die Konzepte in die drei genannten groben Kategorien einteilen lassen. Mir erscheint es nicht sinnvoll, den Begriff „Management Audit" wie in der ersten oben genannten Kategorie der „Audits *für* das Management" für Prüfverfahren zu verwenden, deren Gegenstand gerade nicht das Management ist, zumal für diese Verfahren der Begriff „operational audit" gebräuchlich ist. Ebenso ist es verwirrend, den Begriff „Management Audit" wie in der dritten genannten Kategorie für Verfahren zur Bewertung der gesamten Organisation in allen ihren Funktionen und Systemen zu verwenden, wodurch der Begriff sehr stark gedehnt wird. Stattdessen halte ich den Begriff Management Audit für sinnvoll und hilfreich als Beschreibung von Verfahren zur Prüfung *des* Managements im engeren Sinne. Um zu einer exakteren Definition des „Management Audits" zu gelangen, sollen die in die genannte Kategorie fallenden Konzepte auf der Basis eines theoretischen Zugangs zur Begriffsbestimmung untersucht und systematisiert werden.

Aus theoretischer Sicht ist von einer Definiton des Begriffs Management Audit zu fordern, dass in ihr die Menge der Merkmale festgelegt wird, die ein System besitzen muss, um Management Audit genannt zu werden. Weiterhin soll die Definition ermöglichen, einen Begriff von anderen, möglicherweise verwandten Begriffen eines Wissensbereiches abzugrenzen. Vernünftigerweise sollten auch Definitionen zu wissenschaftlichen Zwecken dabei der Maxime Wittgensteins möglichst folgen, nach der „die Bedeutung eines Wortes ... sein Gebrauch in der Sprache" ist (Wittgenstein, 1984, S. 262, Nr. 43).

Da trotz aller Unterschiede offenbar Einigkeit darüber besteht, dass unter dem Begriff „Management Audit" Verfahren der Diagnose, Prüfung oder Bewertung verstanden werden sollen, bieten sich nach erster Überlegung als Unterscheidungs- und damit definitorische Merkmale im Wesentlichen die folgenden an:

▶   Gegenstand (Wer oder was soll geprüft werden?)
▶   Ziel (Welchem Zweck soll die Diagnose dienen?)
▶   Auditor (Wer soll bewerten?)
▶   Kriterien (Welche Prüfungsmaßstäbe sollen angelegt werden?)
▶   Verfahren (Welche Methoden sollen zur Diagnose verwendet werden?)

Im Folgenden werden die vorliegenden Bestimmungen des Begriffs „Management Audit" im Sinne eines Audits *des* Managements hinsichtlich dieser potenziellen definitorischen Merkmale betrachtet und systematisiert. Abschließend schlage ich eine eigene Definition von „Management Audits" vor.

1.2.1   Gegenstand von Management Audits

Wie schon erwähnt, bestehen auch zwischen den Konzepten, die das Management Audit als Prüfung *des* Managements auffassen, erhebliche Differenzen darüber, was genau unter dem „Management" verstanden wird und bewertet werden soll. Diese Unterschiede betreffen einerseits den Umfang dessen, was unter „Management" verstanden werden soll, und andererseits die Frage, ob Ergebnisse, Prozesse oder Strukturen des Managements beurteilt werden sollen.

In den Minimalkonzeptionen werden nur die einzelnen Manager beurteilt, es handelt sich hier also eher um „Manager Audits". Dieses Konzept von Management Audits wird, meist implizit, von vielen Personal- bzw. Human-Resources-Beratungsunternehmen vertreten. So kommt Leciejewski (1998, S. 36) in seiner Überblicksarbeit zu den von großen deutschen Beratungsfirmen angebotenen Management Audits zu der Schlussfolgerung, dass sich hinter den Begriffen „Potenzialanalyse" oder „Appraisal" „derselbe Sachverhalt wie beim Management Audit verbirgt". Nach umfassenderen Definitionen sollen im Management Audit „die Organisationsstruktur und die Methoden und Praktiken des Managements" (British Institute of Management, 1973, zitiert nach Santocki, 1974, S. 16) oder „die Stärken und Schwächen der Struktur, des Managementteams und der Unternehmenskultur einer Organisation" (Craig-Cooper & De Backer, 1993, S. 46) bewertet werden.

Eine implizite oder explizite Definition von Management Audits als Beurteilung der einzelnen Manager ist – obwohl landläufig praktiziert – wenig sinnvoll. Zum einen ist für solche Verfahren bereits der Begriff „Potenzialanalyse" gebräuchlich (vgl. Leciejewski, 1998). Zum anderen stützt ein solcher Ansatz eine simplifizierende Sichtweise auf die Wirkzusammenhänge in Management-Systemen. Der einzelne Manager wird in seiner Bedeutung für die Entwicklung des Unternehmenssystems und in seiner Fähigkeit, dieses System zu beeinflussen überschätzt. Nicht selten erscheinen Manager in ihrem konkreten Verhalten im Unternehmen (und darüber hinaus) bei näherer Betrachtung in viel stärkerem Ausmaß vom Bedingungsgefüge im Unternehmen geprägt als auf den ersten Blick angenommen. Geschriebene und ungeschriebene Regeln, Werte und Normen, Geschichten und Mythen der Organisation – ihre Kultur eben – prägen Manager mehr, als dass sie von Managern geprägt werden, die großen visionären Führer einmal ausgenommen. Der Zusammenhang von Ursache und Wirkung wird bei näherem Hinsehen häufig umgekehrt. Die Reduktion des Management Audits auf das Manager Audit ist um so auffälliger angesichts der verbreiteten Erkenntnis, dass es nicht den guten Manager gibt, sondern darauf ankommt „den richtigen Mann am richtigen Platz" zu beschäftigen (Craig-Cooper & De Backer, 1993, S. 14). Dass die Ergebnisse der Arbeit einer bestimmten Person ganz erheblich vom Zusammenspiel seiner Fähigkeiten und Eigenschaften mit dem spezifischen Arbeitskontext und den Anforderungen abhängen, die er stellt, wird natürlich indirekt auch in den meisten individuumszentrierten Manager Audits berücksichtigt, indem eine mehr oder weniger umfassende Analyse der gegenwärtigen und zukünftigen Anforderungen eines Arbeitsplatzes als Grundlage der Beurteilung durchgeführt wird. Nachteil dieser Herangehensweise ist jedoch, dass der Arbeitskontext nur indirekt und in der Praxis oft mit eher armseligen Methoden analysiert und als gegebene Randbedingung aufgefasst wird, deren Modifikation als Möglichkeit nicht in Betracht gezogen wird.

Um dem Management Audit einen gegenüber einer Potenzialanalyse eigenen Stellenwert zu geben und um systemische Bedingungen der Leistungsfähigkeit und -bereitschaft von

25

Managern angemessen zu berücksichtigen, sollten diejenigen Aspekte des Arbeitskontextes von Managern, die ihr Handeln entscheidend beeinflussen, in Management Audits direkt beurteilt werden. Dabei ist es hilfreich, zwei Systemebenen des Arbeitsumfeldes eines Managers zu unterscheiden. Dem *unmittelbaren* Kontext, dem Management Team, sollte dabei besondere Bedeutung zukommen, und zwar in seiner Struktur oder Zusammensetzung und in seinen Prozessen der Zusammenarbeit (Kommunikations- und Entscheidungsprozesse, Konflikte, etc.), worauf in der jüngeren Managementliteratur immer häufiger hingewiesen wird (siehe z. B. Craig-Cooper & De Backer, 1993; Hambrick, 1994; Janssen, Van de Vliert & Veenstra, 1999). Welche Aspekte der *weiteren* Systemumgebung auf Grund ihrer Bedeutung für das Management Gegenstand des Management Audits sein sollen, muss letztlich für jedes einzelne Unternehmen entschieden werden. Dennoch scheint es angezeigt, besonderes Augenmerk auf Leitbilder der Führung, Informations-, Kommunikations-, und Konfliktlösungsmuster, Zielsetzungssysteme, Beurteilungs- und Feedbacksysteme sowie Entscheidungsstrukturen und die Unternehmenskultur zu legen. Dabei ist es wichtig, sich auf die tatsächlich führungsrelevanten Anteile der weiteren Systemumgebung zu beschränken, um das Management Audit praktikabel und effizient zu halten und nicht in eine Prüfung des gesamten Unternehmens in allen seinen Aspekten zu verfallen.

In den Begriffsbestimmungen der früheren Ansätze, die wie in den Ausführungen zur Geschichte des Management Audits dargelegt, keine Manager Audits im Sinne der heute üblichen Praxis waren, wird die Frage, ob im Management Audit Ergebnisse, Prozesse oder Strukturen beurteilt werden sollen, nicht einheitlich beantwortet. Vor allem die anfänglichen Konzepte beschränkten sich weitgehend auf eine Prüfung der Resultate, die meist an ökonomischen Kriterien gemessen wurden (vgl. Smith, Lanier & Taylor, 1969; Santocki, 1974). In späteren Konzepten zeigt sich ein Trend zur Beurteilung der „Effizienz der Managementprozesse" (Langenderfer & Robertson, 1969, S. 779; siehe auch Hengst, 1997), und vor allem in jüngeren Arbeiten werden zusätzlich strukturelle Aspekte betrachtet, und zwar einerseits in der Beurteilung einzelner Manager und andererseits in der Berücksichtigung der Organisationsstruktur. Während in einer frühen Umfrage zum Gegenstand von Management Audits weitgehende Einigkeit darüber bestand, dass sowohl Ergebnisse als auch Methoden des Managements geprüft werden sollen, wurde die Prüfung persönlicher Kompetenzen weitgehend abgelehnt (Smith, Lanier & Taylor, 1969).

Das Ergebnis der bisherigen Analyse zeigt also sowohl in den frühen als auch in den heutigen Ansätzen eine konzeptionelle Verkürzung, die sich allerdings im Laufe der Entwicklung komplett umgekehrt hat. Diese Unausgewogenheit zu überwinden ist ein zentrales Anliegen dieses Buches. Ein Management-Audit-Begriff, der mehr ist als ein marketingstrategisches Synonym für Potenzialanalyse, muss als Gegenstand von Management Audits strukturelle und prozessuale Aspekte dreier verschiedener Ebenen des Managementsystems festlegen:

- der einzelnen Manager
- des Managementteams
- der relevanten Aspekte des organisationalen Kontextes (Informations- und Entscheidungsstrukturen, Verstärkungsmechanismen, Unternehmenskultur)

1.2.2   Ziele von Management Audits

In einigen der vorliegenden Definitionen oder Konzepten von Management Audits werden dessen Ziele explizit angeführt. So haben Management Audits nach der Definition des Institute of Internal Auditors (1975, zit. n. Horváth, 1996) das Ziel, „durch eine Verbesserung der Managementleistung die organisationale Rentabilität und die Erreichung anderer organisationaler Ziele zu fördern". Andererseits definiert Martindell (1962) Management Audits als „Investment Tool", das potenziellen Investoren und Kreditgebern auf dem Kapitalmarkt Informationen als Entscheidungsgrundlage liefern soll. Craig-Cooper & De Backer (1993) geben sieben Kategorien von typischem Anlässen für Management Audits an, die jeweils mit verschiedenen Zielstellungen verbunden sind. Meines Erachtens lassen sich die mit Management Audits verfolgten Ziele im Wesentlichen in drei Kategorien einordnen. Diese Kategorien orientieren sich an den Entscheidungen, die auf Basis der Ergebnisse des Management Audits getroffen werden sollen:

- Prüfung zu Personal- und / oder Organisationsentwicklungszwecken
- Bewertung zu Selektions- und / oder Zuordnungsentscheidungen
- Bestandsaufnahme für Dritte, nicht zwingend verbunden mit Entwicklungs-, Selektions- oder Zuordnungsentscheidungen (etwa für potenzielle Investoren oder Kreditgeber)

Es ist anzumerken, dass einerseits Mischformen häufig sind und dass sich andererseits die Ziele im Auditprozess (u. a. in Abhängigkeit von den Ergebnissen) ändern können – häufig mit erheblichen Konsequenzen für Kommunikation und Glaubwürdigkeit des Vorgehens. Auf die Ziele eines Management Audits und ihren Zusammenhang mit den übrigen Merkmalen, auf die sie maßgeblichen Einfluss haben, werde ich noch ausführlicher eingehen. Unbeschadet der Wichtigkeit der Ziele eines Management Audits für dessen Konzeption und Durchführung ist es jedoch nicht sinnvoll, sie als definitorisches Merkmal in eine Begriffsbestimmung mit aufzunehmen. Strukturell identische Verfahren, die zu anderen als den in der Definition angeführten Zielen eingesetzt werden, würden sonst nicht unter den Begriff „Management Audit" fallen und müssten anders bezeichnet werden.

1.2.3 Auditoren in Management Audits

Zu der Frage, von wem Management Audits durchgeführt werden sollen, werden in verschiedenen Definitionen Antworten bezüglich des Berufsstandes einerseits und der Qualifikation andererseits gegeben. Die Unterschiede hinsichtlich der beruflichen Rolle der Auditoren hängen im Wesentlichen mit den berufspolitischen Interessen der Autoren zusammen. So überrascht es nicht, dass nach der Definition des Institute of Internal Auditors (1975, zit. n. Horváth, 1996) Management Audits von internen Auditoren (der Revisions-, Kontroll- oder Personalabteilung) durchgeführt werden sollen, während in Definitionen aus dem Beratungsbereich externe Consultants oder CPAs (certified public accountants) als Auditoren festgelegt werden (Churchill & Cyert, 1966, S. 39). Einige Autoren fordern, dass die Auditoren erfahrene Berater sein sollen (Craig-Cooper & De Backer, 1993). Je nach Ziel des Management Audits gibt es sicher gute Argumente für oder gegen interne bzw. externe Auditoren, und auch die Qualifikation derselben ist ein wichtiges Qualitätsmerkmal. Aus vergleichbaren Gründen wie bei den Zielen des Management Audits sollten Merkmale der Auditoren jedoch nicht in eine allgemeine Definition aufgenommen werden.

1.2.4 Kriterien in Management Audits

Bezüglich welcher Kriterien sollen Managementsysteme in Management Audits beurteilt werden? Zu dieser Frage, die eine der schwierigsten und umstrittensten zum Management Audit ist, werden in den wenigsten Definitionen Aussagen getroffen. Man beschränkt sich auf die Art der zu erhebenden Daten: So wird von einigen Autoren gefordert, die Kriterien sollen objektiv messbar sein, während andere Autoren betonen, dass „nicht nur quantitative, sondern auch qualitative Aussagen über die Effizienz des Managementsystems zu machen" seien (Hengst, 1997, S. 198). Die damit angeschnittene Debatte über die Angemessenheit quantitativer vs. qualitativer Daten in der Sozialforschung kann hier nicht skizziert werden. Allgemein muss die Frage nach den im Management Audit anzulegenden Kriterien in Abhängigkeit von den verfolgten Zielen und dem jeweils konkret beurteilten Teils des Managementsystems beantwortet werden. So sind für die Manager als einzelne Elemente des Systems andere Kriterien anzulegen (siehe hierzu die Debatte über allgemeine Managementqualifikationen) als für die das Managementteam kennzeichnenden Kommunikations- und Entscheidungsprozesse oder für die als unmittelbare Systemumgebung relevanten Aspekte der Organisationsstruktur oder -kultur.

Unabhängig von der Bestimmung der Beurteilungskriterien auf den drei genannten Systemebenen des Managements lassen sich dennoch drei grundlegende Arten von Kriterien für ein Management Audit unterscheiden:

1. *Ergebniskriterien*
    Zum Beispiel: Umsatz, Produktion, Verkauf, Kundenzufriedenheit, Fluktuation, Absentismus, Mitarbeiterzufriedenheit

2. *Verhaltenskriterien*
    Zum Beispiel: Kommunizieren, Entscheiden, Feedback geben und nehmen, Konflikte bearbeiten

3. *Strukturelle Kriterien*
    Auf Unternehmens- oder Bereichsebene zum Beispiel: Zielsetzungs-, Beurteilungssysteme und Belohnungssysteme
    Auf Teamebene zum Beispiel: Zusammensetzung, Rollenverteilung und Kohäsion
    Auf Managerebene zum Beispiel: Persönlichkeitseigenschaften, Motivationen, Qualifikationen

Von den zu bestimmenden Beurteilungskriterien abgesehen sind für jedes Kriterium bestimmte Beurteilungsmaßstäbe anzulegen, mit denen der jeweilige Beurteilungsgegenstand zu vergleichen ist. Hier lassen sich grob absolute und relative Maßstäbe unterscheiden. Absolute Maßstäbe werden vor der Bewertung festgelegt, etwa als von der Organisation oder den Auditoren bestimmte oder gar gesetzlich vorgeschriebene Minimalkriterien. Relative Maßstäbe implizieren einen Vergleich von Beurteilungen innerhalb oder zwischen Organisationen oder von Beurteilungen zu verschiedenen Zeitpunkten.

Zusammenfassend erscheint es sinnvoll, in cine Definition von Management Audit aufzunehmen, dass es Kriterien auf allen drei genannten Ebenen (Ergebnisse, Verhalten, Struktur) beinhalten sollte.

1.2.5 Methoden von Management Audits

Auch zu den in Management Audits einzusetzenden Beurteilungsmethoden werden in den verschiedenen vorliegenden Begriffsbestimmungen kaum Aussagen getroffen. Die Auswahl der Beurteilungsverfahren sollte sich direkt aus der Festlegung der Beurteilungskriterien und -maßstäbe ableiten, da sie möglichst umfassende und zuverlässige Daten zu eben diesen Kriterien zu liefern haben. Konkrete Aussagen über die in Management Audits anzuwendenden Methoden sollten in einer allgemeinen Definition also nicht gemacht werden. Einige der bestehenden Definitionen fordern jedoch, dass bei der Auswahl und Anwendung der Verfahren in Management Audits „systematisch" vorgegangen werden muss (z. B. Institute of Internal Auditors, 1975, zit. n. Horváth, 1996). Dem entsprechend sollten nur solche Verfahrenskombinationen „Management Audit" genannt werden, in denen eine begründete Auswahl von Beurteilungsmethoden getroffen wird. Als zusätzliches Qualitätskriterium ist zu fordern, dass die Durchführung so hinreichend dokumentiert wird, dass sie nachvollziehbar und replizierbar ist.

1.3   Management Audit – Zusammenfassende Definition

Auf Grund der vorangehenden Überlegungen halte ich ein Management-Audit-Konzept für sinnvoll, das Geschichte und neuere Ansätze integriert, das definierte methodische Standards verlangt, den einzelnen Manager ebenso einbezieht wie die Organisation, in der er tätig ist und neben Variablen der persönlichen oder Teamleistung auch ökonomische Kriterien in Augenschein nimmt. Diesem Ansatz entspricht die folgende Definition des Begriffs Management Audit, die der weiteren Betrachtung in diesem Buch zu Grunde liegt.

> Unter Management Audit soll ein Verfahrenssystem verstanden werden, in dem eine begründete Auswahl diagnostischer Verfahren eingesetzt wird, um ein Managementsystem zu beurteilen. Diese Beurteilung bezieht drei Ebenen ein: Erstens relevante Aspekte des organisationalen Kontextes, zweitens das Management Team und drittens die einzelnen Manager. Dabei werden drei Kriterienarten verwandt: Ergebniskriterien, Verhaltenskriterien und Strukturkriterien.

Alle Organisationen existieren, um bestimmte Ziele zu erreichen. Aus bestimmten strukturellen Bedingungen der Organisation, ihrer Teams und ihrer handelnden Personen resultiert konkretes Verhalten. Dieses Verhalten wiederum führt zu Ergebnissen, die dann eine mehr oder weniger erfolgreiche Zielerreichung darstellen.

Ein Management Audit betrachtet diesen Prozess der Ergebnisentwicklung von seinem Endpunkt, den konkreten Resultaten her und verfolgt ihn über das Verhalten zurück bis zu dessen strukturellen Voraussetzungen. Es ist daher immer zunächst nach den Ergebniskriterien zu fragen: In welchem Ausmaß werden die gesetzten Ziele von dem Unternehmen bzw. Bereich, dem Team oder dem einzelnen Manager erfüllt?

Danach stellt sich auf allen drei Systemebenen die Frage, inwieweit das festgestellte Ausmaß der Zielerreichung auf das jeweilige Verhalten der Organisation bzw. des Bereichs, des Teams oder des einzelnen Managers zurück zu führen ist und inwieweit Kontextfaktoren für die Ergebnisse verantwortlich sind.

Im dritten und letzten Analyseschritt ist anschließend zu erheben, inwieweit dem beobachteten Verhalten bestimmte strukturelle Merkmale des Unternehmens bzw. Bereichs, des Teams oder des einzelnen Managers zu Grunde liegen. Insbesondere wenn gewünschtes erfolgsrelevantes Verhalten ausbleibt, ist zu überprüfen, ob dafür strukturelle Defizite oder einschränkende Kontextbedingungen verantwortlich sind.

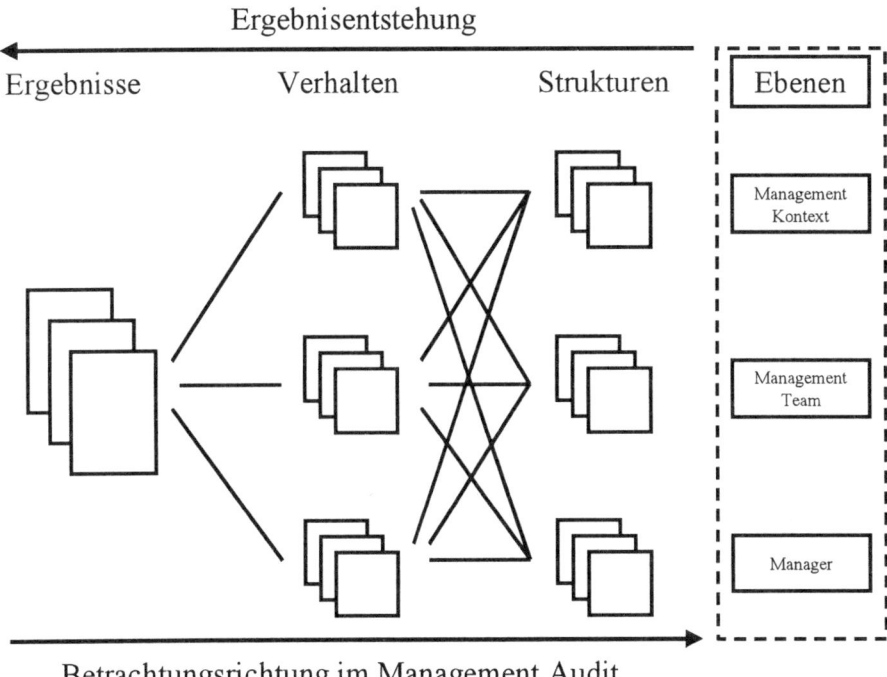

Abb. 1:   Der Analyseprozess im Management Audit

In Abbildung 1 wird deutlich, wie man im Management Audit den Prozess der Zielerreichung von den strukturellen Merkmalen, die unter bestimmten Kontextbedingungen ein Verhalten ermöglichen, zu den Ergebnissen, die dadurch unter bestimmten Bedingungen erzielt werden, in umgekehrter Richtung und unter Berücksichtigung aller drei Systemebenen des Managements nachvollzieht.

Die Intention des Management Audit im hier verstanden Sinn ist es, hinter Ergebnissen und Verhalten die steuernden Strukturen auszumachen und dabei eine angemessene Repräsentation des Zusammenspiels struktureller Komponenten auf den drei Ebenen Kontext (Organisation), Team und Manager (Individuum) zu entwickeln.

Konkrete Festlegungen im Hinblick auf die Ergebniskriterien, die in einem jeweiligen Audit den Ausgangspunkt der Analysen darstellen, können immer nur am konkreten Fall entwickelt werden. Sie werden allerdings typischerweise aus folgenden Kategorien stammen:

- ▶ Kennzahlen der Leistungserbringung wie Absatz, Umsatz, Verkaufsergebnisse, Produktionsmenge, Wachstumsraten etc.
- ▶ Qualitätskennwerte wie Ausschussraten, Fehlerdaten, Lieferpünktlichkeit etc.
- ▶ Kennwerte der internen Leistungsbereitschaft wie Fluktuation, Krankenstand oder Mitarbeiterzufriedenheit
- ▶ Zufriedenheitsdaten von Kunden

Verhaltenskriterien werden vor allem auf der Ebene des Manager Competence Audits und des Management Team Audits angesprochen. Im Management Context Audit spielen sie eine weniger ausgeprägte Rolle. Strukturelle Kriterien schließlich werden auf allen drei Ebenen erarbeitet.

1.4 Exkurs: Management als Steuerung komplexer dynamischer Systeme

An dieser Stelle möchte ich meine im bereits angedeutete systemische Sichtweise des Managements und des Management Audits als theoretischen Bezugsrahmen dieses Buches näher erläutern. Untersucht man einen bestimmten Gegenstand, wie z. B. ein Unternehmen oder dessen Management, so tut man dies immer und unweigerlich auf der Basis bestimmter, expliziter oder impliziter Grundannahmen über die Welt im Allgemeinen und den betreffenden Gegenstand im Besonderen, man betrachtet ihn gleichsam durch die Brille dieses Vorverständnisses, von einem bestimmten Standpunkt aus und im Licht einer konkreten Fragestellung. So ist eine in der Managementliteratur und im „gesunden Menschenverstand" weit verbreitete Grundannahme über Unternehmen die, dass man sie im Vergleich mit einer Maschine verstehen und beschreiben kann, die durch zwar komplexe, aber stabile lineare Ursache-Wirkungs-Beziehungen gekennzeichnet und bei genügender Kenntnis dieser Beziehungen störungsfrei kontrollierbar ist. Für das Management und seine Beurteilung folgt aus dieser Maschinen-Metapher einerseits, dass bestimmte Steuerungsfunktionen in Abhängigkeit der Merkmale der Maschine und mit ihnen bestimmte Anforderungen an die Manager klar und zeitlich überdauernd definierbar sind und andererseits, dass bei Erfüllung dieser Anforderungen das Funktionieren der Maschine (des Unternehmens) bezüglich bestimmter Ziele (etwa Gewinnmaximierung) optimierbar ist. Wie im vorangehenden Abschnitt dargelegt, bin ich der Ansicht, dass diese mechanistische Konzeption von Unternehmen und Management zu einer simplifizierenden Sichtweise auf die komplexen Prozesse der Unternehmensführung verleitet, die zu einer Überschätzung des Einflusses der Manager im Sinne einer direkten Steuerbarkeit von Unternehmen führt (vgl. auch die kritische Betrachtung bei Dachler, 1990).

Eine meines Erachtens nützlichere Sichtweise auf Organisationen und deren Management betrachtet diese als komplexe dynamische Systeme und bedient sich dabei der Grundannahmen der Systemtheorie und der Kybernetik, also der Lehre von der Steuerung komplexer Systeme (Kybernetes = griech.: der Steuermann. Hier kann kein Überblick über die verschiedenen, oft recht unterschiedlichen und teils widersprüchlichen Ansätze der Systemtheorie gegeben werden, die in verschiedenen Disziplinen der Natur- und Sozialwissenschaften entwickelt wurden und in letzter Zeit immer häufiger auch auf den Gegenstand des Managements angewendet werden (im deutschen Sprachraum vor allem durch die St. Galler Schule um Ulrich, Malik, Probst und die Münchner Schule um Kirsch). Folgende Grundannahmen einer Betrachtung von Unternehmen als komplexen dynamischen Systemen lassen sich dennoch aus den verschiedenen Ansätzen im Hinblick auf eine Konzeptualisierung des Management Audits zusammenfassen:

- ▶ Ein System besteht aus einer Menge von Elementen und einer Menge von Beziehungen, die über dieser Elementen-Menge definiert sind (vgl. Kriz, 1999).
- ▶ Die Komplexität eines Systems hängt ab von der Anzahl seiner Elemente, der Anzahl und Art der möglichen Beziehungen zwischen den Elementen und damit von der Anzahl der möglichen Systemzustände.
- ▶ Die Eigenschaften komplexer Systeme lassen sich nicht aus den Eigenschaften ihrer Elemente ableiten, und die Beziehungen zwischen den Elementen sind nichtlinear.
- ▶ Das Verhalten komplexer Systeme ist irreversibel, vergangenheitsabhängig und nicht exakt vorhersagbar.
- ▶ Eine Hauptaufgabe von Systemen in einer stark veränderlichen und komplexen Umwelt ist die Reduktion der Umweltkomplexität, um angesichts der unübersehbaren Vielfalt von Möglichkeiten handlungs- und damit überlebensfähig zu bleiben.
- ▶ Komplexe Systeme lassen sich bestenfalls in stabilen Phasen regelgeleitet steuern, während in (etwa durch Umwelteinflüsse angestoßenen) instabilen Phasen stark eigendynamische Selbstorganisationsprozesse das Systemverhalten unvorhersagbar und damit unkontrollierbar machen.

Für die Art und Weise, in der wir die Leistungsfähigkeit und die Ergebnisse eines Managements oder der einzelnen Personen in ihm betrachten, führen diese Grundaussagen zu einigen wichtigen Schlussfolgerungen, die ich allerdings betont pragmatisch halten möchte:

▶ Einzelne Manager, Managementteams und das Management eines Unternehmens insgesamt sind auf jeweils unterschiedlichen Ebenen eingebunden in ein Netz von Beziehungen. Diese Beziehungen bestehen zu anderen Personen und Gruppen, aber auch zu abstrakten Elementen des Unternehmens wie dessen Wertesystem, dessen Verhaltenskodex, dessen Belohungssystem etc. Die Wirkungen dieser Beziehungen auf das Management, einzelne Managementteams oder Manager sind von hoher Bedeutung für die angemessene Einschätzung ihres Verhaltens und ihrer Leistung.

▶ Entwicklungen eines Unternehmens incl. der Ergebnisse, die zu jeweils bestimmten Zeitpunkten erreicht werden, sind nicht ohne weiteres und eindeutig bestimmten Personen und ihrem Verhalten zuzuschreiben. Auch unter der Annahme sehr systematischen Managements ist die zukünftige Entwicklung des Unternehmens nur eingeschränkt vorhersagbar. Unvorhergesehene Ereignisse lösen Selbstorganisationsprozesse aus, die die Ausgangsbedingungen des Managements verändern.

Wie kommt es nun aber, dass trotz der für die Mehrzahl der Manager größerer Unternehmen evidenten Komplexität und Dynamik des Managements individuenzentrierte Konzeptionen wie die beschriebenen Manager Audits immer noch vorherrschend sind? Hier muss man zum einen berücksichtigen, dass die Individuumszentrierung, die Betrachtung des autonomen Selbst als Quelle allen Erlebens und Verhaltens in unseren westlichen Gesellschaften tief verwurzelt sind (vgl. McNamee & Gergen, 1997) und sowohl in unserem täglichen Leben als auch in den meisten Sozialwissenschaften, wie etwa der Psychologie und deren Teilgebiet Eignungsdiagnostik, fast ständig unhinterfragt zum Ausdruck kommt. Das Konzept der persönlichen Autonomie und subjektiven Willensfreiheit macht es erst möglich, einzelne Menschen für ihre Handlungen verantwortlich zu machen und zu belohnen oder zu bestrafen, sei es im Alltag oder vor Gericht. Diese Tendenz, ein bestimmtes Verhalten oder Geschehen einer Person, einem Akteur und nicht etwa bestimmten situativen Bedingungen zuzuschreiben, wird in der Sozialpsychologie als „fundamentaler Attributionsfehler" bezeichnet und untersucht. Gerade auch aus systemischer Sicht lässt sich dieser in westlichen Gesellschaften verbreitete Fehler als eine wichtige Strategie der Komplexitätsreduktion verstehen. Beim Manager Audit kann man demnach vermuten, dass die Beschränkung auf die Person des Managers sowohl für das Unternehmen (das gegebenenfalls eine Person ersetzen oder trainieren und nicht umfassend Strukturänderungen im Rahmen einer Organisationsentwicklung vornehmen muss) als auch für die Auditoren die Komplexität der Situation reduziert und die Handlungsfähigkeit zumindest vorübergehend erhöht. Die Situation ist vergleichbar mit dem aus der Welt des Fußballs sehr vertrauten Phänomen, dass bei schlechten Resultaten der Trainer gewechselt wird, meist wohl, weil das kurzfristig die einfachere Lösung ist im Vergleich zu einer komplexen Analyse der vorliegenden Schwierigkeiten und einer daraus gegebenenfalls folgenden Änderung der Mannschafts- oder gar der Vereinsstruktur.

Systemische Instabilitätsphasen in betrieblichen Übergangssituationen (Kruse, 1994)	Typische Anlässe von Management Audits (Craig-Cooper & De Backer, 1993)
Einführung neuer Technologien und Organisationsformen	Reorganisationen
Weitreichende Änderungen der Marktlage	Marktfluktuationen (zyklische, durch technologische Innovationen etc.)
Firmenzusammenlegungen, Fusionen	Unternehmenskauf, -zusammenschluss, Joint Venture
Produktinnovation	
Führungswechsel	Personalprobleme (Führungsnachfolge etc.)
	Börsengang
	„turnaround situations": Unternehmenspleiten
	Gesetzliche Änderungen (Deregulierung, Privatisierung, Öffnung von Handelsschranken)

Abb. 2:   *Instabilitätsphasen in betrieblichen Übergangssituationen und Anlässe von Management Audits*

In diesem Zusammenhang ist es bemerkenswert, dass die betrieblichen Übergangssituationen, die Kruse (1994, S. 36) in seinem Artikel zu systemischen Managementinterventionen als prototypisch für solche Instabilitätsphasen komplexer dynamischer Systeme ansieht, in denen „die klassischen, konzeptorientierten Managementstrategien" nicht mehr effektiv sind und Flexibilität und Kreativität die Anpassungsfähigkeit des Unternehmens sichern müssen, praktisch identisch sind mit einigen der sieben Kategorien von typischen Anlässen für Management Audits, die Craig-Cooper & De Backer (1993) aufzählen. Die Gegenüberstellung in Abbildung 2 deutet an, dass ein systemisch ver-

standenes Management Audit in solchen Instabilitätsphasen betrieblicher Übergangssituationen qualitativ andere Resultate erbringen kann als den übereilten Führungswechsel.

Die zu Beginn dieses Kapitels aufgelisteten Grundannahmen über komplexe dynamische
Systeme, die v.a. aus naturwissenschaftlichen Systemtheorien abgeleitet werden, werfen
in ihrer Anwendung auf das Management von Unternehmen oder Organisationen allerdings auch Probleme auf. Zum einen sind diese Annahmen, der Idee einer Systemtheorie
als gegenstandsübergreifender Metatheorie entsprechend, sehr allgemein und abstrakt
gefasst und dienen dem Praktiker bei der Konzeptualisierung und Lösung seiner konkreten Probleme im Unternehmensalltag auf den ersten Blick recht wenig. Zum anderen
verliert man aus diesem allgemein-systemischen Blickwinkel leicht das spezifisch
Menschliche an sozialen Systemen aus den Augen, nämlich die Erzeugung von Sinn,
Identität und Werten in sozialen Beziehungen (vgl. Dachler, 1989, Weick, 1995). Ich
werde im weiteren Text versuchen, diese Probleme allgemeiner systemtheoretischer
Konzepte zu umgehen, indem ich bei ihrer Anwendung auf das Management Audit möglichst konkrete praxisbezogene Schlussfolgerungen ziehen werde, die den sinnherstel-
lenden Aspekt sozialer Beziehungen im Unternehmen, vor allem im Rahmen der Unternehmenskultur mitberücksichtigen.

Hier ist festzuhalten, dass ein auf der Maschinen-Metapher beruhendes individualisti-
sches Verständnis des Management Audits einerseits die Einflussmöglichkeiten des
einzelnen Managers überschätzt und andererseits die komplexen rückgekoppelten Beziehungen und Verflechtungen innerhalb eines Managementteams und des Managements
mit seiner Systemumwelt, dem Unternehmen, gerade auch in ihren sinn- und identitäts-
stiftenden Funktionen ungenügend beachtet.

2 Management Context Audit

Nach der Betrachtung der Geschichte des Management Audits und der Entwicklung eines neuen Konzepts sowie der Darstellung der grundlegenden Perspektive dieses Buches gehe ich nun dazu über, die drei Ebenen der Analyse im Management Audit zu beschreiben. Dieses Kapitel nimmt den Kontext des Managementhandelns in Augenschein, Kapitel 3 wird sich mit dem Management Team Audit und Kapitel 4 mit dem Manager Competence Audit beschäftigen.

2.1 Externe Rahmenbedingungen des Unternehmens

Die hier zu besprechenden Aspekte sind nicht Gegenstand des Management Audits, sondern stellen das Umfeld dar, innerhalb dessen ein Audit stattfindet. Sie haben als Rahmenbedingungen sowie als Hintergrund für die Bewertung von Ergebnissen und die Ableitung von Maßnahmen aus diesen Ergebnissen einen hohen Stellenwert.

Selbstverständlich müssen die für ein Management Audit Verantwortlichen die wirtschaftliche Situation, in der sich das Unternehmen befindet, im Vorfeld des Management Audits betrachten und bewerten. Häufig allerdings ist die Erinnerung an diese Verpflichtung nicht erforderlich, da das Audit nicht selten – wie wir gesehen haben – im Zusammenhang kritischer Entwicklungsphasen eines Unternehmens stattfindet. Neben diese Betrachtung der ökonomischen Situation sollte eine Betrachtung der Markt- und Branchensituation treten, deren Kenntnis als Hintergrundwissen für die angemessene Einschätzung der Managementleistung wichtig ist. Dieser Aspekt soll im Folgenden näher erläutert werden.

Die Kenntnis des Marktes, in dem sich ein Unternehmen bewegt, gehört für die Durchführung eines Management Audits zu den notwendigen Bedingungen. Insbesondere der Prozessverantwortliche sowie die Personen, die die konkreten Einschätzungen von Management Context, Management Team und einzelnen Managern leiten und/oder selbst vornehmen, brauchen diese Kenntnis als Hintergrund für eine angemessene Einschätzung.

Nicht selten sind Markt- und Branchenkenntnisse weniger aktuell, weniger intensiv und weniger persönlich als insinuiert wird. Im Wesentlichen diese Punkte sind es aber, die Markt- und Branchenkenntnisse erst wirklich nützlich machen.

Aktualität von Markt- und Branchenwissen

Märkte und deren Anforderungen an die Unternehmen, die in ihnen erfolgreich agieren wollen, verändern sich mit zunehmender Geschwindigkeit. Nachfrager und Anbieter verändern ihre Ziele, ihre Strategien, ihre Organisation, bilden Allianzen, gründen gemeinsame Unternehmen oder fusionieren. Anforderungen und Erwartungen von Nachfragern im Hinblick auf Produkte, integrierte Serviceleistungen und Systemangebote wandeln sich ebenso wie die Fähigkeit der Anbieter, ihre Angebotspalette zu entwickeln, Bedarfe zu generieren und ihr Reaktionsvermögen zu optimieren. Die Veränderung von Marketing- und Kommunikationsformen sowie von Einkaufs- und Vertriebsstrukturen in einem Markt verschieben Wettbewerbsvorteile und -nachteile schneller als je zuvor.

Nicht zuletzt diese Faktoren sind es schließlich, die Unternehmensführungen dazu veranlassen, sich unter anderem über die Erfolgs- und Leistungsfähigkeit ihres Managements Gedanken zu machen und es ggf. in einem Management Audit systematisch zu bewerten. Die für das Audit und die angemessene Einordnung der Ergebnisse Verantwortlichen brauchen nicht das Branchenwissen vergangener Jahre, sondern das jeweils *aktuelle* Wissen, um Anforderungen angemessen zu repräsentieren und die Ausrichtung von Management Kontext, Management Teams und Managern auf die Situation des Unternehmens im Markt richtig zu bewerten. Diese Aktualität des Wissens ist ebenso von der regelmäßigen Auseinandersetzung mit Märkten und Branchen über geeignete Medien und Foren abhängig wie von der tatsächlichen Arbeit in oder mit Unternehmen, die in bestimmten Märkten tätig sind.

Intensität von Markt- und Branchenwissen

Zweifellos ist es hilfreich, die großen Trends einer Branche zu kennen und zu wissen, „was sich im Markt tut". Leider wird nur zu häufig mit dem Hinweis auf solches Wissen das Fehlen tieferer Kenntnisse überspielt: Leicht zu wissen, wer der Marktführer ist, komplexer schon, die Faktoren zu kennen, die diese Führerschaft begründen, noch schwieriger vielleicht, abzusehen, wodurch diese Führerschaft für die Zukunft gestützt oder auch gefährdet wird. Leicht zu wissen, wer gerade fusionieren will, komplexer schon die Details des Business-Plans zu kennen und vor allem Chancen und Risiken der Fusion für andere Marktteilnehmer richtig einzuschätzen.

Da es in Management Audits darum geht, die Vernetzung der äußeren Bedingungen mit Anforderungen an die Gestaltung des Managementumfelds sowie an die Fähigkeiten der Manager eines spezifischen Unternehmens oder Unternehmensbereichs angemessen zu repräsentieren, ist ein tieferes Einsteigen in Marktsituation und -trends unerlässlich. Die Ausschnitte, die zu betrachten sind und die Tiefe, in die man einsteigen muss, sind letztlich nicht allgemeingültig zu definieren, sondern hängen eng mit dem konkreten Audit-Ziel zusammen. Entscheidend ist, dass die Verantwortlichen sich darüber Gedanken machen, ihre eigene Kompetenz in dieser Hinsicht kritisch reflektieren und sie ggf. rechtzeitig durch eigene Recherchen oder durch Hinzuziehung geeigneter Wissenspartner in das Projekt zu stabilisieren.

Persönliche Markt- und Branchenkenntnis

Vielfach geht man davon aus, dass persönliche Erfahrungen mit oder in einem Markt bzw. einer Branche von besonderem Wert für die Fähigkeit sind, die Situation eines Unternehmens darin angemessen einzuschätzen. Diese Annahme hat viel für sich. Wer als Manager oder Berater intensiv in Unternehmen einer Branche arbeitet, nimmt nicht nur Fakten auf und sammelt Wissen an, sondern entwickelt auch tatsächlich Gespür für die Situation in diesem Markt/dieser Branche. Dieses eher intuitive Wissen entwickelt sich aus dem persönlichen Erleben heraus und basiert auf der Fähigkeit zur ganzheitlichen Wahrnehmung. Wo immer jemand diese persönliche Vertrautheit besitzt, wird sein Beitrag in einem Management Audit von besonderem Wert für die Validität und Verwertbarkeit von Ergebnissen sein.

Fazit: Professionalität durch ein professionelles Team

Wer als Projektverantwortlicher ein systematisches und professionelles Management Audit implementiert und durchführt, muss viele Anforderungen bündeln. Neben dem zwingend erforderlichen theoretischen und methodischen Wissen zum Thema, der Erfahrung mit Managementstrukturen und -systemen, der hohen persönlichen Reife und sozialen Kompetenz der handelnden Personen, muss er also auch noch sicherstellen, das aktuelle, intensive Markt- und Branchenwissen auf möglichst persönlichem Erfahrungshintergrund parat zu haben.

Kaum wird man alles in einer Person finden – wenngleich diese Idee nicht selten in den Köpfen von Verantwortlichen herumspukt, insbesondere dann, wenn sie sich auf die Suche nach dem geeigneten externen Berater begeben. Die Lösung besteht in der richtigen Zusammensetzung des Projektteams. Im Team müssen die notwendigen Kompetenzen entsprechend des Kapazitätsbedarfs für unterschiedliche Aufgaben im Projektverlauf mit der notwendigen Anzahl Personen vertreten sein. Aufgabe des Projektmanagers ist es, sicherzustellen, dass im Projektteam Wissen aus der Organisation ebenso vertreten ist wie externes Wissen und der Austausch zu den notwendigen Zeitpunkten so intensiv wie erforderlich erfolgt bzw. die einzelnen Mitglieder des Projektteams immer dann beteiligt sind, wenn ihr Wissen gefordert ist.

Dieser Grundsatz gilt auch für die Integration des erforderlichen Markt- und Branchenwissens in das Projekt. Man sollte nicht auf den einen managementerfahrenen, mit persönlichem Markt- und Branchenwissen auf neuestem Stand intensiv vertrauten und zudem methodisch versierten und hoch sozial kompetenten Allrounder warten. Die Erfolgsfaktoren heißen Teamzusammensetzung, Projekt- und Wissensmanagement.

Vor dem Hintergrund der bisher beschriebenen externen Bezugspunkte besteht die Aufgabe des Management Context Audits darin, die Aspekte der internen Rahmenbedingungen zu untersuchen, die Leistung und Verhalten im Management maßgeblich steuern. Sie wurden oben bereits aufgelistet. Ich steige ein mit einigen Anmerkungen zur Unternehmenskultur als grundlegendem Bezugsrahmen innerhalb des Unternehmens und gehe anschließend über zum Themenkreis Führungsleitbilder und Führungsgrundsätze. Darauf folgen die weiteren oben aufgelisteten Themenkomplexe.

2.2 Relevante Kontextaspekte im Überblick

Manager handeln immer im Kontext spezifischer unternehmensexterner und -interner Bedingungen. Ihr Verhalten wird durch Marktbedingungen ebenso wie durch Werte, Ziele, Strukturen, Regeln und etliche andere Aspekte der geschriebenen wie der ungeschriebenen Ordnung der Organisation provoziert, strukturiert und sanktioniert. Die Beschäftigung mit einigen wichtigen Aspekten dieser Ordnung in diesem Buch über Management Audit könnte bereits mit der Feststellung begründet werden, dass eine seriöse Einschätzung der Leistung einzelner Personen immer berücksichtigen sollte, welcher Handlungsrahmen der Person zur Verfügung stand bzw. steht, um Leistungen der gewünschten Art überhaupt erbringen zu können. Insofern knüpft die Beschäftigung mit dem Kontext des Managementhandelns an die Grundüberlegungen des zweiten Kapitels an: Wenn wir davon ausgehen, dass Unternehmen sinnvollerweise als komplexe Systeme aufgefasst werden, die nur in begrenztem Ausmaß rationaler Steuerung unterworfen werden können, dann drängt sich die Schlussfolgerung auf, dass die Beeinflussbarkeit von Erfolg oder Misserfolg für den einzelnen Manager ebenfalls begrenzt ist. Die Notwendigkeit, Rahmenbedingungen seines Handelns in die Betrachtung einzubeziehen, liegt entsprechend auf der Hand.

Die konzeptionelle Absicht eines Management *Context* Audits liegt genau darin, die relevanten Rahmenbedingungen innerhalb des Unternehmens zu identifizieren, die Führungskräfte in ihrer Leistung und ihrem Verhalten maßgeblich leiten und Methoden zur Betrachtung und Bewertung dieser Rahmenbedingungen im Hinblick auf ihre Nützlichkeit für die Erreichung der Ziele der Organisation zu entwickeln.

Welche Rahmenbedingungen sind nun aber sinnvollerweise in ein Management Context Audit einzubeziehen? Aus meiner Sicht sollte die Betrachtung hier auf zwei Ebenen ansetzen: Zum einen auf der Ebene der Werte, Überzeugungen und Grundprinzipien, mit denen eine Organisation ihre Mitglieder konfrontiert und deren Übernahme sie implizit oder explizit von ihnen erwartet. Zum Zweiten sollten die Systeme, Methoden und typischen Vorgehensweisen betrachtet werden, die die Organisation bereitstellt, um das Verhalten ihrer Mitglieder ziel- und ergebnisorientiert auszurichten. Diese Systeme, Methoden und Vorgehensweisen ihrerseits sind selbstverständlich ebenfalls vom Bezugsrahmen der Werte, Überzeugungen und Grundprinzipien geprägt und insofern die beiden vorgeschlagenen Betrachtungsebenen voneinander abhängig. Schauen wir uns beide Ebenen zunächst im Überblick und im weiteren Verlauf des Kapitels vertiefend an.

Jenseits der Vielfältigkeit alltäglicher Situationen und allen Managementmethoden und Führungsinstrumenten voraus bilden Werte, Überzeugungen und Grundprinzipien den Bezugsrahmen zur Identitätsbildung und Handlungssteuerung im Management. In den vergangenen 20 Jahren wurde das Konzept der Unternehmenskultur entwickelt, um diese geteilten Überzeugungen und Werte zu beschreiben und ihre Bedeutung zu würdigen. Bei aller Schwierigkeit, Unternehmenskultur begrifflich und konzeptionell klar zu fassen und die Mechanismen ihrer Wirkung im Unternehmen definitiv zu klären, ist es sicherlich unbestreitbar, dass menschliches Handeln innerhalb von Organisationen neben situativen Faktoren auch von übergeordneten Maximen geleitet wird, die die Menschen in diesen Organisationen teilen und die ihr Zusammengehörigkeitsgefühl maßgeblich ausmachen. Die geteilte Konstruktion der Wirklichkeit sowie der angmessenen Formen des Umgangs mit ihr legen Wahrnehmungs- und Handlungsmuster nahe, die Verhalten und Leistung beeinflussen. Das Konzept Unternehmenskultur und seine Relevanz im Zusammenhang eines Management Audits werden in diesem Kapitel daher detaillierter dargestellt.

Auf dem Nährboden der Unternehmenskultur entwickeln sich im Unternehmen Systeme, Methoden und typische Vorgehensweisen im Hinblick auf einige grundlegende Handlungsfelder. Der Geist des Unternehmens prägt die Art und Weise, wie Führungskräfte geführt werden und gehalten sind, ihre Mitarbeiter zu führen. Zu folgenden Themen entwickeln die meisten Unternehmen Systeme, Instrumente oder Methoden der Führung:

- ► Führungsleitbilder und Führungsgrundsätze
- ► Information und Kommunikation
- ► Zielsetzung und Zielverpflichtung
- ► Beurteilung und Belohnung
- ► Feedback zu Leistung und Verhalten
- ► Entscheiden
- ► Konfliktlösung

Die genannten Punkte verdeutlichen die Dringlichkeit, das heute verbreitete individualistische Management-Audit-Konzept um die Analyse von relevanten Kontextfaktoren zu erweitern. Führungskräfte finden in Unternehmen Visionen, Zielsetzungen, Rahmenbedingungen, Traditionen, Werte, Verhaltensregeln etc. vor und werden von ihnen beeinflusst und gelenkt. Diese Faktoren als Variablen und nicht als Konstanten im Gesamtzusammenhang der Entstehung von Managementleistung zu betrachten, ist das Anliegen dieses Ansatzes. Möglicherweise werden die Ergebnisse, die die Organisation erzielt, durch eine Modifikation der indirekten Lenkung des Managementverhaltens dramatischer verändert als durch die Auswechslung oder personalentwicklerische Behandlung einzelner Manager.

Freilich ergibt sich unmittelbar die Frage: Wer hat denn dafür zu sorgen, dass Visionen, Ziele, Rahmenbedingungen und Kultur wirksam werden? Doch wohl genau die Manager, deren Beeinflussung durch diese Systeme soeben beschrieben wurde. Der eine oder andere mag darin einen Widerspruch sehen, für mich liegt hier die Erkenntnis von Wechselwirkungen, die zu übersehen für eine angemessene Einschätzung von Situationen und Konstellationen einer Organisation und der damit einhergehenden Dynamik fatal wäre.

Wo das Management Context Audit die Abhängigkeit der Manager von ihren Rahmenbedingungen in Augenschein nimmt, betrachtet in Ergänzung dazu das Manager Competence Audit (s. Kap. 4) die Fähigkeit des Einzelnen, Visionen zu entwickeln und zu vermitteln, Ziele und Strategien auszuarbeiten und erfolgreich zu kommunizieren, Systeme und Kultur zu prägen. Das Management Team Audit (s. Kap. 3) betrachtet Wechselwirkungen in Teams von Managern, deren Zusammenwirken unerlässlich ist. Teamprozesse können die Bemühungen des Einzelnen konterkarieren oder in ein symphonisches Ganzes integrieren.

Bevor man allerdings in die Betrachtung der internen Rahmenbedingungen innerhalb eines Management Context Audits einsteigt, sollten die externen Rahmenbedingungen ausreichend zur Kenntnis genommen und als Ausgangspunkt der Analysen einbezogen werden. Daher steht den Erläuterungen zum eigentlichen Management Context Audit ein Abschnitt über die externen Rahmenbedingungen des Unternehmens voran.

2.3   Unternehmenskultur

Seit Mitte der 80er Jahre ist ein Trend zur verstärkten Beschäftigung mit der Kultur von Unternehmen zu verzeichnen, und immer mehr Forscher und Praktiker sehen in diesem Konzept einen nützlichen und notwendigen Ansatz zur Analyse und erfolgreichen Steuerung von Unternehmen. Das Interesse an der Unternehmenskultur richtet sich jedoch vor allem auf die Art und Weise, dieselbe zu implementieren und zu verändern, deutlich weniger wird reflektiert oder diskutiert, wie sich Rahmenbedingungen, Gestaltungsspielräume und Gestaltungsbeschränkungen durch Facetten der Unternehmenskultur auf das Handeln und die Leistungsfähigkeit der Managementteams und der einzelnen Manager, der Mitarbeiter und ihrer Teams auswirkt. Diese Auswirkungen und die Frage, welche Rolle sie im Zusammenhang mit einem Management Audit spielen, sollen im Folgenden deutlich werden.

2.3.1 Verständnis des Konzeptes

In einschlägigen Veröffentlichungen zur Unternehmenskultur wird der Begriff „Unternehmenskultur" unterschiedlich definiert. Ohne auf die umfangreiche Begriffsdiskussion einzugehen, greife ich für die weiteren Überlegungen die vielfach akzeptierte Definition auf, die Edgar H. Schein, Professor für Management am Massachusetts Institute of Technology, Unternehmensberater und Herausgeber zahlreicher Bücher zum Thema Unternehmenskultur, herausgearbeitet hat. Er integriert wesentliche Komponenten, die sich auch in anderen Definitionen von Unternehmenskultur wiederfinden. Schein (1995) versteht die Mitarbeiter eines Unternehmens als Gruppe und definiert die Kultur einer Gruppe als

> „ein Muster gemeinsamer Grundprämissen, das die Gruppe bei der Bewältigung ihrer Probleme externer Anpassung und interner Integration erlernt hat, das sich bewährt hat und somit als bindend gilt; und das daher an neue Mitglieder als rational und emotional korrekter Ansatz für den Umgang mit diesen Problemen weitergegeben wird."

Aus diesem recht komplexen Satz möchte ich fünf Aspekte herausgreifen, die im Zusammenhang mit dem Handeln von Führungskräften von besonderer Bedeutung sind und diese näher erläutern:

▶ *Unternehmenskultur besteht aus Grundprämissen.* In anderen Definitionen werden diese auch mit Grundannahmen oder Grundwerten bezeichnet. Nach Schein beinhalten diese Grundprämissen Werte, Normen und Verhaltensregeln, die tief verwurzelt im Denken der Mitglieder der Gruppe sind und die deren Handeln meist unbewusst und selbstverständlich leiten. Darunter fallen auch Rituale, Verhaltenscodes, implizite und explizite Maßstäbe, verwendete Sprachcodes etc.

▶ *Ein zentraler Aspekt ist die Gemeinsamkeit dieser Grundprämissen.* Annahmen und Werte werden im Laufe der Zeit von der Gruppe entwickelt und sind sozial geteilt, d.h. es besteht ein Konsens innerhalb der Gruppe. Nur dann sind sie ein Teil ihrer Kultur. Neuen Mitgliedern werden die Regeln (implizit und explizit) vermittelt. Der „Neuling" erlangt erst mit wachsendem Wissen und Handeln im Sinne der Grundprämissen den Status der Gruppenmitgliedschaft. Auf diese Weise wird die Kultur aufrecht erhalten und weiter getragen.

▶ *Die Kultur innerhalb einer Gruppe prägt und normiert das Verhalten der Gruppenmitglieder.* Die geltenden Grundprämissen beinhalten immer eine bestimmte Art der Wahrnehmung, des Denkens und Fühlens der Mitglieder und führen zu spezifischen Bewertungen gezeigten Verhaltens. Handeln im Sinne der akzeptieren und erwünschten Werte und Regeln wird belohnt, Abweichungen werden sanktioniert.

▶ *Die Kultur einer Gruppe ist gekennzeichnet von Stabilität.* Sie ist in einem komplexen Lernprozess entstanden, hat sich bewährt und gilt als bindend für die Gruppenmitglieder. Die Kultur einer Gruppe verleiht dieser ihre spezifische Identität und garantiert strukturelle Stabilität der Gruppe und Sicherheit für die einzelnen Mitglieder. Eine Veränderung der Kultur einer Gruppe von außen lässt sich deshalb nur teilweise erreichen und gestaltet sich meist als äußerst schwierig.

▶ *In einer gewissen Spannung zur Stabilitätstendenz der Unternehmenskultur steht ihre Entwicklungsfähigkeit.* Die Grundprämissen einer Gruppe sind in ihrer Auseinandersetzung mit internen und externen Herausforderungen gewachsen und werden mit entsprechenden neuen Herausforderungen weiter wachsen und sich entwickeln.

2.3.2 Relevanz im Management Context Audit

Die inhaltlichen Bezugspunkte von Unternehmenskulturen werden von Schein nicht näher dargelegt und stellen ja auch gerade den von Unternehmen zu Unternehmen spezifischen Charakter dar. Insofern gehe ich auf sie hier auch nicht näher ein – wenngleich es durchaus denkbar ist, Kategorien von Themen herauszuarbeiten, zu denen Unternehmenskulturen typischerweise Position beziehen. Steinemann und Schreyögg (2000) haben einen solchen interessanten Ansatz vorgelegt. Im Hinblick auf unsere Fragestellung, in welcher Hinsicht Unternehmenskultur in ein Management Context Audit einzubeziehen ist, möchte ich die von konkreten Inhalten unabhängige Frage diskutieren, welchen Stellenwert die Übereinstimmung von Werten und Grundsätzen der Kultur mit den persönlichen Werten und Grundsätzen des einzelnen Managers hat. Darüber hinaus wirkt sich die Kultur eines Unternehmens meines Erachtens im wesentlichen über die im weiteren Verlauf des Kapitels zu besprechenden Systeme und Führungsinstrumente aus. Sie prägt Leitbilder der Führung und Grundsätze in Kommunikation und Information, in Beurteilung und Belohnung, in Zielsetzung und Zielverfolgung, im Umgang mit Feedback zu Leistung und Verhalten, in Wegen der Entscheidungsfindung sowie im Umgang mit Konflikten.

Die Frage, wie das Zusammenspiel von Normen und Werten bzw. Grundsätzen zwischen dem Individuum und der Unternehmenskultur optimal zu gestalten ist, hat eine Reihe von Forschungsbemühungen verursacht. Im Rahmen der Forschung zum „Person-Organization Fit" wurden die Vor- und Nachteile verschiedenster Aspekte einer Passung untersucht. Passung wird in diesem Zusammenhang als Ähnlichkeit zwischen den Normen und Grundsätzen einer Person und jenen des Unternehmens verstanden.

Eine Reihe von Befunden sprechen für die positiven Effekte einer Passung. Abbildung 3 listet die in den entsprechenden Studien dargelegten Auswirkungen größerer Ähnlichkeit auf.

Ähnlichkeit zwischen Normen und Grundsätzen des Unternehmens und denen des Individuums führen offensichtlich zu einer Reihe positiver Konsequenzen. Besonders individuelle Auswirkungen sind hierbei hervorzuheben. Ähneln sich Mitarbeitereinstellungen und die in der Kultur des Unternehmens verankerten Einstellungen und Werte, sind die Mitarbeiter zufriedener, motivierter, fühlen sich weniger gestresst und arbeiten besser zusammen. Eine Ähnlichkeit der Leistungsorientierung führt außerdem dazu, dass Mitarbeiter bessere Leistungen erzielen und dadurch längerfristig auch ihre eigenen Entwicklungschancen im Unternehmen steigen.

Während Ähnlichkeit in Normen und Grundsätzen für den Einzelnen nahezu ausschließlich positive Konsequenzen zu haben scheint, müssen die Auswirkungen für das Unternehmen bzw. die Unternehmensleistung differenzierter betrachtet werden. Auch wenn die individuelle Motivation gesteigert wird und die Leistungsbeurteilung positiv ausfällt, kann zuviel Homogenität in Bezug auf die Unternehmensleistung als Ganzes kontraproduktive Konsequenzen haben. So hat schon Argyris 1957 festgestellt, dass Organisationen mit zu vielen Leuten „of the right type" der Gefahr von Lähmung und Innovationsdefiziten unterliegen, und auch andere Autoren sprechen von der sogenannten dunklen Seite einer guten Passung. Arbeiten ausschließlich oder viele Leute ähnlicher Einstellungen zusammen, sehen sie die Gefahr kurzsichtiger Perspektiven, der Verschließung gegenüber anderen, neuen Sichtweisen und Ideen und damit die Unfähigkeit zur Adaptation an die sich verändernde Umgebung und Innovationsdefizite (Schneider, 1987).

Statt möglichst guter Passung und Ähnlichkeit mit der vorherrschenden Unternehmenskultur proklamieren einige Autoren eine eher geringe Passung, wodurch eine Stimulation der Entwicklung und Reifung der Organisation forciert bzw. unterstützt werde (vgl. Walsh, 1987). Schneider et al. formulieren auf Grund all dieser Ergebnisse die Überlegung, dass für Mitarbeiter niedrigerer Hierarchieebenen eventuell eine größere Passung anzustreben ist, während auf der Managementebene die Personen gerade auch im Hinblick auf ihre Heterogenität ausgewählt werden sollten (Schneider, Kristof, Goldstein & Smith, 1997). Aber auch die gegenteilige Auffassung wird vertreten, dass nämlich Kreativität und Innovation bei größerem Fit nicht notwendigerweise geringer sein müssen (Livingstone & Nelson, 1994).

Zweifellos erscheint auf den ersten Blick die Nützlichkeit einer höheren Anpassung an Normen, Werte und Regeln bei ausführenden Tätigkeiten größer als bei stark gestaltenden, strategisch orientierten Aufgaben. Andererseits liegt es ebenso auf der Hand, dass ein Unternehmen ein starkes Interesse daran hat, dass Führungskräfte in ihren Entscheidungen die inneren Werte des Unternehmens einfließen lassen. Gerade mit zunehmender Autonomie des Managers, zum Beispiel für seine eigene Niederlassung oder Region, ist eine hohe Übereinstimmung mit den Werten und Regeln des Unternehmens eine entscheidende Säule für die Sicherung der Integration ins Unternehmen. Dieser Nutzen einer hohen Passung zeigt sich jedoch nicht nur für die Managementebene, sondern zieht sich durch alle Hierarchiestufen. Es reicht schon, sich die Grundsätze und Leitbilder der Gruppenarbeit vor Augen zu führen, um zu realisieren, dass hier alle Mitarbeiter im

Kontext einer erweiterten Eigenverantwortung Entscheidungen selbst bzw. als Arbeits-
gruppe treffen und eine Steuerung über gemeinsame Grundüberzeugungen dabei unverzichtbar ist, um die Effekte größeren Engagements nicht durch Reibungsverluste und
Entscheidungskorrekturen wieder zunichte zu machen.

In Bezug auf ...	Konkrete Auswirkungen
Einstellung zur Ar- beit	▶ größere Arbeitszufriedenheit (Bretz & Judge, 1994) ▶ größeres Engagement und stärkere Identifikation mit der Organisation auf verschiedenen Hierarchieebenen (Chatman, 1991; O'Reilly et al, 1991) ▶ größere Arbeitsmotivation (Posner, 1992) ▶ mehr Erfolgsgefühle in Bezug auf die eigene Arbeits- leistung (Posner et al., 1985) ▶ größeres Interesse und stärkere Anteilnahme an Interes- sen von Auftraggebern bei Managern (Posner et al., 1985)
Fluktuation	▶ weniger Kündigungen und Gedanken an Kündigung (Chatman, 1991; Bretz & Judge, 1994)
Stress	▶ weniger empfundener arbeitsbezogener Stress (Chesney & Rosenman, 1980; Matteson & Ivancevich, 1982)
Prosoziales Verhalten	▶ größere Hilfsbereitschaft (O'Reilly & Chatman, 1986) ▶ bessere Zusammenarbeit im Team (Posner et al., 1985)
Leistung und Erfolg	▶ größerer Karriereerfolg (Bretz & Judge, 1994) ▶ je ähnlicher die Leistungsorientierungen des Unterneh- mens und des Individuums, desto besser die eigene Leistungseinschätzung (Tziner, 1987) sowie der objek- tive Erfolg, gemessen an der Position in der Hierarchie, der Anzahl der Beförderungen und Gehaltserhöhungen (Andrews, 1967).

Abb. 3:   *Positive Auswirkungen hoher Ähnlichkeit in Normen und Grundsätzen*
             innerhalb einer Organisation

Meiner Überzeugung nach ist ein Optimum dann gegeben, wenn die Führungskraft ein weitgehendes Einvernehmen im Hinblick auf die inneren Werte, die essentiellen Regeln und Normen des Unternehmens empfindet, zugleich aber in der Lage ist, den daraus resultierenden kognitiven Automatismus in der Betrachtung von Handlungs- und Entscheidungsalternativen sowie der Bewertung von Situationen und Gegebenheiten durch systematische Informationsverarbeitung kritisch zu hinterfragen. Diese Fähigkeit, Informationen nicht automatisiert, sondern auf bewusster Ebene und Stück für Stück zu verarbeiten ist es, die in vielen Einschätzungssituationen eine erhebliche Rolle spielt – nicht zuletzt bei der Auswahl und Beurteilung von Mitarbeitern. Sie stellt das unverzichtbare komplementäre Gegenstück zu einer ganzheitlichen Wahrnehmung dar, in der emotionale Wirkungen und die Leitung durch geprägte kognitive Muster mit kaum nachvollziehbarer Effizienz wichtige Grundüberzeugungen und langjährige Erfahrungen für konkrete Entscheidungen umsetzen. Der Gefahr der Reduktion von Vielfalt und internem Widerspruch, die für innovatives und flexibles Verhalten der Organisation unverzichtbar sind (vgl. Neuberger, 1995), entgeht eine Organisation am ehesten durch sehr reife Führungspersönlichkeiten, die in der Lage sind, die Wichtigkeit der Übereinstimmung mit den Grundüberzeugungen mit der Fähigkeit zu verbinden, auch sich selbst und diese Grundüberzeugungen immer wieder in Frage zu stellen – und deren persönliche Autorität ihnen diese Haltung gestattet (vgl. Kap. 4). Auf dem Wege der symbolischen Führung und der Modellbildung statten diese Führungskräfte die Kultur des Unternehmens mit der notwendigen Elastizität aus und vermitteln anderen Führungskräften die Erlaubnis zum Querdenken. Aber damit sind wir bereits wieder in Themen des Manager Competence Audits.

2.3.3   Schlussfolgerungen für ein Management Context Audit

Ein Management Context Audit sollte im Hinblick auf die Übereinstimmung der Unternehmenskultur mit zentralen Werten und Normen der Führungskräfte des Unternehmens folgende Aspekte aufgreifen:

▶   Welche zentralen Normen, Werte und Regeln sind in der Organisation tief verankert und tragen stark zur Stabilität und Integration bei?

▶   Welche Rolle spielt die „Passung" von Mitarbeitern zum Unternehmen? Werden bevorzugt Leute mit ähnlichen Vorstellungen und ähnlichem Hintergrund eingestellt? Auf welche Aspekte der Passung wird besonderer Wert gelegt?

▶   Wie stark erscheint insgesamt die innere Verpflichtung, die Führungskräfte und Mitarbeiter diesen Grundlagen gegenüber empfinden?

▶   Welche Mechanismen der Sozialisation gibt es (Umgang mit Anpassung und Abweichung)?

▶ Gibt es Leitbilder, die einen kritischen Umgang mit diesen kulturellen Selbstverständlichkeiten erlauben, und wie elastisch ist die Kultur im Hinblick auf Querdenker?

Wie ich bereits dargelegt habe, sehe ich in der Kultur eines Unternehmens den Nährboden, aus dem heraus sich Systeme zur umfassenden Verhaltenssteuerung entwickeln.
Auf dieses Systeme werde ich in den folgenden Abschnitten eingehen. Sie sind sehr eng
mit den grundlegenden Annahmen zur Kultur verknüpft, sind jedoch formalisierte Prozesse der Steuerung des Verhaltens im Unternehmen und insofern von der Kultur unterscheidbar. Zur Erinnerung seien sie noch einmal genannt:

▶ Führungsleitbilder und Führungsgrundsätze
▶ Information und Kommunikation
▶ Zielsetzung und Zielverpflichtung
▶ Beurteilung und Belohnung
▶ Feedback zu Leistung und Verhalten
▶ Entscheiden
▶ Konfliktlösung

2.4 Führungsleitbilder und Führungsgrundsätze

2.4.1 Leitbilder und Grundsätze mit normativem Anspruch

Den engsten Zusammenhang zu grundlegenden Überzeugungen und Werten, die die
Unternehmenskultur kennzeichnen, haben sicherlich formulierte Firmenphilosophien.
Diese beziehen sich typischerweise auf die Vision oder Mission des Unternehmens und
leiten aus ihr mehr oder weniger stringent Grundsätze des Handelns ab. Ein spezifisches
Element solcher Philosophien, das in unserem Zusammenhang vorrangig interessiert,
sind Leitbilder und Grundsätze der Führung. In diesen Leitbildern wird ein Grundverständnis von Führung formuliert, das normativen Anspruch für alle Führungskräfte im
Unternehmen erhebt. Ihr konkretes alltägliches Führungsverhalten soll sich an diesen
Grundsätzen ausrichten. Typische Themen in solchen Verhaltenscodices für Führungskräfte sind das Vorleben bestimmter Werthaltungen wie Leistungs- und Ergebnisorientierung, Gerechtigkeit oder Fairness, das persönliche Praktizieren von Vertrauen, Lernbereitschaft oder Fehlertoleranz sowie mitarbeiterorientierte Tugenden wie die Vermittlung von Motivation und Begeisterung oder die Ausrichtung auf die persönliche Entwicklung der Mitarbeiter.

Eine durchdachte Führungskräfteentwicklung implementiert solche Leitbilder, indem sie sie als Grundlage für unterschiedlichste Systeme verwendet. Sie liefern Kriterien für Beurteilung und Feedback, sie werden zum Gegenstand persönlicher Zielvereinbarungen und gehen als Bezugsrahmen in die Konzeption von Seminaren und Veranstaltungen zur Führungskräfteentwicklung ein.

Über die Zeit penetrieren systematisch eingeführte Führungsleitbilder und -grundsätze durchaus das Bewusstsein der Manager und werden Teil ihres kognitiven Schemas zum Wirklichkeitsfeld Führung. Somit werden Führungskräfte unter Umständen sehr stark in ihrem Wahrnehmen, Denken und Verhalten von diesen Grundsätzen beeinflusst.

2.4.2 Schlussfolgerungen für ein Management Context Audit

Folgende Fragen sollten in diesem Zusammenhang Aufnahme in ein Management Context Audit finden:

▶ Liegen ausgearbeitete Führungsleitbilder und/oder -grundsätze im Unternehmen vor?
▶ Wie systematisch sind sie in die Führungskräfteentwicklung eingearbeitet?
▶ Welche Wahrnehmungs-, Denk- und Verhaltensrichtung geben sie den Führungskräften vor?

2.5 Information und Kommunikation

Die Grundlage für die Existenz einer jeden Organisation und Basis ihres zielorientierten und effizienten Arbeitens ist die Koordination der Handlungen ihrer Mitglieder. Nur wenn die Handlungen der einzelnen Mitglieder aufeinander abgestimmt werden, Zuständigkeiten und Verantwortlichkeiten geregelt sind, im Laufe des Arbeitsprozesses modifiziert werden können und wenn schnelle Reaktionen und Entscheidungen auf Grund aktueller Informationen möglich sind, kann ein Unternehmen erfolgreich bestehen. Freilich spreche ich von einer notwendigen, nicht von einer hinreichenden Bedingung für Erfolg. Für all dies ist der effektive Austausch funktions- und organisationsbezogener Informationen die Grundvoraussetzung. Umfang und Art der Kommunikation sind also grundlegend für das Handeln in Organisationen und für die Ergebnisse, die sie erzielen. Auch das Handeln von Managern wird von den spezifischen Kommunikationsstrukturen im Unternehmen beeinflusst. Führung wird auf dem Wege der Kommunikation vollzogen. Der Anteil der Arbeitszeit von Managern, die mit Informationsaustausch ausgefüllt ist, ist beträchtlich. Angaben über den Zeitanteil der kommunikativen Aktivitäten von

Führungskräften an deren Gesamtarbeitszeit variieren in verschiedenen Studien zwischen 50 und 87 Porzent (Spieß & Winterstein, 1999).

Dies wird verständlich, betrachtet man die Aufgaben von Managern, die ganz wesentlich in der Vermittlung von Visionen, Zielen und Strategien, in der Überzeugungskraft und der Fähigkeit zu motivieren, liegen. Information, Koordination, Delegation und Kontrolle sind ebenso kommunikationsorientierte Managementaufgaben wie die vorausschauende Vermeidung von Konflikten bzw. deren aktive Lösung, sobald sie auftreten. Alle kommunikativen Tätigkeiten des Managers finden immer in den unternehmensspezifischen Kommunikationsstrukturen und -kulturen statt und werden von diesen geprägt. Als Empfänger von Informationen ist der Manager vor allem auf deren angemessene Quantität sowie deren Qualität angewiesen. Quantität und Qualität von Informationen wiederum hängen ganz erheblich von den herrschenden Kommunikationsstrukturen ab, die ihrerseits sowohl offizieller als auch informeller Natur sind. Wer erfährt was? Wer erfährt wie viel? Von wem und wie schnell? Diese Fragen werden im kommunikativen System des Unternehmens gesteuert. Jeder, der in Unternehmen tätig ist, weiß, dass nur ein Teil – manche vermuten ein Bruchteil – dieses kommunikativen Systems normativer Regelung durch das Management folgt. Ein anderer, in jedem Fall erheblicher Teil, unterliegt der schwer durchschaubaren Selbststeuerung der Organisation.

2.5.1   Vertrauen als Basis der Kommunikation – und Kommunikation als Basis von Vertrauen

Immer wieder wird versucht, Kommunikationsstile zu beschreiben, zu kategorisieren und ihr Potenzial für effektive Führung zu ermitteln. Eine häufige Klassifikation ist diejenige in „demokratischen" und „autoritäten" Kommunikations- oder auch Führungsstil. Demokratische Kommunikation äußert sich in stärkerer Einbeziehung der Mitarbeiter und vermittelt diesen den Eindruck von Unterstützung, Anerkennung, Zuhören und Eingehen auf ihre Person (vgl. Spieß & Winterstein, 1999). Autoritäre Kommunikation stattdessen hat einen eher anweisenden Charakter, ist auf soziale Distanz bedacht (vgl. Steinmann & Schreyögg, 2000). Zwar hat sich der demokratische Führungsstil mit seiner spezifischen Kommunikation häufig als zufriedenheits- und leistungsfördernd herausgestellt, dennoch ist aber die Effizienz der Kommunikation und Führung immer abhängig von der Situation, den Persönlichkeitsmerkmalen der Geführten, gesellschaftlichen Normen und der spezifischen Aufgabenstellung (vgl. Rosenstiel, 1993). Welcher Kommunikationsstil auch gewählt wird, als zentral für die Leistungsfähigkeit von Mitarbeitern und Managern hat sich das Vertrauensverhältnis zwischen Vorgesetzten und Mitarbeitern und die Vertrauenskultur innerhalb von Unternehmen erwiesen.

Das Schaffen einer Basis gegenseitigen Vertrauens wird ganz wesentlich durch Interaktionen gesteuert., die sich durch folgende Kriterien auszeichnen (vgl. Argyris, 1964; Anders, 1986; Bierhoff & Müller, 1993):

▶ Offenheit
▶ Ansprechbarkeit
▶ Authentizität
▶ Diskretion
▶ Fairness

Zwischenmenschliches Verhalten, das diese Merkmale erfüllt, hat positive Auswirkungen auf die Motivation, das Engagement und die Leistung von Mitarbeitern. Es stellt außerdem eine zentrale Variable für die Etablierung und Stabilisierung von Kooperation dar, die sich wiederum für Gruppenleistungen als leistungsbestimmend erwiesen hat (vgl. hierzu auch Kap. 3, Management Team Audit). Weiterhin wirkt es positiv auf das Ausmaß wahrgenommener Unterstützung durch das Unternehmen. Auch hier lassen sich Zusammenhänge zu Motivations- und Leistungsfaktoren zeigen: Je größer die wahrgenommene Unterstützung, desto weniger stressanfällig und desto zufriedener und leistungsstärker sind die Mitarbeiter (vgl. Rosenstiel, 1993).

Bezogen auf die Zielsetzung eines Management Context Audits weisen diese Ergebnisse auf die Notwendigkeit hin, innerhalb des Managements in Bezug auf konkrete Über- / Unterordnungsbeziehungen die Vertrauensfrage zu stellen.

Das Ineinandergreifen von Management Context Audit, Management Team Audit und Manager Competence Audit wird hier ganz besonders deutlich: Herrscht im Management insgesamt eine vertrauenstiftende Atmosphäre? Herrscht innerhalb eines definierten Management Teams ausreichend Vertrauen? Inwieweit kann der einzelne Manager auf das Vertrauen seines Vorgesetzten bauen? Ist der einzelne Manager selbst in der Lage, Vertrauen aufzubauen? Und schließlich: Welche Rückwirkungen hat die Präsenz oder das Fehlen solcher Vertrauensstifter im Unternehmen wiederum auf die Unternehmens- und Managementkultur in puncto Vertrauen?

2.5.2   Angemessene Versorgung mit Informationen

Die angemessene Versorgung von Führungskräften mit Informationen bezieht sich zum einen auf die Informationsmenge, mit der sie täglich konfrontiert werden, zum anderen auf die Schnelligkeit und Zuverlässigkeit, mit der sie Informationen erhalten. Zusätzlich möchte ich auf die Bedeutung persönlicher Kommunikation hinweisen und einige Kriterien für erfolgreiche Bottom-up-Information darstellen.

Informationsmenge

Wie viel und welche Art von Informationen brauchen Manager für effizientes Arbeiten? Die allgemeine Aussage „Je mehr Transparenz und Information, desto besser", die in der

Vergangenheit häufig postuliert wurde, ist so nicht haltbar. Ein angemessener, motivations- und leistungsfördernder Grad an Informationen wird von der Qualität und Relevanz für die eigene Arbeit sowie von Persönlichkeits- und Situationsvariablen bestimmt. Der Mensch ist in seiner Fähigkeit zur Informationsverarbeitung begrenzt, sodass bei einer Überschreitung der verarbeitbaren Komplexität eine angemessene Differenzierung und Integration der hereinströmenden Daten nicht möglich ist (vgl. Scholl, 1993, S. 431). In der Folge werden ggf. wichtige Informationen nicht erkannt und beachtet, unwichtige hingegen unnötigerweise verarbeitet. Die Konsequenzen: unter Umständen folgenschwere Versäumnisse auf der einen, unökonomisches Arbeiten und Frustration auf der anderen Seite, sobald sich die Irrelevanz der investierten Mühe herausstellt.

Andererseits haben sich aber in vielen Studien positive Effekte weitreichenderer Information bzw. größerer Transparenz gezeigt. Vielfach werden hier die Auswirkungen der subjektiv empfundenen Informationslage untersucht. So führt eine als unbefriedigend empfundene Informationslage zu geringerer Motivation, während eine den Informationsbedürfnissen entsprechendere, offenere Kommunikationspolitik Motivationssteigerung, größeres Vertrauen zu den Vorgesetzten, bessere Kooperation und gesteigerte Leistung zur Folge hat. Der arbeitsbezogene Informationsbedarf wird dabei durch eine Reihe funktionaler, situativer und individueller Faktoren gesteuert (vgl. Spieß & Winterstein, 1999). Im Folgenden sind die wichtigsten Determinanten für die Bestimmung eines optimalen Informationsgrades aufgeführt. Demnach hängt der Informationsbedarf ab von:

▶ dem Strukturiertheitsgrad der Aufgabe: je unstrukturierter, desto mehr Informationen sind notwendig,

▶ der Art der Aufgabe: geringerer Informationsbedarf bei Routineaufgaben, größerer bei neuen, situationsabhängigen Anforderungen,

▶ der Veränderung des Wissens- und Erkenntnisstandes im Verlauf der Tätigkeit: je größer die Weiterentwicklung, desto stärker die Notwendigkeit weiterer und weiterführender Informationen,

▶ den individuellen Zielen, dem subjektivem Risikoempfinden und anderen persönlichen Merkmalen (z. B. Neugier, Karrierestreben),

▶ spezifischen situativen Merkmalen wie zum Beispiel der Vertrautheit der Situation oder der Sicherheit, die die Situation bietet.

Entsprechend ist die Frage nach dem angemessenen Ausmaß an Informationsfülle und Transparenz in Abhängigkeit von persönlichen Aspekten wie Verarbeitungskapazität und spezifischen Präferenzen auf der einen und aufgabenbezogenen Kriterien auf der anderen Seite zu beantworten. Im Zusammenhang eines speziellen Management Context Audits ist also eine Sollvorgabe für Informationsmenge nicht vorab definierbar, sondern im Einzelfall heraus zu arbeiten und dann mit den tatsächlichen Gegebenheiten zu vergleichen. Bedeutsam ist in diesem Zusammenhang vor allem auch die Flexibilität, die

einem Manager bei der Gestaltung eines optimal transparenten Arbeitsprozesses einge-
räumt wird.

Geschwindigkeit und Zuverlässigkeit der Kommunikation

Jeder kennt vermutlich das Spiel „Stille Post", bei dem eine Information über eine Kette
von Vermittlern vom ursprünglichen Sender zum intendierten Empfänger geschickt
wird. Im Spiel macht man sich einen Spaß daraus zu erleben, mit welchen Verzerrungen
das ursprünglich Gesagte am Ende ankommt. Im Unternehmen wird aus Spaß leider
schnell Ernst. Im Gegensatz zum Spiel, in dem häufig eine eindimensionale Information,
ein einfacher Satz übermittelt und durchaus zur Steigerung des Vergnügens schwer verständlich weiter geflüstert wird, müssen in Unternehmen häufig inhaltlich komplexe und
unterschiedlich bewertbare Informationen vermittelt werden. Informationsvermittler
interpretieren nahezu zwangsläufig das Aufgenommene und filtern je nach Interpretation
Teile heraus, fassen zusammen oder erweitern die Botschaft nach subjektivem Empfinden für den Zuschnitt auf den Empfänger. Geschieht dieser Prozess in mehrerer Stufen,
dann ist die Folge solcher mehrstufigen Kommunikationswege fast immer eine Reduzierung und zumeist eine Verfälschung des ursprünglichen Informationsgehalts. Je mehr
Stufen zwischengeschaltet werden, desto größer ist die Wahrscheinlichkeit von Informa-
tionsverlust und -verfälschung. Für den Empfänger ist der Aufwand dann jeweils um so
größer, die erhaltenen Informationen zu überprüfen und sicherzustellen, dass das Relevante ihn erreicht hat. Ähnlich dem Spiel mag am Ende der eine oder andere Vermittler
oder der unbeteiligte Betrachter ein gewisses Vergnügen empfinden, der letzliche Empfänger hat sicherlich am wenigsten zu lachen.

Dieses Beispiel verdeutlicht eine Möglichkeit, die Effektivität von Kommunikationswe-
gen einzuschränken. Die einschlägige Forschung hat eine Reihe von „Kommunikationsbarrieren" herauskristallisiert, die die Kommunikation zwischen Mitgliedern einer Organisation behindern (vgl. Donnelly et al. 1990, S. 428f; Staehle, 1991, S. 281). Diese
können struktureller und/oder persönlicher Art sein und lassen sich in folgenden Punkten
zusammenfassen:

Persönliche Kommunikationsbarrieren:

- ► Zielkonflikte zwischen Personen
- ► Vorgefasste Meinungen/Vorurteile/Stereotype
- ► Dissonante Informationen
- ► Semantische Unterschiede (z. B. Fachterminologie)
- ► Fehlende Motivation, Interesselosigkeit
- ► Mangelnde Kommunikationsfähigkeit

Strukturelle Kommunikationsbarrieren:

- ► Vielzahl von Vermittlern zwischen Sendern und Endabnehmern von Nachrichten
- ► Unzuverlässigkeit von Informationsquellen
- ► Schlechtes Organisationsklima
- ► Hohe Arbeitsteilung/Spezialisierung
- ► Hierarchisches Kommunikationssystem (Statusunterschiede)

In unserem Zusammenhang des Management Context Audits sind im Wesentlichen die strukturellen Kommunikationsbarrieren von Bedeutung. Auf die Anzahl von Zwischenstufen, die eine Information bis zum letztlich adressierten Empfänger durchlaufen muss und die aus ihnen resultierenden Defizite habe ich oben bereits hingewiesen. Darüber hinaus sind vornehmlich folgende Zusammenhänge relevant:

Die tatsächliche, insbesondere aber die wahrgenommene *Unzuverlässigkeit* von Informationsquellen hat erheblichen Einfluss darauf, wie intensiv jemand eigene Such- und Prüfanstrengungen unternimmt, um sicherzustellen, dass seine Informationsbasis vollständig und zutreffend ist. Dementsprechend gehen mit Informationsquellen, die unzuverlässig sind bzw. als unzuverlässig wahrgenommen werden, Zeitverluste, Empfinden von Unsicherheit und Demotivation einher. Bei tatsächlicher Unzuverlässigkeit folgen zusätzlich ggf. falsche Entscheidungen.

Ein *schlechtes Klima in der Organisation* reduziert die Häufigkeit und Intensität der Interaktion. Proaktives Informieren, Mitdenken und Hilfsbereitschaft nehmen ab. Die weiter unten beschriebenen Effekte des strategischen Informationsverhaltens gedeihen hier besonders gut.

Hohe Arbeitsteilung und Spezialisierung haben häufig zur Folge, dass sich sehr eigenständige kleine Bereiche bilden, die jeweils im Innern sehr intensiv, untereinander aber kaum kommunizieren. Eine systematische Vernetzung und gegenseitige Abhängigkeit in den Arbeitsprozessen kann solcher Inselbildung entgegen wirken.

Hierarchiebedingte Blockaden treten auf, wenn wahrgenommene Statusunterschiede oder tatsächlich existierende explizite oder implizite Normen die Kommunikation über Hierarchiestufen hinweg beeinträchtigen. Nicht selten aus fehlendem Bewusstsein für die Relevanz bestimmter Informationen auf niedrigeren Hierarchiestufen oder aus Überlastungsgründen wird Information nicht weiter gegeben. Diese Effekte verstärken sich, wenn es in den Chefetagen nicht üblich ist, Kontakte in die Organisation hinein unabhängig von Hierarchiestufen zu pflegen bzw. Mitarbeiter oder Führungskräfte keine Erlaubnis wahrnehmen, sich auch außerhalb vorgegebener Berichtszeiten und -themen an ihre jeweiligen Vorgesetzten zu wenden.

Kommunikation durch persönliche Kontakte

Im Rahmen der Forschung zur top-down-Kommunikation ist bemerkenswert, dass unterschiedliche Autoren zu dem Ergebnis kommen, dass das persönliche Gespräch für die Effektivität der Kommunikation von herausragender Bedeutung ist:

▶ Je komplexer die Information, desto eher sollte sie in direkter persönlicher Kommunikation übermittelt werden, da hier die Anzahl der Kanäle (verbal und nonverbal) am größten ist und die Möglichkeit der direkten Rückmeldung und dadurch Sicherung des Verständnisses ermöglicht wird (vgl. Spieß & Winterstein, 1999).

▶ Je wichtiger die Erinnerung der Information, desto stärker sollte die Information zeitlich und räumlich direkt, das heißt im persönlichen Kontakt, im Dialog statt in einseitiger Kommunikation, wiederholt statt einmalig und eher in nicht öffentlichen Situationen vermittelt werden (Grosser, 1988, S. 90f.).

▶ Sind vor allem motivationale Ziele mit der Informationsvermittlung verbunden, sollten diese eher in einem persönlichen Gespräch stattfinden, da hier zielgruppenspezifische Sprache, Symbolik und Repräsentativität besser einfließen kann (Harris, 1993, S. 103ff.).

In diesen Ergebnissen zeigt sich die Bedeutung der direkten persönlichen Interaktion. Dies gilt vor allem für die Vermittlung komplexer und wichtiger Informationen sowie die Motivation von Mitarbeitern. In Anbetracht der Tatsache, dass durch neue Kommunikationsmedien auch innerhalb von Unternehmen zunehmend über elektronische Wege kommuniziert wird (vgl. Spieß & Winterstein, 1999), erlangen diese Ergebnisse besondere Bedeutung.

Effektive bottom-up-Information

Großen Einfluss auf die Effektivität des Handelns von Managern hat die Versorgung mit Informationen aus ihrem Verantwortungsbereich (bottom-up-Information). Managern muss ermöglicht werden, zeitnah relevante und angemessen selektierte Informationen über Prozess- und Ergebniskennzahlen ihres Bereichs bzw. des Unternehmens insgesamt als Entscheidungsbasis nutzen zu können. Wodurch zeichnen sich effektive Informationssysteme aus? Auch hier sind die oben genannten Kommunikationsbarrieren wirksam, das heißt auch hier sind die strukturellen Bedingungen der Art und Anzahl zwischengeschalteter Stationen sowie die Zuverlässigkeit der Informationskanäle zu betrachten. Weiterhin haben sich in der Forschung zur Suche und Nutzung von Informationen in Entscheidungssituationen von Managern einige Aspekte gezeigt, die in die folgenden Empfehlungen für Art und Aufbereitung von bottom-up-Information münden:

▶ Effiziente Selektion und Zusammenfassung von Informationen im Hinblick auf relevante Entscheidungen,

▶   Zugleich erkennbare Vollständigkeit im Hinblick auf die wesentlichen Aspekte,

▶   Schnelle Verarbeitbarkeit durch inhaltliche Einordnung und formale Standardisierung in der Aufbereitung.

2.5.3   Strategisches Informationsverhalten

Die selektive Nutzung existierender Strukturen und die bewusste Manipulation und Steuerung von Informationsflüssen im Unternehmen wird zusammenfassend auch als „strategisches Informationsverhalten" bezeichnet und findet sich in wohl allen Organisationen. Von strategischer Kommunikation spricht man, wenn Informationen bewusst zurückgehalten oder verfälscht werden, Informationszugänge für bestimmte Personen beschränkt oder Mitarbeiter im Informationsfluss bevorzugt werden. Ziel dabei ist die Verschaffung oder Sicherung persönlicher Vorteile (vgl. Dick, 1992, S. 456). In einer Reihe von Studien hat sich gezeigt, dass diese Art der Informationsmanipulation in Organisationen gerade auch unter Führungskräften an der Tagesordnung ist (vgl. Wahren, 1987, S. 65). Resultate des strategischen Informationsverhaltens sind eingeschränkte und verzerrte Informationen, die effektives Handeln erschweren und langfristig Vertrauen und kooperatives Zusammenarbeiten unmöglich machen.

Die Betrachtung des strategischen Kommunikationsverhaltens ist von Bedeutung, da es mitunter erhebliche Auswirkungen auf das Arbeitsklima, die Motivation und die Leistung der betroffenen Personen haben kann. Abgesehen davon, dass Manager selbst solches Verhalten nicht selten zeigen, können sie andererseits auch mehr oder weniger massiv in ihrem Umfeld davon betroffen sein. Zur persönlichen Kompetenz der Führungskraft gehört sicherlich, sich aktiv gegen solche Strukturen zu positionieren, sich nicht in Spiele dieser Art hinein ziehen zu lassen und zugleich sicherzustellen, dass sie nicht ihr Opfer wird. Aus solchen Konstellationen resultierende Leistungsdefizite eines Managers jedoch unhinterfragt persönlicher Inkompetenz zuzuschreiben, hieße Verantwortlichkeiten falsch einzuschätzen.

2.5.4   Schlussfolgerungen für ein Management Context Audit

Es ist sehr wichtig, im Rahmen eines Management Audits das Ausmaß von Vertrauen im Management, die in Quantität und Qualität angemessene Versorgung mit Informationen sowie die Auswirkungen strategischen Informationsverhaltens zu verifizieren:

▶   Wird für den einzelnen Manager im Unternehmen Vertrauen durch Offenheit, Authentizität, Ansprechbarkeit, Diskretion und Fairness in seinem Umfeld gefördert?

▶ In welchem Ausmaß ist gewährleistet, dass Managern des Unternehmens jederzeit die für sie relevanten Informationen zur Verfügung gestellt werden bzw. sie auf sie zugreifen können?

▶ Wie groß ist der Entscheidungsspielraum eines Managers im Hinblick auf eine den konkreten Bedingungen angemessene Gestaltung von Information und Kommunikation?

▶ Sind strukturelle Kommunikationsbarrieren am Werk, die Geschwindigkeit und Zuverlässigkeit von Informationen beeinträchtigen?

▶ In welchem Ausmaß werden persönliche Kontakte für die Kommunikation in wichtigen und komplexen Anliegen genutzt?

▶ In welchem Umfang und in welcher Aufbereitung werden Informationen aus dem Verantwortungsbereich zur Verfügung gestellt?

▶ In welchem Ausmaß werden Führungskräfte durch strategisches Kommunikationsverhalten in ihrem Umfeld verunsichert und in ihrer Leistungsfähigkeit beeinträchtigt?

2.6 Zielsetzung und Zielverpflichtung

Ein Wesensmerkmal von Organisationen ist ihre Zielgerichtetheit. Sie werden gegründet und aufrecht erhalten, um bestimmte Ziele zu erreichen, und es sollte sichergestellt sein, dass die Aktivitäten der handelnden Personen zielgerichtet sind. Die Art und Weise, wie im Unternehmen Ziele definiert werden und wie die Menschen und durch sie die Strukturen und Prozesse der Organisation auf die Ziele ausgerichtet werden, prägt das Verhalten der Menschen in Organisationen maßgeblich. Im Rahmen eines Management Context Audits ist die Betrachtung der Qualität von Zielbildungs- und Zielbindungsprozessen im Management von zentraler Bedeutung. Gelingt dieser Prozess, werden Kräfte gebündelt und ausgerichtet, gelingt er nicht, drohen Leistungseinbußen und Leistungsdiffusion.

2.6.1 Ziele der Organisation und persönliche Ziele

Viel diskutiert ist die Frage, ob Unternehmensziele mit den individuellen Zielen der Führungskräfte kompatibel sein sollten. Einerseits spricht Vieles dafür, denn je übereinstimmender die Ziele des Einzelnen mit den Zielen des Unternehmens, desto stärker werden die eigenen Interessen im Arbeitsalltag befriedigt, desto größer ist die Arbeits- und Leistungsmotivation und desto weniger externe Verhaltenskontrolle ist erforderlich (vgl. Kristof, 1996). Andererseits wird berichtet, dass Produktivität und Effektivität sinken, Reaktionskosten durch Absentismus und Fluktuation zunehmen und das Arbeits- und Betriebsklima sich verschlechtern, wenn die Verfolgung und Erreichung persönlicher Ziele des Mitarbeiters durch die Organisation und ihre Struktur blockiert werden (Wottawa & Gluminski, 1995).

Der Versuch, Zielkongruenz zwischen Mitarbeitern und Unternehmen herzustellen, ist jedoch auf Grund der vorrangig ökonomischen Interessen von Unternehmen im Gegensatz zu den häufig vielseitigeren individuellen Interessen schwierig. Insbesondere Ziele der einzelnen Person nach hoher Autonomie und Selbstverwirklichung stehen häufig im Gegensatz zu Formalisierung und Rollenbindung im Unternehmen (vgl. Argyris, 1964; Wottawa & Gluminski, 1995). Verschärft wird der Zielkonflikt nicht selten dadurch, dass Unternehmen in ihren Leitbildern ganz andere als die ökonomischen Interessen in den Vordergrund stellen und dadurch auf den ersten Blick Zielkongruenz mit Zielen von Mitarbeitern durchaus vorstellbar erscheint. Tatsächlich aber entpuppen sich diese Leitbilder häufig als Ideologie und stellen keine ernst gemeinten Ideale oder Visionen dar.

Ist also die Zielkongruenz ebenso wünschenswert wie unrealistisch? Mir scheint, die dieser Frage innewohnende Betrachtungsweise ist wenig hilfreich. Es sollte eher nach den Bedingungen der Möglichkeit einer angemessenen und auch ausreichenden Zielkongruenz zwischen Unternehmen und Mitarbeitern gefragt werden. Unter dieser Perspektive ist entscheidend, dass die Beteiligten wissen, was jeder erwartet und welche eigenen Erwartungen realisierbar sind, welche aber auch nicht. Der Anspruch, im Unternehmenskontext die Erfüllung aller individuellen Ziele realisieren zu können, ist kontraproduktiv, weil einseitig. Kein Unternehmen kann und wird sich ernsthaft darum bemühen, sich so um die Ziele der Mitarbeiter herum zu organisieren, dass deren optimale Realisierung erreicht wird. Andererseits wird ein Unternehmen, das sich für die Ziele der Mitarbeiter weiter nicht interessiert, sehr bald mit Fluktuation, Absentismus und mangelnder Einsatzbereitschaft zu kämpfen haben. Welches sind also die Bedingungen der Möglichkeit einer angemessenen und auch ausreichenden Zielkongruenz zwischen Unternehmen und Mitarbeitern? Ich sehe folgende:

► ernsthaftes Interesse an den Zielen und Erwartungen der jeweils anderen Seite,
► Ehrlichkeit über die eigenen Ziele und Erwartungen,
► gegenseitige Vermittlung der jeweiligen Ziele und Erwartungen,
► gemeinsames Ausloten und Aushandeln der Möglichkeiten, Ziele zu realisieren.

Eine Kultur, die persönliche Ziele von Führungskräften und Mitarbeitern sehr ernst nimmt, die Auseinandersetzung mit ihnen als wichtige Aufgabe im Management definiert und es gestattet oder sogar verlangt, optimierte Zielkongruenz aktiv zu erarbeiten, ist in dieser Hinsicht also hilfreich. Eine Kultur, die Wert auf eine partnerschaftliche und immer wieder aktualisierbare Vereinbarung darüber legt, wer welche Ziele verfolgt und mit welcher Zielerfüllung rechnen kann, schafft den Rahmen für eine Erwartungshaltung, die Erfolg und Bestätigung ermöglicht statt Frustration und Demotivation vorzuprogrammieren. Unbestritten ist, dass solche Verhandlungen kein Zuckerschlecken sind, da in aller Regel bestimmte Ziele für deren Verfechter nicht verhandelbar sind. Kulturen geben auch dazu häufig die Marschrichtung vor und definieren das Ausmaß an Klarheit und Fairness, mit der solche unverhandelbaren Positionen vertreten werden und wie sehr Wert auf die Begründung und Nachvollziehbarkeit dessen gelegt wird.

2.6.2   Zielvereinbarungssysteme

Auf Grund ihrer Zielgerichtetheit ist es alles andere als verwunderlich, dass sehr viele Organisationen versuchen, durch systematische Zielvereinbarungssysteme für eben diese Handlungsausrichtung zu sorgen. Gut konzipiert und professionell umgesetzt, wirken sie aktivierend und motivationssteigernd. Sie geben Orientierung in Bezug auf anzustrebende Ergebnisse und ermöglichen gezielteres Handeln. Auf diese Weise können bedeutsame Leistungssteigerungen erreicht werden. Der leistungsfördernde Einfluss von persönlichen Zielen konnte vor allem in der amerikanischen Literatur immer wieder und deutlich nachgewiesen werden (vgl. Locke & Latham, 1990; Kleinbeck, 1991).

Ein erster wichtiger Aspekt ist dabei die Transparenz und interne Konsistenz des Zielsystems im Unternehmen. Sind die einzelnen Ziele nicht miteinander vereinbar oder ist die Zielhierarchie des Unternehmens unklar, wird zielorientiertes Arbeiten der Einzelnen sowie die Zusammenarbeit in Teams erschwert, und es resultieren Leistungsdefizite.

Weiterhin ist vielfach herausgearbeitet worden, wie Ziele gestaltet sein müssen, um die gewünschten Wirkungen zu erzielen. Die Klassifikationsansätze zur Bestimmung der Qualitätsanforderungen an Zielsysteme und Ziele im Einzelnen sind mannigfaltig. Locke und Latham, die wohl prominentesten Vertreter der Zielsetzungsmethodik stellen heraus, Ziele wirkten dann motivations- und leistungssteigernd, wenn sie

- ▸   klar und spezifisch sind,
- ▸   einen hohen Schwierigkeitsgrad haben,
- ▸   akzeptiert und zeitlich überdauernd verfolgt werden und
- ▸   die Zielerreichung durch kontinuierliches Feedback begleitet wird.

Zum einen sollen Ziele also klar und spezifisch sein. In erster Linie ist hier angesprochen, dass keine Zweifel darüber bestehen sollten, was in dem Ziel beschrieben ist. Befragte man unterschiedliche Beteiligte zum Inhalt der Zielsetzung, sollten dieselben Antworten kommen. Dazu bedarf es einer möglichst konkreten Zielbeschreibung. In Bezug auf die Zielhierarchie stellt die Klarheit und Eindeutigkeit einen erfolgskritischen Faktor eines Zielvereinbarungssystems dar. Leistungsbestimmend ist nämlich neben dem konkreten Einzelziel auch die Hierarchie, in der einzelne Ziele zueinander stehen. Die erkennbare Relevanz individueller Ziele im eigenen Verantwortungsbereich Ziele für übergeordnete Zielsetzungen, letztlich für die Erreichung einer Vision, ist für den einzelnen Manager und Mitarbeiter höchst bedeutsam, weil sie der Verfolgung seiner persönlichen Ziele im Rahmen seiner Tätigkeit einen spürbaren Sinn verleiht, weil sie Ganzheitlichkeit und Vernetzung herstellt. Zudem ist wichtig, dass Zielhierarchien im Unternehmen sozial geteilt werden, d. h. innerhalb des Unternehmens, insbesondere innerhalb des Managements, gleich konstruiert sind. Unklarheiten und Unterschiede in den subjektiven Zielhierarchien der Einzelnen haben Handlungen zur Folge, die für den Einzelnen zwar zielorientiert sind, insgesamt aber eine Entbündelung der ergebnisorientierten Kräfte darstellen. Weiterhin müssen die einzelnen Ziele im Hinblick auf ihre Kompatibilität betrachtet werden. Teilziele, die sich gegenseitig widersprechen, können von vornherein nicht zur maximalen Zielerreichung führen. Sie führen zudem zu Konkurrenz zwischen Handlungen und behindern dadurch die Realisierung des Leistungspotenzials.

Ziele sollten weiterhin anspruchsvoll sein. Schwieriger zu erreichende Ziele sind häufig besonders attraktiv und führen zu gesteigertem Ehrgeiz und größerer Ausdauer bei auftauchenden Schwierigkeiten. Gleichzeitig müssen sie jedoch immer noch so realistisch sein, dass sie von den Betroffenen akzeptiert und erreicht werden können. Sind sie unrealistisch hoch gesetzt, hat dies einen leistungshemmenden Effekt (Furnham, 1997). Im Prozess der Zielvereinbarung müssen deshalb neben der Berücksichtigung des individuellen Leistungspotenzials auch motivationale Voraussetzungen und das Frustrationspotenzial des Einzelnen einbezogen werden.

Für das Ausmaß der Anstrengung und Ausdauer haben sich neben aufgaben- und personenspezifischen Faktoren auch soziale Normen als einflussreich erwiesen (Kleinbeck, 1991). Je verpflichtender die Zielerreichung durch die Unternehmenskultur empfunden wird, desto größer die Anstrengung und Ausdauer bei der Erreichung der Ziele. Für die Sicherstellung der Erreichung von Zielen sind also auch vom Individuum unabhängige unternehmensinterne Faktoren zu beachten (vgl. dazu auch Kap. 3, Management Team Audit).

Die Zielbindung kann auf unterschiedliche Weise erfolgen. Partizipative Erarbeitung von Zielen führt nach weit verbreiteter Auffassung zu größerer Identifikation mit den Zielen, zu verbesserter Arbeitsmoral, Arbeitszufriedenheit und gesteigerter Leistung (vgl. Antoni, 1999). Jedoch finden sich zahlreiche Hinweise darauf, dass partizipative Zielvereinbarungen nicht zu einer höheren Zielbindung oder Leistung führen als vorgegebene Zielsetzungen, die plausibel begründet werden (vgl. Latham und Locke, 1990). Ziele können demnach sowohl effektiv sein, wenn sie im Dialog mit dem Betroffenen entwickelt werden als auch, wenn sie von Vorgesetzten vorgegeben werden. Relevanter Faktor für die Effektivität in beiden Fällen ist die Akzeptanz der Ziele bei den Betroffenen (vgl. Holling & Liepmann, 1993; Furnham, 1997). Die Akzeptanz hängt im Wesentlichen davon ab, für wie wahrscheinlich die Erreichung des Ziels gehalten wird, wie attraktiv bestimmte Konsequenzen der Zielerreichung sind und als wie sicher es wahrgenommen wird, die gewünschten Konsequenzen bei Zielerreichung auch tatsächlich zu erhalten. Zielvereinbarungen sollten schließlich formalisiert werden. Am besten geschieht dies in Form eines schriftlichen „Vertrages". Die schriftliche Fixierung hat den Vorteil, einen bindenderen Charakter zu haben und kann weiterhin als Anknüpfungspunkt des nächsten Zielvereinbarungsgespräches verwandt werden.

Als wesentlicher Aspekt für ein erfolgreiches Zielvereinbarungssystem gilt die Leistungsrückmeldung. In einer Reihe von Labor- und Feldstudien hat sich gezeigt, dass die leistungssteigernden Effekte von Zielvereinbarungen deutlich größer ausfallen, wenn systematisches Feedback zur Zielerreichung gegeben wird. Die Installierung von Zielvereinbarungsgesprächen und die Kompetenz der Manager, solche Gespräche zu führen und Feedback zur Zielerreichung zu geben, haben große Bedeutung für die Leistungsentfaltung der Führungskräfte und Mitarbeiter.

Der einzelne Manager ist in verschiedener Hinsicht in das Zielvereinbarungssystem eingebunden und in seinen Leistungen von ihm mit gesteuert. Die folgenden Punkte machen deutlich, wie sehr auch hier Management Context Audit und Manager Competence Audit eng ineinander greifen:

Der Manager selbst ist als zur Erfüllung bestimmter Ziele Verpflichteter eingebunden in ein mehr oder weniger gut funktionierendes Zielvereinbarungssystem, das heißt:

▶ Für ihn selbst werden Ziele mehr oder weniger gut erarbeitet.
▶ Er selbst ist mehr oder weniger starkem sozialen Druck ausgesetzt und empfindet eine mehr oder weniger hohe Verpflichtung, diese Ziele konsequent zu verfolgen.
▶ Er selbst ist eingebunden in eine mehr oder weniger konsistente Zielhierarchie.
▶ Er selbst ist nicht unabhängig von der Kompetenz seines Vorgesetzten in Rückmeldung und Entwicklung.

Andererseits ist er als Führungskraft gefordert, das Zielvereinbarungssystem als Führungsinstrument seinen Mitarbeitern gegenüber zu nutzen, das heißt:

▶ Er muss mit seinen Mitarbeitern Ziele effizient vereinbaren.
▶ Er muss die Zielerreichung begleiten und kontrollieren.
▶ Er muss hilfreiche Rückmeldung zur Zielerreichung geben und ist insofern mit seiner persönlichen Kompetenz gefragt.

2.6.3   Schlussfolgerungen für ein Management Context Audit

Im Hinblick auf Zielbildung und Zielverfolgung sollte ein Management Context Audit folgende Fragen beantworten:

▶ Welche Rolle spielt Zielkongruenz zwischen Unternehmenszielen und persönlichen Zielen im Management, und wie wird sie ggf. gesucht?
▶ Gibt es eine Kultur, die persönliche Ziele von Führungskräften und Mitarbeitern sehr ernst nimmt, die Auseinandersetzung mit ihnen als wichtige Aufgabe im Ma-

nagement definiert und es gestattet oder sogar verlangt, optimierte Zielkongruenz aktiv zu erarbeiten?

▶ Existiert ein funktionierendes Zielvereinbarungssystem?

▶ Existiert eine nachvollziehbare und konsistente Zielhierarchie?

▶ Wie ist die Qualität der Zielbildung im Sinne der benannten Kriterien Klarheit, Anspruchsniveau und Erreichbarkeit der Ziele?

▶ Wie gut werden Akzeptanz und Verpflichtungsgrad der Zielsetzungen sichergestellt?

▶ Wie professionell erfolgen Rückmeldungen zur Zielerreichung?

2.7 Beurteilung und Belohnung

Regelmäßige systematische Leistungsbeurteilungen und mit ihnen verbundene Mitarbeitergespräche zur Rückmeldung und Erläuterung dieser Beurteilungen sind in nahezu allen größeren Unternehmen mittlerweile institutionalisierte Maßnahmen. Sie finden im Allgemeinen einmal im Jahr als Jahresrückblick statt und dienen vor allem der Beratung und Förderung des Mitarbeiters, der Orientierung beider Seiten in Bezug auf seinen Leistungsstand, der Lohn- und Gehaltbestimmung sowie der Evaluation von unternehmensinternen Maßnahmen und dem unternehmensinternen Anreiz- und Verstärkersystem (vgl. Hoyos et al. 1990). Will man die Qualität von Leistungsbeurteilungssystemen bewerten, müssen die zu Grunde gelegten Beurteilungskriterien, die Konsequenz und Qualität, mit der das System im Unternehmen genutzt wird und die Verknüpfungen mit anderen Personalführungssystemen, insbesondere mit Vergütungs- und Belohnungssystemen auf ihre Klarheit, Schlüssigkeit und Effektivität hin beurteilt werden.

2.7.1 Beurteilungskriterien

Ein erster Qualitätsaspekt von Beurteilungskriterien ist ihre angemessene Auswahl im Hinblick auf die zu beurteilende Person. Definiert man Leistung im Rahmen einer Organisation als den Beitrag eines Individuums zu den Zielen dieser Organisation (vgl. Hoyos et al., 1990, S. 177), so wird offensichtlich, dass bei der Erfassung der Leistung von Führungskräften vergleichsweise breite Kriterien herangezogen werden müssen. Es müssen neben verschiedenen fachlichen auch eine Reihe von methodischen und sozialen Kompetenzen beurteilt werden, um die Vielschichtigkeit der Leistungserwartung adäquat abzubilden und ihre Leistung in ihrer Gesamtheit angemessen zu erfassen. Je bedeutsamer eine Führungskraft für die Prägung der Unternehmenskultur ist, desto wichtiger werden darüber hinaus persönliche Werthaltungen und ihre Vermittlung ins Unternehmen hinein. Ein modernes Leistungsbeurteilungssystem wird auch diese personale Seite der Leistung berücksichtigen.

In einem nicht zu übersehenden Spannungsverhältnis zur geforderten Breite steht die Notwendigkeit, sich im Beurteilen auf das Wesentliche zu konzentrieren. Für die Auswahl ist allein eine Frage entscheidend: Welche Aspekte der Person und ihres Verhaltens sind erfolgsentscheidend im Hinblick auf die zu erzielenden Ergebnisse? Nur auf sie sollte sich die Beurteilung beziehen.

Neben der Beschränkung auf das Wesentliche führt ein weiteres Qualitätsmerkmal von Beurteilungssystemen zur Fokussierung der Aufmerksamkeit: die innere Konsistenz des Kriteriensystems. Fügen sich die Kriterien zu den unterschiedlichen Leistungsbereichen so zueinander, dass sie die Person in ihrer Ganzheitlichkeit auf bestimmte wesentliche Ziele konzentriert, oder zerreißt es sie durch die Widersprüchlichkeit oder Vielgerichtetheit der Beurteilungskriterien?

Aus den vorangegangenen Überlegung ergibt sich unmittelbar die Forderung, dass Beurteilungskriterien auf die aktuellen Ziele des Unternehmens bzw. des jeweiligen Verantwortungsbereichs eines Managers bezogen sind. Insofern ist die Aktualität eines Kriteriensystems zu überprüfen. Immer wieder findet man Kriterienkataloge, die aus grauer Vorzeit des Unternehmens stammen und mit den aktuellen Herausforderungen und Zielen herzlich wenig zu tun haben.

Schließlich ist die Transparenz und Klarheit der Kriterien für den beurteilten Manager von heraus zu hebender Bedeutung. Durch Transparenz kann das Handeln des Einzelnen im Arbeitsalltag selbständiger und ergebnisorientierter gesteuert werden. Die Forschung zur Effektivität von Leistungsbeurteilungen hat gezeigt, dass schon die Transparenz von Kriterien für die Mitarbeiter zu einer Leistungssteigerung führen kann (z. B. Holling, Lammers & Pritchard, 1999). Dies gilt insbesondere dann, wenn die Verknüpfung des Beurteilungssystems mit Belohnungs- und Unterstützungs- oder Entwicklungssystemen nachvollziehbar und berechenbar ist.

2.7.2   Das gelebte Beurteilungssystem

Die Konsequenz und Qualität, mit der ein Beurteilungsprozess durchgeführt wird, ist ebenfalls von Bedeutung für dessen Nutzen im Hinblick auf die Steigerung von Leistung und Ergebnissen der Führungskräfte. Zur Qualität gehört die methodische Umsetzung der eingesetzten Instrumente, die angemessene Strukturierung des Prozesses der Informationsgewinnung und -verarbeitung auf Seiten des Beurteilers sowie seine kommunikative Kompetenz im Rückmeldegespräch.

Im Hinblick auf die Effektivität eines Beurteilungssystems ist dann noch eins zu beachten: Wie steht es mit inoffiziellen Beurteilungen im Unternehmen? Welche Regeln und

Normen gibt es neben dem offiziellen Beurteilungssystem, evtl. sogar gegen es? Starke informelle Beurteilungen und im sozialen System relevante Belohnungen können das Verhalten unter Umständen stärker steuern als einmal jährliche Beurteilungen, verbunden mit einem mehr oder weniger gut geführten Rückmeldegespräch. Die Konsequenz daraus ist klar: Die Zyklen, in denen Rückmeldung zu den Kriterien erfolgt, sollten kürzer, z. B. vierteljährlich sein. Das einzelne Gespräch kann dann durchaus kürzer ausfallen.

2.7.3   Belohnungssystem

Im Rahmen formalisierter Beurteilungsprozesse und/oder von ihnen unabhängig wird in jedem Unternehmen bestimmtes Verhalten positiv, anderes neutral, wieder anderes negativ bewertet. Solchen Bewertungen folgend, werden Belohnungen ausgegeben oder nicht ausgegeben, Prämien gezahlt oder einbehalten, unter Umständen aber auch Sanktionen ausgesprochen. Durch die spezifische Gestaltung des Belohnungssystems wird offenkundig, was gewünscht wird und was nicht. Das Ausmaß allerdings, in dem solche Richtlinien systematisch ausgearbeitet, klar kommuniziert und konsequent umgesetzt werden, schwankt erheblich. Mitarbeiter und Führungskräfte im Unternehmen reagieren sehr sensibel auf Signale, die ihnen verdeutlichen, wie das Belohungssystem funktioniert und beginnen schon längst bevor vergebene Belohnungen das Stadium eines durchdachten und zielorientierten Systems erreicht haben, ihr Verhalten so auszurichten, dass es zur Erreichung gewünschter Belohungen dienlich ist. Eine Beratungsgesellschaft zum Beispiel, die ihren Beratern ausschließlich dann Prämien zahlt, wenn sie einen neuen Kunden akquirieren, wird sich darüber freuen können, wenn der Kundenstamm zu wachsen beginnt, darf sich aber andererseits nicht wundern, wenn es plötzlich extrem schwierig wird, Zielkundenmarketing und Zielkundenakquisition durchzuhalten. Da jeder Kunde Prämien bringt, wird jeder akquiriert. Da die Betreuung der so gewonnenen Kunden wiederum nicht prämienbewährt ist, ist es freilich auch interessanter, sich der nächsten Akquisition zu widmen. Dem Kundennutzen entspricht ein solches System wenig – aber es funktioniert.

Ich betrachte Belohnungssysteme im Kontext dieses Buches ausschließlich in ihrer Funktion als Bestandteil der Rahmenbedingungen, die es Managern mehr oder weniger leicht machen, sich auf die Erreichung ihrer Ziele und Ergebnisse zu konzentrieren. Für die Effektivität eines Belohnungssystems in diesem Sinn muss zum einen der Zusammenhang zwischen eigenem Verhalten/eigener Leistung und dem Erreichen einer Belohung klar nachvollziehbar und berechenbar sein. Kausalität und Konsistenz der Beziehung zwischen Verhalten und Konsequenzen (z. B. Heckhausen, 1989) sind notwendige Bedingungen für das Funktionieren eines solchen Systems. Weiterhin ist zu beachten, dass der Anreiz eines Verstärkers subjektiv und daher von Person zu Person unterschiedlich ist. Es wird nur funktionieren, wenn der Anreizwert auch tatsächlich gegeben ist. Es könnte daher unter Umständen sinnvoll sein, individuelle oder wählbare Belohnungen für bestimmtes Verhalten oder das Erreichen bestimmter Kriterien aufzustellen. Die Wahrnehmung eines Zusammenhangs zwischen dem eigenen Verhalten und dem angestrebten Nutzen im Sinne einer wie auch immer gearteten Belohnung kann durch eine Reihe von Faktoren gestört werden (Wottawa, 1995, S. 201). Im Folgenden einige Beispiele aus dem Arbeitsalltag, die die Wahrnehmung von Kausalität zwischen Verhalten und Verstärkung behindern können:

▶ Materielle Verbesserungen werden nicht auf Grund persönlicher Leistungen, sondern auf Grund allgemeiner Regelungen (z. B. prozentuale Gehaltssteigerung für alle Mitarbeiter) oder auf Grund vom Verhalten unabhängiger persönlicher Bedingungen gewährt (z. B. Alter, Betriebszugehörigkeit).

▶ Die soziale Anerkennung durch Vorgesetzte ist unabhängig von der tatsächlichen Leistung (z. B. Lob ohne Bezug zu konkreter persönlicher Leistung).

▶ Beförderungen erfolgen nach (für das Individuum) nicht durchschaubaren Regeln.

Existiert wie in diesen Beispielen zwischen der Leistung und dem persönlichen Nutzen bzw. der Belohnung kein kausaler Zusammenhang – oder wird dieser vom Mitarbeiter nicht wahrgenommen, so bleiben auch potenziell gute Verstärker wirkungslos.

2.7.4   Schlussfolgerungen für ein Management Audit

Im Rahmen eines Management Audits sind im Hinblick auf die Qualität von Leistungsbeurteilungen folgende Fragen zu klären:

▶ Findet überhaupt eine regelmäßige und von systematischen Verfahren gestützte Leistungsbeurteilung von Managern statt?

▶ Im Hinblick auf die Beurteilungskriterien ist zu hinterfragen: Werden sie der Vielschichtigkeit der Leistungserwartungen gerecht? Konzentrieren sie sich auf die wesentlichen erfolgsrelevanten Aspekte? Ist das Kriteriensystem in sich konsistent und an den aktuellen Zielen ausgerichtet? Ist es den Betroffenen transparent?

▶ Sind Leistungsbeurteilung und Vergütung bzw. Belohnung ein integriertes System im Unternehmen?

▶ Ist der Beurteilungsprozess systematisch und professionell, und wird er konsequent gehandhabt?

▶ Wie ist das Verhältnis zwischen offiziellen und informellen Beurteilungen?

▶ Schließlich ist zu klären, welche Verstärkungsmechanismen es gibt, welches Verhalten belohnt, welches bestraft wird und ob dieses System im Wesentlichen durch Berechenbarkeit und individuelle Gestaltungsspielräume im gewünschten Sinne funktioniert.

2.8   Feedback zu Leistung und Verhalten

Jeder, der es selbst erfahren hat, weiß, dass professionell gegebenes Feedback in Bezug auf die eigene Leistung motivierend wirkt, Engagement steigert und uns zu gezielterem Handeln und höherer Leistung führt. Auch die Forschung in diesem Bereich spricht dazu eine eindeutige Sprache. (z. B. Becker & Klimoski, 1989; Frese, 1994; Holling & Liepmann, 1993). In nahezu allen Unternehmen findet Rückmeldung bezüglich der Leistung und des Verhaltens der Führungskräfte statt. Die konkrete Gestaltung des Feedbacks variiert jedoch von Unternehmen zu Unternehmen: Form, Systematik und Intention der Rückmeldung unterscheiden sich ebenso wie die Anzahl und Art der einbezogenen Beurteiler und die Situationen, in denen Feedback gegeben wird. Diese Variationen bleiben nicht ohne Einfluss auf die Leistung der Feedbackempfänger (vgl. Furnhan, A., 1997). Wie dieser Einfluss aussieht und welche Fragen sich daraus für ein Management Context Audit ergeben, soll im Folgenden deutlich werden. Die bereits besprochenen Zielvereinbarungs- und Beurteilungssysteme stellen wichtige Bausteine des Feedbacksystems eines Unternehmens dar. Darüber hinaus finden sich jedoch auch Feedbacksysteme, in denen nicht die Leistungsbeurteilung oder Zielvereinbarungen im Vordergrund stehen, sondern das Feedback an sich mit dem Zweck der direkt daraus folgenden Verhaltenssteuerung. Meistens handelt es sich dabei um Bottom-up-Feedback von Mitarbeitern zu Vorgesetzten oder um Multi-Source-Feedback-Systeme (z. B. 360°-Feedback), in denen Feedback von Vorgesetzten, Mitarbeitern, Kollegen und/oder Kunden eingeholt und – so der Regelfall – von externen Beratern ausgewertet und in einem vertraulichen Gespräch zurückgemeldet wird. Auch hier wird zwar beurteilt, diese Systeme erfüllen jedoch nicht die Qualitätsanforderungen von Leistungsbeurteilungen im o. g. Sinne und werden daher sinnvollerweise auch zu anderen Zwecken verwendet. Sie dienen vor allem der Verbesserung der Zusammenarbeit zwischen der beurteilten Person und den Beurteilern und stellen dementsprechend eher personalentwicklungsorientierte Systeme dar.

Insbesondere im Management ist Feedback ein Aspekt, den in Augenschein zu nehmen sich lohnt: Denn zum einen hat sich gezeigt, dass mit höherer Position das Ausmaß an erhaltenem Feedback abnimmt (Jones & Bearley, 1996), Rückmeldung zum anderen aber gerade umso wichtiger ist, je komplexer eine Aufgabe ist und je weniger es für die Person möglich ist, ihre Arbeitsergebnisse selbst zu bewerten. Auf Grund der Komplexität und Vielseitigkeit der Aufgaben von Managern und der sich verändernden Anforderungen an ihr Handeln ist Feedback also für ihr zielgerichtetes Arbeiten essentiell.

Auf Grund dieser Relevanz sollte ein Management Context Audit die Frage nach systematischem und informellem Feedback für Führungskräfte einbeziehen.

2.8.1   Systematisches Feedback

In den letzten Jahren ist geradezu ein Boom bei der Etablierung von Feedbacksystemen zur Beurteilung von Managern zu verzeichnen (vgl. Atwater et al., 1998). Neu im Vergleich zum traditionellen Feedback durch den Vorgesetzten ist die Einbeziehung mehrerer und verschiedener Beurteiler aus dem Arbeitsumfeld des Einzelnen. Ziele der verschiedenen Formen des systematischen Feedbacks sind vor allem die verbesserte Selbstwahrnehmung und berufliche Weiterentwicklung des Beurteilten, die Förderung der Teambildung und die Verbesserung der Beziehungen zwischen verschiedenen Interaktionspartnern und dem Manager. Vorgesetztenfeedback, Peerfeedback, Leadership Feedback 360°- oder Multisource Feedback sind Bezeichnungen für die unterschiedlichen Varianten derselben Idee: Managern aus einer oder mehrerer Perspektiven die Wirkung ihres Verhaltens im sozialen Kontext des Unternehmens, ggf. inklusive ihrer Kunden und Lieferanten zurück zu melden. Für die Weiterentwicklung und die Verbesserung der Leistung von Managern hat sich diese Methode als sehr effektiv erwiesen (vgl. Jones & Bearley, 1996, Jochum, 1991).

Grundsätzlich immer von Bedeutung für die Effizienz dieser Verfahren ist der Umgang mit den Ergebnissen. Die Daten müssen professionell ausgewertet und interpretiert werden, Verbesserungsmöglichkeiten sollten direkt erarbeitet und in ihrer Umsetzung begleitet werden.

Eindrucksvoll belegt wurden positive Effekte für das Bottom-up-Feedback von Walker und Smither. In einer experimentellen Langzeitstudie über einen Zeitraum von fünf Jahren mit 252 Managern und etwa 5000 Mitarbeitern konnten sie zeigen, dass die Besprechung der Verhaltens- und Leistungsbeurteilungen, die ein Vorgesetzter von seinen Mitarbeitern erhält, einen signifikanten Effekt auf seine Leistungsbeurteilung im kommenden Zeitraum hatte. Es ergab sich ein deutlicher Unterschied in der Verbesserung der Bewertungen der Manager durch seine Mitarbeiter im nächsten Jahr, wenn deren Einschätzungen in einer Gruppendiskussion zwischen Manager und Mitarbeitern besprochen worden waren. Im Rahmen der Diskussion wurden z. B. Bewertungen erläutert und die Bereitwilligkeit zur Verbesserung spezifischer Verhaltensweisen durch den Manager kommuniziert, was auch zu einer Verbesserung des Betriebsklimas führte. Grundlage für eine derartige Rückmeldung ist die Offenheit für Kritik, die Bereitwilligkeit zur Weiterentwicklung auf Seiten des Managers sowie seine Kompetenz, eine offene und konstruktive Atmosphäre innerhalb der Diskussion herzustellen. Diese ist jedoch erlern- und trainierbar (Walker & Smither, 1999).

Zunehmend werden auch kritische Stimmen gegen solche Feedbacksysteme laut (vgl. Neuberger, 2000, Sprenger, 2001). Die Kritik ist häufig eingebettet in eine grundsätzliche Ablehnung sich ablösender Managementtechniken, die unter Ideologieverdacht gestellt und als Instrumente angeprangert werden, die Führungskräfte zu in jeder Hinsicht angepassten, profil- und willenlosen, entindividualisierten, kurz: degenerierten Wesen gleichschalten. So reizvoll es ist, kann ich hier die Auseinandersetzung mit diesen kritischen Betrachtungen nicht in der Tiefe führen. Es lohnt sich sehr, über Sinn und Unsinn eines Feedbacksystems in einem konkreten Zusammenhang nachzudenken, denn die grundlegenden Problematiken, auf die die Kritiker hinweisen, können sich im konkreten Kontext sehr schnell realisieren. Ebenso ist aber eine Vorgehensweise vorstellbar, die ideologischen Missbrauch, Überwachungssystematik und Gleichschaltung ausschließt und tatsächlich konstruktive Hilfestellung in der Bewältigung konkreter Führungsaufgaben liefert. Dafür ist meines Erachtens von entscheidender Bedeutung, dass Führungskräfte im Rahmen von Feedbackprozessen Subjekte des Geschehens bleiben und nicht zu Objekten des Willens Dritter gemacht werden. Konkret heißt das, Führungskräften stets die Souveränität zu belassen, Feedback kritisch zu reflektieren und in Verantwortung den Personen gegenüber, die das Feedback geben, zu entscheiden, welche Anregungen sie in welcher Form aufnehmen.

Die Betrachtung solcher Feedbacksysteme als Teil der Rahmenbedingungen, die Handeln und Leistung von Managern tragen, kann nicht bei der Frage stehen bleiben, ob es systematische Feedbacks gibt, sondern muss aufklären, wie hilfreich sie im Einzelnen sind oder wie sehr sie verhindern, dass der Manager in seiner Aufgabe er selbst bleibt.

2.8.2   Informelles Feedback

Zur Feedbackkultur eines Unternehmens gehören neben den offiziellen auch informelle Formen der Beurteilung und Rückmeldung. Manche schreiben diesen täglichen arbeitsbegleitenden Rückmeldungen sogar mehr Bedeutung für die Wirkung auf Arbeitsleistung und Einstellungen zu als den formellen, jährlich oder halbjährlich stattfindenden Beurteilungsgesprächen (Farr, 1991). Aufgrund der zeitlichen Nähe zum spezifischen Arbeitsverhalten und des konkreten Handlungsbezuges kann der Einzelne sein weiteres Handeln gezielter steuern und ineffektive Verhaltensmuster werden gar nicht erst etabliert. Positives direktes Feedback wirkt außerdem ermutigend und motivierend und sollte allein schon aus diesem Grund häufiger als alle paar Monate erfolgen. Trotz des motivations- und leistungsfördernden Einflusses von informellem Feedback – bei vergleichsweise geringen Kosten – wird es häufig wenig unterstützt und gefördert. In Organisationen sollte aber neben der Durchführung von systematischen Beurteilungen auch das Bewusstsein für die Effektivität von informellem Feedback geschaffen werden. Die Bereitschaft zu informellem Feedback bei Vorgesetzten ist häufig gering (Farr, 1991). Sie sollte verstärkt und die Kompetenz der Vermittlung von konstruktivem Feedback (und seiner Annahme) im Arbeitsalltag geschult werden.

2.8.3   Schlussfolgerungen für ein Management Context Audit

In einem Management Context Audit muss beurteilt werden, ob systematisches und informelles Feedback innerhalb des Managements verankert sind. Hierzu lassen sich einige Aspekte ableiten, die es zu betrachten gilt:

▶ Ist regelmäßiges und systematisches Feedback institutionalisiert, und in welcher Form wird es durchgeführt?

▶ Handelt es sich um echte Hilfestellung für die Manager oder eher um deren Entmündigung im Rahmen eines Zwangs, allen gerecht zu werden?

▶ Welche Situation findet sich in Bezug auf informelles Feedback im Alltag? Sind die Rahmenbedingungen unter diesem Blickwinkel hilfreich und unterstützend für die einzelne Führungskraft oder das Management Team, oder sind sie eher hinderlich?

2.9   Entscheiden

Strukturen, Regeln und Prozesse, mit deren Hilfe in Organisationen Entscheidungen getroffen werden, prägen maßgeblich den Verhaltensspielraum, den Einzelne wahrnehmen oder auch faktisch haben. Im Zusammenhang eines Management Context Audits ist interessant, wie diese entscheidungsbezogenen Spielregeln der Organisation die Leistungsfähigkeit der Führungskräfte beeinflussen. Zum einen geht es dabei um die Frage, ob die Systeme dafür sorgen, dass die richtigen Entscheidungen getroffen werden, zum anderen darum, ob Entscheidungsstrukturen und -prozesse die Fähigkeiten und Motivation der Führungskräfte optimal unterstützen.

2.9.1   Entscheidungsstrukturen

Entscheidungsrechte stellen eines der wichtigsten Machtpotenziale und Machtsymbole in Organisationen dar. Sie werden zum Teil hart erkämpft und prägen das Denken und Handeln der Mitglieder in erheblichem Ausmaß. Sie bestimmen den Informationsfluss, verursachen Koalitionen und Manipulationen und prägen Beziehungen sowie die Arbeitsatmosphäre im Unternehmen. Um das Handeln von Managern zu verstehen, ist ein zentraler Faktor also die Betrachtung der Entscheidungsrechte bzw. der Entscheidungsstrukturen, in denen sie agieren. Grundsätzliche Fragen, die in diesem Zusammenhang gestellt werden müssen, sind die nach dem Entscheidungsspielraum des Einzelnen sowie nach dem Ausmaß der Partizipation Einzelner an Entscheidungen, die sie betreffen.

Entscheidungsspielraum

Auf die Frage, welche Entscheidungsstrukturen und -spielräume am effektivsten sind, gibt es keine allgemeingültige Antwort. Immer sind situative Faktoren der Art der Entscheidung und der beteiligten Personen zu berücksichtigen. Dennoch lassen sich einige grundlegende Merkmale von effektiven Entscheidungsstrukturen in Unternehmen identifizieren. So wurden verschiedene Entscheidungsmodelle aufgestellt, die jeweils spezifische Regeln und Prozesse für organisationale Entscheidungen postulieren. Diese wurden sowohl im Hinblick auf ihre Angemessenheit für Entscheidungen in Unternehmen als auch auf ihre Effektivität getestet. Folgende Modelle haben sich für die Beschreibung von Entscheidungsprozessen und -strukturen in Unternehmen als besonders hilfreich erwiesen (vgl. Scholl, 1993):

- *Das Bürokratiemodell* zeichnet sich durch eine maximale Kontrolle und Machtkonzentration an der Spitze des Unternehmens aus. Für Manager sind Ziele, Anweisungen und Entscheidungsprozesse klar von der Unternehmensleitung vorgegeben, der Einzelne hat nur sehr begrenzten Spielraum.

- *Das Modell des adaptiven Problemlösens* überwindet mit Hilfe einer geeigneten Struktur die individuellen Rationalitäts- und Informationsverarbeitungsbeschränkungen. Grundlage hier ist eine Arbeitsteilung und Spezialisierung in Unternehmen, bei der alle nur überschaubare Teilprobleme lösen müssen und insofern als Experten in ihrem Bereich agieren. Je breiter das zu überblickende Problemfeld (wie bei Managern), desto stärker die Konzentration auf die Hauptmerkmale des Problems. Für sich wiederholende Probleme werden anhand von Erfahrung und Nachahmung zur Entlastung Lösungsmuster und Programme entwickelt. Der Einzelne hat relativ großen Entscheidungsspielraum in seinem Verantwortungsbereich.

- *Das Politikmodell* bezieht sich ganz wesentlich auf das Wechselspiel zwischen Einzelinteressen und Entscheidungsprozessen, die in den anderen Modellen nicht berücksichtigt werden. Die Interessendivergenzen werden – wie in politischen Entscheidungen – in sogenannten „Bargaining-Prozessen" (Staehle, 1991) diskutiert und ausgehandelt, und es wird ein Konsens gesucht. Im Zentrum stehen hier Entscheidungen über Ziele und Strategien der Organisation sowie andere grundlegende Entscheidungen, wie sie auf der Managementebene häufig zu finden sind. Der Einzelne hat soviel Spielraum und Einfluss, wie er sich erkämpfen kann.

- *Das Modell der organisierten Anarchie* trifft vor allem auf neu gegründete und wenig strukturierte Unternehmen mit geringen Autoritätsstrukturen. Der Spielraum des Einzelnen ist hier sehr groß und auch nicht auf festgelegte Bereiche beschränkt. Allerdings ist er auch nicht konsistent oder durch Strukturen expliziert und kann somit nicht eingefordert werden wie in den anderen Modellen.

Aus einer Studie von Politt (1990) an 43 Unternehmen zur Verbreitung der Modelle in der Praxis lassen sich folgende Ergebnisse zusammenfassen:

▶ In 65 Prozent der Unternehmen entsprachen Entscheidungsprozesse dem Politik-modell, wovon etwa jeweils ein Drittel mit dem adaptiven Problemlösen bzw. der organisierten Anarchie verbunden waren.

▶ In 42 Prozent der Unternehmen entsprachen Entscheidungsprozesse dem Modell des adaptiven Problemlösens, wobei die Hälfte mit dem Politikmodell verbunden war.

▶ In 16 Prozent der Unternehmen entsprachen Entscheidungsprozesse dem Bürokratiemodell.

Diese Häufigkeitsverbreitung stellt keineswegs eine Entsprechung der Effizienz dar. Verschiedene Studien (Politt, 1990; Hickson et al., 1986 oder zusammenfassend Scholl, 1993) zeigen, dass die effektivsten Entscheidungsstrukturen dem Modell des adaptiven Problemlösens entsprechen, wobei eine Kombination mit Entscheidungsstrukturen, die stark auf die Interessen der Beteiligten achten (dem Politikmodell entsprechend) durch-aus positiv wirkt.

Optimale Entscheidungsstrukturen sind danach durch Formen der Arbeitsteilung und Spezialisierung gekennzeichnet, in denen der Einzelne für seinen Bereich einen relativ großen Entscheidungsspielraum und damit Verantwortung hat. Die Verantwortlichkeits-bereiche der Einzelnen sollten dabei klar voneinander abgegrenzt und nicht wie in der organisierten Anarchie unklar sein und häufig wechseln. Für grundsätzliche Entschei-dungen über Ziele, Strategien, Strukturen und Systeme hat sich das Politikmodell zur Ergänzung des adaptiven Problemlösens als hilfreich und effektiv erwiesen. Diese Art grundsätzlicher Entscheidungen sollten demnach in Gruppen – zum Beispiel im Mana-gementteam – verhandelt und in Auseinandersetzungen mit verschiedenen Perso-nen/Interessengruppen getroffen werden.

Manager handeln demzufolge offenbar häufig in suboptimalen Entscheidungsstrukturen. Entscheidungen werden von oben angeordnet oder werden in Gruppen getroffen, obwohl sie in bereichsspezifischen Expertengruppen oder von einzelnen Experten effektiver gefällt werden könnten. Dies hat zur Folge, dass einigen Mitarbeitern und Managern Kompetenz abgesprochen und ihr Entscheidungsspielraum und Verantwortungsbereich eingeschränkt werden, während andere mit Entscheidungskompetenzen konfrontiert sind, für die Experten im Unternehmen auf Grund ihres Wissens und ihrer Erfahrung besser qualifiziert sind. Zeit- und Motivationsverluste sowie qualitativ weniger gute Entscheidungen sind die Konsequenz solcher Entscheidungsstrukturen.

Partizipation an Entscheidungen

Die Qualität von Entscheidungen hängt nicht zuletzt davon ab, ob die angemessene Be-teiligung der richtigen Personen erfolgreich gehandhabt wird. Vroom und Yetton haben hierzu ein Entscheidungsmodell entwickelt, das eine Reihe von Regeln zur Verfügung stellt, um in unterschiedlichen Situationen sowohl die Form als auch die Intensität einer Partizipation an Entscheidungen festzulegen (Vroom & Yetton, 1973). Das Modell wurde in einigen Punkten kritisiert, hat sich aber dennoch als ein wertvolles konzeptionelles Rahmenwerk zur Behandlung von Gruppen-Problemlösesituationen erwiesen und ist inzwischen zum bekanntesten, empirisch entwickelten Kontingenzmodell geworden (vgl. Weinert, 1998, S. 462). Vroom und Yetton formulieren sieben Fragen in Bezug auf die Entscheidungssituation, anhand derer der für die Entscheidung Verantwortliche den Grad der optimalen Partizipation Betroffener an der Entscheidung bestimmen kann. Im Modell werden unterschiedliche Stufen der Partizipation beschrieben:

▶ Autoritäre Entscheidungen ohne jeglichen Einbezug der Mitarbeiter.
▶ Autoritäre Entscheidungen nach Einholen notwendiger Informationen von Mitarbeitern.
▶ Konsultative Entscheidungen, nachdem Mitarbeitermeinungen und -vorschläge getrennt voneinander erfragt wurden, wobei die Entscheidung nicht notwendigerweise den Einfluss der Mitarbeiter reflektiert.
▶ Konsultative Entscheidungen, nachdem das Problem in der Gruppe diskutiert wurde, wobei die Entscheidung nicht notwendiger Weise den Beitrag der Gruppe reflektiert.
▶ Gruppenentscheidungen bei Indvidualproblemen. Besprechung des Problems mit dem Mitarbeiter und Erarbeiten einer gemeinsamen Lösung.
▶ Gruppenentscheidungen bei Gruppenproblemen mit einer gemeinsamen Erarbeitung einer Lösung.

Ein größeres Ausmaß an Partizipation wird nach dem Vroom-Yetton-Modell dann empfohlen, wenn

▶ der Vorgesetzte nicht über ausreichend Informationen verfügt,
▶ Art und Struktur des Problems unklar sind,
▶ kein großer Zeitdruck besteht,
▶ die Ziele von Mitarbeitern und Vorgesetztem geteilt werden,
▶ die Mitarbeiter über eigene Urteilsfähigkeit und ein hohes Bedürfnis an Selbstbestimmung verfügen,
▶ die Akzeptanz der Entscheidung durch die Mitarbeiter wichtig ist,
▶ die Entscheidung die Interessen der Mitarbeiter nachhaltig berührt.

Je nach Situation, Problem und Zusammensetzung der Mitarbeitergruppe ist es demnach mehr oder weniger sinnvoll und hilfreich, Entscheidungen in Gruppen zu treffen. Für den Manager ist es daher wichtig, hier flexibel handeln zu können. Im Zweifelsfall kennt er seine Mitarbeiter, die Problemsituation und auf jeden Fall seine eigene Informationslage am besten und kann daher entscheiden, welcher Entscheidungsprozess am sinnvollsten und effektivsten ist. Explizite und implizite Normen und Regeln für die Entscheidungsfindung im Unternehmen sollten also den Freiraum gewähren, Partizipation flexibel zu praktizieren und darüber selbst situativ zu entscheiden.

2.9.2   Umgang mit Fehlentscheidungen

Fehlentscheidungen können Unternehmen in große Bedrängnis bringen. Die Konsequenzen reichen von kurzfristigen Zeit- und Energieverlusten durch das „Ausbügeln" schlechter Entscheidungen bis hin zum Konkurs und dem Verlust einer Vielzahl von Arbeitsplätzen. Doch wie kommt es zu Fehlentscheidungen, und aus welchen Gründen wird an einmal getroffenen Entscheidungen festgehalten, obwohl längst offensichtlich ist, dass dabei mit negativen Konsequenzen zu rechnen ist? Zum einen sind persönliche emotionale und kognitive Ursachen verantwortlich, die zu einer verzerrten Wahrnehmung, Ausblendung negativer Konsequenzen, der Verwendung von Heuristiken auf Grund von Informationsverarbeitungskapazitäten etc. führen. Zum anderen spielen auch strukturelle und kulturelle Faktoren eine Rolle, die es mehr oder weniger gestatten, einmal getroffene Entscheidungen in Frage zu stellen. Im Folgenden werden aus psychologischer Perspektive zunächst spezifische Gründe für Fehlentscheidungen dargestellt und anschließend Ursachen für das Festhalten an falschen Entscheidungen betrachtet.

Gründe für Fehlentscheidungen

Welche Mechanismen in Unternehmen lösen Fehlentscheidungen bei Managern aus, obwohl die Entscheidungsträger es besser könnten und auch besser wollen? In der Forschung haben sich zum einen mehr oder weniger systematische Informationsdefizite als bedeutsam erwiesen. Sie resultieren aus bewussten Informationsmanipulationen oder ineffizienten Kommunikationssystemen und führen zu falschen Einschätzungen der Situation und dadurch zu schlechten Entscheidungen. (vgl. dazu auch Kap. 2.5). Als weitere wichtige Gründe für Fehlentscheidungen haben sich vor allem die gelernte Sorglosigkeit und der Entscheidungsautismus herausgestellt. Bezogen auf Management Teams wird in Kapitel 3 das verwandte Phänomen des „group think" beschrieben.

(1) Gelernte Sorglosigkeit

Die Theorie der gelernten Sorglosigkeit besagt: Wenn Menschen wiederholt erleben, wie sie ohne großen Aufwand Erfolge erzielen und angenehme Zustände erreichen, oder dass riskantes Verhalten ohne negative Konsequenzen bleibt, entwickelt sich eine handlungsleitende Einstellung, die lautet: „Alles wird gut und wird auch (von selbst) gut bleiben" (vgl. Schulz-Hardt & Frey, 1999). Sorglosigkeit führt zu verringerter Fähigkeit und Motivation, mögliche negative Konsequenzen des eigenen Handelns zu erkennen, sowie zu verzögertem Lernen aus negativen Konsequenzen und zur Tendenz waghalsigen

Handelns. Weiterhin werden negative Informationen ignoriert und Gefahren, die aus Überoptimismus („Mir wird das nicht passieren") oder Kontrollillusionen („Ich habe alles im Griff") resultieren, werden verleugnet. Die Entwicklung solcher Einstellungen wird durch soziale Faktoren provoziert und unterstützt, zum Beispiel durch das Übernehmen von Verhaltensmustern wichtiger Bezugspersonen. Weiterhin werden im Unternehmen gestützte sorglosigkeitsfördernde Prinzipien und Normen wie z. B. „Wer wagt, gewinnt", „Vorsicht ist Feigheit" usw. übernommen und steuern die Wahrnehmung, das Denken und Handeln von Managern. Auf diese Weise entwickelt sich zunehmend eine Kultur der Sorglosigkeit. In Unternehmen, in denen eine solche Kultur vorherrscht, werden Situationen häufiger verzerrt wahrgenommen und negative Konsequenzen intendierter Entscheidungen verkannt. Manager verschätzen sich häufiger in den Erfolgsaussichten ihres Handelns und treffen mit höherer Wahrscheinlichkeit risikoreiche und unreflektierte Entscheidungen.

Eine Kultur, die Entscheidungsträger verpflichtet, systematisch auch worst-case-Szenarien zu entwickeln und die die kritische Auseinandersetzung mit eigenen Annahmen und Sichtweisen fördert, ist ein notwendiges Korrektiv zur Vermeidung von Effekten der Sorglosigkeit.

(2) Entscheidungsautismus

Der Entscheidungsautist lässt sich völlig von seinen anfänglichen Annahmen und Präferenzen leiten und versäumt es, kritische Informationen und Meinungen einzuholen und Warnsignale in den Entscheidungsprozess zu integrieren. Informationen werden vor allem zur eigenen Bestätigung eingeholt. Entscheidungsautismus führt nicht zwangsläufig zu schlechten Entscheidungen, ihre Auftretenswahrscheinlichkeit ist jedoch erhöht, da Informationen selektiv verwandt werden und anfängliche Fehlannahmen und Präferenzen nicht mehr korrigiert werden (vgl. Schulz-Hardt & Frey, 1999). Welche unternehmensinternen Faktoren verursachen derartig einseitige Strategien der Informationsberücksichtigung? Häufige Gründe sind:

► Zeitdruck, die relevanten Informationen einzuholen oder zu verarbeiten,
► vorangegangene Erfolge und gelernte Sorglosigkeit,
► Rechtfertigungsdruck und der Druck, Entscheidungen als klar und eindeutig vor anderen Mitarbeitern zu präsentieren,
► das Fehlen diskursiver Entscheidungsprozeduren, in denen Kritik und Diskussion konkurrierender Meinungen möglich sind,
► eine starke Unternehmensideologie oder -leitlinie, die eine Alternative von vornherein als die beste nahe legt.

Folgende Maßnahmen lassen sich in Unternehmen für die Prävention von und Intervention gegen Entscheidungsautismus ableiten:

▶ Etablierung einer fehlerfreundlichen und lernwilligen Unternehmenskultur, bei der Fehler als Wachstumchance begriffen werden und ein kritisches Bewusstsein gegenüber selbstverständlichen Annahmen, Ideologien und Normen gefördert wird.

▶ Verwendung diskursiver Entscheidungsprozeduren, bei denen Widerspruch und Kritik institutionalisiert werden und somit zum Bestandteil des Entscheidungsprozesses werden.

▶ Etablierung einer Streitkultur, in der Konflikte nicht als Bedrohung, sondern als Chance gesehen werden und konstruktiv ausgetragen werden können.

Verlusteskalation: Verspätete oder ausbleibende Korrektur von Fehlentscheidungen

Viele Entscheidungen werden erst wirklich zu gravierenden Fehlentscheidungen, weil man den einmal eingeschlagenen Kurs zu spät korrigiert. Beispiele für massive negative Auswirkungen des Festhaltens an einmal getroffenen Entscheidungen gibt es zuhauf. Auch in der Forschung wurde vielfach untersucht, warum sich Menschen immer tiefer in fehlgehende Handlungen verstricken (vgl. als Überblick Staw, 1997). Die entsprechenden Phänomene konnten für verschiedenste Praxiskontexte dokumentiert und auch für das Handeln von Managern nachgewiesen werden (vgl. Schulz-Hardt & Frey, 1999).

Prozesse, die zum Festhalten an falschen Entscheidungen führen, sind zum einen auf der individuellen Ebene angesiedelt. Demnach vermeiden es Menschen, sich selbst und anderen Fehler einzugestehen, insbesondere dann, wenn man die Verantwortung bei sich selbst sieht (Festinger, 1957). Weiterhin reagieren die meisten Menschen auf Gewinne anders als auf Verluste. Sie sind im Gewinnbereich eher risikoscheu, im Verlustbereich jedoch verstärkt risikofreudig. Verluste werden auf Grund ihres selbstwertbedrohlichen Potenzials in ihrer Bedeutung und ihrem Ausmaß abgewertet, was zu waghalsigem Festhalten an Entscheidungen und Projekten führen kann (Kahnemann & Tversky, 1979).

Auf der Ebene der Rahmenbedingungen in der Organisation ist vor allem die Kultur im Hinblick auf den Umgang mit Fehlern geeignet, solche Tendenzen zu fördern oder auch zu hemmen. Insbesondere ist zu hinterfragen, ob es erlaubt ist, eigene Fehlentscheidungen zuzugestehen und den Kurs neu fest zu legen oder ob „Augen zu und durch" mehr Beachtung und Anerkennung verspricht. Außerdem helfen Strukturen zur Förderung einer aktiven Auseinandersetzung mit dem Status von Projekten und deren regelmäßige Evaluation, Verlusteskalationen zu vermeiden. Weitere Ursachen für das Festhalten an Fehlentscheidungen finden sich in direkten strukturellen und sozialen Kräften im Unternehmen. So entstehen in verstärktem Maße Haltekräfte bei Projekten mit langer Laufzeit. Sie werden immer stärker in der Organisation verankert, und der Gedanke des Abbruchs rückt in weite Ferne und wird nicht ernsthaft in Betracht gezogen. Dafür können Festigkeit und daher Trägheit der Organisation oder auch die Nähe des Projektes zu zentralen Aspekten des Unternehmensimages verantwortlich sein (vgl. zusammenfassend Schulz-Hardt & Frey, 1999).

Eine Reihe von Faktoren können somit die Korrektur von einmal getroffenen Entscheidungen erschweren. Folgende Vorschläge zur Vermeidung der Bindung an (verlustreiche) Entscheidungen lassen sich aus verschiedenen Veröffentlichungen ableiten (vgl. z. B. Boulding, Morgan & Staelin, 1997, Ross & Staw, 1991):

▶ Information des Entscheidungsträgers über das Phänomen des Sich-Verstrickens
▶ Regelmäßige Bilanzierung der Entscheidungsergebnisse
▶ Setzung expliziter Verlustlimits
▶ Verlagerung des Rechtfertigungsdrucks vom Entscheidungsergebnis auf den Entscheidungsprozess
▶ Wechsel des Entscheiders zwischen Initial- und Folgeentscheidung, um Selbstrechtfertigungsprozesse zu unterbinden
▶ Transparenz in Bezug auf Opportunitätskosten und alternative Investitionsmöglichkeiten

2.9.3 Schlussfolgerungen für ein Management Context Audit

Bezüglich der Beurteilung der Entscheidungsstrukturen im Unternehmen sollte in einem Management Context Audit vor allem die Angemessenheit des zu Grunde liegenden Entscheidungsmodells sowie die Flexibilität der Strukturen, Regeln und Normen für situativ angemessene Vorgehensweisen hinterfragt werden. Folgende Fragen müssen beantwortet werden:

▶ Welchem zu Grunde liegenden Modell folgen Entscheidungsprozesse im Unternehmen? Werden insbesondere bei strategischen und übergeordneten Entscheidungen die Interessen Betroffener entsprechend berücksichtigt? Erhalten bei speziellen Fragestellungen Expertenentscheidungen ausreichenden Stellenwert?
▶ Haben Führungskräfte die Möglichkeit, Partizipation im jeweils angemessenen Umfang zu praktizieren, und werden sie selbst jeweils angemessen in für sie relevante Entscheidungen einbezogen?

Zur Identifikation der Strukturen und Kulturaspekte eines Unternehmens, die Fehlentscheidungen von Managern provozieren und die dazu führen, dass Fehler nicht oder zu spät korrigiert werden, sollten in einem Management Context Audit folgende Fragen beantwortet werden:

▶ Fördern oder begrenzen Normen und Regeln im Unternehmen die Sorglosigkeit im Umgang mit Entscheidungen?
▶ Gibt es eine ausreichend ausgeprägte Konflikt- und Fehlerkultur, um Entscheidungen gründlich zu fundieren und ggf. korrigieren zu können?

▶ Sind strukturelle Vorkehrungen getroffen, um notwendige Entscheidungskorrekturen auch gegen die kognitiven und motivationalen Wahrnehmungsverzerrungen des Einzelnen durchzusetzen?

2.10 Konfliktlösung

Konflikte gehören zum Leben jeder Organisation. Immer werden Meinungsunterschiede zwischen den Mitgliedern bestehen und zu mehr oder weniger konstruktiver Auseinandersetzung führen. Wir sprechen dabei von einem Konflikt, wenn mindestens eine Partei eine Unvereinbarkeit im Denken, Fühlen oder Wollen mit einer anderen Partei erlebt, durch die sie sich beeinträchtigt fühlt (vgl. Glasl, 1999). Die Zusammenlegung von Ressourcen als konstitutives Merkmal von Organisationen verlangt Kooperation und lässt Entscheidungs-, Herrschafts- und Verteilungskonflikte entstehen (Scholl, 1993).

2.10.1 Die Wirkung von Konflikten

Konflikte bedeuten Stress und Anspannung, verursachen negative Gefühle und Wahrnehmungen, verschlechtern das Gruppenklima und führen zur Beeinträchtigung konstruktiv zielgerichteten Handelns (vgl. De Dreu, 1997; Glasl, 1999). In der Forschung wie in der Praxis wurden Konflikte lange Zeit ausschließlich mit diesen negativen Konsequenzen für die Organisationen verbunden. Konflikte bergen jedoch durchaus Potenzial für die Entdeckung und Beschleunigung notwendiger Entwicklungen – entscheidend ist nicht die Frage, ob es Konflikte gibt oder nicht, sondern neben deren Häufigkeit und Intensität vor allem die Art ihrer Bearbeitung und Lösung. Normen und Regeln zu einem mehr oder weniger effektiven Umgang mit Konflikten gehören zum Kernbestand einer Unternehmenskultur.

Für ein Management Context Audit sind in erster Linie strukturelle und in der Kultur tief verankerte Faktoren von Interesse. Das Hinterfragen insbesondere von immer wieder kehrenden Konflikten auf strukturelle Ursachen hin ist ein notwendiges Element der Analyse des Umgangs mit Konflikten in einer Organisation. Denn Konflikte, die sich daraus nähren, sind in aller Regel unproduktiv und bergen wenig Entwicklungspotenzial in sich. Für Manager bedeuten diese Art der unproduktiven Konflikte Zeit-, Energie- und Motivationsverlust bei sich selbst und auf Seiten ihrer Mitarbeiter mit den entsprechenden Konsequenzen für die Ergebnisse des Bereichs. In solchen Fällen muss auf struktureller Ebene interveniert werden, indem z. B. die Organisation und Koordination von Verantwortungen im Unternehmen neu geregelt wird, Zielkonflikte identifiziert und bereinigt werden oder der Einsatz knapper Güter allgemein oder durch organisatorische Maßnahmen geregelt wird (vgl. Glasl, 1999).

Ein erster wichtiger Ansatzpunkt zum Umgang mit Konflikten ist die Konfliktprävention – zum einen durch konfliktmindernde Klarheit auf organisatorischer Ebene im Hinblick auf Verantwortlichkeiten, Rollen und Abläufe, zum anderen aufgrund persönlicher Kompetenzen in Prozessen der Klärung und Kommunikation von Rollen, Verantwortlichkeiten, Bedürfnissen, Wünschen und Interessen. Unternehmen unterscheiden sich durchaus in der Entschiedenheit, mit der sie Aufgaben, Rollen etc. klären und die Kultur eines Unternehmens wird die Manager ebenfalls mehr oder weniger dazu veranlassen, persönliche Beiträge zur Klarheit von Rollen, Kompetenzen und Interessen zu leisten.

Trotz aller Präventionsbemühungen werden aber immer Konflikte entstehen. In der Forschung hat sich gezeigt, dass Konflikte durchaus positive Konsequenzen für die Leistung in Organisationen haben können. Die Vermeidung und Unterdrückung von Konflikten hingegen kann durchaus individuelle Kreativität, subjektive Selbstwirksamkeitswahrnehmung und Motivation reduzieren. Im Team bringt sie häufig eine Abschottung gegenüber neuen Ideen mit sich, provoziert die Suche nach schnellen Entscheidungen, führt zu qualitativ schlechteren Teamleistungen und verringerter Innovationskraft. Weiterhin leidet das Arbeitsklima. Zwischenmenschliche Beziehungen verschlechtern sich ebenso wie die Kommunikation innerhalb und zwischen Gruppen (vgl. De Dreu, 1997). Auch wenn die Unterdrückung von Konflikten in einigen Fällen zu kurzzeitiger Effektivität führt, zeigt sich in einer Reihe von Studien längerfristig eine leistungsmindernde Wirkung und eine Eskalation des Konfliktes (Hocker & Wilmot, 1991). Auf die in diesem Zusammenhang bedeutsame Unterscheidung zwischen persönlichen und Sachkonflikten wird in Kapitel 4 ausführlich eingegangen.

2.10.2   Strategien der Konfliktlösung

Die Unterdrückung und das Ignorieren von Konflikten erweist sich demnach längerfristig als kontraproduktiv. Doch auch wenn Konflikte nicht unterdrückt werden, ist damit noch nicht ausgemacht, wie sie bearbeitet werden. Bei der Art der Konflikthandhabung und Lösungssuche finden sich in Unternehmen zum Teil sehr unterschiedliche Vorgehensweisen, die zu mehr oder weniger guten Resultaten für die einzelnen Parteien und das Unternehmen führen. Die Strategien der Konflikthandhabung lassen sich nach dem Ausmaß unterscheiden, in dem die eigenen Interessen durchgesetzt und die der anderen Partei berücksichtigt werden. Als die wichtigsten können die folgenden gelten (vgl. Scholl, 1993), die in Abbildung 4 veranschaulicht werden.

Anpassung: Die Beziehung ist wichtiger, es wird nachgegeben, Harmonie gesucht und sich untergeordnet. Das Anspruchsniveau wird gesenkt.

Vermeidung:	Konflikte werden ignoriert, Probleme vertagt, es erfolgt Rückzug von beiden Seiten. Das Anspruchsniveau beider wird gesenkt. Vermeidung kann bei unbedeutenden Konflikten oder bei Beanspruchung durch andere wichtigere Themen sinnvoll sein, in der Regel ist sie jedoch für beide Parteien unproduktiv.
Kompromiss:	Verhandeln heißt: Jeder muss nachgeben. Es wird gehandelt, gekämpft und eingelenkt von beiden Seiten. Das Resultat sind brauchbare, in der Regel aber nicht optimale Lösungen.
Machteinsatz:	Autorität wird genutzt, Informationen werden gegebenenfalls manipuliert, Koalitionen geschmiedet und vollendete Tatsachen geschaffen, die andere Partei wird eventuell gar nicht beteiligt und diffamiert. Momentaner Erfolg, aber langfristig meist beträchtliche negative Konsequenzen und keine Kooperation mehr von der anderen Seite.
Zusammenarbeit:	Differenzen werden diskutiert, Interessen offengelegt und gemeinsam nach neuen Alternativen gesucht, bei denen alle gewinnen. Resultat sind optimale Lösungen.

Machteinsatz, Anpassung und Kompromiss werden auch als distributive (verteilende) Strategien bezeichnet, bei denen davon ausgegangen wird, dass Konfliktlösung ein Null-Summen-Spiel ist. Was eine Partei gewinnt, wird zwangsläufig der anderen abgezogen. Die Strategie der Zusammenarbeit gilt hingegen als integrativ. Hier werden die Interessen beider Seiten integriert. Diese Strategie ist die anspruchsvollste für die verhandelnden Parteien und gleichzeitig die produktivste. Häufig sind sich die Konfliktparteien bei der Wahl ihrer Wunschalternativen weder über ihre Interessen noch über alternative Befriedigungsmöglichkeiten vollständig im klaren. Durch die Strategie der Zusammenarbeit werden Interessen reflektiert, gegebenenfalls modifiziert und präzisiert, mehr und besseres Wissen wird mobilisiert, und es erfolgt eine gezieltere Suche nach geeigneten Alternativen. Sie wird in der Praxis dennoch häufig nicht genügend ausgeschöpft oder überhaupt nicht als Möglichkeit wahrgenommen (Scholl, 1993).

Was bedeuten diese Ergebnisse für das Handeln und die Leistung von Managern? Neben den individuellen Fähigkeiten, insbesondere sozialen Kompetenzen, Kreativität und Sachkompetenz für die Entdeckung und Ausarbeitung besserer Alternativen, die im Manager Competence Audit thematisiert werden, wird der Konfliktlösungsstil des einzelnen Managers auch von seiner Umgebung geprägt. So entwickelt sich eine distributive Konflikthandhabung nie allein aus sachlicher Notwendigkeit, sondern auch aus der Einstellung und Wahrnehmung der Beteiligten. Dies gilt für alle Verhaltensweisen in sozialen Kontexten, für Konfliktlösung jedoch in besonderem Maße, weil die individuellen Möglichkeiten schon durch den Konfliktstil des Interaktionspartners stark eingeschränkt sind und gesteuert werden. Alle Beteiligten orientieren sich zudem ganz entscheidend an den Normen und Regeln zum Umgang mit Konflikten im Unternehmen.

Um für die Parteien effektives und produktives Arbeiten zu ermöglichen, sollten integrative Formen der Konfliktlösung durch die Organisationskultur unterstützt werden.

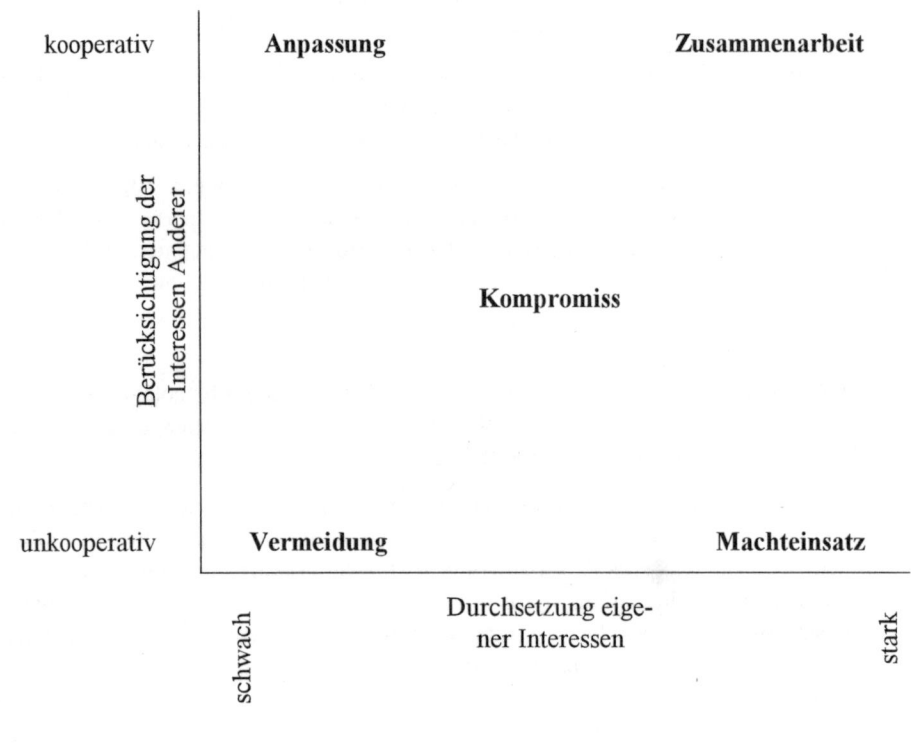

Abb. 4:   Strategien der Konfliktlösung

2.10.3   Schlussfolgerungen für ein Management Context Audit

Es ergibt sich, dass im Rahmen eines Management Audits der Umgang mit Konflikten zum Kernbestand der Betrachtungen gehört. Zum einen auf der Ebene der Kompetenzen zur Konfliktbearbeitung beim einzelnen Manager (vgl. Kap. 4), zum zweiten im Hinblick auf Regeln für die Konfliktlösung in Management Teams (vgl. Kap. 3) und, wie hier detaillierter dargestellt wurde, auf der Ebene der Rahmenbedingungen struktureller und kultureller Natur. In dieser Perspektive sind zusammenfassend folgende Fragen zu nennen:

▶ Gibt es immer wiederkehrende Konflikte, die das Handeln des Managers beeinträchtigen? Welcher Art sind sie und worin liegen sie begründet? Gibt es strukturelle Rahmenbedingungen, die Konflikte provozieren?

▶ Welche Konfliktstile sind in der Unternehmenskultur verankert? Welche Hindernisse stehen integrativen Konfliktlösungsstrategien im Wege?

2.11 Zusammenfassung: Kriterien im Management Context Audit

In der folgenden Übersicht werden die Ergebnisse dieses Kapitels als Kriterien- und Fragenübersicht für ein Management Context Audit zusammengefasst. Abbildung 5 fasst die Kriterien zu einer Übersicht zusammen, die in Kapitel 7 in eine Gesamtperspektive des Management Audit integriert werden wird. Anschließend werden die einzelnen Fragen zu den jeweiligen Kriterien aufgelistet.

1. Unternehmenskultur

▶ Welche zentralen Normen, Werte und Regeln sind in der Organisation tief verankert und tragen stark zur Stabilität und Integration bei?

▶ Welche Rolle spielt die „Passung" von Mitarbeitern zum Unternehmen? Werden bevorzugt Leute ähnlicher Vorstellungen und ähnlichen Hintergrundes eingestellt? Auf welche Aspekte der Passung wird besonders Wert gelegt?

▶ Wie stark erscheint insgesamt die innere Verpflichtung, die Führungskräfte und Mitarbeiter diesen Grundlagen gegenüber empfinden?

▶ Welche Mechanismen der Sozialisation gibt es (Umgang mit Anpassung und Abweichung)?

▶ Gibt es Leitbilder, die einen kritischen Umgang mit kulturellen Selbstverständlichkeiten erlauben, und wie elastisch ist die Kultur im Hinblick auf Querdenker?

▶ Gibt es in Bezug auf die zu betrachtende Management-Gruppe bzw. die zu betrachtenden Manager einschlägige Stereotype oder Vorurteile, die die Wahrnehmung ihres Wirkens trüben kann?

▶ Gibt es eine eher fehlervermeidende oder eher fehlertolerante Kultur, und wie wirkt sie sich auf das Management aus?

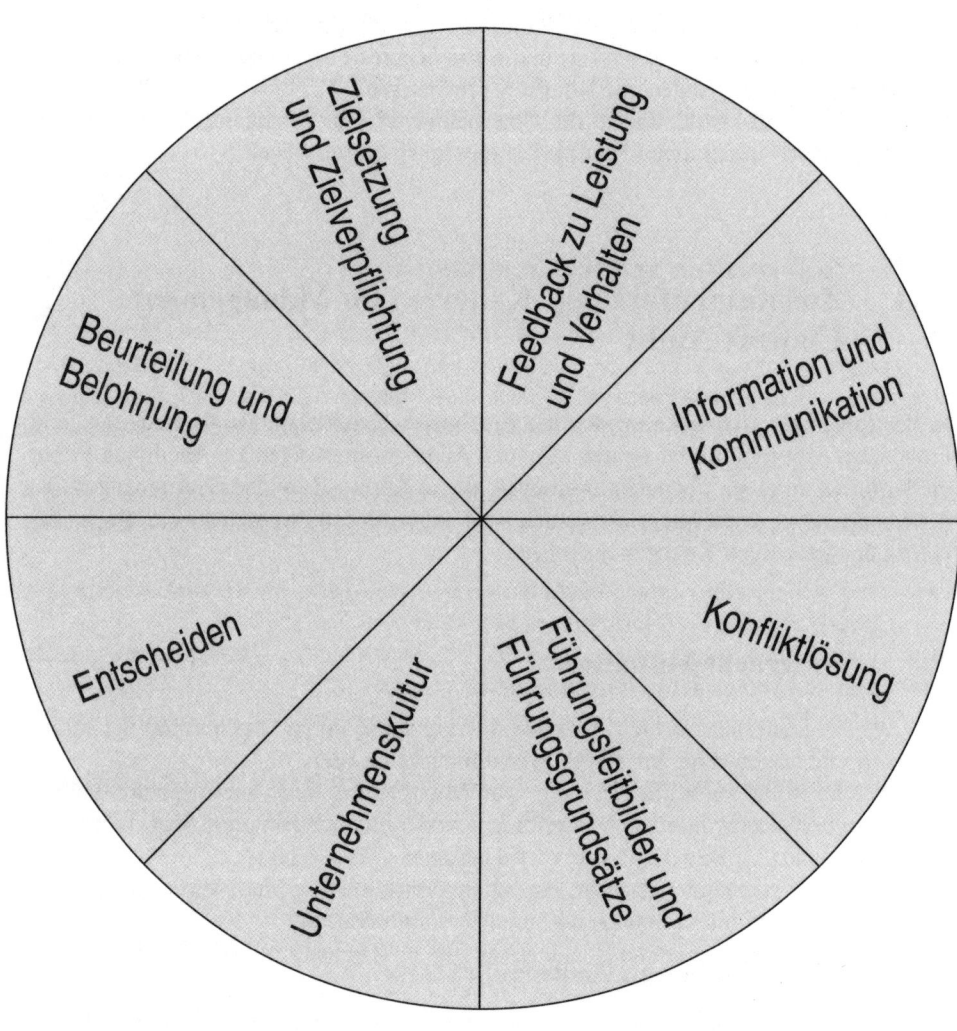

Abb. 5:   Kriterien im Management Context Audit

2. Führungsleitbilder und -grundsätze

▶ Liegen ausgearbeitete Führungsleitbilder und/oder -grundsätze im Unternehmen vor?

▶ Wie systematisch sind sie in die Führungskräfteentwicklung eingearbeitet?

▶ Welche Wahrnehmungs-, Denk- und Verhaltensrichtung geben sie den Führungskräften vor?

3. Information und Kommunikation

▶ Wird für den einzelnen Manager im Unternehmen Vertrauen durch Offenheit, Authentizität, Ansprechbarkeit, Diskretion und Fairness in seinem Umfeld gefördert?

▶ In welchem Ausmaß ist gewährleistet, dass Managern des Unternehmens jederzeit die für sie relevanten Informationen zur Verfügung gestellt werden bzw. sie auf sie zugreifen können?

▶ Wie groß ist der Entscheidungsspielraum eines Managers im Hinblick auf eine den konkreten Bedingungen angemessene Gestaltung von Information und Kommunikation?

▶ Sind strukturelle Kommunikationsbarrieren am Werk, die Geschwindigkeit und Zuverlässigkeit von Informationen beeinträchtigen?

▶ In welchem Ausmaß werden persönliche Kontakte für die Kommunikation in wichtigen und komplexen Anliegen genutzt?

▶ In welchem Umfang und in welcher Aufbereitung werden Informationen aus dem Verantwortungsbereich zur Verfügung gestellt?

▶ In welchem Ausmaß werden Führungskräfte durch strategisches Kommunikationsverhalten in ihrem Umfeld verunsichert und in ihrer Leistungsfähigkeit beeinträchtigt?

4. Zielsetzung und Zielverpflichtung

▶ Welche Rolle spielt Zielkongruenz zwischen Unternehmenszielen und persönlichen Zielen im Management, und wie wird sie ggf. gesucht?

▶ Gibt es eine Kultur, die persönliche Ziele von Führungskräften und Mitarbeitern sehr ernst nimmt, die Auseinandersetzung mit ihnen als wichtige Aufgabe im Management definiert und es gestattet oder sogar verlangt, optimierte Zielkongruenz aktiv zu erarbeiten?

▶ Existiert ein funktionierendes Zielvereinbarungssystem?

▶ Existiert eine nachvollziehbare und konsistente Zielhierarchie?

▶ Wie ist die Qualität der Zielbildung im Sinne der benannten Kriterien Klarheit, Anspruchsniveau und Erreichbarkeit der Ziele?

▶ Wie gut werden Akzeptanz und Verpflichtungsgrad der Zielsetzungen sichergestellt?

▶ Wie professionell erfolgen Rückmeldungen zur Zielerreichung?

5. Beurteilung und Belohnung

▶ Findet überhaupt eine regelmäßige und von systematischen Verfahren gestützte Leistungsbeurteilung von Managern statt?

▶ Im Hinblick auf die Beurteilungskriterien ist zu hinterfragen: Werden sie der Vielschichtigkeit der Leistungserwartungen gerecht? Konzentrieren sie sich auf die wesentlichen erfolgsrelevanten Aspekte? Ist das Kriteriensystem in sich konsistent und an den aktuellen Zielen ausgerichtet? Ist es den Betroffenen transparent?

▶ Sind Leistungsbeurteilung und Vergütung bzw. Belohnung ein integriertes System im Unternehmen?

▶ Ist der Beurteilungsprozess systematisch und professionell, und wird er konsequent gehandhabt?

▶ Wie ist das Verhältnis zwischen offiziellen und informellen Beurteilungen?

▶ Schließlich ist zu klären, welche Verstärkungsmechanismen es gibt, welches Verhalten belohnt, welches bestraft wird und ob dieses System im Wesentlichen durch Berechenbarkeit und individuelle Gestaltungsspielräume im gewünschten Sinne funktioniert.

6. Feedback zu Leistung und Verhalten

▶ Ist regelmäßiges und systematisches Feedback institutionalisiert, und in welcher Form wird es durchgeführt?

▶ Handelt es sich um echte Hilfestellung für die Manager oder eher um deren Entmündigung im Rahmen eines Zwangs, allen gerecht zu werden?

▶ Welche Situation findet sich in Bezug auf informelles Feedback im Alltag? Sind die Rahmenbedingungen unter diesem Blickwinkel hilfreich und unterstützend für die einzelne Führungskraft oder das Management Team, oder sind sie eher hinderlich?

7.   Entscheiden

▶   Welchem zu Grunde liegenden Modell folgen Entscheidungsprozesse im Unternehmen? Werden insbesondere bei strategischen und übergeordneten Entscheidungen die Interessen Betroffener entsprechend berücksichtigt? Erhalten bei speziellen Fragestellungen Expertenentscheidungen ausreichenden Stellenwert?

▶   Haben Führungskräfte die Möglichkeit, Partizipation im jeweils angemessenen Umfang zu praktizieren, und werden sie selbst jeweils angemessen in für sie relevante Entscheidungen einbezogen?

▶   Fördern oder begrenzen Normen und Regeln im Unternehmen die Sorglosigkeit im Umgang mit Entscheidungen?

▶   Gibt es eine ausreichend ausgeprägte Konflikt- und Fehlerkultur, um Entscheidungen gründlich zu fundieren und ggf. korrigieren zu können?

▶   Sind strukturelle Vorkehrungen getroffen, um notwendige Entscheidungskorrekturen auch gegen die kognitiven und motivationalen Wahrnehmungsverzerrungen des Einzelnen durchzusetzen?

8.   Konfliktlösung

▶   Gibt es immer wiederkehrende Konflikte, die das Handeln des Managers beeinträchtigen? Welcher Art sind sie, und worin liegen sie begründet? Gibt es strukturelle Rahmenbedingungen, die Konflikte provozieren?

▶   Welche Konfliktstile sind in der Unternehmenskultur verankert? Welche Hindernisse stehen integrativen Konfliktlösungsstrategien im Wege?

3 Management Team Audit

3.1 Einleitung

Warum muss sich ein Management Audit mit dem Thema Team befassen und das oder die Management Teams als einen Hauptgegenstand untersuchen? Im Wesentlichen aus zwei Gründen. Der erste ist so offensichtlich, dass er geradezu banal erscheint: Fast alle insbesondere größeren Unternehmen werden heute von Management Teams geführt. Das heißt, die konkreten Führungstätigkeiten wie die Analyse von Ist- und Zielzuständen der Organisation und ihres Umfeldes und die Entwicklung und Implementierung entsprechender Strategien sowie das Treffen von Entscheidungen werden in immer mehr Organisationen von Teams ausgeführt. Es liegt daher auf der Hand, dass die Struktur und Zusammensetzung des Teams sowie die Prozesse der Zusammenarbeit (Kommunikations- und Entscheidungsprozesse, Konflikte, etc.) die Managementleistung entscheidend determinieren und somit ein zentraler Gegenstand jeden Management Audits sein sollten.

Auf den zweiten Grund habe ich schon im einleitenden Kapitel 1 hingewiesen. Auch wenn bestimmte Führungsaufgaben nicht in Teamarbeit erledigt werden, findet das Handeln des einzelnen Managers in einem Kontext statt, der es in erheblichem Maße beeinflussen kann. Das Management Team als unmittelbarster sozialer Kontext des einzelnen Managers hat hier wohl den größten Stellenwert. Auch der einzelne Manager handelt in diesem Sinne immer als Mitglied des Management Teams, mehr oder weniger beeinflusst von dessen impliziten oder expliziten Normen und Werten, sowie von persönlichen Beziehungen, Interessen und Konflikten. Schon in einem der ersten Lehrbücher der Organisationspsychologie schrieb Viteles (1932, S. 619) zum „Problem der Gruppe", dass „das Individuum immer unter Gruppenbedingungen handelt".

Vernachlässigt man die Einflüsse von Teamstrukturen und -prozessen bei der Beurteilung des Managements, läuft man Gefahr, der oben geschilderten Individualisierungstendenz zum Opfer zu fallen. Dabei werden einerseits in Teamstrukturen und Teamprozessen begründete Managementdefizite nicht diagnostiziert und fälschlicherweise einzelne Manager zur Verantwortung gezogen, wie im schon erwähnten, typischen Beispiel des Trainerwechsels bei Misserfolg eines Fußballvereins. Andererseits kann ein noch so guter (was individuelle professionelle und persönliche Maßstäbe angeht) neuverpflichteter Manager zum Flop werden, wenn die Bedingungen des bestehenden Management Teams die Entfaltung seiner Leistungsfähigkeit behindern. Ein entsprechendes Beispiel aus der Welt des Fußballs könnte die millionenschwere Neuverpflichtung eines kopfballstarken brasilianischen Stürmerstars sein, der bei seinem vorherigen Club 30 Saisontore erzielte. In seinem neuen Team, einer mittelmäßigen Bundesligamannschaft, deren Schwäche eigentlich im Mittelfeld liegt, erhält er kaum Flanken und beschwert sich über die ihm aufgetragenen Defensivaufgaben in einer Sprache, die keiner seiner Mitspieler versteht. Nach einer für alle Beteiligten frustrierenden Saison wird der Spieler für die Hälfte des Einkaufspreises weiterverkauft.

Die Betrachtung des Management Teams in seinen Strukturen und Prozessen sollte also, entsprechend der in Kapitel 1 angebotenen Definition, ein zentraler Bestandteil jeden Management Audits sein, nicht nur weil das Team als unmittelbarer Arbeitskontext des einzelnen Managers zur Beurteilung von dessen Leistung unabdingbar ist, sondern weil zentrale Managementaufgaben in immer mehr Unternehmen in Teamarbeit erledigt werden und die Managementleistung eine echte, nicht ohne weiteres in individuelle Anteile dividierbare Teamleistung ist. Das Ganze der Management-Team-Leistung ist mehr oder jedenfalls etwas anderes als die Summe der Leistungen der einzelnen Manager.

Nachfolgend sollen zu den beiden oben beschriebenen Aspekten des Management Teams, zum Handeln des Management Teams als solchem und zum Einfluss des Management Teams auf das Handeln des einzelnen Managers, Erkenntnisse aus der Sozialpsychologie der (Arbeits-) Gruppe und aus der Organisationspsychologie herangezogen werden, um daraus brauchbare Kriterien für ein Management Team Audit abzuleiten, die mit Hilfe anschließend zu bestimmender Methoden einschätzbar werden sollen. Dabei kann auf eine lange Forschungstradition in verschiedenen Wissenschaftsgebieten zurückgegriffen werden, wie vor allem der Soziologie und der Sozialpsychologie, in der die sogenannte Kleingruppenforschung jahrzehntelang ein Steckenpferd war. In den letzten beiden Jahrzehnten hat sich auch die Organisationspsychologie verstärkt der Gruppenforschung zugewandt. Es besteht also eine kaum zu überblickende Vielfalt von Literatur zum Thema Gruppe, die bei der Erstellung brauchbarer Kriterien für ein Management Team Audit hilfreich sein könnte.

Spätestens auf den zweiten Blick jedoch zeigt sich die eingeschränkte Nützlichkeit der Mehrzahl dieser Forschungsarbeiten. Zum einen bezieht sich die sozialpsychologische Gruppenforschung ganz überwiegend auf im Labor hergestellte und untersuchte künstliche Gruppen. So zeigten McGrath & Altman schon 1966, dass nur 5 Prozent der von ihnen herangezogenen 2000 Forschungsarbeiten sich mit Gruppen in ihrer natürlichen Umgebung befassten. Inwieweit die in solchen Forschungskontexten gewonnenen Erkenntnisse auf tatsächliche Management Teams in Unternehmen übertragen werden können, ist fraglich und muss im Einzelfall geprüft werden. Zum anderen lässt sich die gleiche Frage, wenn auch vielleicht in geringerem Maße, auch an die organisationspsychologische Forschung zu echten Arbeitsgruppen in Unternehmen stellen. Denn obschon ihre Erkenntnisse oft in Realbedingungen gewonnen wurden, ist die Frage berechtigt, ob diese auch auf Mangementteams anwendbar sind, die sich zumindest hinsichtlich folgender grundlegender Merkmale von anderen Arbeitsgruppen (etwa in Produktionstätigkeiten) unterscheiden (vgl. Hambrick, 1994):

▶ Die *Aufgaben* von Management Teams sind *hochkomplex*, variabel und oft ohne konkreten Zeitrahmen an der Schnittstelle zur Unternehmensumwelt mit der entsprechenden Informationsflut und -uneindeutigkeit auszuführen.

▶ Die *herausragende Stellung* des Managements im Unternehmen führt dazu, dass seine Handlungen sowohl intern als auch extern hohe symbolische Bedeutung haben.

▶ Top Manager sind meist *gleichzeitig Mitglieder eines Teams* gleichrangiger Manager *und Führer* ihres eigenen Teams (Abteilung, Bereich, etc.).

▶ Ausserdem ist die *Zusammensetzung* von Management Teams in der Regel insofern besonders, als es sich häufig um erfolgreiche und leistungsorientierte, oft durchsetzungsfähige und -willige Personen mit einer ausgeprägten Persönlichkeit handelt, die ein hohes Maß an Autonomie gewohnt sind und erwarten.

Über diese Unterschiede zwischen (Top-) Management Teams und anderen Arbeitsgruppen hinaus, die die Brauchbarkeit eines Teils der organisationspsychologischen Gruppenforschung für unsere Zwecke limitieren, stellt Hambrick (1994) die noch grundsätzlichere Frage, inwieweit Management Teams, die er lieber Top-Management-Gruppen nennt, tatsächlich als Teams bezeichnet werden können, ob sie also im Sinne von Kommunikationsqualität und -quantität und gemeinsamen Entscheidungsprozessen tatsächlich zusammenarbeiten. Er führt aus, dass bestimmte „Zentrifugalkräfte" der Organisation und ihrer Umgebung (wie etwa Größe, Bereichsbreite/Diversifikation, Strategie und Ressourcen des Unternehmens und Umweltdynamik, vgl. die Ausführungen in Kap. 3.2.5) zu einer „Entteamisierung" der Management-Gruppe führen können, die dann als Gruppe im Wesentlichen formale oder repräsentative Funktionen erfüllt. Nach Hambrick (1994) kann ein solches Wirken der Management-Gruppe unter bestimmten stabilen Bedingungen durchaus funktional sein, es erschwert jedoch angemessene und schnelle Reaktionen auf Umweltänderungen. *Inwiefern eine Management-Gruppe tatsächlich als Team funktioniert, kann demnach als eine der grundlegenden durch das Management Team Audit zu beantwortenden Fragen gelten.*

Eine weitere Besonderheit des Untersuchungsgegenstandes „Team" im Management Audit wurde bereits als drittes Unterscheidungsmerkmal von Management Teams gegenüber anderen Teams angeführt. Da sie für unser Konzept vom Management Team Audit von grundlegender Bedeutung ist, soll sie hier noch einmal näher erläutert werden. In aller Regel sind Manager Mitglieder verschiedener Gruppen oder Teams innerhalb der Organisation. Sie sind einerseits Leiter eines Teams von Mitarbeitern des eigenen Bereichs bzw. der eigenen Abteilung und andererseits „einfaches" Mitglied des Management Teams. Abgesehen von den durch diese Doppelmitgliedschaft entstehenden Rollen- und Interessenkonflikten bedeutet dies vor allem, dass ein Management Audit beide Teams auf beiden Ebenen als Arbeitskontext des Managers betrachten muss. Die im Folgenden beschriebenen Analysemerkmale sind dabei zwar im Wesentlichen identisch, der besonderen Rolle als Führer des Teams sollte jedoch auch besonderes Augenmerk geschenkt werden.

Was ist ein Management Team?

Bevor ich mich nun den trotz aller Besonderheiten und Einschränkungen aus der bisherigen Forschung ableitbaren leistungsrelevanten Merkmalen von Management Teams zuwende, will ich kurz darlegen, was dabei unter einem „Management Team" verstanden werden soll.

Was also ist ein Management Team? Einigkeit dürfte in soweit bestehen, dass ein Management Team aus den Personen besteht, deren Verantwortung die Leitung eines Unternehmens ist, die also alle zentralen Entscheidungen über die Strategie und Leistung des Unternehmens fällen. Eine darüber hinaus gehende allgemein anerkannte Definition von Management Teams liegt meines Wissens nicht vor (vgl. Bantel & Finkelstein, 1995). Schwierigkeiten bei der Definition können sich zum einen dadurch ergeben, dass sich das in Organisationsstruktur oder -plan formal vorgesehene Management Team von der Führungsgruppe unterscheidet, die tatsächlich die wichtigen Entscheidungen trifft. Zum anderen kann man Management Teams auf verschiedenen Hierarchieebenen betrachten. Bantel & Finkelstein (1995) setzen Top-Management-Teams mit dem Unternehmensvorstand gleich, aber auch auf zweiter Ebene oder für bestimmte Unternehmensbereiche und Abteilungen ist es oft sinnvoll, von Management Teams zu sprechen und diese in Management Audits zu untersuchen. Die Aufgabenbereiche von Management Teams und ihre entsprechende Weisungsbefugnis und -gebundenheit unterscheiden sich natürlich ganz erheblich auf den verschiedenen Hierarchieebenen.

In der Praxis wird die Festlegung des im Management Audit zu untersuchenden Teams in der Regel durch den Auftraggeber vorgenommen oder in Abhängigkeit von den verfolgten Zielen mit diesem abgesprochen werden.

3.2   Leistungsrelevante Merkmale von Management Teams

Aus verschiedenen Forschungsarbeiten zu Gruppen in Organisationen (vgl. zusammenfassend Guzzo & Shea, 1992, v. Rosenstiel, 1993, Argote & McGrath, 1993) und speziell zu Management Teams (vgl. Hambrick, 1994, Bantel & Finkelstein, 1995) lassen sich verschiedene leistungsrelevante Merkmale von Management Teams destillieren, die in einem Management Audit beurteilt werden sollten. Im Rahmen einer dynamisch-systemischen Betrachtungsweise von Management Teams erscheinen die folgenden Merkmalsgruppen besonders wichtig. Die diesen Gruppen jeweils zugeordneten einzelnen Merkmale werden anschließend erläutert:

▶   die Zusammensetzung des Teams
▶   seine Struktur

- ▶ die (Interaktions-) Prozesse im Team
- ▶ die Art der Aufgaben
- ▶ die Einflüsse des Kontextes
- ▶ die Führung in und von Teams

3.2.1   Die Zusammensetzung des Teams

Mit der Zusammensetzung des Management Teams ist die Verteilung der persönlichen Merkmale der Teammitglieder gemeint. In der Literatur zur Zusammensetzung von Management Teams werden auf Grund ihrer Verfügbarkeit als Variablen vor allem die Gruppengröße und bestimmte demografische Merkmale und deren Verteilung betrachtet. Man fragt danach, wie homogen oder heterogen eine Gruppe im Hinblick auf Alter, Geschlecht, Nationalität, kulturellen Hintergrund, Ausbildung, Erfahrung, Dauer der Zugehörigkeit zu Unternehmen und Team ist. Von diesen Variablen wird in verschiedenen Modellen angenommen, dass sie direkt oder indirekt über bestimmte Gruppenprozesse, wie die Interaktion und die Kohäsion, also das „Wir-Gefühl", auf die Management- und damit auf die Unternehmensleistung einwirken. Psychologische Variablen wie etwa zu Persönlichkeitsmerkmalen und Einstellungen der Manager wurden bisher weitgehend vernachlässigt, wohl weil sie schwerer zu erheben sind.

Gruppengröße

In den angesprochenen Arbeiten zum Zusammenhang der Größe von Management Teams mit deren Leistung (gemessen am Unternehmenserfolg) wird im Allgemeinen davon ausgegangen, dass größere Teams zwar potentiell größere Ressourcen (Kenntnisse, Kreativität, etc.) haben, dass die größeren Prozessverluste jedoch trotzdem zu geringerer Leistung führen. Einerseits sei vor allem in heterogenen und jungen Teams der Koordinations- und Kontrollaufwand deutlich höher, andererseits würden wichtige Merkmale der Gruppenprozesse negativ beeinflusst: in großen Teams ist die Kohäsion, das Zusammengehörigkeitsgefühl geringer, die Kommunikation schwieriger und das Konfliktpotential durch größere Informations-, und Interessenvielfalt und Untergruppenbildung höher. In verschiedenen Studien wird eine Gruppengröße von fünf Personen als ideal angenommen (vgl. v. Rosenstiel, 1993). Belbin (1981) hält sechs für die optimale Größe speziell von Management Teams. Für ein Management Team Audit ist die Größe des Teams ein weniger relevantes, wenn auch leicht zu erhebendes Merkmal, das nur dann an Bedeutung gewinnt, wenn es leistungsrelevante Gruppenprozesse beeinflusst.

Demografische Merkmale

Die demografischen sind die mit Abstand meistuntersuchten, weil am einfachsten zu erhebenden, Merkmale der Zusammensetzung von Management Teams. In einem recht umfangreichen Forschungsprogramm werden Zusammenhänge bestimmter demografischer Merkmale von Management Teams sowie deren Heterogenität mit verschiedenen Variablen des Unternehmenserfolgs empirisch erhoben. Vor allem Alter, Erfahrung, Zugehörigkeitsdauer zu Unternehmen und Team in einer Management-Gruppe werden mit Leistung, Innovation oder strategischer Wandlungsfähigkeit des Unternehmens in Zusammenhang gebracht (vgl z.B. Bantel & Finkelstein, 1995). Dabei wird implizit oder explizit angenommen, dass eventuelle Zusammenhänge über die Beeinflussung bestimmter Prozessmerkmale (kognitive Vielfalt bzw. Kreativität, Kommunikation, Konflikte, Kohäsion) in den Management Teams zustande kommen. Ähnlich wie im Fall der Gruppengröße wird allgemein angenommen, dass eine größere Heterogenität der Gruppe mit einem größeren Leistungspotential auf Grund größerer Ressourcen verbunden ist, während Prozessverluste (v. a. Kommunikations- und Konsensschwierigkeiten) die Leistung im Vergleich mit homogenen Gruppen einschränken können. Zusammenfassend lässt sich sagen, dass dieses Forschungsprogramm zumindest nachgewiesen hat, dass die Zusammensetzung von Management Teams einen Einfluss auf die Unternehmensleistung hat. Insbesondere konnte gezeigt werden, dass ein demografisch heterogenes Management Team mit besserer Unternehmensleistung in turbulenten Unternehmensumwelten (Halebian & Finkelstein, 1993), mit größerer Kreativität (Wiersema & Bantel, 1992) und mit größerer Innovativität (Bantel & Jackson, 1989) einhergeht.

Da jedoch die angenommenen intermittierenden psychologischen und Gruppenprozessvariablen, für die die demografischen Merkmale gleichsam als Ersatz herangezogen wurden, üblicherweise nicht erhoben wurden, konnten die postulierten kausalen Zusammenhänge zwischen den gemessenen Indikatoren nicht überprüft und so auch keine praxisrelevanten Hinweise zu optimalen Zusammensetzungen und Prozessen in Management Teams gegeben werden, die für die Entwicklung eines Management Team Audit nützlich wären.

Erst in jüngerer Zeit wurde versucht, diese Forschungslücke zu schließen und empirische Daten zu den Zusammenhängen aller drei Variablengruppen (demografische, Prozess- und Leistungsvariablen) zu erheben. In einer Untersuchung in 53 „high technology"-Unternehmen (Smith et al. 1994) ergab sich, dass die demografischen Merkmale des Teams praktisch nicht mit den Prozessmerkmalen zusammen hingen. Die interessantesten Ergebnisse betreffen die Teamprozessvariablen: Die soziale Integration der Gruppe hing positiv mit beiden Leistungsindikatoren zusammen, während für die Kommunikationshäufigkeit das Gegenteil zutraf. Die Autoren führen dies auf mögliche Reibungsverluste durch häufige Kommunikationen zur Konfliktregelung zurück. Auf den für ein Management Team Audit hochinteressanten Zusammenhang zwischen der sozialen

Integration des Management Teams und der Unternehmensleistung kommen wir in Kapitel 3.2.3 zu den Teamprozessen noch einmal zurück.

In einer anderen Untersuchung kamen Kilduff et al. (2000) zu der ähnlichen Schlussfolgerung, dass die demografische Diversität von Management Teams nicht mit kognitiver Diversität zusammenhing.

Diese beispielhaft angeführten Untersuchungen zum Einfluss der demografischen Heterogenität von Management Teams auf deren Leistung zeigen, dass die Zusammenhänge zwischen demografischen und psychologischen Merkmalen und den Leistungsindikatoren offenbar nicht so eindeutig sind wie bisher angenommen. Daraus lässt sich folgern, dass die im demografischen Ansatz der Forschung zur Zusammensetzung von Management Teams angenommenen intermittierenden psychologischen Variablen direkt erhoben werden sollten, und zwar sowohl auf Seite der einzelnen Manager als auch bezüglich der Gruppenprozesse. Auch Priem, Lyon & Dess (1999) fordern in ihrem Überblicksartikel zur Forschung zu demografischen Merkmalen von Top-Management-Teams die direkte (wenn auch methodisch weniger genaue) Messung der eigentlich interessierenden Merkmale und schlagen folgende vor: die Machtverteilung im Top-Management-Team, die Einstellungen, Interessen und Meinungen der Manager, sowie ihre Annahmen über führungsrelevante Zusammenhänge. Diese Annahmen über führungsrelevante Zusammenhänge entsprechen im Wesentlichen dem Vorschlag Hambricks (1994), das Konstrukt des kognitiven Paradigmas und dessen Homogenität zur Beschreibung der Zusammensetzung von Management Teams heranzuziehen und es im Zusammenhang mit der Zusammenarbeit (Interaktions- und Entscheidungsprozessen) im zeitlichen Verlauf zu untersuchen. Mit kognitivem Paradigma ist das mentale Modell oder Schema der Manager gemeint, das bewusste oder unbewusste Annahmen und Erwartungen über bestimmte Ereignisse, damit zusammenhängende Alternativen und deren Konsequenzen, sowie die Werte und Wünsche zur Beurteilung dieser Alternativen (und Konsequenzen) beinhaltet. Leider macht Hambrick (1994) keine Vorschläge zur Erhebung der kognitiven Paradigmen in Management Teams.

Mir scheint es darüber hinaus vor allem sinnvoll, die Zusammensetzung des Management Teams im Hinblick auf eine ausgewogene Verteilung erfolgsrelevanter Fachkompetenzen zur Aufgabenerfüllung und sozialer und kommunikativer Kompetenzen zur Sicherung der Gruppenaufrechterhaltungsprozesse (s.u.) zu überprüfen. Erste empirische Hinweise in dieser Richtung werden im Folgenden Abschnitt geliefert.

Psychologische Merkmale

Erst in jüngster Zeit wird die Teamzusammensetzung bezüglich klassischer eignungsdiagnostischer Variablen wie der Intelligenz, spezifischer arbeitsbezogener Fähigkeiten und Persönlichkeitsmerkmale in ihren Zusammenhängen mit Interaktionsprozessen und Teamleistung untersucht.

In einer aufwändigen Studie (Barrick et al., 1998) wurde für Fertigungsteams untersucht, wie sich deren Zusammensetzung auf ihre Leistung auswirkt. Einige wichtige Erkenntnisse lassen sich folgendermaßen zusammenfassen:

▶ Teams, deren Mitglieder ausnahmslos hohe Gewissenhaftigkeit aufweisen, sind besonders effektiv; größere Unterschiede in diesem Persönlichkeitsmerkmal innerhalb des Teams reduzieren dessen Leistung.

▶ Teams, in denen die klassischen Persönlichkeitsaspekte Emotionale Stabilität und Intelligenz im Durchschnitt hoch ausgeprägt sind, leisten mehr. Im Unterschied zur Gewissenhaftigkeit ist es hier durchaus verträglich, wenn einzelne Teammitglieder weniger stabil oder intelligent sind – so lange die übrigen Mitglieder den Durchschnitt heben.

▶ Freundlichkeit und Extraversion von Teammitgliedern führen dann zu hoher Effektivität, wenn sie im Durchschnitt hoch ausgeprägt sind. Einzelne niedrigere Werte können auch hier vom Team aufgefangen werden. Bemerkenswert ist allerdings im Unterschied zu den Aspekten emotionale Stabilität und Intelligenz, dass Teams, in denen einzelne Mitglieder extrem wenig Freundlichkeit zeigen oder sehr introvertiert sind, deutliche Effektivitätseinbußen zeigen.

Auch die Entstehung und Wirkung von Konflikten im Team wurde untersucht. Das wenig verblüffende Ergebnis ist zunächst, dass Konflikte im Team dessen Leistung mindern. Interessanter ist folgendes Ergebnis: Die sich bereits in den genannten Punkten andeutende Relevanz einzelner Teammitglieder mit besonders niedrigen Ausprägungen bestimmter Merkmale wird im Bezug auf die Entstehung von Konflikten im Team noch deutlicher. In der Studie zeigte häufig der kleinste Einzelwert der Gruppenmitglieder den höchsten Zusammenhang mit den Teamkonflikten. Dieser Befund weist darauf hin, dass ein einziges Teammitglied mit deutlich geringerer Freundlichkeit, Gewissenhaftigkeit, Extraversion oder emotionaler Stabilität zu Konflikten und schlechteren Teamprozessen führen kann, die sich dann wiederum in geringerer Teamleistung niederschlagen. Neben Konflikten im Team zeigen auch die Teamkohäsion, Flexibilität, Kommunikation und Arbeitsteilung im Team eine ähnliche Abhängigkeit von den schwächsten Gliedern der Kette.

Vergleichbare Ergebnisse erbrachte eine Untersuchung an 79 Teams aus Personalabteilungen (Neuman & Wright, 1999), deren Testergebnisse in arbeitsbezogenen Fähigkeiten, Intelligenz und Persönlichkeit zum Einstellungszeitpunkt folgendermaßen mit der Teamleistung drei Jahre später zusammenhing:

▶ Die Testergebnisse für die arbeitsbezogenen Fähigkeiten und die Intelligenz des schwächsten der vier Teammitglieder hingen deutlich mit Vorgesetztenbeurteilungen und objektiven Maßen der Teamleistung zusammen.

▶ Darüber hinaus gilt Entsprechendes für die Persönlichkeitsvariablen Gewissenhaftigkeit und Freundlichkeit. Letztere wies einen besonders starken Zusammenhang mit den Vorgesetztenbeurteilungen der sozialen Kompetenzen des Teams auf.

Im Hinblick auf ein Management Team Audit ergeben sich aus den Ergebnissen dieser beiden Studien im Wesentlichen zwei Schlussfolgerungen: Erstens sind Minderleistungen eines Teams möglicherweise hauptsächlich durch ausgeprägte Schwächen einzelner Mitglieder bedingt, und eine faire Beurteilung aller im Team würde eine klare Identifikation dieser Personen verlangen. Zweitens sollte im Hinblick auf Teamführer insbesondere deren Fähigkeit betrachtet werden, solche Ursachenzusammenhänge zu erkennen und angemessen zu reagieren, z. B. die Teamzusammensetzung zu verändern anstatt fortwährend Teamworkshops zu veranstalten, deren Wirkung bestenfalls kurzfristig ist.

3.2.2 Die Struktur von Management Teams

Unter dem Stichwort „Struktur von Management Teams" wird einerseits die Rollenverteilung der Teammitglieder und die Beziehungen zwischen diesen Rollen verstanden, und zwar sowohl die formalen, meist aufgabenbezogenen Rollen als auch die oft informellen sozialen Rollen, wie auch die damit verbundenen Entscheidungs- und Kommunikationsstrukturen oder -muster. Wie Hambrick (1994) feststellt, liegt bisher praktisch keine Forschung zur Struktur von (Top-) Management Teams vor. Dennoch kann geschlossen werden, dass die gegenseitige Abhängigkeit in der Aufgabenausführung ein wesentliches Unterscheidungsmerkmal von Management Teams ist. Je mehr Tätigkeiten die Teammitglieder tatsächlich in Zusammenarbeit durchführen, umso mehr ist eine Management-Gruppe tatsächlich als Team zu bezeichnen (s.o.). Die Aufgabenverteilung und Rollenüberschneidung hat also einen direkten Einfluss auf die Bedeutung der Gruppenprozesse für die Managementleistung.

Rollen im Team

In einem Management Audit ist demnach zunächst zu erheben, welche aufgabenbezogene Rollenverteilung im Organisationsplan für das Management Team definiert ist, welches Maß an Rollenüberlappung und direkter Zusammenarbeit der Manager damit verbunden ist und welche Kommunikations- und Entscheidungsstrukturen dazu explizit oder implizit vorgesehen sind. In einem zweiten Schritt lässt sich dann die Frage stellen, inwieweit die tatsächliche Rollendifferenzierung im Management Team der geplanten Aufgabenverteilung entspricht und inwieweit zusätzliche Rollen entstehen. Dabei hat schon immer die vertikale Differenzierung oder „Hackordnung" besonderes Interesse gefunden. Verschiedene Studien (z.B. Bales & Slater, 1969) zeigten, dass sich in kleinen Gruppen mit Entscheidungsaufgaben häufig recht schnell und spontan zwei verschiedene Führungsrollen entwickeln, ein sozio-emotionaler und ein aufgabenorientierter Führer. Neben den Führungsrollen können sich jedoch auch andere Rollen wie Aufgabenspezialisten, Mitläufer, Außenseiter und Sündenböcke herausbilden, die sich z.B. mit Hilfe soziometrischer Methoden (Moreno, 1934) diagnostizieren lassen.

Neben den schon beschriebenen allgemeinen Prozessen der Rollendifferenzierung in Gruppen (Hackordnung, Sachführer und Beliebtheitsführer, Spezialisten, Außenseiter, Sündenbock, etc.) gibt es verschiedene Modelle zur Beschreibung von Rollen speziell in Management Teams. Belbin (1981) hat in langjähriger Forschungsarbeit an Managementsimulationen ein System von acht nützlichen Teamrollen entwickelt, das später auch in der Unternehmenspraxis Anwendung fand. In Abb. 6 werden die acht Rollen definiert mit den zugehörigen typischen persönlichen Eigenschaften des Managers, den für das Team positiven Qualitäten und den akzeptablen Schwächen, die durch Mitglieder in anderen Teamrollen ausgeglichen werden sollen. Diese acht Teamrollen lassen sich nach Fisher et al. (1998) in fünf aufgabenorientierte (Implementierer, Gestalter, Genie, Überwacher, Ausführer) und drei beziehungsorientierte Rollen (Koordinator, Ressourcenerforscher, Teamarbeiter) aufteilen. Zur Diagnose der Teamrollen (mit den entsprechenden Stärken und Schwächen) liefert Belbin (1981) einen Selbsteinschätzungsfragebogen zu sieben Bereichen der Arbeit im Team (vgl. Kap. 5.4.3).

Da Belbin (1981) selbst eine Management-Team-Größe von sechs Personen für optimal hält, ergibt sich, dass Manager in einem Team üblicherweise mehr als eine der beschriebenen Rollen übernehmen. Wie eine umfangreiche Untersuchung bei britischen Managern ergeben hat (vgl. Fisher et al., 1998), stammen dabei meist sowohl die primäre als auch die sekundäre Rolle typischerweise aus derselben Rollengruppe, d. h. einzelne Personen zeigen deutliche Präferenzen für aufgaben- oder beziehungsorientierte Rollen. Das wiederum erinnert stark an die klassische Unterscheidung zwischen aufgaben- und mitarbeiterorientiertem Führungsstil.

In einem Management Team Audit lässt sich mit Hilfe des Belbin'schen Teamrollenmodells feststellen, ob ein Management Team in den wesentlichen Rollen ausgeglichen besetzt ist oder ob bestimmte Rollen nicht oder doppelt besetzt sind. Bei anstehenden Personalentscheidungen kann entsprechend auf eine die bestehenden Rollenerfüllung optimal ergänzende Besetzung geachtet werden. In beiden Fällen sind, wie erwähnt, auch die sekundären Rollen in Betracht zu ziehen.

Team-Rolle	Typische Eigenschaften	Positive Qualitäten	Akzeptable Schwächen
Implementierer	Konservativ, pflichtbewusst, vorhersehbar	Organisationstalent, praktisches Verständnis, harter Arbeiter, Selbstdisziplin	Geringe Flexibilität, fehlendes Interesse an unbewiesenen Ideen
Koordinator	Ruhig, selbstsicher, kontrolliert	Fähigkeit, auf mögliche Beitragende und ihre Stärken vorurteilsfrei einzugehen, starke Zielorientierung	Keine überdurchschnittliche Intelligenz oder Kreativität
Gestalter	Nervös, extrovertiert, dynamisch	Antriebskraft und Fähigkeit zur Überwindung von Trägheit, Ineffizienz, Selbstmitleid und Enttäuschung	Anfälligkeit für Provokation, Irritierbarkeit und Ungeduld
Genie	Individualist, ernst, unorthodox	Genie, Vorstellungskraft, Intellekt, Wissen	„in den Wolken", vernachlässigt praktische Details oder soziale Regeln
Ressourcenerforscher	Extrovertiert, begeisterungsfähig, neugierig, kommunikativ	Kontaktfähigkeit und Entdeckungsgeist, reagiert auf Herausforderungen	Tendenz, nach anfänglicher Faszination das Interesse zu verlieren
Überwacher / Evaluierer	Nüchtern, rational, vorsichtig	Urteilskraft, Diskretion, Starrköpfigkeit	Fehlende Inspiration oder Motivationskraft
Teamarbeiter	Sozial orientiert, eher mild, empfindsam	Fähigkeit, auf Menschen und Situationen einzugehen und Teamgeist zu fördern	Fehlende Entscheidungskraft in Krisensituationen
Ausführer / Vollender	Arbeitsam, ordentlich, gewissenhaft, ängstlich	Durchhaltefähigkeit, Perfektionismus	Sorge um Unwichtiges, lässt sich nicht gehen

Abb. 6: Rollen im Management Team nach Belbin (1981)

Kommunikationsstrukturen

Kommunikationsstrukturen in Gruppen werden je nach ihrer Gestaltung als Rad, Y, Kette oder Kreis dargestellt, denen als weiteres Modell die totale Kommunikation aller Mitglieder an die Seite gestellt wird. In verschiedenen Untersuchungen über die Effektivität verschiedener Kommunikationsstrukturen in Gruppen hat sich gezeigt, dass einfache Aufgaben bei zentralisierten Kommunikationsstrukturen (z.B. Rad) schneller und fehlerfreier gelöst werden, während bei komplexen Aufgaben dezentralisierte Strukturen, v. a. die Totale (jeder kommuniziert mit jedem) effizienter sind (vgl. zusammenfassend v. Rosenstiel, 1993). Ähnliche Ergebnisse erbrachten auch Studien zur spontanen Herausbildung von Kommunikationsstrukturen in Gruppen. Die Erkenntnis, dass die Effektivität verschiedener Kommunikationsstrukturen von der Art der zu lösenden Aufgaben abhängt, leuchtet natürlich unmittelbar ein und spricht angesichts der meist hochkomplexen Aufgaben in Management Teams für eher dezentralisierte informelle Kommunikationsstrukturen.

In einem Management Audit könnte demnach erhoben werden, welche Teammitglieder mit welchen wie häufig und lange üblicherweise zur Lösung welcher Aufgaben kommunizieren, um ein Modell der aufgabenbezogenen Kommunikationsmuster zu erstellen und es hinsichtlich seiner Effizienz zu beurteilen. Im Vergleich zu den in einem späteren Abschnitt besprochenen Kommunikationsprozessen spielen die doch relativ schlichten Modelle zu den Kommunikationsstrukturen jedoch eine untergeordnete Rolle und sollten in einem Management Team Audit eher im Rahmen der Diagnose der Kommunikationsprozesse mitberücksichtigt werden.

Kommunikation und Technik

Die räumliche und technische Umgebung beeinflusst die Kommunikation auch in Management Teams nachhaltig. Es macht einen großen Unterschied, ob alle Mitglieder des Management Teams auf dem gleichen Flur arbeiten und sich jederzeit zu informellen persönlichen Gesprächen sehen können oder ob sie in verschiedenen Städten arbeiten, die Kommunikation hauptsächlich mittels technischer Medien erfolgt und persönliche Treffen nur in bestimmten längeren Zeitabständen oder zu bestimmten Anlässen stattfinden.

Insbesondere bei der Benutzung elektronischer Kommunikationsmedien scheinen sich Kommunikationsverhalten und -inhalte zu ändern (vgl. Kiesler & Sroull, 1994). Wohl vor allem weil der Sender und sein Status schwerer zu identifizieren sind, kommt es zu stärker sender- und weniger empfängerorientierten Botschaften, einer gleichmäßigeren Teilnahme der verschiedenen Mitglieder, häufigerer Verletzung von Kommunikationsnormen (Vulgärausdrücke, ungehemmte Mitteilung schlechter Nachrichten) und zu extremeren oder riskanteren Entscheidungen.

Da die technischen Kommunikationsmittel für ein Management Audit nur in ihrem Einfluss auf die Kommunikationsprozesse interessant sind, gilt für sie wie auch schon für die Kommunikationsstrukturen, dass sie im Rahmen der Bewertung der Kommunikationsprozesse gegebenenfalls mitberücksichtigt werden sollten.

Entscheidungsstrukturen

Die Entscheidungsstrukturen in Management Teams müssen nicht mit den Kommunikationsstrukturen übereinstimmen. Unter Entscheidungsstruktur soll eine explizite oder implizite Regel darüber verstanden werden, wer welche Entscheidungen in Absprache mit wem trifft. Dabei sind vielfältige Verfahrensarten mit unterschiedlichen Mehrheits- und/oder Vetorechten der verschiedenen Mitglieder bezüglich bestimmter Entscheidungen denkbar. Zentral sind Regeln darüber, wann Einzel- und wann Teamentscheidungen getroffen werden und – im Fall von Einzelentscheidungen – wann Spezialisten entscheiden und wann der Führer des Teams entscheidet.

In einem Management Team Audit ist festzustellen, ob der Entscheidungsspielraum oder Verantwortungsbereich jedes einzelnen Managers seinen Fähigkeiten entspricht, und ob er über die nötigen Informationen verfügt, um seine Entscheidungen treffen zu können. Sowohl Über- als auch Unterforderung im eigenständigen Treffen von Entscheidungen führen bei Managern schnell zu Frustration, Motivationsverslust und Leistungsabbau.

Im Weiteren ist vor allem zu hinterfragen, ob bestehende Entscheidungsstrukturen im Team hilfreich im Sinne optimierter Entscheidungen sind. Wenn die Strukturen angemessen erhoben und beschrieben sind, bedarf es dazu eines normativen Modells, das Kriterien zur Bewertung zur Verfügung stellt. Ein solches normatives Modell wurde von Vroom & Yetton (1973) entwickelt. Obwohl das Modell rationalistisch und mechanistisch erscheint, gibt es Belege für seine Nützlichkeit. Im Rahmen eines Management Team Audits kann diese darin bestehen, die wichtigsten im Team zu treffenden Entscheidungen zu systematisieren. Es konzentriert sich zwar auf die Frage, wann eine Führungskraft allein und wann sie unter Einbeziehung ihres Teams entscheidet. Im Rahmen des Modells werden allerdings Fragen aufgelistet, die hilfreich sind, um in Entscheidungssituationen festzulegen, ob Einzel- oder Teamentscheidungen sinnvoll sind (vgl. dazu Kap. 2.9). In jedem Fall sollten auch die subjektiven Bewertungen der Entscheidungsprozesse durch die Teammitglieder herangezogen werden. Abweichungen sowohl vom theoretischen Modell als auch von den subjektiven Erwartungen der Teammitglieder sollten in ihren Ursachen und Konsequenzen analysiert und dargestellt werden.

3.2.3   Die Prozesse in Management Teams

Verschiedene Modelle und Theorien zu Interaktionsprozessen, Leistung und Führung von Arbeitsgruppen sind sich darüber einig, dass in Gruppen gleichzeitig immer mehrere Prozesse ablaufen, die auf der höchsten Abstraktionsebene in aufgabenorientierte Produktionsprozesse einerseits und sozioemotionale Prozesse der Gruppenerhaltung und Gruppenentwicklung andererseits unterteilt werden können. In letzteren unterscheiden einige Modelle zwischen Prozessen, die sich auf das Wohlbefinden der Gruppe oder auf das der einzelnen Mitglieder beziehen. So destillierte Hackman (1990) aus seiner Sammlung von Einzelfallstudien zu verschiedenen mehr oder weniger erfolgreichen Teams folgende drei erfolgskritischen Dimensionen der Gruppenleistung:

► Produktiver Output
► Verbesserung der Zusammenarbeitskapazität der Gruppe
► Entwicklung und Wohlbefinden der Teammitglieder

In erstaunlicher Übereinstimmung besagt die systemisch-dynamische TIP-Theorie (für Time, Interaction, Performance) von McGrath (1991), dass Gruppen gleichzeitig drei verschiedene Funktionen zu erfüllen haben, die ihren Beitrag zu verschiedenen Systemebenen betreffen:

► Produktion (Beitrag zur Organisation als umgebendem System)
► Gruppenwohlbefinden (Beitrag zum eigenen Funktionieren als sozialer Einheit)
► Mitgliederunterstützung (Beitrag zu den Mitgliedern als Subsysteme)

Im Folgenden will ich die umfangreichen Untersuchungsergebnisse zu verschiedenen Merkmalen von Gruppenprozessen zusammenfassen, die für ein Management Audit relevant sind. Dabei soll den aufgabenorientierten Prozessen besonderes Augenmerk zukommen. Die Prozesse der Aufgabenerfüllung hängen wesentlich von der Art der zu erfüllenden Aufgabe ab. Dennoch gibt es generelle Prozesse der Aufgabenerfüllung in Gruppen, die Fleishman und Mitarbeiter (vgl. z. B. Fleishman & Zaccaro, 1992) mittels arbeitsanalytischer Methoden in die in Abb. 7 dargestellten Dimensionen aufgeteilt haben.

Im Weiteren sollen die Zusammenhänge von Teamvariablen mit diesen Prozessen beschrieben werden, um herauszuarbeiten, welche Teamvariablen, wie zum Beispiel Konflikte, Zusammengehörigkeitsgefühl und Normen, für die Effizienz der Prozessgestaltung besonders relevant sind. Die hier im Anschluss dargestellten Aspekte haben in der Teamforschung besondere Aufmerksamkeit gefunden und weisen Zusammenhänge mit der Gruppenleistung auf.

Prozessaspekt	Erläuterung
Orientierung	Im Hinblick auf Ressourcen der Mitglieder, Aufgaben und Ziele des Teams, situative Bedingungen, sowie Setzung von Aufgabenprioritäten
Ressourcenverteilung	Im Hinblick auf Passung von Aufgabenanforderungen und Mitgliederressourcen, Verteilung der Arbeitslast
Zeitplanung	Im Hinblick auf Gesamtaktivitäten und Aktivitäten der einzelnen Mitglieder
Arbeitskoordination	zeitlich und räumlich
Motivation	Im Hinblick auf die Entwicklung von Teamleistungsnormen, deren Akzeptanz, Belohnungen der Leistungen auf Teamebene, Verstärkung von Aufgabenorientierung, Ausgleich von Teamorientierung und individueller Kompetenz, Lösung leistungsrelevanter Konflikte
Systemüberwachung	Im Hinblick auf Gesamtaktivität und Einzelaktivität, Fehlerausgleich
Aufrechterhaltung	Im Hinblick auf die gesamte und individuelle prozedurale Aktivität sowie die Anpassung an neue Prozeduren

Abb. 7: Allgemeine Prozesse der Aufgabenerfüllung in Gruppen

Zielsetzung und Feedback

Verschiedene Untersuchungen haben gezeigt, dass das Setzen hoher, konkreter Gruppenziele, ebenso wie bei Individuen (vgl. Locke & Latham, 1990), zu höherer Gruppenleistung führt, insbesondere wenn zielbezogenes Leistungsfeedback gegeben wird (vgl. Zander, 1980). Eine Analyse kritischer Unterschiede zwischen erfolgreichen und weniger erfolgreichen Teams von Morgan et al. (1986) ergab entsprechend, dass eine gegenseitige Leistungsüberwachung und das Geben und Annehmen von Feedback erfolgreichere Teams auszeichnet. Das Setzen konkreter handlungsleitender Ziele ist für Management Teams mit Sicherheit schwieriger und komplexer als für Teams auf unteren Ebenen der Organisation (wie etwa Produktionseinheiten). Gerade deshalb sollten die *Zielsetzungs- und Feedbackprozesse des Management Teams ein zentraler Bestandteil des Management Team Audits* sein. Dabei ist der unmittelbare Zusammenhang mit den beschriebenen Unternehmenszielen von besonderer Bedeutung, auf den ich in Kapitel 2 zum Management Context Audit bereits näher eingegangen bin (vgl. auch unten die Ausführungen zum Einfluss des organisationalen Kontexts auf Gruppen).

Kooperation und Unterstützung

Auch die Frage, ob ein eher kooperativer oder eher kompetitiver Stil herrscht, ist für Management Teams wahrscheinlich noch bedeutsamer als für andere Teams, was in den einleitend genannten Besonderheiten von Management Teams begründet liegt: Sowohl die prototypischen persönlichen Eigenschaften von Top Managern als auch die gleichzeitige Mitgliedschaft als Verantwortliche unterschiedlicher Unternehmensbereiche oder Abteilungen mit möglicherweise inkompatiblen Interessen laden zu einem eher kompetitiven Stil ein. Wenn zusätzlich noch organisationale Anreizsysteme (etwa einzel- bzw. bereichsleistungsorientierte vs. gruppen- bzw. unternehmensorientierte Bezahlung, Wettlauf um die Nachfolge als Geschäftsführer, etc.) diesen motivieren, kann dies negative Konsequenzen für die Gruppenleistung haben, insbesondere bei Managementaufgaben, die ein hohes Maß an Kooperation erfordern. Verschiedene Untersuchungen haben einen Zusammenhang von Kooperation und Gruppenleistung ergeben. So war die gegenseitige Hilfestellung und Rückendeckung in den Untersuchungen von Morgan et al. (1986) neben der Leistungsüberwachung und dem Geben und Annehmen von Feedback eines der erfolgskritischen Gruppenmerkmale. In der oben genannten Untersuchung von Smith et al. (1994) zum Zusammenhang von demografischen und Prozessvariablen mit der Leistung in Top-Management-Gruppen war die „soziale Integration", die im Wesentlichen einen kooperativen Gruppenstil und gegenseitige Unterstützung maß, die einzige Variable, die beide erhobenen monetären Kriterien des Unternehmenserfolges vorhersagte. Aufgrund dieser Forschungsergebnisse darf das Ausmaß an Kooperation und gegenseitiger Unterstützung als erfolgskritisches Merkmal im Management Team Audit nicht fehlen.

Kommunikation

Über Kommunikation sind eine nicht mehr übersehbare Fülle von Arbeiten erschienen. Beschränkt man sich auf die Kommunikation in Teams, ist die Anzahl der Arbeiten zwar geringer, aber immer noch kaum zu verarbeiten. Eine aus der „Human Relations"-Bewegung der Organisationsforschung stammende Annahme hat aber viele Arbeiten lange Zeit bestimmt und wirkt noch heute stark nach. Sie besagt, dass eine „angemessene" affektive, sozioemotionale Kommunikation in Arbeitsgruppen die Gruppenleistung fördert. Betrachtet man jedoch die empirische Befundlage, kann nach einer ganzen Reihe von Untersuchungen (etwa zum Effekt der sogenannten T-groups) diese Annahme so nicht aufrecht erhalten werden (vgl. Guzzo & Shea, 1992). Positive Auswirkungen auf das Gruppenklima, die Kohäsion und das Wohlbefinden der einzelnen Mitglieder bleiben davon unbeschadet.

Trotz der großen Zahl an Veröffentlichungen zum Themenbereich gibt es nüchtern betrachtet eine verblüffend geringe Anzahl wirklich gesicherter Erkenntnisse zu leistungsfördernden Merkmalen der Kommunikation in Teams: Diese Erkenntnisse betreffen vor allem Merkmale der aufgabenbezogenen Kommunikation. Auf die Rolle des Gebens und Annehmens von Feedback habe ich oben schon hingewiesen. Morgan und Mitarbeiter (1986) fanden, dass sich erfolgreiche Teams durch eine Kommunikation auszeichnen, in der sich sowohl Sender als auch Empfänger des richtigen Verständnisses der Botschaft (etwa durch Nachfragen) versichern. Weiterhin legen die unten beschriebenen Befunde zu Konflikten in Gruppen nahe, dass eine klare Trennung von Sach- und Beziehungsebene der Kommunikation (vgl. Bühler, 1934 bzw. im Arbeitsbereich: Neuberger, 1982) zur Vermeidung von leistungsmindernden persönlichen Konflikten bei der Austragung von leistungsfördernden Sachkonflikten hilfreich sein kann.

Wie oben bereits gesagt, sollten auch Aspekte der Kommunikationsstrukturen im Unternehmen sowie das Zusammenspiel von Kommunikation und Technik bei der Betrachtung von Kommunikation im Team angemessen berücksichtigt werden.

Gruppenkohäsion und Leistungsnormen

Verschiedene bekannte Untersuchungen der Organisationsforschung beschreiben positive (Hawthorne-Studien von Roethlisberger und Dickson, 1939) und negative Auswirkungen (Phänomen des „group think", Janis, 1972) des Zusammengehörigkeitsgefühls auf die Gruppenleistung. In den ursprünglich zum Einfluss der Helligkeit am Arbeitsplatz auf die Arbeitsleistungen durchgeführten Hawthorne-Studien (vgl. Roethlisberger & Dickson, 1939) zeigten sich vergleichbare Leistungssteigerungen in Versuchs- und Kontrollgruppen, scheinbar unabhängig von den systematisch variierten Arbeitsbedingungen. In einer Versuchsgruppe ging sogar eine Helligkeitsverminderung mit einer Leistungssteigerung einher. Diese überraschenden Ergebnisse wurden von den Forschern als Effekt des durch die Versuchsleiter verbesserten Klimas in den hergestellten Arbeitsgruppen und einer damit einhergehenden Motivationssteigerung interpretiert und können als Ausgangspunkt der sogenannten „Human Relations"-Bewegung in der Organisationspsychologie angesehen werden. Wie dysfunktionale Gruppenprozesse auf Grund von hoher Gruppenkohäsion zu katastrophalen Ergebnissen führen können, zeigte dagegen Janis (1972) mit seiner Dokumentenanalyse der Protokolle von Sitzungen politischer Gremien in der Kennedy-Ära, die zu krassen Fehlentscheidungen in der Kuba-Krise führten. Die als „*group think*" bezeichneten beobachteten Gruppenphänomene und -prozesse können in folgenden Punkten zusammengefasst werden:

▶ Illusion der Unverletzlichkeit, unrealistischer Optimismus
▶ Kollektive Rationalisierungen, Glaube an deren moralische Rechtfertigung und Überschätzung des Gruppenkonsens
▶ Stereotypisierung Außenstehender, Gruppendruck gegen vom Gruppenkonsens abweichende Informationen oder Argumente von innen oder außen

Zur Erklärung dieser auf den ersten Blick widersprüchlichen Ergebnisse werden die Gruppennormen, insbesondere bezüglich der Leistung, herangezogen. Dabei konnte der intuitiv einleuchtende Zusammenhang zwischen Gruppenkohäsion und Normbeachtung (je wichtiger mir die Mitgliedschaft/die Mitglieder umso mehr identifiziere ich mich intrinsisch mit den Normen der Gruppe und desto härter treffen mich extrinsische Sanktionen bei Nichtbeachtung) auch empirisch bestätigt werden. So führen hohe Leistungsnormen in kohäsiven Gruppen zu hohen Leistungen bei geringen Abweichungen, während niedrige Lesitungsnormen zu Leistungsrestriktion führen können (Schachter et al., 1951, Seashore, 1954). In Problemlöse- und Entscheidungsgruppen kann Kohäsion über die oben beschriebenen dysfunktionalen Gruppennormen zu den Effekten des „group think" führen.

In einem Management Team Audit sollten demnach sowohl die Gruppenkohäsion (also das Zusammengehörigkeits- oder „Wir"-Gefühl, die wechselseitigen positiven Gefühle in der Gruppe) als auch die Gruppennormen, insbesondere bezüglich der Leistung beachtet werden.

Teamklima und Innovation

Innovation ist für praktisch alle Unternehmen heute überlebensnotwendig und deren Förderung damit eine Hauptaufgabe des Managements. Damit das Management selbst innovationsfähig sein kann, muss im Management Team nach einem der führenden Modelle zur Innovation in Arbeitsgruppen (West, 1990) ein entsprechendes Klima herrschen. Laut diesem Modell, das in Zusammenarbeit mit englischen Krankenhaus-Management-Teams entwickelt wurde, hängt Teaminnovation von folgenden Faktoren des Teamklimas ab:

▶ Vision: klar defnierte, erreichbare und im Team geteilte Ziele
▶ Aufgabenorientierung: Leistungsstandards, Feedback und Zusammenarbeit
▶ Unterstützung von Innovation: Offenheit für und Umsetzung von neuen Ideen
▶ Partizipative Sicherheit: Informationsaustausch, Kohäsion

Ein zur Erhebung dieser vier Innovationsfaktoren des Teamklimas entwickelter Fragebogen, das Teamklimainventar (Anderson & West, 1994) hat sich als brauchbares Instrument herausgestellt, obwohl sich nicht in allen Untersuchungen die vier Faktoren empirisch bestätigen ließen. Stattdessen schlagen einige Autoren einen fünften Faktor „Interaktionshäufigkeit" vor (vgl. Kivimäki et al., 1997). Das Teamklimainventar ist mittlerweile auch deutschsprachig erhältlich (Brodbeck, Anderson & West, 2000) und bietet sich zur Beurteilung der Innovationsfreundlichkeit des Klimas in Management Teams an (vgl. Kap. 5.4.3).

Konflikte, Konfliktlösungsstrategien und Vertrauen

Konflikte sind wesentliche Bestandteile von Gruppen, in denen Menschen mit verschiedenen Interessen, Bedürfnissen, Ansichten, Persönlichkeiten, etc. zusammenarbeiten und die Lösung von Konflikten gehört zu den zentralen Aufgaben von Gruppen, die ihr Funktionieren ermöglichen (vgl. die oben beschriebenen Modelle der Gruppenprozesse). Im Hinblick auf die Leistung von Teams sind zum einen die Unterscheidung verschiedener Konfliktarten wichtig, zum anderen die angewandten Konfliktlösungsstrategien.

In der Literatur zu Konflikten in (Arbeits-) Gruppen wird üblicher- und vernünftigerweise unterschieden zwischen aufgabenbezogenen oder Inhaltskonflikten, die mit unterschiedlichen Meinungen, Ideen oder Ansichten bezüglich der zu bewältigenden Aufgabe zu tun haben, und Beziehungs- oder persönlichen Konflikten, die in der Wahrnehmung persönlicher Inkompatibilität, Antipathie oder Animosität bestehen. Eine Reihe von Forschungsarbeiten zu den Auswirkungen von Konflikten in Gruppen (vgl. zusammenfassend Simons & Peterson, 2000) haben nun gezeigt, dass aufgabenbezogene Konflikte und das durch sie stimulierte sorgfältigere Durcharbeiten der Aufgabe (im Sinne der Vermeidung von „group think", s. o.) sowohl zu besseren Entscheidungen als auch zu einer größeren Akzeptanz der Entscheidung und Zufriedenheit der Mitglieder führen. Beziehungskonflikte bewirken dagegen nicht nur geringere Zufriedenheit und Gruppenkohäsion sondern auch schlechtere Entscheidungen, da ein Teil der Kapazitäten der Gruppenmitglieder statt zur Aufgabenbewältigung auf die gegenseitige Beobachtung verwandt und durch Stress und Nervosität beeinträchtigt wird. Nun haben die meisten Untersuchungen aber gleichzeitig einen starken Zusammenhang zwischen beiden Konfliktarten gefunden.

In einer Untersuchung mit 70 Top-Management-Teams fanden Simons & Peterson (2000), dass dieser Zusammenhang in solchen Teams deutlich geringer ist, in denen sich die Manager stärker vertrauen. Sie vermuten, dass das gegenseitige Vertrauen dazu führt, dass aufgabenbezogene Konflikte offener ausgetragen und nicht als Beziehungskonflikte fehlinterpretiert werden. Das gegenseitige Vertrauen der Teammitglieder könnte auch für andere Gruppenprozesse von großer Bedeutung sein und ist erst in jüngerer Zeit zum Thema der Organisationspsychologie geworden.

Neben den Konfliktarten und ihren unterschiedlichen Auswirkungen auf die Teamleistung sind die in Teams angewandten Konfliktlösungsstrategien von kritischer Bedeutung für das Funktionieren. Alper et al. (2000) untersuchten die Auswirkungen von kooperativen vs. kompetitiven Konfliktlösungsstilen auf die Konfliktlösungserwartung und die Leistung in 61 autonomen Arbeitsgruppen. Ein kooperativer Konfliktlösungsstil hing stark positiv, ein kompetitiver negativ mit der Überzeugung zusammen, dass zukünftige Konflikte im Team produktiv gelöst werden können. Diese „Konfliktlösungserwartung" hing wiederum deutlich mit der Beurteilung verschiedener Dimensionen der Gruppenleistung durch den Vorgesetzten zusammen.

Auch eine weitere Studie zu Konfliktarten und -verhalten in Management Teams von Janssen, Van de Vliert & Veenstra (1999) ergab, dass Teams mit integrativem (= kooperativem) Konfliktverhalten bessere Entscheidungen trafen und sie emotional stärker akzeptieren, während das Gegenteil für distributives (= kompetitives) Konfliktverhalten zutraf.

Als leistungsrelevante Merkmale des Konfliktverhaltens von Management Teams bieten sich zusammenfassend sowohl das Ausmaß der aufgabenbezogenen und Beziehungskonflikte selbst an als auch die zur Konfliktbearbeitung wichtigen Variablen Vertrauen, kooperative vs. kompetitive Konfliktlösungsstrategie und die Erwartung konstruktiver Konfliktlösung.

Teameffektivitätserwartung

Ein der beschriebenen Konfliktlösungserwartung vergleichbares allgemeineres Konzept der Teamleistungserwartung, des Vertrauens der Teammitglieder in die Kapazität des Teams zur Lösung seiner Aufgaben, das als Pendant der Selbstwirksamkeitserwartung von Individuen nach Bandura (1982) angesehen werden kann, wird in verschiedenen Modellen als wichtiges leistungsrelevantes Prozessmerkmal von Teams vorgeschlagen. Guzzo & Shea (1992) nennen es „Potency" während Hackman (1990) von der „zukünftigen Zusammenarbeitskapazität" des Teams spricht und deren Aufrechterhaltung oder Erhöhung als einen von drei erfolgsrelevanten Gruppenprozessen ansieht. Ich schlage den Namen „Teameffektivitätserwartung" für dieses Konzept vor.

In einer der wenigen empirischen Untersuchungen zu diesem Thema fanden Campion et al. (1993), dass die Teameffektivitätserwartung von allen Merkmalen des Teams am stärksten mit verschiedenen Kriterien der Teamleistung zusammenhing. Man kann also in Analogie zu den gesicherten Erkenntnissen über die Effekte der individuellen Selbstwirksamkeitserwartung folgern, dass Teams, die von ihrer Leistungsfähigkeit überzeugt sind, tatsächlich bessere Leistungen erbringen. Das Konzept der Teameffektivitätserwartung ist daher ein vielversprechendes Beurteilungsmerkmal für ein Management Team Audit.

3.2.4 Die vom Management Team zu lösenden Aufgaben

In praktisch allen Modellen und Arbeiten zur Teamleistung spielt die Art der vom Team zu lösenden Aufgaben eine herausragende Rolle. Dabei wird angenommen, dass die Art der Aufgaben die Teamleistung auf dreierlei Weise beeinflusst:

▶ als Quelle individueller Motivation
▶ als Determinante der instrumentellen Interaktion im Team
▶ als Moderator des Zusammenhangs zwischen Interaktionsprozessen und Gruppenleistung

Der unter dem ersten Punkt genannte Aspekt der individuellen Motivation durch die Art der Aufgaben dürfte in Management Teams in der Regel eine eher untergeordnete Rolle spielen, da die typischen Managementaufgaben die meisten der als motivierend angesehenen Merkmale aufweisen, wie etwa: Erforderung verschiedener Fähigkeiten, Wichtigkeit, Ganzheitlichkeit, Autonomie in der Durchführung, reichhaltiges Leistungsfeedback. Dieser Aspekt kann daher für das Management Team Audit vernachlässigt werden.

Der zweite Punkt weist darauf hin, dass unterschiedliche Managementaufgaben, werden sie nun direkt vom Team oder in Einzelarbeit erfüllt, mehr oder weniger Koordination zwischen den Teammitgliedern erfordern, ein Phänomen, das in der Literatur oft „aufgabenbedingte Abhängigkeit" genannt wird.

Der dritte Aspekt besagt schlicht, dass der Einfluss der Interaktionsprozesse auf die Teamleistung um so höher ausfällt, je größer die aufgabenbedingte Abhängigkeit der Teammitglieder ist, also die zur Aufgabenlösung nötige instrumentelle Interaktion. Die Frage nach der aufgabenbedingten Abhängigkeit betrifft die am Anfang dieses Kapitels aufgeworfene Frage, inwieweit ein Management Team tatsächlich als Team arbeitet.

Die Punkte zwei und drei sind für ein Management Team Audit von herausragender Bedeutung, sie bilden gewissermaßen seine Grundlage: Nur wenn von den Mitgliedern des Managements Aufgaben ausgeführt werden, die ein Mindestmaß an Zusammenarbeit und Koordination mit anderen Mitgliedern erfordern, kann man überhaupt von einem Management Team im engeren Sinne sprechen. Und nur dann haben die Interaktions- und Zusammenarbeitsprozesse im Team einen direkten Einfluss auf dessen Leistung, sodass eine Beurteilung dieser Prozesse in einem Management Team Audit sinnvoll wird.

Es ist also zunächst wichtig zu erheben, welche Managementaufgaben im Team erfüllt werden sollen und tatsächlich erfüllt werden. Anschließend ist zu fragen, ob diese Aufgaben auf Grund ihrer Merkmale und Anforderungen an die Information, Kenntnisse und Fähigkeiten der Manager sowie an die Zusammenarbeitsprozesse von Kommunikation und Entscheidung sinnvollerweise im Team oder besser in Einzelarbeit zu lösen sind. Hier stellt sich also die grundlegende Frage nach der „aufgabenbedingten Abhängigkeit" im Management Team.

Bei dieser Betrachtung der vom Management (in Team- oder Einzelarbeit) zu lösenden Aufgaben kann auf verschiedene Aufgabentypologien zurückgegriffen werden, die im Rahmen der Teamforschung entwickelt worden sind und nach denen sich die Forschungsergebnisse zur Teamleistung bei unterschiedlichen Aufgabentypen ordnen lassen.

Die vielleicht verbreitetste Aufgabentypologie wurde von Steiner (1972) entwickelt. Sie beruht auf der Beantwortung der folgenden drei Fragen:

1. Kann die Aufgabe in Teilaufgaben zerlegt werden, die von verschiedenen Personen erfüllt werden können?
2. Ist Qualität oder Quantität das wichtigere Zielkriterium?
3. Wie verhalten sich die Einzelleistungen der Mitglieder zur Gruppenleistung?
   - additiv
   - kompensatorisch
   - konjunktiv
   - disjunktiv
   - von der Gruppe wählbar

Geht man davon aus, dass für Managementaufgaben fast immer die Qualität und nicht die Quantität das wichtigere Zielkriterium ist, leiten uns die übrigen Fragen eins und drei wieder zurück zur Frage nach der „aufgabenbedingten Abhängigkeit" im Team. Darüber hinaus bieten diese und andere Typologien im Team zu lösender Aufgaben (etwa McGrath, 1984) für ein Management Team Audit relativ wenige Anhaltspunkte, da sich Managementaufgaben, wie oben erwähnt, in der Regel stark von den Aufgaben anderer Arbeitsgruppen unterscheiden. Dennoch kann auf die folgenden Erkenntnisse zurückgegriffen werden, die anhand dieser Typologien systematisiert wurden.

So hat sich für bestimmte Aufgaben, wie etwa das Generieren von Ideen und Plänen, gezeigt, dass ihre Erfüllung in Einzelarbeit effektiver sein kann als im Team, da in der gleichen Zeit mehr Ideen generiert werden können (man muss nicht den anderen zuhören) und Phänomene des „group think" unwahrscheinlicher sind, während es meist sinnvoll ist, die Auswahl der in Einzelarbeit generierten Ideen oder Pläne im Team vorzunehmen, um Ansichts- und Interessenkonflikte zu lösen und zu einer konsensfähigen Entscheidung zu kommen. Weiterhin sollte in Abhängigkeit von den Anforderungen der Aufgabe überprüft werden, ob zu deren Erfüllung optimale Kommunikations- und Entscheidungsprozesse angewandt werden. So haben sich zum Beispiel bei den für viele Managementsituationen kennzeichnenden uneindeutigen, komplexen und variablen Aufgaben schnelle und informelle Kommunikationsstrukturen als hilfreich erwiesen (s. Kap. 3.2.2).

3.2.5   Die Einflüsse des Kontexts von Management Teams

Jüngere Modelle der Gruppenleistung haben das Augenmerk verstärkt auf die kontextuellen Einflüsse als Determinanten der Gruppenleistung gelegt (vgl. Guzzo & Shea,
1992). Als Merkmale des organisationalen Kontextes, die die Effektivität beeinflussen,
nennen verschiedene Autoren die Aufgabenstruktur, die Unternehmenskultur, die Klarheit der Ziele, die Autonomie des Teams, das Feedback, die Belohnungssysteme, die
physikalische Umgebung und die Unterstützung durch Beratung und Training. Einige
dieser Merkmale wurden bereits weiter oben behandelt, andere kommen in Kapitel 2
zum weiteren Kontext des Managementhandelns zur Sprache. An dieser Stelle sollen
daher nur einige Kontextmerkmale beschrieben werden, die speziell die Prozesse und
Leistung von Top-Management-Teams betreffen.

Hambrick (1994) gliedert die kontextuellen Einflüsse auf die Zusammensetzung, Struktur und Prozesse von Management Teams nach drei althergebrachten Analyseeinheiten
vieler Organisations- und Strategieforscher: die Unternehmensumwelt (v.a. die Marktsituation), das Unternehmen (Strategie, Form, Kultur, etc.) und die Unternehmensleistung
(Profit, Wachstum etc.). In der Regel wirken sich diese Einflussgrößen über die an das
Management Team gestellten Aufgaben aus, zu deren Erfüllung dann die Zusammensetzung, Struktur und Prozesse des Teams entweder durch geplante Interventionen oder
durch meist längerfristige „evolutionäre" Anpassungsprozesse geändert werden.

Unternehmensumwelt

Als ein Hauptmerkmal der Unternehmensumwelt wird allgemein deren Unsicherheit
angesehen, die sich aus der Umweltinstabilität und -komplexität zusammensetzt. Wie
verschiedene Untersuchungen gezeigt haben, führt eine hohe Umweltstabilität zu demografisch homogeneren Management Teams aus eher älteren Managern mit eher längerer
Verweildauer im Unternehmen. Bei unsicheren Umweltsituationen ist eine schnelle
Reaktionsfähigkeit des Management Teams gefragt, weswegen ein hohes Maß an Kooperation und eher flexible, informelle Kommunikations- und Entscheidungsstrukturen
wichtig sind, sowie ausgeprägte Konfliktlösungskompetenzen. Weiterhin sind gerade in
Unsicherheitssituationen klare handlungsleitende Zielvorgaben und eine sicherheitsstif-
tende Identität von Bedeutung.

Unternehmen

Bezüglich der *Unternehmensstrategie* beeinflusst v.a. die Geschäftsdiversifikation das
Management Team. In stark diversifizierten Unternehmen mit weitgehend unabhängigen
Bereichen ist die Aufgabeninterdependenz zumindest auf der oberen Managementebene
häufig eher gering, und die einzelnen Teammitglieder vertreten im Wesentlichen die

Interessen „ihres" Geschäftszweiges, was zu Konflikten, geringem Zusammengehörig-keitsgefühl und in Quantität und Qualität geringerer Kommunikation führen kann.

Auch die *Marktstrategie* eines Unternehmens kann nach Bantel & Finkelstein (1995) das Management Team beeinflussen. Eher nach außen orientierte Strategien (die Marktchancen und Wachstum betonen) haben ähnliche Konsequenzen wie die Umweltunsicherheit, da auch hier die Umwelt ständig beobachtet und schnell reagiert werden muss. Bei nach innen orientierten Strategien (die Kostenkontrolle, Stabilität und Effizienz betonen) sind dagegen Teamzusammensetzung und -prozesse eher denen bei stabilen vorhersagbaren Umwelten ähnlich.

Für die *Unternehmensgröße* kann man ähnliche Effekte annehmen wie für die Unternehmensdiversifizierung. Üblicherweise ist sie mit größeren Management Teams verbunden.

Unternehmensleistung

Es liegt auf der Hand, dass eine gute Unternehmensleistung die Kontinuität des Management Teams ermöglicht und mit eher wenigen Mitgliedswechseln verbunden ist, was längerfristige Teamentwicklungsprozesse begünstigt. Unternehmenserfolg kann auch direkt auf die Zufriedenheit und Gruppenkohäsion positiv wirken, sowie auf die Teameffektivitätserwartung (s.o.). Bei schlechter Unternehmensleistung sind die gegenteiligen Auswirkungen zu erwarten und Stress und Unsicherheit können zusätzlich zu Konflikten führen

Zusammenfassung: Zentrifugalkräfte gegen die Zusammenarbeit in Management Teams

Wie ich in der Einleitung zu diesem Kapitel bereits kurz ausgeführt habe, ist eine entscheidende Frage bei der Beurteilung von Management Gruppen im Management Audit diejenige, inwieweit diese tatsächlich Teams sind und bestimmte Aufgaben in Zusammenarbeit erledigen oder aus einer repräsentativen Ansammlung von mehr oder weniger erfolgreichen Einzelkämpfern bestehen. Hambrick (1994) hat aus den verschiedenen Kontexteinflüssen, die auf Management Teams wirken, diejenigen zusammengestellt, die zu einer „Entteamisierung" oder einem Auseinanderfallen der Managementgruppe, zu einer geringeren Zusammenarbeit in Kommunikation und Entscheidungen führen und nennt sie *Zentrifugalkräfte*:

1. *Unternehmensgröße*: Größere Unternehmen haben meist größere Management Teams, deren Mitglieder meist physikalisch weiter voneinander entfernt arbeiten. Beides erschwert die Kommunikation. Manager in größeren Unternehmen haben

meist einen größeren eigenen Verantwortlichkeitsbereich, der bezüglich verfügbarer Arbeitszeit und Interessen Konflikte schaffen kann.

2. *Bereichsbreite und Diversifizierung*: In Unternehmen mit einer sehr großen Bereichsbreite und Diversifizierung sind die Aufgaben der Bereichsmanager oft weitgehend voneinander unabhängig. Ihre Bezahlung hängt außerdem üblicherweise von der Bereichs- und nicht von der Gesamtunternehmensleistung ab.

3. *Unternehmensstrategie*: Unternehmen mit häufigem Produkt- oder Marktwechsel benötigen mehr strategische Planung und Koordination durch das Management Team als Unternehmen mit stabilem Produktangebot, die weniger Zusammenarbeit des Management Teams erfordern.

4. *Unternehmensressourcen*: Für die Unternehmensressourcen wird ein umgekehrt U-förmiger Zusammenhang mit der Zusammenarbeit im Management Team angenommen. Bei sehr geringen Ressourcen in Krisensituationen führen Stress, Unsicherheit und Konflikte zu geringer Zusammenarbeit, während bei sehr großen Ressourcen kaum optimierende oder koordinierende Zusammenarbeit nötig ist.

5. *Umweltdynamik*: Veränderliche Unternehmensumwelten erfordern Zusammenarbeit im Management Team, um die neue Information zu verarbeiten und entsprechend zu reagieren.

Für eine angemessene Einschätzung der Management Team-Leistung sollte ein professionelles Management Audit die aktuelle Wirksamkeit dieser Zentrifugalkräfte auf das Management Team betrachten.

3.2.6   Die Führung in und von Teams

Wie Hambrick (1994) in seiner Literaturübersicht feststellt, hat sich die Forschung zu Management Teams sehr wenig mit den Teamleadern beschäftigt und sie eher als ein weiteres Mitglied betrachtet. Dies widerspricht der alltäglichen Erfahrung, dass der Vorgesetzte deutlich mehr Möglichkeiten hat, das Team in seinen wichtigen Merkmalen zu beeinflussen als jedes andere Mitglied, selbst wenn auch er natürlich unter dem Einfluss des Teams und seiner Merkmale steht. Ich kann an dieser Stelle kein Resumée der umfangreichen und weitgefächerten Literatur zur Führung allgemein geben, sondern will mich auf einige konkrete Aspekte der Führung in und von Gruppen konzentrieren.

Ganz allgemein kann man mit Hackman & Walton (1986) sagen, dass ein Führer dafür sorgen muss, dass die erfolgskritischen Gruppenfunktionen erfüllt werden, v.a. die Aufgabenerfüllung und die Aufrechterhaltung der Gruppe bzw. deren Zusammenarbeitskapazität und die Zufriedenheit der Mitglieder (s.o.). Dazu muss er einerseits diese Funktionen überwachen und die dazu notwendigen Informationen sammeln und interpretieren und andererseits für die Funktionserfüllung notwendige und günstige Bedingungen herstellen oder aufrecht erhalten, wie z.B. klare motivierende Zielsetzung, effektive Gruppenstrukturen und -prozesse, Leistungsnormen, unterstützendes Unternehmensumfeld etc. (s.o.). Je nach Art der Bedingungen richtet sich die Aufmerksamkeit auf das Team selbst oder auf dessen Umfeld im Unternehmen.

Während die zur Erfüllung dieser Führungsfunktionen notwendigen Kompetenzen im Manager Competence Audit beurteilt werden, ist es ihm Rahmen des Management Team Audit von herausragender Bedeutung, ob der Vorgesetzte vom Management Team in seinem Führungsverhalten akzeptiert wird oder auf Widerstände stößt. Neben persönlichen Sympathien und Antipathien, die in ihren Konsequenzen nicht zu unterschätzen sind, spielt hier vor allem die von den Teammitgliedern wahrgenommene fachliche Autorität und Positionsmacht des Vorgesetzten eine Rolle sowie die Übereinstimmung seines Führungsstils mit den Erwartungen der einzelnen Teammitglieder und des Teams oder auch der Führungskultur des Unternehmens.

3.3 Zusammenfassung: Kriterien im Management Team Audit

In der folgenden Übersicht werden die Ergebnisse dieses Kapitels zusammengefasst. Abb. 8 fasst die Kriterien zu einer Übersicht zusammen, die in Kapitel 7 in eine Gesamtperspektive des Management Audits integriert werden wird. Zusätzlich werden die einzelnen Fragen zu den jeweiligen Kriterien aufgelistet.

1. Grundlegung: Ist die Managergruppe ein Team?

Aufgaben des Management Teams

▶ Welche sind die vom Management zu erfüllenden Aufgaben?
▶ Welche Anforderungen an Information, Kenntnisse und Fähigkeiten des Management Teams stellen diese Aufgaben?
▶ Wie stark ist die *aufgabenbedingte Abhängigkeit*, also die zur Aufgabenerfüllung nötigen Zusammenarbeitsprozesse der Teammitglieder?

Kontexteinflüsse auf das Management Team, Zentrifugalkräfte

▶ Wie wirken sich Instabilität und Komplexität als *Faktoren der Unternehmensumwelt* auf die Anforderungen an Reaktionsfähigkeit, Flexibilität, Kooperation und Kommunikation im Management Team aus?

▶ Wie wirken sich Unternehmensstrategie, Marktstrategie und Größe als *Faktoren des Unternehmens* auf die Zusammenarbeit des Management Teams aus?

▶ Welchen Einfluss hat die Unternehmensleistung auf Zufriedenheit, Kohäsion und Stabilität?

2. Zusammensetzung des Management Teams

▶ Wie groß ist das Management Team und wie wirkt sich die Größe auf die Teamprozesse aus?

▶ Wie sind interessierende *eignungsdiagnostische Variablen* (vgl. Kapitel 4), übergreifende Kriterien wie Intelligenz und Persönlichkeitsmerkmale, aufgabenbezogene Fähigkeiten und Kenntnisse sowie menschenorientierte Kriterien unter den Mitgliedern des Teams verteilt?

▶ Gibt es bezüglich dieser Kriterien Schwächen oder Auffälligkeiten einzelner Teammitglieder, die die Teamprozesse und -leistung beeinflussen könnten?

3. Struktur des Management Teams

▶ Sind bestimmte, z. B. aufgabenbezogene und sozio-emotionale *Rollen im Team* explizit oder implizit auszumachen?

▶ Sind verschiedene Rollen (etwa die hilfreichen Teamrollen nach Belbin) im Team ausgewogen verteilt? Fehlen wichtige Rollen oder überlappen sie sich?

▶ Wie beeinflussen die vorliegenden *Kommunikationsstrukturen und -medien* Formalität, Häufigkeit und Möglichkeit der Interaktion im Management Team?

▶ Welche *Entscheidungsstrukturen* bestehen im Management Team? Welche Entscheidungsspielräume haben die einzelnen Manager?

▶ Wie werden Entscheidungen im Team getroffen im Vergleich zu normativen Modellen und subjektiven Erwartungen?

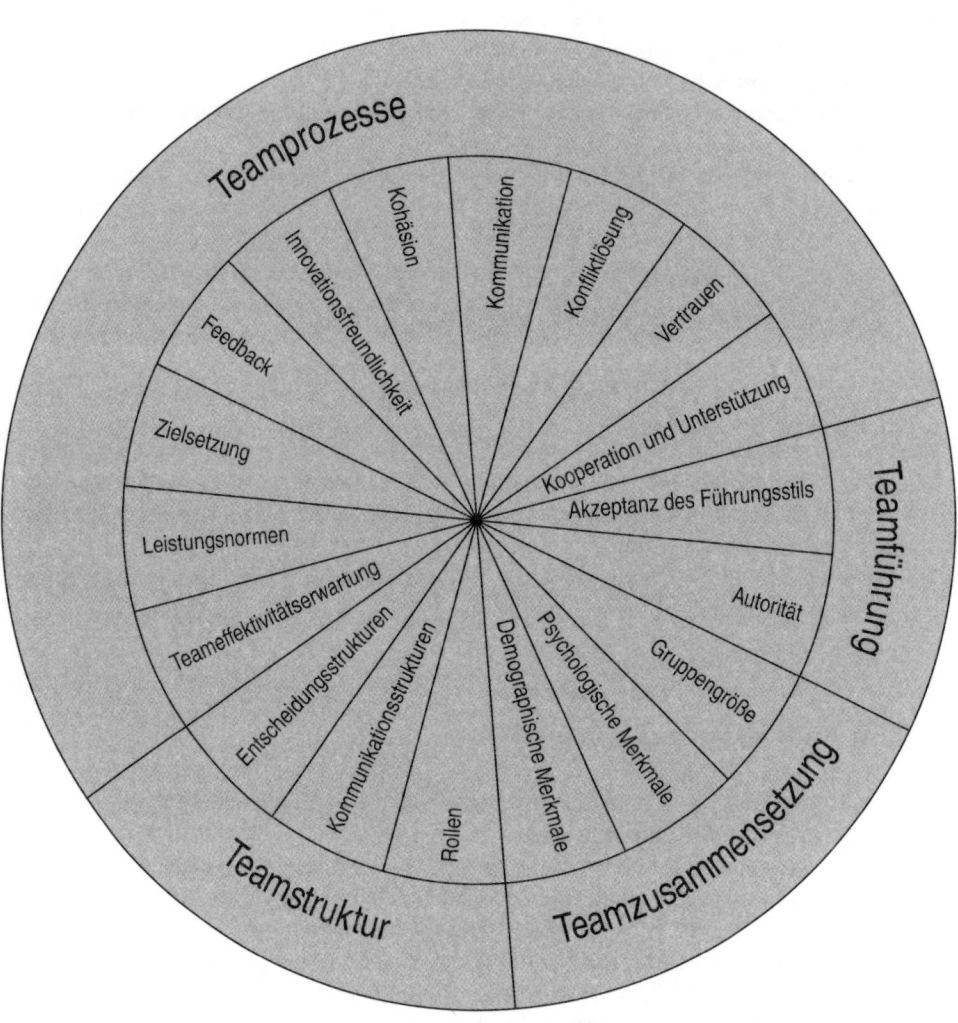

Abb. 8:   *Kriterien im Management Team Audit*

4. Prozesse des Management Teams

▶ Besteht im Team Einigkeit über die zu verfolgenden *Ziele*? Sind diese klar, hoch gesteckt und konkret handlungsleitend?

▶ Welche *Feedbackprozesse* sind im Management Team zu beobachten? Wird die Leistung gegenseitig überwacht? Wird konstruktives Feedback gegeben und angenommen?

▶ Wie ist es um *Kooperation und Unterstützung* im Team bestellt? Leisten sich die Manager gegenseitig Hilfestellung und Rückendeckung? Herrscht ein kooperativer oder eine kompetitiver Gruppenstil?

▶ Welche *Kommunikationsprozesse* herrschen im Management Team? Drücken sich die Führungskräfte klar und eindeutig aus und bemühen sie sich sowohl in der Sender- als auch in der Empfängerrolle um richtiges Verständnis? Werden Sach- und Beziehungsebene in den Kommunikationen zu trennen versucht?

▶ Wie stark ist die *Kohäsion* im Team? Besteht ein Zusammengehörigkeits- oder „Wir"-Gefühl, oder gibt es Untergruppen und Rivalitäten? Hegen die Mitglieder wechselseitige positive Gefühle oder persönliche Animositäten?

▶ Welche *Normen* lassen sich im Team ausmachen, insbesondere bezüglich der Leistung? Werden hohe Leistungsnormen akzeptiert und abweichendes Verhalten sanktioniert?

▶ Herrscht ein *innovationsfreundliches Teamklima*? Ist das Team offen für neue Ideen und deren Umsetzung, auch wenn diese zunächst mit erhöhtem Aufwand und Fehlern einhergeht?

▶ In welchem Ausmaß herrschen *Inhalts- und Beziehungskonflikte* im Team? Welche *Strategien zu deren Lösung* werden üblicherweise benutzt? Sind diese Strategien eher kooperativ oder eher kompetitiv? Wie groß ist das Vertrauen der Teammitglieder in die Konfliktlösungskapazität des Teams?

▶ Wie groß ist das gegenseitige Vertrauen der Teammitglieder? Wie wirkt es sich auf die Kommunikation und Konflikte im Team aus?

▶ Wie hoch ist die *Teameffektivitätserwartung*, also die Überzeugung des Teams von der eigenen Leistungsfähigkeit?

5. Führung im Management Team

▶ Wie groß ist die *Akzeptanz des Führungsstils* im Team? Werden dem Führer Widerstände entgegengebracht?

▶ Wie groß ist die *Positionsmacht* und wie groß die *Autorität* des Führers? Liegt die Macht des Führers eher in seiner fachlichen oder persönlichen Autorität oder in seiner Position und seinen Sanktionsmöglichkeiten begründet?

4 Manager Competence Audit

4.1 Einleitung

Die Frage danach, was einen guten oder erfolgreichen Manager ausmacht, ist wahrscheinlich so alt wie die Menschheit selbst. In praktisch allen Kulturen, seien sie antik oder (post)modern, „primitiv" oder „hochentwickelt", östlich oder westlich, findet man Manager oder Führer, Personen, die Prozesse initiieren und kontrollieren sowie bei Entscheidungen eine besondere Rolle spielen. Und in unserer heutigen Kultur der Organisationen erfüllen wahrscheinlich so viele Menschen wie nie zuvor zumindest teilweise Managementaufgaben. Die Frage, was einen erfolgreichen von einem erfolglosen Manager unterscheidet, ist also ebenso alt wie aktuell, vermutlich aktueller denn je.

In den vorangehenden Kapiteln habe ich dargelegt, warum sich die Beurteilung des Managements nicht allein auf diese Frage beschränken darf, wie das die große Mehrzahl der heute angebotenen Management Audits tut. Ich habe gezeigt, welche Aspekte des Managementkontextes (Kapitel 2) und des Management Teams (Kapitel 3) in einer angemessenen und ausgewogenen Bewertung des Managements als Ganzem, aber auch der Leistung eines einzelnen Managers unbedingt berücksichtigt werden sollten.

Die weitverbreitete Reduktion des Management Audits auf ein Manager Audit oder eine Potenzialanalyse ist jedoch nicht nur auf konzeptionelle Schwächen und den Versuch zurückzuführen, praktische Umsetzungsschwierigkeiten zu umgehen. Selbstverständlich muss der einzelne Manager in seinem Tun und Handeln, in seinen Fähigkeiten und Kenntnissen und in seiner Persönlichkeit und Motivation zentraler Bestandteil eines Management Audits sein. Nicht umsonst wird ja gerade von einem Manager auch erwartet, dass er seine Umgebung, also sein Team und seinen organisationalen Kontext, aktiv mitgestaltet und zielorientiert verändert.

In diesem Kapitel werde ich herausarbeiten, welche Vielfalt von Kriterien in Theorie und Praxis zur Anwendung empfohlen wird und wie unterschiedlich Kriterien strukturiert werden. Schließlich werde ich selbst eine sehr einfache Strukturierung und die aus meiner Sicht wesentlichen Kriterien vorstellen. Dieses zu erarbeitende Ergebnis soll nicht als präskriptive Liste für ein Manager Competence Audit verstanden werden. In vielen, ja in den meisten praktischen Fällen werden im Unternehmen, das ein Audit durchführen möchte, ein Führungsleitbild, Führungskriterien oder bestimmte Anforderungsprofile vorliegen, die sinnvollerweise Ausgangspunkt der Gestaltung der Audit-Kriterien sein können oder sollten. Ich vermute allerdings, dass jeweils die Schnittmenge mit den hier vorzustellenden Kriterien erheblich sein wird – zumindest in den Inhalten, wenn auch nicht immer auf der Ebene der Label der einzelnen Kriterien. Daher möchte ich die hier zu erstellenden Kriterienbeschreibungen als Hilfestellung für die Differenzierung des Verständnisses von Managerkompetenzkriterien und als Beitrag für die Erstellung eines konkreten Audit-Kriterienkatalogs verstanden wissen.

4.2   Vielfalt von Beurteilungskriterien für Manager

Schaut man sich die auf dem Beratungsmarkt angebotenen Potenzialanalysekonzepte und Managerprofile sowie die wissenschaftliche Literatur zur Managementdiagnostik an, findet man überwiegend unterschiedlich lange Listen mit mehr oder weniger spezifischen Merkmalen, die der ideale Manager aufzuweisen habe. Diese Listen weisen zwar einige Übereinstimmungen in bestimmten Merkmalen oder Fähigkeiten auf, die man wohl als zentral ansehen kann (wie etwa die vielzitierten sozialen Kompetenzen, mündliche Kommunikationsfähigkeit etc.). Im Großen und Ganzen überwiegt jedoch eine an Beliebigkeit grenzende Unterschiedlichkeit, sogar in Anforderungslisten innerhalb derselben Unternehmen. So berichtet Leupold (1987) von einer Untersuchung, in der Bereichs- und Filialleiter ein und desselben internationalen Unternehmens über 150 verschiedene Anforderungsmerkmale für Nachwuchskräfte nannten.

Die verwirrende Unterschiedlichkeit von Kriterienlisten hängt meiner Meinung nach zum einen mit tatsächlichen Unterschieden in den Anforderungen an Manager in verschiedenen Positionen und Unternehmen zusammen und andererseits damit, wie die Listen erstellt wurden, also mit methodischen Faktoren.

4.2.1   Anforderungsbezogene Ursachen

Wichtige Faktoren der betreffenden Stelle und des Unternehmens, die zu tatsächlichen Unterschieden in den Anforderungen an Manager führen und sich dementsprechend auch in der Vielfalt von Kriterien in verschiedenen Listen widerspiegeln, sind:

▶   Organisationsstruktur und Gesellschaftsform
▶   Unternehmensgröße und -diversifikation
▶   Branchenzugehörigkeit
▶   ökonomische und Marktsituation
▶   Unternehmenskultur
▶   hierarchische Position des Managers
▶   Spezifika der Stelle und des Aufgabenbereichs

4.2.2   Methodische Ursachen

Was die methodische Herangehensweise bei der Erstellung von Kriterienlisten angeht, so erscheint es mir wichtig, einige grundlegende Unterscheidungen zu berücksichtigen.

Zum einen ist von entscheidender Bedeutung, welchem *Ziel* die Beurteilung dienen soll, für die die Kriterien aufgestellt werden. Die wichtigste Unterscheidung betrifft hier die zeitliche Perspektive der Beurteilung. Die Frage ist, ob das Leistungsverhalten in der aktuellen oder einer vergleichbaren Position bezüglich konkreter Defizite oder Entwicklungspotenziale beurteilt werden soll, oder ob in einer eher langfristigen Perspektive das Leistungspotential eines Managers für zukünftige, möglicherweise noch gar nicht beschreibbare Aufgaben gemessen werden soll.

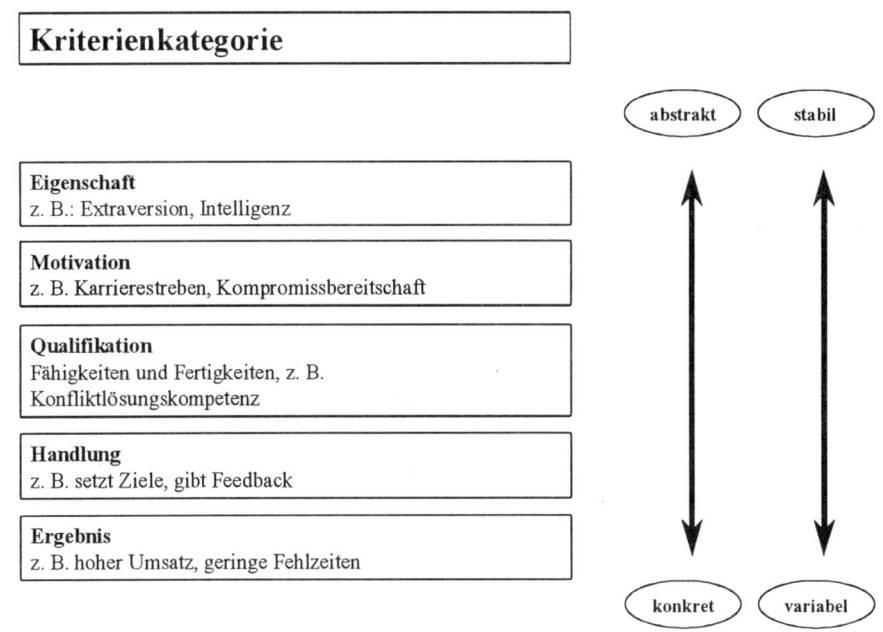

Abb. 9:   Kriterienhierarchie zum Manager Competence Audit

Hier deutet sich ein besonders wichtiges Unterscheidungsmerkmal von Beurteilungskriterien, deren *Abstraktionsniveau und zeitliche Stabilität* an. Beurteilungskriterien für Manager können sich auf seine Arbeitsergebnisse, seine Arbeitshandlungen, seine Qualifikation (Kenntnisse und Fähigkeiten), seine Motivation oder seine Persönlichkeitseigenschaften beziehen. Ich halte es für entscheidend, sich klar zu machen, dass letztendlich nur die Ergebniskriterien, wie auch immer sie im Einzelnen definiert werden, von Interesse sind. Die übrigen Kriterien (des Handelns, der Qualifikation, der Motivation und der Eigenschaften) sind nur in dem Maße von Bedeutung, in dem sie zu besseren Ergebnissen führen. Dieser Zusammenhang mit den Ergebniskriterien muss daher für die übrigen Kriterienkategorien jeweils begründet und möglichst empirisch belegt werden. Für diese Zusammenhänge spielen wiederum die Dimensionen zeitliche Stabilität und Abstraktionsniveau eine Rolle, bezüglich derer man die Kriterienarten in die in Abbildung 9 dargestellte Rangordnung bringen kann.

Ein weiterer wichtiger Unterschied bezüglich der Erstellung von Kriterienlisten betrifft die Frage, ob man einen *präskriptiven* oder einen *deskriptiven Ansatz* wählt, ob man also danach fragt, welche Kriterien Manager, theoretisch oder idealerweise, erfüllen sollen oder ob man untersucht, welche Kriterien erfolgreiche Manager, etwa im Vergleich zu weniger erfolgreichen, tatsächlich erfüllen. Diese Unterscheidung betrifft wiederum alle genannten Kriterienkategorien. Malik (2000) stellt sehr überzeugend dar, wie sehr die präskriptive Herangehensweise mit der Frage nach der idealen Führungskraft sowohl die Literatur als auch die Beurteilungs- und Ausbildungsangebote im Managementbereich dominieren:

> „Es ist keine unfaire Verkürzung, wenn man sagt, dass durch die Anforderungskataloge im Wesentlichen das Bild eines *Universalgenies* gezeichnet wird. Auf eigentümliche Weise ist die Vorstellung in die Welt gekommen, Manager – und insbesondere Top-Manager – müssten eine Kreuzung aus einem antiken Feldherrn, einem Nobelpreisträger für Physik und einem Fernseh-Showmaster sein. Zwar lässt sich dieser Idealtypus beschreiben, was reichlich getan wird; wir können ihn aber in der realen Welt nicht finden. Das ist meiner Auffassung nach heute eines der wesentlichsten Probleme der Managementlehre und -praxis" (Malik, 2000, S. 17f., Hervorhebung im Original).

Malik schlägt entsprechend vor, die Frage „Wer oder wie *ist* eine *ideale* Führungskraft?" aufzugeben und stattdessen der Frage nachzugehen „Wie *handelt* eine *wirksame* Führungskraft?". Damit plädiert er für eine deskriptive Herangehensweise zur Erstellung konkreter handlungsbezogener Kriterien, da er auf dem Niveau der persönlichen Eigenschaften keine Gemeinsamkeiten sieht: „Wirksame Menschen sind so verschieden, wie Menschen nur verschieden sein können" (Malik, 2000, S. 19).

Bezüglich der Unterscheidung von präskriptiver versus deskriptiver Herangehensweise findet man recht häufig Mischformen, in denen für einige der Kriterienarten deskriptiv vorgegangen und für andere dann präskriptiv bestimmte Kriterien gesetzt werden. Typischerweise werden dabei die konkreteren Kriterien wie Ergebnisse und die erfolgsrelevanten Handlungen, etwa mittels arbeitsanalytischer Verfahren empirisch ermittelt. Die Fähigkeiten und Kenntnisse sowie die persönlichen Eigenschaften werden dann jedoch häufig als zu Grunde liegend postuliert.

Ein weiteres methodisches Unterscheidungsmerkmal liegt darin, ob die Kriterien bei der Erstellung einer Anforderungsliste *begründet ausgewählt* werden, etwa mittels eines Arbeits- oder Anforderungsanalyseverfahrens, oder nicht. Mit solchen Verfahren sollen Merkmale des Arbeitsplatzes und seiner Umgebung systematisch beschrieben und in Leistungskriterien übersetzt werden. Entscheidend ist dabei nicht der oft erhebliche methodische Aufwand oder die technische Rafinesse solcher Verfahren. Eine gut geführte Gruppendiskussion von mit dem Aufgabenbereich vertrauten Experten bringt oft bessere Ergebnisse und führt darüber hinaus zur Klärung unterschiedlicher Standpunkte und zur Konsensbildung und Eindeutigkeit im Hinblick auf die Anforderungen.

Die folgenden Fragen betreffen weitere konkretere methodische Aspekte der Erstellung von Kriterien zur Beurteilung von Managern, die zu Unterschieden in den Listen führen können:

▶ Werden erfolgreiche Manager (im Vergleich zu weniger Erfolgreichen) *beobachtet*, um zu den Kriterien zu gelangen, oder wird nach wünschenswerten Merkmalen *gefragt*?

▶ Wird frei nach Leistungskriterien gefragt oder werden *Merkmale vorgegeben* und wenn ja: welche?

▶ Von welcher *theoretischen Position* oder „Managementphilosphie" gehen die Ersteller der Anforderungsprofile aus?

4.2.3 Schlussfolgerungen für Beurteilungskriterien im Manager Competence Audit

Aus den vorangehenden Überlegungen und Unterscheidungen zur Erklärung der an Beliebigkeit grenzenden Unterschiedlichkeit von typischen Anforderungskatalogen, die oft ein unerfüllbares Bild vom idealen Manager als Universalgenie zeichnen, ziehe ich folgende Schlussfolgerungen für die Kriterien zur Beurteilung von Führungskräften im Manager Competence Audit:

▶ Ausgangspunkt und damit erste und wichtigste Kriterien sind Ergebniskriterien.

▶ Handlungs-, Qualifikations-, Motivations- und Eigenschaftskriterien sind insofern wichtig, als sie personale Voraussetzungen der Ergebnisse sind. Die Annahme eines Zusammenhangs zu den Ergebniskriterien muss begründet sein.

▶ Da Manager sowohl stellenspezifische als auch allen Managementpositionen gemeinsame Aufgaben zu erfüllen haben, sind sowohl allgemeine als auch stellen- und unternehmensspezifische Kriterien erfolgreichen Managements zu berücksichtigen.

▶ Die spezifischen Kriterien sind jeweils begründet auszuwählen, gegebenenfalls mittels arbeits- und anforderungsanalytischer Verfahren.

▶ Um eine ganzheitliche und umfassende Bewertung des Managers sicherzustellen, sollen Kriterien auf allen Abstraktionsniveaus beurteilt werden: Ergebnisse, Handeln, Fähigkeiten und Kenntnisse, Motivationen, Eigenschaften. Die Schwerpunkte hängen dabei von den Zielen der Beurteilung, also den auf ihrer Basis zu treffenden Entscheidungen ab.

▶ Für die Erstellung eines Katalogs allgemeiner Kriterien erfolgreichen Managements sollen vor allem solche berücksichtigt werden, deren Zusammenhang mit Ergebniskriterien durch empirische Untersuchungen gut belegt ist und weniger solche, die in einem präskriptiven Ansatz frei aufgestellt werden.

4.3 Übergreifende, aufgaben- und menschenorientierte Kriterien zur Beurteilung von Managern

Allgemeine Anforderungskataloge für Manager enthalten üblicherweise nur Kriterien auf dem Niveau von Eigenschaften, Motivationen und Qualifikationen, da sie im Wesentlichen zu Auswahlzwecken, insbesondere für Führungsnachwuchskräfte, entwickelt werden oder, im Falle von Entwicklungsbedarfsanalysen, die einzelnen Verhaltensanforderungen meist zu Fähigkeiten oder Eigenschaften zusammengefasst veröffentlicht werden. Die wichtigsten Kriterien, nämlich die Ergebniskriterien, werden erstaunlich oft vernachlässigt. Organisationen existieren, um bestimmte Ziele zu erreichen und die in ihnen arbeitenden Manager sollten im Wesentlichen nach ihrem Beitrag zur Erreichung dieser Ziele beurteilt werden. Wichtigstes Kriterium zur Beurteilung eines Managers im Management Audit müssen demnach die Resultate seines Handelns sein. Die konkreten Kriterien hängen natürlich direkt von den Unternehmenszielen ab. Allgemein kann man höchstens zwischen aufgabenbezogenen (oft mit monetären Kriterien verbundenen) und personenbezogenen Zielen unterscheiden.

Erst in zweiter Linie soll dann das Managementhandeln selbst beurteilt werden, um mögliche Defizite oder Verbesserungsmöglichkeiten in der Zielerreichung erklären zu können. Dabei sind, wie bereits mehrfach erwähnt, die Ergebnisse des Management

Context Audits (Kapitel 2) und des Management Team Audits (Kapitel 3) als leistungs-relevante Kontextfaktoren heranzuziehen. Es soll also überprüft werden, in welchem Ausmaß die erzielten Resultate in den gegebenen Kontextbedingungen auf das tatsächli-che Handeln des Managers zurückgeführt werden können.

Um in einem nächsten Schritt die Managementhandlungen erklären und möglicherweise zukünftiges Handeln vorhersagen zu können, ist zu fragen, inwieweit der Manager die gewünschte Handlung ausführen kann und will. Wiederum unter Berücksichtigung der engeren und weiteren Kontextbedingungen muss man herausfinden, ob der zu beurtei-lende Manger die notwendigen Fähigkeiten und Kenntnisse hat, um anforderungsgemäß zu handeln, und ob er dazu motiviert ist. Insbesondere wenn das gewünschte Verhalten nicht gezeigt wird, ist zu klären, ob dies auf fehlende Qualifikationen, auf fehlende Mo-tivation und Eigenschaften oder auf einschränkende Kontextfaktoren zurückzuführen ist.

Schließlich kann man sich fragen, ob das beobachtete Managementhandeln sowie die gezeigten Fähigkeiten und Kenntnisse und die Motivation durch abstraktere und stabilere Persönlichkeitsmerkmale erklärbar sind. Solche überdauernden Eigenschaften als Beur-teilungskriterien bieten den Vorteil, dass sie längerfristige Vorhersagen auch für wech-selnde Anforderungsbedingungen ermöglichen. Dies ist gerade für die sich schnell än-dernden Managementaufgaben in einer sich immer rascher wandelnden Welt von Bedeu-tung.

Innerhalb dieser fünf verschiedenen Kriterienkategorien, die sich im Wesentlichen nach Abstraktionsniveau und zeitlicher Stabilität unterscheiden, kann man Beurteilungskrite-rien für Manager nach ihrem Inhalt klassifizieren. So wird oft und in verschiedensten Kombinationen von sozialen, Fach-, Methoden-, Führungs-, unternehmerischen und persönlichen Kompetenzen gesprochen. Dabei werden häufig die verschiedenen genann-ten Abstraktionsniveaus vermischt.

Es erscheint nach ausführlicher Beschäftigung mit vielen Gruppierungsversuchen am sinnvollsten, Beurteilungskriterien für Manager auf inhaltlicher Ebene in drei Kategorien zu unterteilen. Einerseits gibt es übergreifende Kriterien, die für praktisch alle von Ma-nagern zu erfüllenden Aufgaben oder Tätigkeiten direkt oder indirekt leistungsrelevant sind. In diese Kategorie übergreifender Beurteilungskriterien fallen etwa die Stressresis-tenz, die Flexibilität und Lernbereitschaft oder die Ziel- und Leistungsorientierung. Die beiden übrigen Kategorien von Beurteilungskriterien für Manager definiere ich in An-lehnung an die empirisch immer wieder bestätigten klassischen Führungsdimensionen als aufgabenorientierte und menschenorientierte Kriterien. Manager müssen Aufgaben erfüllen und dabei mit Menschen umgehen. Dazu müssen sie entsprechend handeln, bestimmte Fähigkeiten und Kenntnisse haben, motiviert sein und bestimmte persönliche Eigenschaften aufweisen. Beispiele für diese drei Kategorien von Beurteilungskriterien für Manager finden sich in Abbildung 10.

Kriterien-kategorie	Übergreifend	Aufgaben-orientiert	Menschen-orientiert
Eigenschaft (Wie ist?)	Kognitive Fähigkeiten	Gewissenhaftigkeit	Extraversion
Motivation (Was will?)	Lernbereitschaft	Verantwortungs-übernahme	Kooperations-bereitschaft
Qualifikation (Was kann?)	Lernfähigkeit	Umsetzungsfähigkeit	Kommunikations-fähigkeit
Handlung (Was tut?)	Arbeitet sich aktiv in neue Themen ein	Verfolgt Ziele konsequent	Nimmt sich Zeit für Gespräche
Ergebnis (Was erreicht?)	Viele Verbesserungsvorschläge / Hohe Innovation	Hohe Produktivität	Geringe Fehlzeiten

Abb. 10: *Beispiele für übergreifende, aufgaben- und menschenorientierte Kategorien von Beurteilungskriterien für Manager*

Im Allgemeinen kann man sagen, dass die Beurteilungskriterien um so eher unternehmensspezifisch festgelegt werden müssen, je konkreter sie sind. Bestimmte Resultate oder Handlungen können in einem Unternehmen erwünscht und in einem anderen absolut unangemessen sein. Abstraktere Kriterien sind dagegen häufiger generalisierbar: Eine hohe Leistungsorientierung oder ausgeprägte Kommunikationsfähigkeiten sind wahrscheinlich in praktisch allen Unternehmen erwünscht und gefordert. Des Weiteren sind die übergreifenden und die menschenbezogenen Kriterien eher generalisierbar als die aufgabenorientierten, da sich von Stelle zu Stelle und von Unternehmen zu Unternehmen die Aufgaben sehr stark ändern können, mit Menschen wird jedoch in praktisch allen Führungspositionen gearbeitet und die übergreifenden Kriterien sind ja als solche definiert. Zwar können sich auch die Menschen und die in der Unternehmenskultur verankerten akzeptierten Kommunikationsstile unterscheiden, jedoch kaum so stark wie z.B. die Aufgaben des Qualitätsleiters eines mittelständischen Zulieferbetriebs der Automobilindustrie von denen des Personalchefs einer multinationalen Telekommunikationsgesellschaft.

Dennoch gibt es auch Managementaufgaben, die fachunabhängig und über die konkreten Arbeitsinhalte hinweg in fast allen Führungspositionen zu erledigen sind, wie etwa Entscheiden, Organisieren, Ziele setzen oder Kontrollieren. Innerhalb der aufgabenorientierten Kriterien ist es demnach sinnvoll, zwischen allgemeinen und fachspezifischen Aufgaben und Kriterien zu unterscheiden. Diese Unterscheidung entspricht der in Fach- und Methodenkompetenzen, die sich in verschiedenen Beiträgen zum Thema findet.

Abschließend ergeben sich demnach folgende vier inhaltliche Kategorien von Beurteilungskriterien im Management Competence Audit:

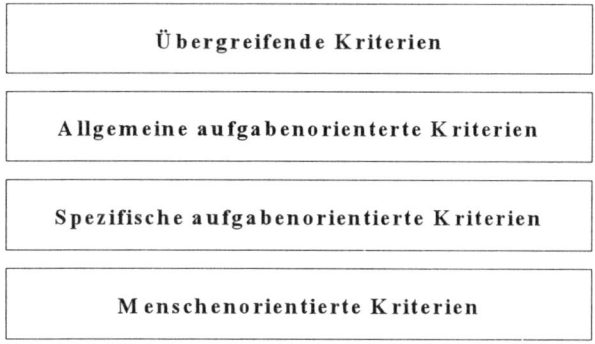

Abb. 11: Kriterienkategorien im Manager Competence Audit

4.3.1 Kriterienkatalog zur Beurteilung von Managern

In diesem Abschnitt werde ich nun die vier zuvor hergeleiteten Kategorien für Beurteilungskriterien mit Inhalt, also mit konkreten Anforderungen füllen. Dazu habe ich eine Vielzahl vorliegender Kriterienlisten und Anforderungskataloge zur Beurteilung von Managern durchgearbeitet und verglichen, von denen ich im Folgenden nur einige wenige zusammenfassend darstellen werde, bei deren Erstellung bestimmte methodische Standards erfüllt wurden.

Die vielleicht einflussreichste Liste von erfolgsrelevanten allgemeinen Managerkriterien wurde im Rahmen der klassischen AT&T-Studie in den 50er und 60er Jahren erstellt (Bray & Grant, 1966). In einer methodisch sehr aufwendigen Längsschnittstudie wurden in umfangreichen Assessment Centern 25 Variablen von mehreren hundert Führungsnachwuchskräften erhoben. Die Variablen wurden in die Kategorien „Fähigkeiten" (skills) und „Persönlichkeitseigenschaften" (personality traits) unterteilt. Abbildung 12 zeigt diejenigen Variablen, die den Aufstieg ins mittlere Management acht Jahre nach ihrer Erhebung im AC am besten voraussagten.

Seit dieser bahnbrechenden Untersuchung sind einige neuere Studien erschienen, in denen ebenfalls auf empirischem Wege, wenn auch auf unterschiedlich aufwendige Weise, Listen von Beurteilungskriterien für Manager erstellt wurden. Einige der interessantesten will ich im Folgenden kurz beschreiben.

Fähigkeiten	Persönlichkeitseigenschaften
▶ Mündliche Kommunikationsfähigkeiten ▶ Zwischenmenschliche Beziehungsfähigkeiten ▶ Planungs- und Organisationsfähigkeiten ▶ Kreativität	▶ Karrierestreben ▶ Stressresistenz ▶ Ungewissheitstoleranz ▶ Aktivitätsniveau ▶ Interessenbreite ▶ Persönlicher Arbeitsstandard ▶ Entscheidungsbereitschaft

Abb. 12: Rangordnung der wichtigsten Fähigkeiten und Persönlichkeitseigenschaften zur Vorhersage des Aufstiegs ins mittlere Management der AT&T-Studie von Bray & Grant (1966)

Schircks (1994) kommt nach Vergleich der Literatur zum Thema Kriterienprofile und eigenen internationalen Studien, in denen verschiedene Kriterien von Experten im Hinblick auf ihre Notwendigkeit und ihre Wichtigkeit beurteilt wurden, zu insgesamt 47 operationalisierten Kriterien bzw. Kriteriengruppen. Er klassifiziert diese in folgende Teildimensionen:

1. Persönlichkeitsprofil (10 Kriterien)

2. Management- und Leadership-Dimensionen-Profil mit den Faktoren

   ▶ Intellektuelle Kompetenz und Sachorientierung bzw. Task Management (16 Kriterien)
   ▶ Menschenorientierung bzw. People Management (13 Kriterien)

3. Erfahrungsprofil (8 Kriterien)

Gerade im Persönlichkeitsprofil betrachtet er die genannten Kriterien allerdings nicht als die ausschließlichen. Er betont hingegen die Notwendigkeit, die Kriterienkataloge für jedes Unternehmen neu zu bearbeiten und zu gewichten und auch innerhalb von Unternehmen die erarbeiteten Kriterienkataloge nicht starr anzuwenden, sondern bei der Beurteilung der Manager auch die Dynamik und eventuelle Kompensationen einzelner Kriterien durch andere Mitglieder des Management Teams zu berücksichtigen.

Berthel (1992) führte eine Untersuchung mit mehr als sechzig Topmanagern aus verschiedenen Industrieunternehmen durch, die er nach den von ihnen für wichtig gehaltenen Qualifikationen fragte, vor allem für Führungskräfte im Bereich der Forschung und Entwicklung. Er ordnete die Antworten in folgende 15 Kategorien ein:

1. Interdisziplinäres Denken und Handeln
2. Unternehmerisches, strategisches und konzeptionelles Denken und Handeln
3. Menschenführung und Motivation
4. Kommunikationsfähigkeit und -bereitschaft
5. Marktorientierung
6. Sachkompetenz
7. Wirtschaftliches Grundverständnis
8. Kreativität für neue Lösungen
9. Lernfähigkeit, -bereitschaft und Flexibilität
10. Entscheidungen treffen und Verantwortung übernehmen
11. Kooperations- und Kompromissfähigkeit
12. Organisationsfähigkeit
13. Technologisches Vorausdenken
14. Methodenwissen
15. Persönliche Eigenschaften

Die meistgenannten Kriterien waren Entscheidungsfähigkeit, Organisationsfähigkeit und Menschenführung und Kommunikation.

Dulewicz (1989) erstellte auf ähnliche Weise ein Managerprofil aus 12 Faktoren. Er extrahierte aus verschiedenen Assessment Centern englischsprachiger Länder 40 Grundkompetenzen, die er dann über sechzig Managern verschiedener Unternehmen zur Beurteilung vorlegte. Die zwölf Kompetenzen, die als am wichtigsten eingeschätzt wurden, gruppiert Dulewicz in seiner Ergebnisdarstellung folgendermaßen in vier Bereiche:

I. Intellektuelle Fähigkeiten
    1. Strategische Sichtweise
    2. Analytisches Urteil
    3. Planung und Organisation

II. Interpersonelle Fähigkeiten

     4.   Gruppenmanagement
     5.   Überzeugungsstärke
     6.   Assertivität und Entschlusskraft
     7.   Interpersonelles Einfühlungsvermögen
     8.   Mündliche Kommunikation

III. Anpassungsfähigkeit

     9.   Anpassungsfähigkeit und Flexibilität

IV. Ergebnisorientierung

    10. Tatkraft und Initiative
    11. Leistungsmotivation
    12. Geschäftssinn und Unternehmergeist

Abbildung 13 fasst die Ergebnisse der beschriebenen Studien zusammen. Dabei werden die jeweiligen Kriterien nach den vier oben definierten Kategorien geordnet:

1.   Übergreifende Kriterien

2.   Allgemeine aufgabenorientierte Kriterien

3.   Spezifische aufgabenorientierte Kriterien

4.   Menschenorientierte Kriterien

Kriterienart	Aufgabenorientierte Kriterien		Menschenorientierte Kriterien	Übergreifende Kriterien
Autor	allgemeine	spezifische		
Schircks (1994)	*Task Management* 1. Analyse- und Synthesefähigkeit 2. Integration von Zielkonflikten 3. Vernetztes Denken 4. Komplexitätsbewältigung und Schnittstellenmanagement 5. Umgang mit Szenarien, Modellen, Regelsystemen, technischen Führungsmitteln 6. Wahrscheinlichkeiten und Risiken abschätzen und damit umgehen 7. Self-Development, Lernfähigkeit	*Erfahrungsprofil* 1. fach-, branchen-, markt-, kundenspezifisch und technologisch 2. internationale Erfahrung 3. Stab/Linie, Front/Headoffice 4. Erfolg in unterschiedlichen Unternehmenskulturen: Branchen 5. Toleranz gegenüber kulturellen Unterschieden 6. Probleme länder- und ressortübergreifend lösen	*People Management* 1. Management of Managers 2. Qualitative Ziele vorgeben und Erreichungsgrad beurteilen 3. Teamfähigkeit 4. Mitarbeiter fördern, beraten, unterstützen 5. Konstruktive Konfliktlösung 6. Experten einstellen, einsetzen und führen 7. Verhandlungsgeschick, Akzeptanz, Medienkompetenz	*Persönlichkeit* 1. Positive Wirkung, Ausstrahlung, optimistische Grundhaltung, Nähe durch Kompetenz 2. Kommunikationsfähigkeit, Einfühlungsvermögen 3. Ethisch-moralisch saubere Einstellung, Menschlichkeit, Integrität, Vorbild 4. Self-Management, Self-Motivation, starkes Bedürfnis nach Erfolg 5. Krisenmanagement, Beharrlichkeit, Antriebskraft, emotionale Stabilität

Abb. 13: Vergleich verschiedener Listen von Beurteilungskriterien für ein Manager Competence Audit, geordnet nach vier Kategorien

Kriterienart	Aufgabenorientierte Kriterien		Menschenorientierte Kriterien	Übergreifende Kriterien
Autor	allgemeine	spezifische		
Schircks (1994) (Forts.)	8. Visionär denken und handeln 9. Strategisches Denken 10. Entscheiden und Selektieren 11. Management of Change 12. Fähigkeit zur Operationalisierung 13. Kostendenken und Investitionsorientierung 14. Einsatz moderner Führungs- und Kontrollinstrumente 15. Leistungsorientierung 16. Laterales Denken	7. Technologie- und Forschungsmanagement 8. Restrukturierungen: Humaner Personalabbau	8. Gespräche führen, „Allianzen" generieren, Beziehungsnetze aufbauen und pflegen 9. Organisationsentwicklung 10. Gutes Betriebsklima schaffen 11. Mitarbeiter motivieren, ihr Potenzial an Kreativität und Intelligenz mobilisieren 12. Leistung beurteilen und Feedback geben 13. Teams führen mit „konstruktiver Kritik" zur Synergie	6. Unangenehme Maßnahmen anordnen und durchsetzen 7. Sensibilität, Emotionen und Intuition zeigen 8. Psychologische Fitness, Flexibilität, Innovation, Offenheit für Neues, Mut 9. Dosis Perfektionismus 10. Abschalten und entspannen können, Sinn für Humor

Abb. 13: Vergleich verschiedener Listen von Beurteilungskriterien für ein Manager Competence Audit, geordnet nach vier Kategorien (Forts.)

Kriterienart / Autor	Aufgabenorientierte Kriterien		Menschenorientierte Kriterien	Übergreifende Kriterien
	allgemeine	spezifische		
Dulewicz (1989)	1. strategische Sichtweise 3. Planung und Organisation *Resultatorientierung* 10. Tatkraft und Initiative 11. Leistungsmotivation 12. Geschäftssinn		*Interpersonelle Fähigkeiten* 4. Gruppenmanagement 5. Überzeugungsstärke 6. Assertivität und Entschlusskraft 7. Einfühlungsvermögen	*Anpassungsfähigkeit* 9. Anpassungsfähigkeit und Flexibilität *Intellektuelle Fähigkeiten* 2. analytisches Urteil
Berthel (1992)	1. interdisziplinäres Denken und Handeln 2. konzeptionelle Gesamtsicht 5. Marktorientierung 7. wirtschaftliches Grundverständnis 8. Kreativität für neue Lösungen 10. Entscheidungen treffen, Verantwortung übernehmen 12. Organisationsfähigkeit	6. Sachkompetenz 13. Technologisches Vorausdenken 14. Methodenwissen	3. Menschenführung und Motivation 4. Kommunikationsfähigkeit und -bereitschaft 11. Kooperations- und Kompromissfähigkeit	15. Persönliche Eigenschaften 9. Lernfähigkeit und Lernbereitschaft, Flexibilität

Abb. 13: Vergleich verschiedener Listen von Beurteilungskriterien für ein Manager Competence Audit, geordnet nach vier Kategorien (Forts.)

131

4.3.2   Schlussfolgerungen für ein Manager Competence Audit

A   Übergreifende Kriterien

1. Stressresistenz
2. Umgang mit Ambiguität und Komplexität
3. Anpassung: Flexibilität und Lernen
4. Kognitive Fähigkeiten
5. Gewissenhaftigkeit
6. Werthaltungen und persönliche Integrität

B   Aufgabenorientierte Kriterien

a allgemeine

1. Unternehmerisches und strategisches Denken
2. Ziel- und Leistungsorientierung
3. Problemlösen und Entscheiden
4. Planen und Organisieren
5. Kontrollieren
6. Für Innovation sorgen und sie fördern
7. Allgemeine Managementmethoden

b spezifische

1. Fachinteresse
2. Fachwissen
3. Fachliche Fähigkeiten

C   Menschenorientierte Kriterien

1. Soziale Wahrnehmung
2. Kommunikation
3. Kooperation
4. Konfliktlösung
5. Vertrauen
6. Durchsetzung
7. Potenziale erkennen, einsetzen und fördern

Abb. 14: Leistungsrelevante Beurteilungskriterien für Manager

Als Quintessenz der vorangegangenen Überlegungen zeigt Abbildung 14 eine Liste der wichtigsten Beurteilungskriterien für Manager in einem Manager Competence Audit, die ich in die Bereiche übergreifende Kriterien, allgemeine und spezifische aufgabenorientierte Kriterien und menschenorientierte Kriterien gruppiere. In diese Kriterienliste gehen jedoch nicht nur die hier zusammengefassten, sondern auch eine Vielzahl anderer Arbeiten und die persönliche Erfahrung in der Arbeit mit und Beurteilung von Managern ein.

Im Folgenden sollen nun die genannten inhaltlichen Beurteilungskriterien für ein Manager Competence Audit im Einzelnen kurz dargestellt und erläutert werden. Die spezifischen aufgabenorientierten Kriterien müssen selbstverständlich für die jeweilige konkrete Führungsposition, gegebenenfalls mittels arbeits- und anforderungsanalytischer Verfahren, inhaltlich spezifiziert werden. Für die übergreifenden, die allgemeinen aufgabenorientierten und die menschenorientierten Kriterien werde ich ihre Relevanz für die Managementleistung kurz darlegen, die Begriffe klären und die jeweils entscheidenden Aspekte herausstellen. Nach einer kurzen Begründung der Bedeutung für ein Manager Competence Audit werden wichtige Indikatoren beschrieben, in denen die einzelnen Kriterien zum Ausdruck kommen können.

4.4   Kriteriendarstellung

In diesem Abschnitt werden die möglichen Kriterien eines Manager Competence Audits detailliert dargestellt. Es sei nochmals daran erinnert, dass diese Kriterien nur insofern von Interesse sind als nachvollziehbar ist, dass sie wesentliche Bedingungen für die Entstehung bestimmter Ergebnisse darstellen. Kriterien auf unterschiedlichen Ebenen wirken letztlich zusammen, um bestimmtes Handeln zu provozieren und darüber im Zusammenspiel mit Umfeldbedingungen Ergebnisse zu erzielen. Für die aufgelisteten Kriterien trifft das mit hoher Wahrscheinlichkeit für die typischer Weise von Managern erwarteten Ergebnisse zu. Dennoch muss in jedem konkreten Audit hinterfragt werden, welche Kriterien sinnvoller Weise herangezogen werden sollten.

Es wird sich im Lauf der Darstellung zeigen, dass einzelne Kriterien sich relativ klar einer der Ebenen Eigenschaft, Motivation oder Qualifikation zuordnen lassen, während andere Kriterien sich aus Komponenten zusammensetzen, die jeweils unterschiedlichen dieser Ebenen zuzuordnen sind. Wieder andere Kriterien sind relativ klar einer Ebene zuordenbar, haben aber erkennbar enge Bezüge zu Kriterien einer anderen Ebene.

Die übergreifenden Kriterien haben ihren Schwerpunkt auf den Ebenen Eigenschaft und Motivation, beinhalten aber auch Qualifikationsaspekte. Die aufgaben- und menschenorientierten Kriterien liegen im Schwerpunkt auf der Ebene der Qualifikation, haben aber selbst motivationale Anteile oder setzen grundlegende Motivationen voraus, um aktiviert zu werden. Immer ist schließlich die Frage nach den Verhaltensweisen relevant, in denen Eigenschaft, Motivation und Qualifikation sich ausdrücken und über die sie zu Ergebnissen führen. Entsprechende Verhaltensweisen werden zu jedem Kriterium abschließend vorgestellt.

4.4.1   Übergreifende Kriterien

Stressresistenz

Extreme körperliche und seelische Beanspruchung und Belastung, und die damit verbundenen Reaktionen werden als Stress bezeichnet. Negativer Stress, so genannter Disstress, wird für Krankheit, Ängste und negative Lebensqualität verantwortlich gemacht und führt zu schlechterer Konzentration, Verlust des Blickes für das Wesentliche und verringerter Arbeitsleistung. Die Stressforschung hat jedoch zum einen gezeigt, dass die objektiv gleiche Belastung von verschiedenen Personen subjektiv als unterschiedlich belastend empfunden wird, dass also die Kognitionen und Emotionen interindividuell variieren und dass sich zum zweiten Personen in stressigen Situationen unterschiedlich verhalten. Stressresistenz bezeichnet das Ertragen von psychischen und physischen Belastungen und die Leistungsfähigkeit auch in stark beanspruchenden Situationen. Manager arbeiten häufig unter physisch und psychisch extrem fordernden Bedingungen. Zum einen sind sie durch Reisen und unregelmäßige Arbeitszeiten streckenweise starken körperlichen Belastungen ausgesetzt (z. B. Schlafmangel, Klimaveränderungen), zum anderen bringt die hohe Position in der Hierarchie Verantwortung und andere psychische Belastungen mit sich. Inwieweit Manager auch in derart stressigen Situationen effektiv arbeiten, den Überblick behalten und ihre Führungsaufgaben wahrnehmen, charakterisiert ihre Stressresistenz. Stressresistente Manager handeln unter Stress nicht viel anders als ohne und sollten das tun, was sie auch sonst tun sollten Diese Stressresistenz lässt sich fördern, indem sie gezielt stressreduzierendes Verhalten einüben, sich zum Beispiel Entspannungstechniken aneignen, bewusst subjektiv angenehme Situationen als Ausgleich herstellen oder aufsuchen und lernen zu genießen.

Stressresistenz stellt eine grundlegende Disposition der Person dar, in hoch belastenden Situationen unterschiedlichster Art die innere Ruhe und den Überblick zu wahren, die jeweils angemessene Form des Umgangs mit den Anforderungen zu entwickeln und handlungs- und leistungsfähig zu bleiben. Stressresistente Personen nutzen hilfreiche Techniken der Empfindungs- und Verhaltenssteuerung, um die Situation zu beherrschen und gewünschte Ergebnisse trotz der Belastung zu erzielen.

Auf der Ebene konkreten Verhaltens drückt sich Stressresistenz unter anderem in folgendem aus:

▶ Qualitativ und quantitativ gute Leistungen auch unter Zeitdruck
▶ Behalten des Überblicks in sehr komplexen und überwältigenden Situationen
▶ Klare Prioritätensetzung und deren konsequente Verfolgung trotz vielseitiger Ansprüche
▶ Bewahren einer angenehmen Arbeitsatmosphäre trotz hoher Belastung; kooperativ, geduldig und freundlich bleiben

Umgang mit Ambiguität und Komplexität

Generelles Merkmal fast aller Managementpositionen ist der Umgang mit einer Vielzahl hochkomplexer Informationen und Situationen, die nicht eindeutig zu interpretieren und zu bewerten sind. Informationen sind mehrdeutig, widersprechen sich, sind unzureichend oder überwältigend in ihrer Menge. Es ist wohl in den seltensten Fällen möglich, ein vollständig homogenes Bild einer Situation zu bekommen und alle Informationen und Perspektiven ohne weiteres sinnvoll zu integrieren.

Mit *Ambiguität* von Informationen oder auch Situationen ist deren Mehrdeutigkeit gemeint, die typischer Weise nicht oder nur mit vergleichsweise großem Aufwand aufgelöst werden kann. Häufig fehlen Hintergrundinformationen, um sicher zu sein, wie aktuelle Informationen einzuordnen oder zu bewerten sind, Ambiguität kann aber auch dadurch entstehen, dass dieselbe Information oder Situation aus unterschiedlichen Perspektiven unterschiedlich zu bewerten ist und kaum Anhaltspunkte für eine Festlegung der richtigen Perspektive vorliegen.

Der angemessene Umgang mit Ambiguität beinhaltet auf der einen Seite eine Eigenschaft, die häufig als Ambiguitätstoleranz bezeichnet wird und eine Disposition der Person meint, sich durch Mehrdeutigkeit von Informationen oder Situationen nicht oder nur wenig irritieren zu lassen und kaum Unsicherheit zu entwickeln. Ich betrachte den angemessenen Umgang mit Ambiguität dennoch schwerpunktmäßig als Qualifikation und nicht als Eigenschaft, weil er zu einem erheblichen Anteil auf erlernbaren Techniken beruht. Es geht darum, in spezifischen mehrdeutigen Situationen mit Hilfe angemessener Methoden der Verhaltenssteuerung die eigene Unsicherheit im ersten Schritt durch weitere Klärung der Situation zu reduzieren und im zweiten Schritt die verbleibende Unsicherheit auszuhalten, schließlich Risiken von Entscheidungen treffend abzuschätzen und angemessen zu handeln. Dazu bedarf es der notwendigen Fehlertoleranz sowie eines klaren, aber flexiblen Wertesystems (vgl. Kap. 2).

Mit der *Komplexität* von Informationen und Situationen angemessen umzugehen heißt im Wesentlichen, zu akzeptieren, dass nicht alle vorliegenden und verfügbaren Informationen bearbeitet und integriert werden können, sondern auf Grundlage von Heuristiken zu entscheiden und zu handeln ist. Forschungsergebnisse zeigen, dass Entscheidungen auf Grundlage von Heuristiken im Regelfall qualitativ ebenso gut sind wie Entscheidungen, bei denen der Entscheider subjektiv ausreichend informiert war. Hier ist also Mut zur Entscheidung wichtiger als der Einbezug aller möglichen Informationskanäle. Entscheider müssen die Informationssuche beenden, wenn die Kosten der Beschaffung den Nutzen übersteigen. Die Forschung hat gezeigt, dass Manager dazu tendieren, auch bei ausreichender Informationslage weitere Informationen zu suchen und anzufordern und dadurch Zeit und Energie vergeuden.

Der angesprochene Mut zur Entscheidung ist ein Anteil des angemessenen Umgangs mit Komplexität, der auf der Ebene von Eigenschaften anzusiedeln ist. Dennoch betrachte ich auch den angemessener Umgang mit der Komplexität von Informationen und Situationen als Qualifikation. Es handelt sich um die Fähigkeit, Unvollständigkeit zu akzeptieren, sich auf Wesentliches zu beschränken, die entscheidenden Informationen zu beschaffen und zu verarbeiten sowie anhand angemessener Heuristiken zu entscheiden und zu handeln.

Die folgenden Verhaltensweisen charakterisieren einen effektiven Umgang mit Ambiguität und Komplexität von Informationen und Situationen:

- ▶ Eigene Ziele und Aufgaben klar formulieren
- ▶ Prioritäten formulieren
- ▶ Rahmenbedingungen der Situation klar erkennen und beschreiben
- ▶ Risiken explizit betrachten
- ▶ Informationssuche begrenzt halten
- ▶ Wesentliche Aspekte vorliegender Informationen oder aktueller Situationen heraus arbeiten; den Kern des Problems erkennen
- ▶ Fehler zulassen und konstruktiv mit ihnen umgehen
- ▶ Entscheidungen auch bei unzureichender Informationslage treffen

Anpassung: Flexibilität und Lernen

Anpassung hat eine innere und eine äußere Komponente: Im Innern der Person geht es um das kognitive und emotionale Sich-Einstellen auf je spezifische Situationen und Anforderungen. Im Hinblick auf die Beziehung der Person zu ihrer Umwelt (äußere Komponente) meint Anpassung im hier verstanden Sinn das auf die spezifischen Erfolgsanforderungen einer Situation reagierende Handeln. Das Erfordernis zur Anpassung trifft Führungskräfte täglich aufgrund der Vielfalt von Anforderungssituationen, die sie zu bewältigen haben.

Flexibilität wird als die in diesem Zusammenhang kurzfristige Form der Anpassung verstanden. Als Fähigkeit bezeichnet sie die Verfügbarkeit angemessener Strategien, um sich durch schnelle Reaktion auf sich situativ verändernde Rahmenbedingungen einzustellen. Diese Veränderungen können sowohl sozialer als auch aufgabenbezogener Art sein. Die täglich wechselnde Abfolge unterschiedlichster Alltagssituationen einer Führungskraft, zum Beispiel Akquisitionsgespräch, interne Verhandlung, Mitarbeiterge-spräch, organisatorische Aufgaben, verlangt die schnelle kognitive und emotionale Um-stellung auf die jeweils neue Situation sowie den Einsatz zum Teil sehr unterschiedlicher Vorgehensweisen. Flexibilität beschreibt das Ausmaß, in dem diese innere und äußere Einstellung gelingt.

Auf der Verhaltensebene ist Flexibilität gekennzeichnet durch:

▶   Schnelle Wahrnehmung veränderter Bedingungen und auftretender Probleme
▶   Aufmerksamkeit für und Reaktion auf die Besonderheiten einer Situation
▶   Schnelle Umstellung des emotionalen Ausdrucks von einer Situation zur nächsten
▶   Modifikationen ursprünglicher Pläne zur Zielerreichung
▶   Breite des Verhaltensrepertoires (Zuhören, Verständnis zeigen, Position beziehen, Kritik üben, Kritik aushalten, Aktivitäten initiieren, Forderungen stellen, Unterstüt-zung anbieten und vieles mehr)

Lernen ist die mittel- und langfristige Anpassung an sich verändernde Bedingungen und Anforderungen. Die Pädagogische Psychologie versteht Lernen als den Vorgang der Aufnahme und Speicherung von Erfahrungen. Das Individuum nimmt hierbei eine aktive Rolle ein. Der Lernende sucht Informationen auf, integriert diese in bestehende Wissens-strukturen und erweitert und differenziert sein Wissen so in einem konstruktiven Pro-zess. Voraussetzung für diese Prozesse sind immer die *Lernfähigkeit*, also die kognitiven Voraussetzungen und die *Lernbereitschaft* als motivationale Voraussetzung. Im Hinblick auf die spezifischen Rahmenbedingungen des Managements ist darauf basierend Lernen zu verstehen als eine bereitwillige Nutzung von Lernangeboten und selbständige Initiie-rung von Lernprozessen durch das Aufsuchen lernrelevanter Umgebungen und die Neu-und Umstrukturierung bestehender Wissensstrukturen durch die Integration neuer Infor-mationen. Besonders bedeutsam ist im Zusammenhang mit der Tätigkeit von Managern die Umsetzung des erfolgreich Gelernten in die Praxis, die vor allem von motivationalen Variablen bestimmt wird.

Auf der Verhaltensebene ist Lernen von Managern gekennzeichnet durch folgende Fak-toren:

▶   Nutzung unterschiedlicher Möglichkeiten der Information und Kommunikation
▶   Aktive Aufnahme neuer Ideen
▶   Aktives Aufsuchen von Situationen, die Lernerfahrungen bieten
▶   Selbständiges Einholen von (auch kritischem) Feedback
▶   Reflektierte Modifikation des eigenen Handelns
▶   Kontinuierliche Optimierungen in Methoden und Vorgehensweisen
▶   Schnelle Aufnahme und Selektion relevanter Informationen
▶   Effektive Informationsverarbeitung
▶   Anwendung des Gelernten in relevanten Kontexten

Kognitive Fähigkeiten

Dieses Kriterium hätte man auch „Intelligenz" nennen können, ich habe mich aber für den umfassenderen Begriff „kognitive Fähigkeiten" entschieden, weil der Begriff und das Konzept der Intelligenz sowohl in der wissenschaftlichen Literatur als auch in der Umgangssprache inflationär und mit sehr verschiedenen Bedeutungsgehalten gebraucht wird und zu vielen teils polemischen Kontroversen geführt hat. Schon daran, dass heute auch auf dem Markt der Managementdiagnostik und -entwicklung so viel etwa von sozialer und emotionaler Intelligenz die Rede ist, kann man erkennen, dass „Intelligenz" mittlerweile etwa die Bedeutung von „Erfolgsfaktor" angenommen hat.

Diese am Sprachgebrauch ablesbare Einschätzung wird, zumindest für das Konzept der kognitiven Intelligenz in der Vorhersage der Berufsleistung, durch eine Vielzahl von empirischen Untersuchungen auf dem Gebiet der Berufseignungsdiagnostik bestätigt. Spätestens seit der bahnbrechenden Metaanalyse von Hunter & Hunter (1984), die eine große Zahl von Untersuchungen zur Vorhersage der Berufsleistung durch verschiedene Diagnoseverfahren statistisch zusammenfassten, ist das Ergebnis immer wieder „dass es praktisch keinen Beruf gibt, für den Maße intellektueller Fähigkeiten nicht zur Leistungsprognose beitragen könnten", wie Schuler & Funke (1989, S. 300) kommentieren. Tatsächlich sind Intelligenztests das einzelne Diagnoseverfahren, das die Berufsleistung generell am besten vorhersagt.

Im Bezug auf die Vorhersage von Managementleistung ist darüber hinaus das Ergebnis verschiedener Untersuchungen bedeutsam, die gezeigt haben, dass kognitive Fähigkeitstests um so bessere Vorhersagen erbringen, je höher die kognitive Komplexität der Aufgaben des betreffenden Berufes sind.

Auch ein Blick auf die in diesem Buch erarbeitete Kriterienliste zur Beurteilung der Managerleistung macht sofort deutlich, dass kognitive Fähigkeiten oder Intelligenz als zum Teil genetisch bedingtes Persönlichkeitsmerkmal für viele zentrale Managerkompetenzen wie Umgang mit Komplexität, Flexibilität und Lernen, strategisches Denken, Problemlösen und Entscheiden, oder Planen und Organisieren, aber auch für verschiedene menschenorientierte Kriterien eine entscheidende Grundlage bilden.

Für unsere Zwecke ist es dabei nicht ausschlaggebend, wie die kognitiven Fähigkeiten bzw. die Intelligenz im Einzelnen definiert werden. Hier sind sich auch die Fachspezialisten längst nicht einig und es würde den Rahmen dieses Buches sprengen, einen Überblick über die Vielzahl unterschiedlichster Intelligenztheorien und Modelle zu geben. Einig sind sich die meisten Intelligenztheorien dennoch darin, dass die Intelligenz die Fähigkeit bezeichnet, neuartige Probleme schnell und richtig zu lösen, worin die Bedeutung für den Managementerfolg nochmals deutlich wird. Die Modelle unterscheiden sich im Wesentlichen dadurch, auf welche Strukturen oder Prozesse der Schwerpunkt gelegt und wie viele Faktoren der Intelligenz angenommen werden.

Neben der Intelligenz sind Aufmerksamkeit und Konzentration für beinahe jegliche Aufgabenbearbeitung wichtige kognitive Fähigkeiten. Wie alle kognitiven Fähigkeiten sind auch sie nicht direkt an bestimmten Verhaltensweisen beobachtbar sondern am ehesten durch spezielle Testaufgaben zu messen.

Folgende kognitive Fähigkeiten sind für ein Manager Competence Audit wichtig:

- ▶ Generelle Intelligenz
- ▶ Kognitive Komplexität
- ▶ Operative Intelligenz / Lösung komplexer Probleme / Denken in Zusammenhängen
- ▶ Sprachliche Fähigkeiten (Sprachverständnis, Wortflüssigkeit)
- ▶ Rechnerische Fähigkeiten
- ▶ Analytisches Denken
- ▶ Divergentes Denken / Kreativität
- ▶ Bearbeitungsgeschwindigkeit und -kapazität (Entdeckung, Vergleich, Beurteilung und Kodierung von Merkmalen)
- ▶ Aufmerksamkeit
- ▶ Konzentration

Gewissenhaftigkeit

Zuverlässiges und sorgfältiges Arbeiten ist für optimale Ergebnisse von Managern unerlässlich. In nahezu allen geschäftlichen Beziehungen wird großer Wert darauf gelegt, sich auf Partner verlassen und ihren Versprechen oder Zusagen Glauben schenken zu können. Die Erfüllung von Zusagen ist entscheidend mit der eigenen Verantwortungsübernahme und der Sorgfalt in der Umsetzung verknüpft. Unabhängig davon, ob es um Aufgaben oder Menschen geht, egal um welche Inhalte es sich dreht, sind Glaubwürdigkeit, Verlässlichkeit und Umsetzungstreue erfolgsentscheidend. Auf der Ebene von Persönlichkeitseigenschaften werden die angesprochenen Aspekte dem Faktor Gewissenhaftigkeit zugeordnet. Dementsprechend ist es geboten, diesen Persönlichkeitsfaktor in einen Kriterienkatalog für Managerkompetenz aufzunehmen

Gewissenhaftigkeit bezeichnet eine Art der Selbstkontrolle bezogen auf den Prozess der Planung, Organisation und Durchführung von Aufgaben. Gewissenhafte Personen sind ausdauernd, diszipliniert, pünktlich, genau, zuverlässig, willensstark und systematisch. Sie zeigen große Sorgfalt in der Bearbeitung von Aufgaben und neigen zum Perfektionismus. Weniger gewissenhafte Personen arbeiten nachlässiger, sie stehen den Resultaten ihrer Arbeit gleichgültiger gegenüber und verfolgen ihre Ziele dementsprechend mit weniger Engagement. In verschiedensten Studien und Metaanalysen konnte immer wieder der Zusammenhang zwischen Arbeitsleistung und der Gewissenhaftigkeit von Personen belegt werden (vgl. Barrick & Mount, 1991, Tett, Jackson & Rothstein, 1991). Ebenso zeigt sich ein Zusammenhang zwischen der Verlässlichkeit und dem Vertrauen, das der Führungskraft von ihren Mitarbeitern, Kollegen und Vorgesetzten entgegengebracht wird. Wie in Kapitel 3 erläutert, hat sich gerade das Vertrauen als ein entscheidender Faktor erfolgreicher Teamarbeit erwiesen.

Auf der Verhaltensebene zeigt sich Gewissenhaftigkeit durch folgende Merkmale:

- ▶ Konsequente Einhaltung von Verabredungen und Zusagen
- ▶ Pünktlichkeit und Termintreue
- ▶ Ausdauer bei der Erledigung von Aufgaben
- ▶ Sehr sorgfältiges und häufig fehlerloses Arbeiten
- ▶ Eher starke emotionale und Handlungsreaktionen auf eigene Fehler bzw. Fehler im eigenen Verantwortungsbereich
- ▶ Genaue Überprüfung der Einhaltung von Standards, Regeln, Qualität etc.
- ▶ Aktive und klare Übernahme von Verantwortung
- ▶ Großes Engagement

Werthaltungen und persönliche Integrität

Das Verhalten von Menschen in unterschiedlichsten Situationen wird nicht zuletzt von den Prinzipien, den Grundsätzen und Überzeugungen der Person gesteuert. Diese Grundsätze entwickeln sich im Laufe der Persönlichkeitsbildung und stellen einen individuellen, häufig aber zugleich sozial geteilten Bezugsrahmen dar, um fremdes und eigenes Handeln einordnen und Entscheidungen treffen zu können. Zu den täglichen Aufgaben von Managern gehört ganz wesentlich das Treffen von Entscheidungen, die als solche immer mit Wertungen zusammen hängen. Alternativen müssen skizziert und im Hinblick auf relevante Kriterien bewertet werden, um sich für die eine oder andere Vorgehensweise angemessen entscheiden zu können. Dabei sind die herangezogenen Kriterien zwar in der Regel funktionale Aspekte und beziehen sich auf die Konsequenzen der Umsetzung unterschiedlicher Entscheidungsalternativen. Nicht zuletzt in Abhängigkeit von der Art einer zu treffenden Entscheidung gehen aber auch übergeordnete Werthaltungen in Entscheidungen mit ein oder sind die wesentlichen Entscheidungskriterien. Dabei orientieren sich auch Manager an ihren persönlichen Grundsätzen und Überzeugungen, ggf. auch an den im Unternehmen als Orientierungsrahmen vorgegebenen Werten (vgl. Kap. 2).

Für Unternehmen ist vor allem die Passung bzw. Nicht-Passung zwischen den Werten des Managers und den Grundsätzen des Unternehmens oder der Führung im Unternehmen von Bedeutung (vgl. dazu Kap. 2). Um diese Frage des Zusammenspiels beider Seiten im Rahmen des Management Context Audits beantworten zu können müssen im Manager Audit die individuell vertretenen Werte und Grundsätze erfasst werden. Welche Werte erwünscht sind und beschrieben werden sollen, ist in jedem Fall gesondert zu bestimmen.

Welche Grundsätze und Überzeugungen jemand vertritt, ist aus seinem Verhalten nicht direkt, sondern nur durch Interpretationen zu entnehmen und eine Analyse von Werthaltungen wird sich immer auf das Gespräch mit der jeweiligen Person stützen. Die Glaubwürdigkeit und Schlüssigkeit ihrer Darstellungen wird für die Einschätzung eine große Rolle spielen. Das konkrete Verhalten im Alltag ist vor allem darauf hin zu prüfen, ob in ihm die behaupteten Werte und Überzeugungen auch umgesetzt werden.

Integrität ist ein Konstrukt, das in der deutschen Potenzialdiagnostik bisher relativ wenig Verwendung gefunden hat. In den USA wird es vergleichsweise häufig erfasst und hat sich als valider Prädiktor für Berufserfolg erwiesen. In Lexika wird Integrität definiert als Makellosigkeit, Unbestechlichkeit und Unbescholtenheit. Integritätstests beurteilen Manager im Hinblick auf ihre Charakterstärke und Rechtschaffenheit. Es geht also bei der persönlichen Integrität um die Frage, wie glaubwürdig und zuverlässig jemand ist: Kann man sich auf sein Wort verlassen? Tut er auch was er sagt? Kann er zu Grundsätzen stehen und seine Überzeugungen durchhalten? Hält er auch im Verborgenen die Regeln des Gemeinwesens ein? Die persönliche Integrität ist im Kern eine Entscheidung der Person für ihre eigenen Grundsätze und Überzeugungen auch im Handeln einzustehen. Daher ordne ich sie in der Strukturierung der Kriterien als Motivation ein. Es geht um ein Wollen, nicht in erster Linie um ein Sein oder ein Können. Persönliche Integrität ist im Zusammenhang eines Management Audits im Wesentlichen aus zwei Gründen wichtig:

Der erste und meines Erachtens wichtigere Grund liegt darin, dass persönliche Integrität *die* entscheidende Voraussetzung für die Entstehung von Vertrauen zwischen Führungskräften und Mitarbeitern ist, aber auch zwischen Führungskräften und all den anderen Bezugspersonen, die in der Erfüllung der Aufgaben wichtig sind. Die Bedeutung von Vertrauen für Führung und Teamerfolg wurde bereits in mehreren Kapiteln dieses Buches angesprochen.

Auch auf den zweiten Grund habe ich bereits hingewiesen (vgl. Kap. 2): Unternehmen werden dynamischer, größer und komplexer und der Markt verlangt schnelle und flexible Reaktionen und Entscheidungen. Für Manager resultieren größere Handlungs- und Entscheidungsspielräume, für Unternehmen weniger unmittelbare Kontrollmöglichkeiten des Verhaltens ihrer Manager. Gebraucht werden daher zuverlässige Manager, denen in Bezug auf ihr Handeln und Auftreten als Repräsentanten des Unternehmens Vertrauen entgegengebracht werden kann.

Auf der Verhaltensebene lassen sich folgende Indikatoren für Integrität identifizieren:

▶ Übereinstimmung von Reden und Handeln
▶ Übernahme von Verantwortung für Fehler
▶ Loyalität gegenüber Mitarbeitern und Kollegen
▶ Einhalten von Versprechen und Regeln auch bei nicht vorhandener Kontrolle
▶ Offenheit und Transparenz in Bezug auf die eigenen Wünsche und Ziele

4.4.2   Allgemeine aufgabenorientierte Kriterien

Unternehmerisches und strategisches Denken und Handeln

Es bedarf wohl kaum einer näheren Begründung der Forderung, dass Manager eines Wirtschaftsunternehmens strategisch und unternehmerisch denken und handeln sollten. Dabei ist zu betonen, dass die Erwähnung des jeweiligen *Denkens* als eigener Aspekt nicht darüber hinweg täuschen sollte, dass es schließlich um das unternehmerische und strategische *Handeln* und dessen Ergebnisse geht. Es ist sogar zu fragen, ob es unternehmerisches Handeln ohne unternehmerisches Denken gibt. Vorstellbar ist es, wenngleich man dann wohl eher von einem Zufallsprodukt oder einem Handeln unter äußerem Zwang ausgehen muss. Insbesondere im Hinblick auf die strategische Orientierung eines Managers hat allerdings das entsprechende *Denken* einen hohen eigenen Stellenwert. Daher sei also weiterhin von Denken und Handeln in diesem Kontext gesprochen.

Mit dem *unternehmerischen Denken und Handeln* ist gemeint, dass Manager in ihrer jeweiligen Rolle ihr Handeln und das Handeln ihres Bereichs als Beitrag zum Ganzen im Unternehmen verstehen und entsprechend ausrichten. Bereichsinteressen müssen mit den Unternehmenszielen und -interessen abgeglichen sein und ihnen untergeordnet werden. Die Führungskraft eines Bereichs hat aktiv dafür zu sorgen, dass die Ziele des Bereichs sich stimmig in die Zielhierarchie des Gesamtunternehmens einfügen und dass das Arbeiten im Bereich der Erreichung der Gesamtergebnisse des Unternehmens dient.

Weiter präzisiert meint unternehmerisches Denken ertragsorientiertes Denken für den eigenen Verantwortungsbereich. Manager haben für ihren Bereich sicher zu stellen, dass die notwendigen Maßnahmen eingeleitet und umgesetzt werden, um die Ergebnisse des Bereichs zu optimieren und dadurch zum Gesamtertrag des Unternehmens steigernd beizutragen. Zweifellos sind die einzuleitenden Maßnahmen je nach Art und Aufgabe des Bereichs sehr unterschiedlich: Der Leiter eines Vertriebsgebietes wird anderes tun als der Leiter der Personalabteilung – aber beide können auf ihre Weise zur Steigerung des Ertrags des Unternehmens beitragen. Im Kern wird es immer darum gehen, Prozesse und Systeme zu optimieren, die Qualifikation der Mitarbeiter des Bereichs zu steigern und an Einstellungen und Gewohnheiten zu arbeiten.

Unternehmerisches Denken und Handeln beinhaltet selbstverständlich eine motivationale Komponente, die sich allerdings im Wesentlichen als allgemeine unterstützende Größe darstellt, d. h. das grundlegende Wollen betrifft. Ist die Führungskraft bereit und willens, durch ihre Arbeit einen Beitrag zum Ganzen zu leisten? Der Kern, auf den es letztlich ankommt, ist aber das unternehmerische *Handeln*, das Tun, und dafür bedarf es vor allem entsprechender Qualifikationen: Ist der einzelne Manager aufgrund seines Wissens und seiner methodischen Kenntnisse, inclusive seines Managementwissens und seiner Managementmethoden, in der Lage, die notwendigen Schritte zu erkennen und umzusetzen? Insofern siedle ich das unternehmerische Denken und Handeln auf der Ebene der Qualifikation, nicht der Motivation an.

Im Verhalten äußert sich unternehmerisches Denken und Handeln vor allem in folgenden Aspekten:

▶ Aktive Beschäftigung mit den Zielen des Unternehmens
▶ Verschaffen aktueller Informationen über die Ertragslage des Unternehmens
▶ Aktive Beschäftigung mit den Wertschöpfungsketten im Unternehmen
▶ Kontinuierliche Beschäftigung mit den eigenen Möglichkeiten, die Erträge des Unternehmens positiv zu beeinflussen
▶ Implementierung und Nutzung effektiver Controlling-Systeme für den eigenen Verantwortungsbereich
▶ Aktive Einbindung der Mitarbeiter in Prozessoptimierung, zum Beispiel durch Aufbau oder Unterstützung eines Verbesserungsvorschlagwesens
▶ Kontinuierliche Arbeit an der Verbesserung der Qualifikation der Mitarbeiter

Strategisches Denken und Handeln ist streng genommen Teil des unternehmerischen Denkens und Handelns. Warum es also eigens erwähnen? Ich sehe den Grund darin, dass unternehmerisches Denken und Handeln im oben definierten Sinn von jeder Führungskraft im Unternehmen zu verlangen ist. Strategisches Denken und Handeln ist nicht von jeder Führungskraft, zumindest nicht in gleichem Umfang zu verlangen. Ein Team- oder Gruppenleiter in der Produktion muss unternehmerisch agieren, strategische Fragestellungen werden ihn eher in ihrer Erscheinungsform als auf seinen Verantwortungsbereich herunter gebrochene Zielsetzungen berühren. Von ihm selbst wird vermutlich nicht erwartet, Strategien des Unternehmens für das nächste Jahrzehnt zu erarbeiten. Bei Mitgliedern des Top Managements sieht das freilich ganz anders aus. Strategieentwicklung steht im Zentrum ihres Aufgabenspektrums und ist eine ihrer vornehmsten Missionen im Unternehmen.

Strategisches Denken und Handeln heißt vor allem anderen in größeren Zusammenhängen denken und handeln. Das wiederum bedeutet: Veränderungen im Verhalten der Marktteilnehmer, seien sie Wettbewerber oder Kunden antizipieren, zumindest aber erkennen; politische, rechtliche und soziale Rahmenbedingungen des Unternehmens sowie deren Entwicklung beobachten und Konsequenzen sehen und ziehen; Stärken und Schwächen des eigenen Unternehmens erkennen und sie im Hinblick auf das Umfeld nutzen bzw. ausmerzen. Schließlich geht es selbstverständlich darum, aus den Zusammenhängen heraus die Leitlinien der unternehmerischen Entwicklung zu definieren, zu formulieren und ins Unternehmen hinein zu vermitteln.

Im Verhalten zeigt sich strategisches Denken und Handeln vor allem in Folgendem:

▶ Schnelles Erfassen von Zusammenhängen
▶ Differenzierte Analyse, verbunden mit der Identifikation der entscheidenden Entwicklungslinien

143

- ▶ Präzise und auf das Wesentliche konzentrierte Formulierung eigener Sichtweisen
- ▶ Selbstkritischer Blick auf Stärken und Schwächen des eigenen Unternehmens bzw. Bereichs
- ▶ Gute Kenntnis von Wettbewerbern und Kunden
- ▶ Hohes bereichsübergreifendes Interesse und Verbindung von Wissen aus unterschiedlichen Funktionsbereichen des Unternehmens
- ▶ Formulierung von Konsequenzen im Detail aus übergeordneten Entwicklungsvorgaben
- ▶ Schnelle und prozessorientierte Strukturierung komplexer Inhalte

Ziel- und Leistungsorientierung

Zielorientierung und Leistungsorientierung sind logisch differenzierbare Begriffe, in der Sache aber aufeinander angewiesene Kompetenzaspekte von Managern, weil Ergebnisse nur entstehen, wenn beide zusammen auftreten. Deshalb werden sie hier zu einem Kriterium zusammengefasst, auf begrifflicher Ebene allerdings separat beschrieben.

Zielorientierung ist gekennzeichnet durch die Setzung kurz- und längerfristiger Ziele und die Ausrichtung des Handelns auf diese Ziele. Dabei werden Handlungsalternativen entwickelt und bewertet, Hindernisse antizipiert, analysiert und angemessene Bewältigungsstrategien aufgebaut. Die einzelnen Aktivitäten werden auf die Erreichung der gesetzten Ziele hin koordiniert. In diesem Sinn verstanden, meint Zielorientierung Fokussierung auf gewählte Ziele und den Willen, sie zu erreichen. Damit wiederum ist sie auf der Ebene der Handlungssteuerung angesiedelt und beinhaltet kognitive, vor allem aber motivatonale Aspekte.

In der Umsetzung dieser Zielorientierung sind vor allem methodische Qualifikationen erforderlich. Wie in Kapitel 2 erläutert, haben sich einige Aspekte zur optimalen Gestaltung von Zielen herausgestellt. Zielsetzungs- bzw. Zielvereinbarungsprozesse effektiv zu gestalten bedeutet vor allem Wissen über die Gestaltung dieser Prozesse zu haben und die entsprechenden Methoden der Zielgestaltung und –vermittlung zu beherrschen. Ziele sollen demnach klar und spezifisch sein, einen hohen Schwierigkeitsgrad haben, akzeptiert sein und zeitlich überdauernd verfolgt werden. Die Zielerreichung sollte durch kontinuierliches Feedback begleitet werden. Für die Festsetzung von Zielen hat sich eine Partizipation des jeweiligen Mitarbeiters als förderlich erwiesen. Ist ein Einbezug nicht möglich, muss das Ziel erläutert und die Anreize und Konsequenzen einer Zielerreichung transparent gemacht werden. Bei der Festsetzung ist weiterhin zu beachten, dass Ziele als verpflichtend wahrgenommen werden. Je verpflichtender die Zielerreichung empfunden wird, desto größer die Anstrengung und Ausdauer bei der Erreichung der Ziele. Zur effektiven Zielsetzung gehört weiterhin die Installierung von Zielvereinbarungsgesprächen und abschließendes Feedback zur Zielerreichung.

Für die optimale Gestaltung von Zielsetzungsprozessen muss der Manager die Fähigkeit mitbringen, die Angemessenheit von Zielen in Relation zu den einzelnen Mitarbeitern zu beurteilen. Um Zielvereinbarungsgespräche zu führen und Feedback zu Zielerreichung zu geben, muss er soziale und kommunikative Kompetenzen besitzen.

Folgende Verhaltensweisen sind Anzeichen hoher Zielorientierung:

- Aktive Zielsetzung für die eigene Person und/oder das Team
- Initiierung und Vorantreiben von Arbeiten durch Denkanstöße und eigene Aktivitäten
- Kontinuierliches Hinterfragen von Aktivitäten auf ihre Zieldienlichkeit hin
- Konsequent bei der Sache bleiben und Aufgaben zum Abschluss bringen
- Wiederaufnahme einer Aufgabe nach einer Unterbrechung
- Offensives Umgehen mit Widerständen und Hindernissen
- Hart in der Diskussion, wenn die eigenen Ziele gefährdet sind

Als Verhaltensanker für effektive Zielsetzung lassen sich die nachstehenden identifizieren:

- Setzt konkrete und anspruchsvolle Ziele
- Bezieht Mitarbeiter in den Zielsetzungsprozess mit ein
- Erzeugt eine Atmosphäre von Zielverpflichtung auf Seiten der Mitarbeiter
- Schafft Transparenz im Hinblick auf Konsequenzen und Anreize bei Zielerreichung
- Sorgt für regelmäßige Zielvereinbarungsgespräche und Feedback
- Begleitet und kontrolliert das Ausmaß der Zielerreichung

Leistungsorientierung kann als das Bestreben definiert werden, die eigene Tüchtigkeit zu steigern oder möglichst hoch zu halten. Der Leistungsorientierte will seine Aufgaben gut machen und viel schaffen, er will viel erreichen und sich permanent weiter entwickeln. Leistungsorientierung ist also ein motivationaler Faktor der Managerleistung. Entsprechend ist der Begriff hier als ein Synonym für Leistungsmotivation gebraucht. Sie bezieht sich weniger auf die angemessene Auswahl von Zielen oder Aufgaben, sondern auf die Energie, mit der ausgewählte Ziele und Aufgaben bearbeitet werden und auf das Ergebnisniveau, das dabei angestrebt wird. Die Art der Leistung ist offen: Sowohl die Krankenpflegerin als auch der Bibliothekar, der Hausmeister wie der Manager können mehr oder weniger leistungsorientiert sein. Es geht darum, wie gut (schnell, gründlich, fehlerfrei, sauber etc. etc.) ich das machen will, was zu machen ich als meine Aufgabe auffasse.

Beobachtbar wird eine hohe Leistungsorientierung an folgenden Aspekten:

- Hohes Arbeitspensum
- Konsequente Umsetzung verabredeter oder geplanter Maßnahmen
- Bereitwillige Annahme neuer Herausforderungen und Aufgaben

▶ Großes Engagement für das Unternehmen und den eigenen Aufgabenbereich
▶ Anstrengungen auch für die berufliche Weiterbildung

Problemlösen und Entscheiden

Das Lösen komplexer Probleme und das Treffen bedeutsamer Entscheidungen gehören zum Arbeitsalltag von Managern. Dabei ist Entscheiden durchaus als Sonderfall des Problemlösens zu verstehen, so dass es mir angemessen erscheint, beide Faktoren gemeinsam zu behandeln. Ein Problem liegt immer dann vor, wenn eine aktuelle Situation („Ist-Zustand") in eine erwünschte andere Situation („Soll-Zustand") überführt werden soll und die Schritte zur Erreichung dieses Zustandes unklar sind. Eine effektive Problemlösung ist gekennzeichnet durch folgende Schritte:

▶ Das Problem wird exakt definiert und eine angemessene Repräsentation des Problemraums gebildet
▶ (Mindest-) Anforderungen an eine Lösung werden definiert
▶ Im Folgenden werden möglichst viele Lösungsmöglichkeiten generiert
▶ Die generierten Alternativen werden im Hinblick auf die angestrebten Ziele beurteilt und verglichen.
▶ Die sinnvollste Lösung wird ausgewählt und eingeleitet
▶ Der eingeschlagene Lösungsweg wird auf absehbare Hindernisse geprüft und vorbeugende Maßnahmen zu deren Überwindung werden getroffen

Das Treffen von Entscheidungen läuft ganz vergleichbar ab: auch hier ist die Ausgangssituation angemessen zu definieren, sind Anforderungen an die Güte der Entscheidung zu stellen, Entscheidungsalternativen zu bewerten, um dann die sinnvollste Entscheidung zu fällen und umzusetzen. Anders als in Problemlösesituationen müssen in Entscheidungssituationen jedoch keine Alternativen mehr generiert werden. Von Entscheidungen spricht man dann, wenn die Alternativen gegeben sind und es vor allem darum geht, abzuwägen und die in diesem Zusammenhang beste Möglichkeit auszuwählen. Man kann Entscheidungen demnach als Sonderfall von Problemlösesituationen betrachten. In Kapitel 2 und 3 habe ich auf besondere Aspekte hingewiesen, die negative Effekte auf die Qualität von Entscheidungen haben können. Group think (Kapitel 3) und Entscheidungsautismus (Kapitel 2) müssen kontrolliert und ausgeschlossen werden.

Managern ist eine effektive Problemlösung bzw. Entscheidungsfindung häufig erschwert, weil sie die Schritte nicht immer systematisch und vollständig durchlaufen können. Sie arbeiten nahezu permanent unter Zeitdruck und die dargestellten Schritte brauchen jeweils Zeit. Außerdem müssen Manager häufig ohne ausreichende Information eine angemessene Repräsentation der Ausgangssituation generieren und Entscheidungen bezüglich der Güte von Alternativen treffen. Besondere Beachtung bei der Beurteilung der Effektivität der Problemlösung von Managern muss der Umsetzung der gewählten Lösung in die Praxis gelten. Es reicht nicht, eine theoretisch hervorragende Lösung zu entwickeln. Es müssen konkrete Schritte und Termine zur Umsetzung festgelegt, Aufgaben delegiert und Verantwortlichkeiten geregelt werden. Während der Realisierung der Lösung bzw. der Umsetzung der Entscheidung müssen Schwierigkeiten identifiziert und gehandhabt und die Endergebnisse kontrolliert, reflektiert und den Mitarbeitern zurückgemeldet werden.

Für Problemlösen und Entscheiden sind kognitive Fähigkeiten wie analytisches und strukturiertes Denken ebenso erforderlich wie Kreativität und Handlungsorientierung. Hinzu kommen muss die Motivation ein Problem überhaupt lösen zu wollen bzw. die Bereitschaft, überhaupt Entscheidungen zu fällen. Für die Umsetzung von Problemlösungen und Entscheidungen sind eigene Konsequenz ebenso wichtig wie effektive Information, Delegation und Kontrolle im Hinblick auf die Mitarbeiter, die an der Umsetzung arbeiten. Auch Wissen und Erfahrung gelten als positive Faktoren für das Lösen von Problemen und das Fällen der richtigen Entscheidungen. Wissen und Erfahrung können bei der Generierung von Ideen hilfreich sein, sie können jedoch auch hemmende Auswirkungen haben, wenn sie dazu führen, dass neue Wege von vornherein ausgeschlossen und immer wieder die altbewährten Varianten gewählt werden.

Auf der Verhaltensebene zeigt sich effektive Problemlösung und Entscheidungsfindung folgendermaßen:

- ► Aktive Beschaffung relevanter Informationen
- ► Entwicklung vielseitiger, auch ungewöhnlicher Lösungsalternativen
- ► Systematische Prüfung von Lösungsvorschlägen auf ihre Machbarkeit hin
- ► Einbeziehen von Konsequenzen für alle betroffenen Bereiche
- ► Aktive Vermeidung vorschnellen Konsenses oder Kompromisses
- ► Bildung kompetenter Teams zur Lösungs- oder Entscheidungsfindung oder für die Erarbeitung einzelner Schritte
- ► Klare Begründung von Entscheidungen
- ► Schaffen von Transparenz in Bezug auf die Schritte zur Umsetzung der Lösung bzw. Entscheidung
- ► Antizipation bzw. Erkennen von Schwierigkeiten bei der Umsetzung und aktive Vorbeugung
- ► Erarbeitung von Plänen für Notsituationen („worst case" Szenarien)
- ► Übernahme von Verantwortung für die getroffene Entscheidung bzw. den gewählten Lösungsansatz

Planen und Organisieren

Wer *plant*, der entwirft eine zeitliche Abfolge und/oder räumliche Zusammenstellung bzw. Zusammenführung zukünftiger Ereignisse und Aktivitäten. Ausgangspunkt sind

Zielsetzungen und Prioritäten, die mit Hilfe der Planung erreicht bzw. umgesetzt werden sollen. Der Planer bezieht sowohl fixe Rahmenbedingungen als auch variable Einflussgrößen ein, je nach deren Ausprägung alternative Szenarien entwickelt werden. Neben Zeit und Raum sind Ressourcen die dritte wichtige Planungsgröße: Welche personellen und materiellen und darauf basierend welche finanziellen Mittel müssen für bestimmte Vorhaben eingesetzt werden und wann wo verfügbar sein? In welchen Schritten wird dann konkret vorgegangen, um zu welchen Zeitpunkten welche Ergebnisse zu generieren? Das sind die Kernfragen systematischer Planung. Darüber hinaus wird sie immer die Frage nach möglichen Risiken und deren Behandlung einbeziehen.

Offenkundig besteht die Aufgabe des Managements in erheblichem Ausmaß aus Planung und viele Manager erleben ihre Tätigkeit zu einem großen Teil als planerische Tätigkeit. Zielorientierung, kognitive Fähigkeiten und Gewissenhaftigkeit sind aus der Reihe der übergreifenden Kriterien notwendige Bedingungen planerischer Leistungen. Die planerischen Qualifikationen bestehen vor allem darin, komplexe zukünftige Abläufe in ihre groben Schritte und dann weiter in detailliertere Teileelemente bzw. Teilprozeduren zu strukturieren, Ressourcenbedarfe angemessen einzuschätzen und mit Disziplin und Systematik das eben zerlegte Ganze wieder entstehen zu lassen. Wissen und Erfahrung zu den zu planenden Prozessen und die Beherrschung von Planungsmethoden gehören dazu.

Auf der Verhaltensebene ist effektives Planen durch folgende Merkmale charakterisiert:

- ▶ Klare Ausrichtung an vorgegebenen Zielsetzungen und Prioritäten
- ▶ Verbindung von Überblick und Detailstrukturierung
- ▶ Prozess- und ressourcenorientierte Betrachtung von Aufgaben
- ▶ Reflexion der Leistungsfähigkeit eingesetzter Ressourcen, insbesondere der Potenziale von Personen im Hinblick auf die ihnen zugedachten Aufgaben
- ▶ Parallelisierung von Aufgabensträngen und Optimierung von Zeit- und Ressourcenverbrauch
- ▶ Berücksichtigung möglicher auftretender Schwierigkeiten und Entwurf von Alternativplänen für den Fall ihres Eintretens

Organisieren heißt, Pläne durch die Implementierung von Strukturen, Abläufen und Verantwortlichkeiten sowie die konkrete Steuerung der Aktivitäten in die Tat umsetzen. Dabei ist zu bedenken, dass gute Pläne im Sinne des vorab Gesagten explizit und detailliert vorliegen. Jeder weiß natürlich, dass auch Dinge organisiert werden, für die solche Pläne nicht vorhanden sind. Wahrscheinlich werden sie schlechter organisiert, aber sie werden organisiert. Grundlage dafür sind meines Erachtens ebenfalls Pläne, allerdings implizite Pläne, die häufig der Routine im Umgang mit Problemen und Aufgaben entspringen und nicht expliziert werden. Das ist der Grund, warum hier Planen und Organisieren in einem Abschnitt behandelt werden.

Wodurch zeichnet sich effektives Organisieren aus? Von entscheidender Bedeutung sind die Klarheit von Verantwortungen und Vorgehensregeln, deren absolut unmissverständliche Kommunikation und nachhaltige Verbindlichkeit, die Reduzierung von Entscheidungsebenen, kürzestmögliche Wege und minimierte Schnittstellen (vgl. Malik, 2000, 191 f.).

Im Kern sprechen wir über eine Qualifikation, nicht über eine Eigenschaft oder Motivation: Effektives Organisieren ist erlernbar – auch wenn manch einer sich gern damit zufrieden gibt, eben ein Chaot zu sein und damit implizit für eine eigenschaftsorientierte Betrachtung des Kriteriums Organisieren plädiert. Die Fähigkeit, um die es geht, ist die des Einrichtens von Strukturen und Abläufen in einer Weise, dass möglichst wenig Kommunikationsnotwendigkeiten mit den ihnen eigenen Informationsverformungen und -verlusten entstehen (vgl. Kapitel 2), möglichst wenig destruktive Konflikte auftreten und möglichst wenig Reparaturarbeiten an den Ergebnissen erforderlich werden. Darin wird bereits deutlich, dass Klarheit und Entschiedenheit ebenso wichtige Aspekte des Organisierens darstellen wie Koordination, Delegation und Abstimmung.

Als Verhaltensanker finden sich die folgenden Indikatoren:

▸ Klärung von Zielen, Prioritäten und Plänen als Ausgangspunkt organisatorischer Maßnahmen
▸ Nachvollziehbare, sauber strukturierte Darstellung von Prozessen und Strukturen
▸ Eintreten für klare Verantwortlichkeiten
▸ Aufstellen klarer Regeln und Vorgehensmodelle
▸ Erzeugung von Transparenz in Bezug auf Strukturen und Prozesse
▸ Deutliche Kommunikation organisatorischer Vorgaben

Kontrollieren

Kontrollieren wird definiert als die ziel- und planungsorientierte Fortschritts- und Erfolgsbewertung. Damit sind die zwei wichtigsten Funktionen von Kontrolle angesprochen: (a) Feststellen, ob Aktivitäten plan- und zielgemäß ablaufen und (b) bewerten, wie gut ein Ergebnis im Hinblick auf ein gesetztes Ziel am Ende ist. Insofern ist zu unterscheiden zwischen Prozesskontrolle und Ergebniskontrolle, deren Entsprechung in anderer Terminologie die formative (= begleitende) und summative (=abschließende) Evaluation ist, auf die ich in Kapitel 6 bei der Besprechung der praktischen Implementierung von Management Audits zu sprechen kommen werde. Prozesskontrolle bzw. formative Evaluation bezeichnet die Überprüfung der Umsetzung von Plänen während der Bearbeitung von Aufgaben. Ergebnis der Prozesskontrolle kann neben der Veränderung oder Erweiterung von Maßnahmen ebenso die kritische Reflexion von Güte und Praktikabilität des ursprünglichen Plans, ggf. auch dessen Modifikation sein. Ergebniskontrolle oder formative Evaluation dient der abschließenden Bewertung des Erreichten im Hinblick auf definierte Ziele und Erfolgskriterien. Sie ist auf den Zeitpunkt der Erledigung der Aufgaben bzw. des Ablaufs der verfügbaren Zeit beschränkt.

Vom Manager wird zum einen verlangt, Kontrolle überhaupt auszuüben. Es ist Teil seiner Verantwortung, sich über den Fortschritt und die Ergebnisse der Aufgaben in seinem Bereich ein Bild zu machen. Zum anderen geht es um die Art und Weise, in der Kontrolle ausgeübt wird. Hier bewegen wir uns auf der Ebene der Fähigkeiten eines Managers: Er sollte Kontrolle in einer Weise praktizieren können, die sowohl seine eigenen als auch die Ressourcen der Mitarbeiter nur so weit wie nötig mit Kontrolle bindet, er sollte für Disziplin, das heißt dafür sorgen können, dass Kontrollen zur vereinbarten Zeit in der verabredeten Form auch durchgeführt werden, er sollte sicher stellen können, dass seine Kontrollmethoden und -maßnahmen effektiv sind, d. h. ihm ein realistisches und vollständiges Bild der Entwicklung bzw. der Ergebnisse liefern und er sollte es verstehen, Mitarbeitern den Sinn von Kontrollen zu vermitteln und ihre konstruktive Beteiligung sicher zu stellen (vgl. Malik, 2000). Effektive Kontrolle ist an folgenden Verhaltensaspekten erkennbar:

▶ Einbeziehung von Evaluations- bzw. Kontrollschritten schon in die Planung von Aufgaben oder Projekten
▶ Definition einer überschaubaren Anzahl relevanter Kennwerte, an denen die Evaluation durchgeführt wird
▶ Kommunikation des eigenen Verständnisses von Kontrolle sowie der vorgesehenen Kontrollschritte an Beteiligte im Zusammenhang der Aufgabenvergabe bzw. bereits beim Projektstart
▶ Ergänzung der datengestützten Kontrolle durch persönliche Präsenz, um sich ein eigenes Bild von den Entwicklungen und Ergebnissen zu machen
▶ Systematische Einholung der Meinung der Mitarbeiter zu sich abzeichnenden Schwierigkeiten oder Hindernissen und Erfragen von Vorschlägen zur Lösung oder Vorbeugung
▶ Selbstkontrolle bei der Einhaltung von Terminen zur Überprüfung von Fortschritten: Sicher stellen, dass angekündigte Kontrollschritte auch durchgeführt werden
▶ Feedback über Ergebnisse von Evaluationsschritten an die Beteiligten

Für Innovation sorgen und sie fördern

Innovationsfähigkeit und -bereitschaft ist in den letzten Jahren in der Beliebtheitsskala der Anforderungskriterien deutlich gestiegen. Kaum eine Neueinstellung oder Potenzialanalyse, in der nicht erwartet wird, dass Führungskräfte für Innovationen sorgen und sie fördern. Sicherlich stellt diese Entwicklung eine Reflektion der zunehmenden Anforderungen an Unternehmen dar, Produkte und Dienstleistungen schneller weiter zu entwickeln und zu erneuern. Leider ist nur zu häufig unklar, was genau die jeweilige Führungskraft in ihrer konkreten Position zur Innovationskraft des Unternehmens beitragen soll. In der Forschung und Entwicklung bedeutet Innovation sicher anderes und hat einen anderen Stellenwert als etwa im Controlling oder Personalmanagement – wenngleich auch dort funktionsspezifische Innovationen sinnvoll und notwendig sind. Diese Unterscheidungen bei der Gestaltung und Auswahl von Anforderungskriterien zu berücksichtigen, ist eine Frage der Professionalität der Durchführung von Beurteilungsverfahren jeder Art.

Eine diese Unterschiede umgreifende Definition von Innovation betrachtet sie als geplante und kontrollierte Veränderung eines Systems von Funktionsbeziehungen, mit der unter Anwendung neuer Ideen und Techniken vorher nicht praktizierte Möglichkeiten verwirklicht und bisher nicht erreichte Ergebnisse erreicht werden sollen. Die Veränderungen können sich auf eine Optimierung des bestehenden Systems in einzelnen Bereichen oder auch auf dessen Überwindung durch ein neues leistungsfähiges System richten. Diese Veränderungen zu initiieren und in die Praxis umzusetzen ist die Aufgabe des Managements. Führungskräfte müssen für ihren Verantwortungsbereich Innovationen rechtzeitig anregen, aktiv mittragen und Schritte zur Umsetzung planen und kontrollieren.

Auf der motivationalen Ebene muss ein Interesse, zumindest aber eine Bereitschaft vorhanden sein, sich um Neuerungen der beschriebenen Art für den eigenen Verantwortungsbereich zu kümmern. Dieses Interesse kann intrinsisch sein, also aus der Person selbst kommen oder aber extrinsisch entwickelt und gestützt werden, zum Beispiel durch entsprechende Zielvereinbarungen sowie Beurteilungs- und Belohungssysteme. Um Innovationen zu initiieren und erfolgreich umzusetzen sind auf der Ebene der individuellen Kompetenzen Kreativität und Flexibilität, ergebnisorientiertes Denken und Handeln, Begeisterungs- und Überzeugungsfähigkeit sowie Ausdauer und Frustrationstoleranz erforderlich. Auf der Ebene der motivationalen Faktoren sind Lern- und Veränderungsbereitschaft bei der Auseinandersetzung mit neuen Ideen und Entwicklungen sowie die Bereitwilligkeit, bei Veränderungen aktiv mitzuwirken, unverzichtbar. Folgende Verhaltensanker lassen sich für die Initiierung und Förderung von Innovationen festhalten:

- ▶ Breites Interesse an neuen Entwicklungen in Themen und Methoden, die den eigenen Bereich betreffen bzw. in der eigenen Branche
- ▶ Aktive Beteiligung an Diskussionen zur Planung und Umsetzung von Veränderungen innerhalb des Unternehmens
- ▶ Einrichtung und Unterstützung eines Verbesserungsvorschlagwesens im eigenen Verantwortungsbereich
- ▶ Aktive Entwicklung eigener Verbesserungsvorschläge
- ▶ Ermunternde Reaktion auf Vorschläge von Mitarbeitern, Veränderungen vorzunehmen
- ▶ Kontinuierliche Analyse von Strukturen und Prozessen im eigenen Bereich, um auf Verbesserungsfelder zu stoßen
- ▶ Regelmäßige Lektüre von Fachzeitschriften, die über inhaltliche, methodische oder Branchetrends berichten
- ▶ Interesse für und Teilnahme an Kongressen und Veranstaltungen, die neue Konzepte und Ideen vorstellen

Allgemeine Managementmethoden

Unter den allgemeinen aufgabenorientierten Kriterien für Managerkompetenz sollte meines Erachtens eine zusammenfassende methodische Rubrik nicht fehlen. Es geht um erlernbare Fertigkeiten, Techniken, Methoden, die die Professionalität des Managers im Alltag steigern und seiner Effizienz sehr zuträglich sind. Die mir am wichtigsten erscheinenden Managementmethoden sind:

- ▶ Moderationsmethoden
- ▶ Präsentationstechniken
- ▶ Schriftliche Kommunikation
- ▶ Zeitmanagementtechniken

Moderation ist zum Beispiel gefordert, wenn die Führungskraft ihr Team zusammenbringt, um Ideen zu generieren, Lösungen zu erarbeiten, Prozesse zu definieren, Aufgaben zu klären, Konflikte zu lösen. All diesen Situationen ist gemeinsam, dass es darum geht, das Wissen und die Meinungen aller Beteiligten angemessen zur Sprache zu bringen, ihnen den jeweils erforderlichen Raum zu verschaffen und eine lebendige und zugleich effiziente Diskussion zu führen, an deren Ende ein optimales Ergebnis steht. Daraus ergeben sich die Anforderungen an die Führungskraft als Moderator einer solchen Situation: Sie sorgt für die Klarheit von Rahmenbedingungen und Spielregeln sowie deren Einhaltung, sie steuert und strukturiert den Diskussionsprozess, sie hält Zwischenergebnisse und Endergebnisse fest. Je nach Anforderungssituation bleibt sie selbst bezogen auf den Inhalt oder Interessen Beteiligter neutral, insbesondere bei der Moderation von Konflikten im Team (inzwischen gern auch „Mediation" genannt) oder beteiligt sich auch selbst mit eigenen Ideen und Meinungen zum Thema.

Das *Präsentieren* von Visionen und Strategien, Zukunftsszenarien, Plänen, Konzepten oder Ergebnissen gehört zu den typischen Aufgaben im Management. Dabei erwartet man häufig mit steigendem hierarchischen Niveau zunehmende Brillianz der Rhetorik und Begeisterungsfähigkeit. Zweifellos ist beides in vielen Fällen hilfreich, eventuell sogar gefordert; in sehr vielen Präsentationssituationen braucht man demgegenüber vor allem Prägnanz, Klarheit der präsentierten Inhalte, und vor allem Zuhörerorientierung – unter Berücksichtigung der Tatsache, dass Zuhörer sehr unterschiedlich sein und sehr verschiedene Interessen haben können, die meistens mit dem Anlass der Präsentation und der Verbundenheit mit dem Thema einher gehen. Die entscheidende Fähigkeit des Präsentators besteht in einer kompromisslosen Orientierung seines Vortrags an der Frage: Was ist für die Zuhörer wichtig? Ob das dann mit Charme und Witz, mit konsequenter Sachlichkeit, vielen oder wenig Folien, Multimedia-Unterstützung oder ausschließlich mit persönlicher Wirkung vorgetragen wird, ist nicht unerheblich, aber zweitrangig. Dabei ist die Frage „Was ist für die Zuhörer wichtig?" nicht mit der Frage zu verwechseln „Was möchten die Zuhörer gern hören?". Immer wieder ist es aus übergeordneter Perspektive wichtig, Menschen Dinge zu vermitteln, die sie sehr ungern hören. Und gerade dann ist die Orientierung an dieser erkannten Wichtigkeit ebenso notwendig wie schwer.

Die eben als zweitrangig klassifizierten Varianten der Vorgehensweise in der Präsentation sind insofern wichtig, als eine Präsentation sehr davon lebt, ob es dem Präsentator gelingt, glaubwürdig zu wirken und seine Zuhörer zu interessieren – anstatt sie zu langweilen. Dazu muss er das zu seiner Persönlichkeit passende Auftreten wählen und einige wichtige Grundlagen der Präsentationstechnik beherzigen, die sich im Wesentlichen auf die Länge der Präsentation, ihre Strukturierung, den wirkungsvollen Einsatz von Medien und Möglichkeiten der Einbeziehung von Zuhörern beziehen. Dieses Repertoire kann in Präsentationsseminaren von qualifizierten Trainern vermittelt werden. Nur eins sollte dabei nie verloren gehen: Die Person des Präsentators gehört in den Mittelpunkt, nicht die Medien.

Schriftliche Kommunikation ist eine häufig vernachlässigte Managementmethode. Viel wird über die Kommunikationsfähigkeit gesprochen und geschrieben, implizit wird aber in mindestens 95 Prozent der Beiträge zur Diskussion die mündliche Kommunikation angesprochen. Dennoch ist in Berichten, Protokollen, Verträgen, Briefen und Angeboten (um nur die wichtigsten Dokumententypen zu nennen) die schriftliche Kommunikationsfähigkeit gefordert. Darin enthalten ist die sprachliche Ausdrucksfähigkeit und das Wissen um sprachliche Regeln. Ebenso wie in der Präsentation die Zuhörerorientierung entscheidend ist, kommt es in der schriftlichen Kommunikation aber vor allem auf die Empfängerorientierung an (vgl. Malik, 2000, 295 f.). Auch die schriftliche Kommunikation lebt im Hinblick auf ihren Erfolg im Wesentlichen davon, dass sie exakt auf die Situation des Adressaten abstellt und bei ihm die gewünschte Wirkung erzeugt.

Techniken des *Zeitmanagements* gehören zu den essentiellen Methoden im Management. Sie sind im Kern eine Mischung aus Zielorientierung, Planungs- und Organisationskompetenzen, Orientierung an Effizienz und – ohne das wird alles zunichte – Disziplin. Sowohl in der Fokussierung auf wesentliche Ziele als auch in der systematischen Planung, ihrer konsequenten Umsetzung und des sparsamen Einsatzes von Ressourcen für einen optimalen Ertrag ist Disziplin für den Erfolg erforderlich. Die zahlreichen Organisationshilfen mögen nach objektivierbaren Kriterien in ihrer Güte unterscheidbar sein, aus meiner Sicht wird sich jeder Manager hier nach seinem persönlichen Geschmack entscheiden und selbst wenn er das möglicherweise weniger gute Tool wählt, aber diszipliniert seine Ziele priorisiert, seine Arbeitsschritte plant und organisiert und Ressourcen effizient einsetzt, wird ihm die Zeit nicht fehlen, gute Ergebnisse zu produzieren.

4.4.3   Spezifische aufgabenorientierte Kriterien

Fachinteresse

Unter dem speziellen Interesse für ein Fach oder einen bestimmten Funktionsbereich sind Vorlieben für bestimmte Inhalte, Tätigkeiten oder Objekte, wie sie die Aufgaben im einschlägigen Fach oder Funktionsbereich mit sich bringen, gemeint. Interesse schließt sowohl kognitive als auch emotionale und Verhaltenselemente ein und bezieht sich auf längerfristig bestehende und situationsübergreifende Präferenzen. Menschen verstehen von Themen, für die sie sich besonders interessieren, eben besonders viel, weil sie sich über längere Zeit immer wieder mit neuen Informationen zum Thema versorgen, alles aufnehmen, was damit zu tun hat und es intensiv verarbeiten. Entsprechend differenziert ist ihr Umgang mit dem Thema und auch ihr Repertoire an Verhaltensmöglichkeiten in Handlungsfeldern, die mit dem Thema verbunden sind. Im emotionalen Bereich geht Interesse einher mit angenehmen Gefühlen bis hin zu „Flow-Erlebnissen", einem vollständigen Aufgehen in der aktuellen Aufgabe und Vergessen von Raum und Zeit. In einem Interessengebiet zu handeln wird dementsprechend nicht deshalb als wertvoll empfunden, weil darüber erstrebenswerte Ziele außerhalb der Interessensphäre erreicht werden können, sondern weil die Beschäftigung mir dem Interessengegenstand selbst wertbesetzt und mit positiven Emotionen verbunden ist.

Ist aber ein intensives fachliches Interesse für Manager nicht eher hinderlich, weil es sie von ihren eigentlichen, nämlich den Managementaufgaben zu leicht ablenkt? Diese Gefahr mag bestehen, aber deswegen dafür zu plädieren, Manager sollten lieber keine tiefergehenden fachlichen Interessen haben, hieße wohl das Kind mit dem Bade auszuschütten. Auch für Manager ist es hilfreich, eine enge Beziehung zu den Inhalten ihres Fachs und Funktionsbereichs zu haben. Sie stellen dadurch eine grundlegende Motivation sicher, den eigenen Bereich immer auch inhaltlich voran zu bringen und gewinnen ihren Mitarbeitern gegenüber an Glaubwürdigkeit. Ebenso wichtig ist aber andererseits die Disziplin im Umgang mit der eigenen fachlichen Neigung. Sie darf weder dazu führen, vieles selbst zu machen, anstatt es an Mitarbeiter zu delegieren, die dadurch lernen und ihren Beitrag zum Ganzen bringen können, noch darf sie in die Rolle eines belehrenden Experten münden, dem es in fachlicher Hinsicht niemand gut genug machen kann.

Auf der Verhaltensebene lassen sich folgende Indikatoren für Fachinteresse identifizieren:

- ▶   Freude an der Aufgabenbearbeitung
- ▶   Selbständige Informationssuche und Weiterbildung über die jeweils aktuellen Arbeitsanforderungen hinaus

▶ Betonung der Wichtigkeit und Umsetzung von Ideen der kontinuierlichen fachlichen Entwicklung im eigenen Verantwortungsbereich
▶ Intensive Begleitung von Mitarbeitern bei der Entwicklung von Kompetenz im Fachgebiet
▶ Regelmäßige Lektüre von Fachzeitschriften

Fachwissen

Im Gegensatz zur Grundlagenforschung, der nicht entgangen ist, dass Leistung an Wissensstrukturen gebunden ist, wird Wissen im Zusammenhang mit der Beurteilung der Leistung von Managern bis heute nur wenig beachtet und auch die anwendungsorientierte Forschung zu diesem Aspekt wird von einigen Wissenschaftlern als defizitär bezeichnet (vgl. Kluwe, 1995). Es ist zweifellos so, dass Manager in vielen Positionen ein profundes Fachwissen mitbringen müssen, um für ihren Verantwortungsbereich die Leistungen der Mitarbeiter richtig einschätzen und angemessene Entscheidungen fällen zu können – sicherlich nicht, um alles selbst zu machen! Die Forderung aber, sich um die Details nicht selbst zu kümmern und Aufgaben konsequent zu delegieren, erlaubt nicht den Schluss, Fachwissen sei für einen Manager irrelevant. Er braucht es als Hintergrund, um seine Aufgaben angemessen erfüllen zu können. Wie sollte er Entscheidungen fällen, Innovationsvorschläge bewerten oder Ergebnisse beurteilen können, ohne vom Gegenstand ein tiefgehendes Verständnis zu haben? Außerdem sind vor allem in komplexen, dynamischen und wenig transparenten Problemsituationen, die auch die Arbeitsbedingungen von Managern kennzeichnen, Personen mit umfangreicher und organisierter Wissensstruktur anderen in der Informationsverarbeitung und der Handlungsschnelligkeit und -flexibilität überlegen.

Wissen ist zu unterscheiden in deklaratives und prozedurales Wissen. Deklaratives Wissen besteht aus den Kenntnissen eines Menschen über die Realität, das heißt über Sachverhalte, Vorgänge, Personen und Objekte. Es wird auch als „Weltwissen" bezeichnet und ist verbalisierbar. Prozedurales Wissen hingegen ist definiert als die verfügbaren geistigen Operationen und Prozesse zur Verarbeitung von Informationen. Es bezeichnet also weniger das „was" als das „wie" zum Umgang mit Informationen und enthält z. B. Regeln effektiver Problemlöseprozesse, hilfreiche Regeln zum Speichern oder Abrufen von deklarativem Wissen oder Ähnliches. Es gilt als nicht verbalisierbar. Beide Arten von Wissen sind für erfolgreiches Handeln unerlässlich: umfangreiches deklaratives Wissen und eine gut organisiertes Wissensstruktur zur Einordnung, Verarbeitung und optimalen Nutzung von Informationen und als Grundlage eines breiten Handlungsrepertoires.

Zweifellos ist es wichtig, sein Fachwissen über die Zeit jeweils zu aktualisieren und insofern bedarf es der Motivation, sich weiterzubilden und aus Fehlern zu lernen, sowie der Ausdauer, sich immer wieder mit einem Themenbereich auseinander zu setzen. Der

Stellenwert des Fachwissens als Hintergrund für eine erfolgreiche Wahrnehmung der eigentlichen Managementaufgaben wurde bereits verdeutlicht. Ein zusätzlicher, bisher nicht angesprochener Aspekt ist dabei die Möglichkeit, Mitarbeitern als kritischer Diskussionspartner zur Verfügung zu stehen, um Lösungsvorschläge zu überprüfen oder ihnen Hilfe in schwierigen fachlichen Fragen Unterstützung geben zu können – wobei hier zugegebenermaßen häufig Mitarbeiter tiefer im Fachgebiet stecken sollten als die Führungskraft.

Auf der Verhaltensebene lassen sich folgende Indikatoren für Fachwissen identifizieren:

▶ Einbringen eigener wertvoller Ideen in Diskussionen zu fachlichen Fragen
▶ Entwicklung und Anwendung angemessener Bewertungskriterien für fachliche Vorschläge oder Ergebnisse
▶ Schnelles Erkennen des Kerns eines fachlichen Problems
▶ Aufzeigen von Vor- und Nachteilen verschiedener Alternativen und profunde Begründung eigener Meinung oder Entscheidung
▶ Schnelle und zutreffende Einordnung und Bewertung neuer Informationen in fachlichen Zusammenhängen
▶ Regelmäßige Lektüre von Fachzeitschriften

Fachliche Fähigkeiten

Im Unterschied zum Fachwissen geht es bei fachlichen Fähigkeiten insbesondere um Fähigkeiten und Fertigkeiten zur Durchführung fachspezifischer Methoden. Ein simples Beispiel mag den Unterschied verdeutlichen: zum Fachwissen des Chirurgen gehört es, Struktur und Funktionsweise von Organen zu kennen. Zu seinen fachlichen Fähigkeiten gehört es, ein Organ operativ zu bearbeiten oder zu entfernen. Analog gehört es beispielsweise zum Fachwissen eines Personalleiters, die Regelungen des Betriebsverfassungsgesetzes zu kennen. Zu seinen fachlichen Fähigkeiten gehört es, eine wirksame Betriebsvereinbarung auszuarbeiten und zum Abschluss zu bringen. Welche fachlichen Fähigkeiten im einzelnen von einem Manager zu erwarten sind, muss je nach Position definiert werden.

Ansonsten gilt aber das oben zur Bedeutung des Fachwissens für Manager Gesagte hier analog: Auch diese Fähigkeiten stehen nicht im Vordergrund der Managementtätigkeit, sondern hinter ihr, um Mitarbeiter in ihnen anleiten, das Vorgehen von Mitarbeitern beurteilen und Vorschläge und Ergebnisse angemessen einordnen zu können. Das Beherrschen fachlicher Fähigkeiten ist erkennbar an folgenden Aspekten:

▶ Schnelles Erkennen von Vorteilen und Defiziten bestimmter Methoden
▶ Einbringen eigener methodischer Vorschläge zur Bearbeitung von Aufgaben
▶ Einbeziehung methodischer Aspekte in die Beurteilung von Leistungen
▶ Regelmäßige Lektüre von Fachzeitschriften

4.4.4   Menschenorientierte Kriterien

Soziale Wahrnehmung

Soziale Wahrnehmung meint das Aufnehmen und aktive Verarbeiten all jener Aspekte einer sozialen Situation, die für sie kennzeichnend sind und die Dynamik zwischen den Beteiligten prägen. Typischer Weise sind dies:

▶   Die Ziele der Beteiligten
▶   Die Rollen der Beteiligten und aus ihnen resultierende Erwartungen und Interessen
▶   Die Status- und Machtverhältnisse zwischen den Beteiligten
▶   Die Gefühle, die zwischen den Beteiligten herrschen.

Darin wird bereits deutlich, dass Soziale Wahrnehmung sowohl kognitive als auch emotionale Aspekte beinhaltet: Situationen zu erfassen bedeutet, sie zum einen intellektuell zu erfassen und ein Verständnis der Strukturen der Interaktion aufzubauen, die sich schnell als komplexer erweisen als zunächst vermutet. Zum anderen bedeutet es aber auch, mit hohem Einfühlungsvermögen die Präsenz anderer Personen insbesondere im Hinblick auf ihre emotionalen Komponenten aufzunehmen. Insofern ist Soziale Wahrnehmung ein ganzheitliches Geschehen, in dem intellektuelle und gefühlsmäßige Verarbeitung von Informationen und Eindrücken einhergehen und zu einer angemessenen Repräsentation des Geschehens integriert werden müssen.

Es liegt auf der Hand, dass angesichts des großen Anteils kommunikativer und den erfolgreichen Umgang mit anderen Menschen fordernder Situationen im Management besondere Fähigkeiten zur Sozialen Wahrnehmung wichtig sind. Die Fähigkeiten, zu erkennen, wie die Dynamik einer Interaktion ist und wodurch sie getrieben wird, die eigenen Interessen und die der Partner richtig einzuschätzen, Gefühle, die im Hintergrund der sachlichen Auseinandersetzung wirken, zu spüren und angemessen einzuschätzen, stellen eine Grundvoraussetzung für angemessenes eigenes Verhalten dar. Im Alltag sind die Interaktionen des Managers mit Anderen sehr unterschiedlicher Art: es können sehr harte Auseinandersetzungen in der Sache, etwa mit Kunden, Lieferanten oder auch Kollegen sein, Konflikte, in denen die Beteiligten auch sehr persönlich reagieren, Verkaufs- und Überzeugungssituationen, in denen die Aufnahme der aktuellen Situation, der Interessen und Wünsche des Gegenübers entscheidend sind, oder auch ruhige Gesprächssituationen mit Mitarbeitern, die mit der Bitte um Hilfe in einem persönlichen Problem zu ihrer Führungskraft kommen. Einen besonderen Stellenwert hat dabei erfahrungsgemäß die Fähigkeit, neben den verbalen auch paraverbale, also das Sprechen begleitende und über Lautstärke, Tonfall etc. vermittelte, und nonverbale, also nicht mit Hilfe der Sprache vermittelte Botschaften wahrzunehmen und zutreffend zu interpretieren. Neben dem Bewusstsein für den oder die Partner in der Interaktion ist aber auch eine hohe Sensibilität für eigene Stimmungen, ein Wissen um die eigenen Interessen,

Ziele und Wünsche, um die eigene Rolle und die Erwartungen, die der andere an mich hat, sowie schließlich Klarheit über die eigenen Gefühle im Umgang mit dem anderen entscheidend für die Steuerung des eigenen Verhaltens.

Sensibilität und ein klarer Blick für sich selbst und für den oder die Partner einer Interaktion sichern schließlich den Erfolg in der Situation – und Erfolg heißt: die Optimierung der Ergebnisse, die erreicht werden. Denn soviel dürfte klar sein: Nahezu alle Interaktionen im Management geschehen um bestimmter Ergebnisse willen und es ist eine zentrale Aufgabe im Management, soziale Interaktionen zielorientiert zu führen und bestmögliche Ergebnisse in der Sache zu erreichen und dabei die persönlichen Beziehungen zu entwickeln bzw. zu stabilisieren (vgl. die Ausführungen zur Bedeutung von Vertrauen im Management in Kapitel 2 und 3).

Soziale Wahrnehmung ist ein innerer Vorgang, so dass es schwer fällt, Verhaltensbeispiele für sie aufzulisten. Dennoch gibt es auch im Verhalten einer Person Anzeichen für ihre Fähigkeiten zur Sozialen Wahrnehmung. Die wichtigsten sind:

▶ Aktives Zuhören
▶ Interessiertes Nachfragen
▶ Aufmerksames Beobachten der Körpersprache der Beteiligten

Kommunikation

Kommunikation ist im Kern Austausch von Information über sachliche oder emotionale Inhalte. Allerdings hat Kommunikation im Kontext zielgerichtet organisierter und agierender Unternehmen sicherlich andere Schwerpunkte als im Freundeskreis, in der Familie oder innerhalb einer Liebesbeziehung. Im Kontext der Organisation haben Sachbezug, Zielorientierung und Effektivität einen höheren Stellenwert – wer allerdings etwas von Kommunikation versteht, der weiß, dass es gerade deshalb wichtig ist, auch den Anteil emotionalen, beziehungsorientierten Austauschs zu beachten.

Als leistungs- und erfolgsrelevantes Kriterium des Handelns von Managern verstehe ich Kommunikation daher als die Mitteilung bzw. den Austausch von Information zum Zweck der effektiven und effizienten Erledigung der Aufgaben sowie zum Zweck einer an Zielen und Rollen orientierten Gestaltung von Beziehungen.

Untersuchungen zum Anteil der Kommunikation an der Arbeitszeit von Managern schwanken in ihren Resultaten von 50 bis knapp unter 90 Prozent. Viele sagen daher nicht ganz zu unrecht: Führung *ist* Kommunikation. Verschiedene Fähigkeiten müssen für eine im Sinne der angestrebten Ergebnisse gelungene Kommunikation zusammenkommen: Zunächst ist die Fähigkeit wichtig, jeweils nur das zu sagen, worauf es gerade ankommt. Zweitens ist darauf zu achten, dass Redeanteile der Situation angemessen sind. Das kann im Einzelfall heißen, dass ein Beteiligter deutlich höhere Redeanteile hat

– dann sollte das aber auch der Richtige sein! Ein klassischer Fall der Nicht-Einhaltung dieser Regel ist so manches Bewerbungsgespräch, in dem der Kandidat, der eigentlich den größeren Redeanteil haben sollte, über etwa 10-20 Prozent nicht hinauskommt, weil sein Gegenüber ohne Punkt und Komma spricht. In den meisten Situationen sind in etwa ausgewogene Redeanteile für die Beteiligten wichtige Indikatoren einer partnerschaftlichen und kooperativen Kommunikation. Des weiteren ist der klare und authentische Ausdruck im Hinblick auf Inhalt und Beziehung auf Seiten des Senders wie des Empfängers in einer Kommunikation notwendige Voraussetzung für deren Erfolg. Und schließlich macht der Ton die Musik, das heißt ist unbedingt auf Wortwahl, Lautstärke, Intonation, begleitende Gestik und Mimik zu achten.

Wichtige Verhaltensaspekte für eine erfolgreiche Kommunikation sind dementsprechend:

▶ Klare und direkte Formulierung von Anliegen, Zielen und sachlichen Themen,
▶ Konzentration auf relevante Inhalte,
▶ Nachfragen zur Klärung des richtigen Verständnisses,
▶ Ansprechen von Störungen in der Kommunikation: Metakommunikation.

Vertrauen

In Kapitel 3 wurde bereits auf den Zusammenhang von Kommunikation und Vertrauen hingewiesen. Daher werden auch beide hier in engem Zusammenhang dargestellt. Vertrauen hat sich im Rahmen des Buches insgesamt als eine zentrale Größe auf allen drei Ebenen der Analyse herauskristallisiert: Als Element der Unternehmens- und Managementkultur, als Teamerfolgsfaktor und – wie jetzt näher darzustellen – als individueller Erfolgsfaktor spielt es eine zentrale Rolle.

Die Schaffung einer Basis gegenseitigen Vertrauens in der Zusammenarbeit mit ihren Mitarbeitern und im Management Team ist eine wesentliche Aufgabe von Managern. Ich hatte bereits in Kapitel 3 jene Aspekte des Verhaltens genannt, die zur Entstehung von Vertrauen einen entscheidenden Beitrag leisten (vgl. Argyris, 1964; Anders, 1986; Bierhoff & Müller, 1993). Es sind:

▶ Offenheit
▶ Ansprechbarkeit
▶ Authentizität
▶ Diskretion
▶ Fairness

Offenheit bezeichnet hier die Bereitschaft, sich auf andere einzulassen, ihre Ansichten ernst zu nehmen und in die eigenen Überlegungen einzubeziehen sowie die Bereitschaft, auch selbst anderen gegenüber Offenheit im Hinblick auf eigene Einstellungen und

Handlungsabsichten zu praktizieren. Authentizität wird auch als Echtheit, Ehrlichkeit oder Aufrichtigkeit in Bezug auf eigene Absichten und formulierte Zielsetzungen beschrieben. Fairness wird häufig zusammen mit den Begriffen der Loyalität und Neutralität verwendet. Loyalität zeichnet sich dadurch aus, dass gegenüber dem Vorgesetzten, Kollegen und Mitarbeitern auch die Interessen anderer gewahrt werden, Neutralität dadurch, dass alle gleich behandelt werden und niemand ungerechtfertigter Weise bevorzugt oder benachteiligt wird. Wer also anderen aufgeschlossen gegenübertritt, wer sich auch persönlich einbringt, wer sicher stellt, dass er erreichbar ist und sich Zeit nimmt, wer tut was er sagt, Verabredungen einhält und glaubwürdig auftritt (s. auch den Abschnitt zur Gewissenhaftigkeit in diesem Kapitel), wer vertrauliche Informationen auch vertraulich behandelt und wer allen gleiche Chancen gibt und sie den Rahmenbedingungen entsprechend gleich behandelt, tut das Seinige, um Vertrauen in seine Person zu erzeugen.

Auf der Ebene des Verhaltens zeigt sich die Fähigkeit, Vertrauen aufzubauen, unter anderem durch folgende Merkmale:

▶ Aufrichtigkeit und Ehrlichkeit in bezug auf die eigenen Interessen und Ansichten
▶ Ansprechbarkeit für Mitarbeiter bei Schwierigkeiten
▶ Rechtzeitige und aufrichtige Information der Mitarbeiter über anstehende Veränderungen, die für sie relevant sind
▶ Übereinstimmung von Wort und Tat
▶ Einhaltung von Verabredungen, insbesondere im Hinblick auf verabredete Verschwiegenheit
▶ Gleiche Aufmerksamkeit, gleiches Interesse für alle Mitarbeiter
▶ Ermöglichung gleicher Chancen für Mitarbeiter, sich in herausfordernden Aufgaben zu bewähren und sich zu entwickeln

Abschließend sei erwähnt, dass selbstverständlich die Fähigkeit, Vertrauen aufzubauen im Wesentlichen daran erkennbar ist, dass Mitarbeiter ihrem Vorgesetzten Vertrauen entgegen bringen, das heißt ihn aktiv informieren, ihm auch Schwierigkeiten und Probleme anvertrauen, ihrerseits mit Informationen, die sie von ihm erhalten, angemessen umgehen und vieles mehr.

Kooperation

Die Bereitschaft und die Fähigkeit zur Zusammenarbeit sind für Manager in unterschiedlicher Hinsicht erfolgsrelevant: Zum einen sind sie eingebunden in Management Teams, in denen sie gemeinsam mit Kollegen ihren Managementauftrag wahrnehmen. In Kapitel 4 wurde bereits auf den Zusammenhang von Kooperation und gegenseitiger Unterstützung mit der Gruppenleistung hingewiesen. Zum anderen führen sie Teams, mit denen zu vielen Themen und Aufgaben Fortschritte, Lösungen und Ergebnisse gemeinsam erarbeitet werden – im Alltag häufig jenseits der hierarchischen Organisation und der Rolle als Führungskraft.

Kooperation beinhaltet zum einen die Bereitschaft, mit anderen in konkreten Situationen zusammen zu arbeiten, also eine motivationale Komponente. Ob diese Bereitschaft herrscht, kann bei jedem Individuum auf unterschiedliche Faktoren zurückführbar sein. Der eine ist kooperativ, weil er nichts anders gelernt hat, der andere, weil er die Auseinandersetzung fürchtet, der Dritte, weil es implizit oder explizit von ihm verlangt wird, wieder ein anderer, weil er kooperativen Umgang mit anderen zu einem persönlichen Wert erklärt hat, ein Letzter hier Erwähnter, weil er davon ausgeht, dass sich Kooperation langfristig für ihn (und andere) auszahlt und in der Sache zu den besten Ergebnissen führt. Für den Fall, in dem Kooperation gefordert ist, ist unerheblich, woher die Motivation stammt. Hauptsache, sie ist da.

Die Fähigkeit zur Kooperation beinhaltet offenes Zugehen auf andere, Interesse für Meinungen und Sichtweisen, eigene aktive Beteiligung, Diskussionsfreude und Beharrlichkeit in der Suche nach der besten Lösung, Aufmerksamkeit für und Widerstand gegen group think Phänomene (vgl. Kapitel 3), also den Mut zur eigenen Meinung und nicht zuletzt die Fähigkeit sich einzuordnen. Es ist offenkundig, dass hier enge Zusammenhänge mit Aspekten der Sozialen Wahrnehmung, der Kommunikation und der Konfliktlösung vorliegen.

Kooperatives Verhalten beinhaltet unter anderem folgende Aspekte:

- ▶ Identifikation und Formulierung gemeinsamer Interessen und Ziele
- ▶ Akzeptieren von bleibenden Unterschieden in den Zielen und Interessen
- ▶ Mitgestaltung und Einhaltung von Spielregeln für die gemeinsame Arbeit
- ▶ Kritisches Hinterfragen schnellen Konsenses
- ▶ Beharrliche Auseinandersetzung um die besten Ergebnisse
- ▶ Eingehen auf Vorschläge und Meinungen anderer
- ▶ Akzeptieren und Mittragen von Gruppenentscheidungen

Konfliktlösung

Bereits in den vorangegangenen Kapiteln 3 und 4 wurde ausführlich auf die Bedeutung der Konfliktlösung in Organisationen und auf die Beachtung dieses Aspekts im Management Audit hingewiesen. An dieser Stelle setze ich insbesondere die Darstellungen zu Konfliktlösungsstrategien aus Kapitel 3 voraus und möchte mich darauf beschränken, die Bedeutung der Konfliktlösungskompetenz als Fähigkeit einer Führungskraft zu veranschaulichen. Führungskräfte können selbst Beteiligte in einem Konflikt sein, also eigene Interessen und Ziele vertreten und selbst emotional engagiert sein. Sie können aber auch als Moderatoren bzw. Mediatoren mit Konflikten zwischen anderen Personen, typischer Weise ihren Mitarbeitern, konfrontiert werden. In jedem Fall müssen zwischen

Konfliktparteien Lösungselemente sowohl innerhalb jeder Person selbst, zwischen den Personen, also in der Beziehung und in der Sache, im Konfliktgegenstand zusammen gebracht werden. Die Personen müssen ihre Erregung kontrollieren und nach der Erarbeitung einer Lösung dieser innerlich zustimmen und sie akzeptieren. In der Beziehung gilt es, durch klare, ausgewogene Kommunikation eine konstruktive Atmosphäre und das für die Akzeptanz einer Lösung notwendige Vertrauen aufzubauen. In der Sache sind konstruktive Vorschläge zu entwickeln, die Interessen beider Seiten zu berücksichtigen und integrative Strategien der Konfliktlösung zu suchen (vgl. Berkel, 1997).

Als am Konflikt beteiligte Person bedarf es insbesondere des Willens, der Motivation den Konflikt konstruktiv zu lösen. Diese Motivation sollte angesichts der unter Umständen erheblichen negativen Konsequenzen nicht oder destruktiv ausgetragener Konflikte von Führungskräften erwartet werden. Fehlt diese persönliche Motivation, muss die Disziplin und die Verantwortung für das Ganze sie kompensieren.

Ist der Manager als Moderator oder Mediator in einem Konflikt zwischen anderen Personen gefragt, beinhaltet die Aufgabe der Konfliktlösung ebenfalls eine Willenskomponente, denn auch wenn die Konfliktparteien nicht von sich aus die Hilfe der Führungskraft suchen, muss diese ggf. aus eigener Verantwortung aktiv werden, um Leistungsbereitschaft und Ergebnisorientierung in ihrem Bereich durch eine Bereinigung des Konflikts wieder herzustellen. Weitere Erfolgsfaktoren in diesem Szenario sind vor allem Kompromisslosigkeit in der Erwartung, eine Lösung des Konflikts zu erreichen, klare Formulierung dieser Erwartung, Neutralität in der Moderation und Ausrichtung darauf, konkrete Vereinbarungen zu treffen und Maßnahmen zu verabreden, die die Einhaltung dieser Vereinbarungen sicher stellen.

Folgende Verhaltensweisen sprechen für eine hohe Fähigkeit der Konfliktlösung:

▶ Anwendung von Techniken der Selbstberuhigung
▶ Aktives Ansprechen von Meinungsverschiedenheiten oder Verstimmungen
▶ Erfragen der Sichtweise anderer Personen
▶ Verbindung des aktiven Formulierens von Verständnis für andere Sichtweisen mit der klaren Formulierung des eigenen Standpunkts
▶ Beachtung von Rahmenbedingungen für ein Konfliktlösungsgespräch, die einer konstruktiven Atmosphäre zuträglich sind (z. B. verfügbare Zeit, ungestörter Raum)
▶ Erarbeitung konkreter Vorschläge als Lösungsansätze
▶ Klare Formulierung der eigenen Haltung zu Lösungsvorschlägen der anderen Seite
▶ Ausdrückliche Formulierung der inneren Zustimmung zu einer gefundenen Lösung

Durchsetzung

Der Begriff der Durchsetzung ist im Katalog der Führungskriterien derjenige, der immer wieder zu den interessantesten Diskussionen führt. Viele Verantwortliche in den Unternehmen wollen Führungskräfte, die sich durchsetzen können. Bei intensiverem Nachfragen findet man aber, dass sie sich darunter nicht selten eine Art Wolf im Schafspelz vorstellen: „Unsere Manager sollen sich natürlich durchsetzen – aber das müssen sie schon mit viel Geschick, sozialer Kompetenz, Behutsamkeit tun". Das ist in etwa der Tenor dessen, was zur Durchsetzungsfähigkeit gesagt wird. Nicht selten fehlt der Mut, klar zu sagen, dass man sich Führungskräfte wünscht, die konfrontativ sein und wettbewerbsorientiert handeln können, die Streit und Konflikt nicht scheuen und unterschwellig vorhandene Konflikte eher offen legen, die sich Kollegen, Kunden und Mitarbeitern gegenüber behaupten und Auseinandersetzungen gewinnen können.

Mit dieser Auflistung sind auch schon die wesentlichen Bestandteile der Fähigkeit, sich durchzusetzen, angesprochen. Auf der Ebene der Motivation bedarf es dazu insbesondere einer festen Entschiedenheit, großen Beharrlichkeit und offensiven Grundhaltung. Die zweifellos vorhandene Spannung zwischen Durchsetzung und Kooperation lässt sich nicht im Begriff der Durchsetzung selbst auflösen, sondern nur in der konkreten Handhabung der unterschiedlichen Facetten des sozialen Handelns. Integrierende, kooperierende und ausgleichende Aspekte wurden weiter oben bereits dargestellt. Bei der Durchsetzung geht es nicht darum, in gemeinsamer Anstrengung nach der besten Lösung zu suchen, sondern es geht darum, einer bestimmten Vorgabe Geltung zu verschaffen und ein bestimmtes bereits definiertes Ergebnis herbeizuführen. Es geht hier vor allem um das Ergebnis einer Interaktion, weniger um den Modus: Kommt am Ende das heraus, was derjenige, der sich durchsetzen wollte oder sollte, angestrebt hat? Und wenn unterschiedliche Beteiligte sich durchsetzen wollten: Wer hat den größeren Anteil am Ergebnis?

Um das Spannungsverhältnis zwischen Durchsetzung und Kooperation, das für viele zu bestehen scheint, zu klären, ist aus meiner Sicht zweierlei zu sagen: Der erste und wichtigste Punkt ist, dass Durchsetzung in ganz bestimmten Situationen gefordert ist. Sie ist immer dann gefragt, wenn die Führungskraft dafür sorgen muss, dass bestimmte Richtlinien, Verabredungen, Spielregeln, Verträge, also jede Art von Vereinbarung oder übergeordneter Vorgabe eingehalten bzw. umgesetzt werden. Hier gibt es im Hinblick auf das zu erreichende Ergebnis nichts zu diskutieren. In anderen Situationen, insbesondere in solchen, in denen das Ergebnis nicht zu Beginn schon vorgegeben ist, sondern erst in gemeinsamer Anstrengung erreicht und vor allem optimiert werden muss, ist der Ort für Kooperation, Gedankenvielfalt und Integration. Der zweite Punkt zum Verhältnis zwischen Kooperation und Durchsetzung bezieht sich darauf, dass es zweifellos in vielen Situationen möglich ist, sich im Ergebnis durchzusetzen, indem man die Sache kooperativ angeht und vermutlich sollte das immer der erste Weg sein, den man wählt. Dieser kooperative Ansatz als Modus der Durchsetzung kann aber nicht als Soll-Bild der

163

Durchsetzung festgeschrieben werden. Denn erreicht man auf diesem Weg sein vorgegebenes Ergebnis nicht, wird man sich anderer Mittel bedienen müssen, die die Nutzung der hierarchisch übergeordneten Position und Richtlinienkompetenz ebenso beinhalten wie offensives und direktives Vorgehen.

Was aber ist mit der Grauzone an Situationen, in denen weder ein ganz bestimmtes Ergebnis durchzusetzen noch alles offen ist? Nicht selten haben Führungskräfte präferierte Ergebnisse, die sie gern durchsetzen möchten, wissen aber sehr genau, dass man auch anderer Meinung sein kann – und das durchaus begründeter Maßen. In diesen Fällen ist genau jene Offensivität und das Gewinnen-Wollen gefragt, von dem oben die Rede war. Die Kunst besteht dann darin, offensive, kompetetive Verhaltensweisen mit kooperativen so in einen Ausgleich zu bringen, dass das angestrebte Ergebnis möglichst weitgehend erreicht, die Basis für die weitere Zusammenarbeit dabei aber nicht nur nicht beschädigt, sondern gefestigt wird.

Folgende Verhaltensweisen kennzeichnen die Fähigkeit sich durchzusetzen:

▶   Eigene Interessen klar formulieren und nachhaltig vertreten
▶   Vorgaben und Erwartungen klar zum Ausdruck bringen
▶   Widerstände offensiv angehen und überwinden
▶   Sich mit Kompromissen nicht zufrieden geben
▶   Ergebnisse verbindlich festhalten
▶   Maßnahmen verabreden, die die Einhaltung von Verabredungen sicher stellen

Potenziale erkennen, einsetzen und fördern

Das Credo ist bekannt und weit verbreitet: Ein Unternehmen lebt von den Menschen darin, insbesondere selbstverständlich von denjenigen, die sich Zielsetzungen des Unternehmens zu eigen machen und für ihre Handlungsfelder gute Ergebnisse erzielen. Ich habe diesem Credo nichts hinzuzufügen, denn auch die Schlussfolgerung, es sei daher besonders wichtig, die Leistungs- und Potenzialträger im eigenen Unternehmen zu kennen und zu fördern, ist ebenso nachvollziehbar wie zustimmungswürdig. Die Manager haben hier eine ihrer vornehmsten Aufgaben wahrzunehmen: Sie sind für diejenigen Menschen in ihrem Verantwortungsbereich, die die Zukunft des Unternehmens maßgeblich werden mitgestalten können und wollen, ganz besonders verantwortlich.

Die Frage, wie und woran Potenzial oder Potenziale (diese feine Unterscheidung möchte ich hier nicht diskutieren) erkennbar sind, wird unterschiedlich behandelt. Die traditionsreichste und auch in neuen Veröffentlichungen (vgl. Malik, 2000, S. 255) immer wieder vertretene These lautet: Bisherige Leistungen und Erfolge sind der beste Prädiktor für zukünftige Leistungen und Erfolge. So sehr diese These berechtigt ist, so klar widerspricht ihr die Alltagserfahrung, zumindest im Hinblick auf die generelle Gültigkeit. Denn immer wieder gibt es Manager, die aufgrund bisheriger Leistungen und Erfolge und der daraus abgeleiteten Potenzialvermutung eine größere Verantwortung übernommen haben, ihr aber nicht gerecht werden. Das kann daran liegen, dass Inhalt und Typ der neuen Verantwortung bzw. Herausforderung den bisherigen Verantwortungen und Herausforderungen zu unähnlich sind, d. h. qualitative Sprünge, die mit dem Wechsel der Verantwortung einhergehen, zu wenig beachtet wurden.

Führungskräfte können sich also nicht ausschließlich auf bisherige herausragende Leistungen verlassen, um eine abgesicherte Potenzialeinschätzung vorzunehmen. Die Fähigkeit zur Potenzialeinschätzung beinhaltet neben einer differenzierten Beurteilung bisheriger Leistungen und Ergebnisse auch die Identifikation generalisierbarer und in unterschiedlichen Leistungskontexten relevanter Stärken ihrer Mitarbeiter. Hinzu kommen muss eine valide Einschätzung, in welchem Ausmaß bisherige Leistungen und Ergebnisse von Bedingungen des Kontexts und des Teams, in denen jemand gearbeitet hat, gefördert oder auch beeinträchtigt wurden und welche zukünftigen Kontexte und Teams für jemandes Leistung förderlich sein werden. Es gibt in Unternehmen immer auch unentdeckte Talente, die aufgrund ihrer Aufgabe, des Kontextes oder des Teams, in dem sie arbeiten, ihre Leistungsmöglichkeiten nicht voll entfalten. Hier liegt die größte Herausforderung für Manager im Hinblick auf die Entdeckung und Förderung von Potenzialen. Sie selbst sind ja in der Regel dafür (mit) verantwortlich, dass jemand in Rahmenbedingungen arbeitet, die eine optimale Leistungsentfaltung behindern. Bestimmte Interessen oder auch Nachlässigkeit werden dazu geführt haben, die betreffende Person dennoch dort einzusetzen. Die Führungskraft muss also im Rahmen der Potenzialeinschätzung auch zu eigenen Entscheidungen eine kritische Distanz einnehmen und auch eigene Fehler eingestehen können.

Für die Identifikation von Potenzialen und die Förderung von Potenzialträgern muss der Manager ein Verständnis für die erforderlichen und hilfreichen Eigenschaften, Motive, Qualifikationen und Verhaltensweisen besitzen, die in zukünftigen Arbeitsfeldern benötigt werden. Er muss weiterhin Indikatoren für vorhandene Potenziale kennen und eine Sensibilität dafür besitzen, diese auch zu sehen. Für eine gezielte Förderung des Potenzials des Einzelnen muss er das aktuelle Qualifikationsniveau einschätzen und Ansatzpunkte zur Weiterentwicklung exakt treffen können. Er muss sich für die Entwicklung und Unterstützung dieser Mitarbeiter einsetzen und sie konsequent auf neue Herausforderungen vorbereiten. Dass dies insbesondere bedeutet, ihnen klar zu machen, dass sie selbst die erste Verantwortung für ihre eigene Entwicklung haben, ist inzwischen in Literatur und Praxis hinlänglich beschrieben. Dennoch unterliegen so manche Führungskräfte der Versuchung, den Mitarbeitern diese Verantwortung abzunehmen und sie sich selbst oder der Personalentwicklung aufzubürden. Zusammenfassend ist festzuhalten, dass die Führungskraft in der Lage sein muss, insbesondere Stärken ihrer Mitarbeiter zu sehen und ihre Defizite zu kennen, sie aber insbesondere auf die Nutzung und Entwicklung der Stärken hinzuweisen. Sie muss sich für sie und ihre Entwicklung im Unternehmen einsetzen und ihr gleichzeitig die eigene Verantwortung für den Ausbau von Stärken und – wo es erforderlich ist – die Eliminierung von Schwächen klar machen.

Insofern möchte ich eine differenzierte Position im Hinblick auf die Diskussionsbeiträge in Literatur und Praxis einnehmen, es sei richtig und wichtig, sich ausschließlich auf Stärken zu fokussieren, da nur sie wirkliches Potenzial beinhalten. Schwächen könne man zwar in gewissem Grad heilen, würde aber nie über den Durchschnitt hinaus kommen. Ich stimme der Einschätzung grundsätzlich zu, sehe aber immer wieder, dass Personen mit herausragenden Stärken im Alltag über eklatante eigene Schwächen oder Verhaltensdefizite stolpern. Aufgabe der Potenzialeinschätzung und Potenzialförderung ist es meines Erachtens auch – neben einer klaren Priorisierung von Stärken – solche Schwächen oder Defizite zu benennen und im Verhalten ein Niveau zu erreichen, das sie nicht weiter störend wirken lässt.

Auf der motivationalen Ebene ist vor allem die Bereitschaft erforderlich, Mitarbeitern, die den Manager selbst aktuell ganz besonders gut unterstützen und ihm sehr dabei helfen, gute oder außerordentliche Ergebnisse in seinem Bereich zu erzielen, den Weg aus dieser aktuellen Tätigkeit heraus, möglicherweise dann auch in einen ganz anderen Bereich hinein, zu ermöglichen. Der Manager muss hier eigene Interessen den Interessen des Unternehmens und des Mitarbeiters unterordnen.

Auf der Verhaltensebene zeigt sich das Erkennen und Fördern von Potenzialen auf folgende Weise:

▶ Gute Kenntnisse von Stärken und Schwächen der eigenen Mitarbeiter
▶ Regelmäßige Gespräche mit Mitarbeitern über Leistungen, Stärken, Erfolge, aber auch über Schwächen und Misserfolge sowie über Rahmenbedingungen, in denen Leistungen erbracht werden müssen
▶ Gezielter, den Stärken von Mitarbeitern entsprechender Einsatz
▶ Konfrontation von Mitarbeitern mit Herausforderungen, die ihr Potenzial sichtbar machen
▶ Ermöglichung von Auftritten in der internen Öffentlichkeit des Unternehmens für Potenzialträger
▶ Initiierung von Fördermaßnahmen
▶ Gespräche mit Mitarbeitern über ihre eigenen Initiativen zur Entwicklung

4.5 Zusammenfassung: Kriterien im Manager Competence Audit

Abbildung 15 fasst die Kriterien des Manager Competence Audits zu einer Übersicht zusammen, die in Kapitel 7 in eine Gesamtperspektive des Management Audits integriert werden wird.

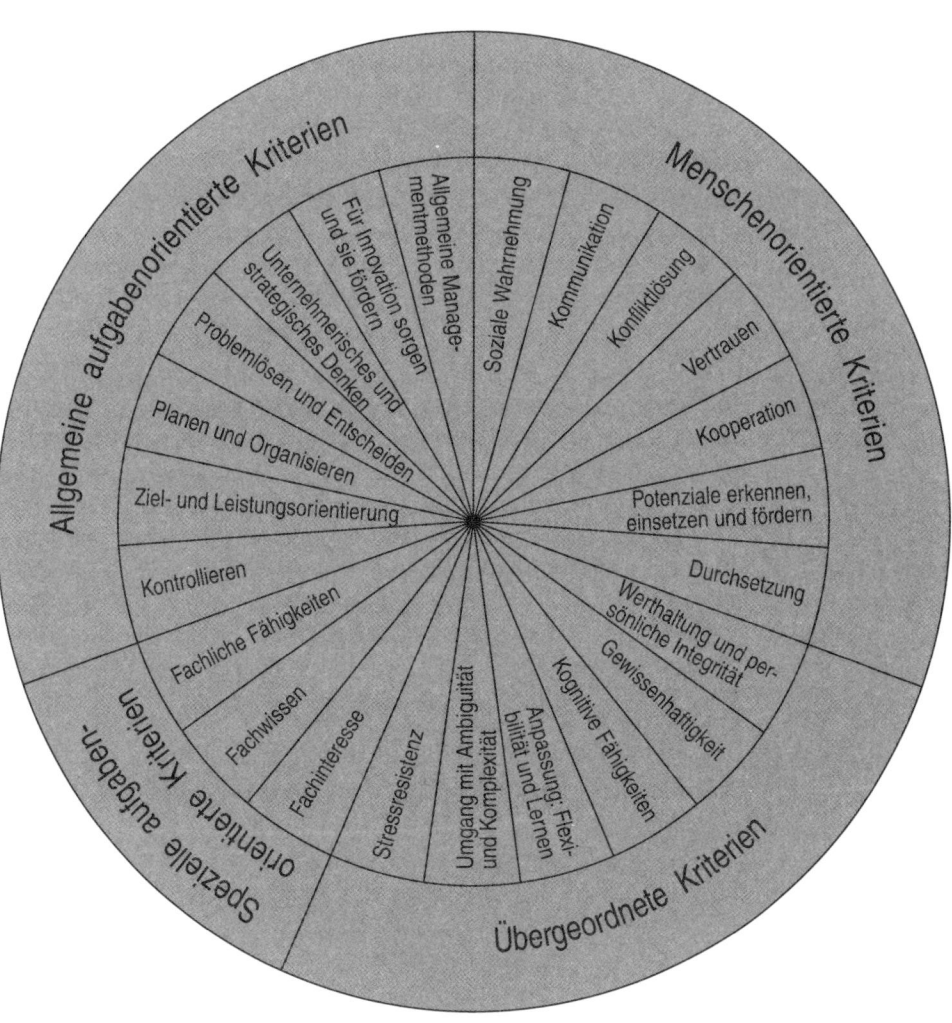

Abb. 15: Kriterien im Manager Competence Audit

5 Methoden im Management Audit

5.1 Einleitung

In einem Management Audit soll das Management eines Unternehmens auf den drei Ebenen des organisationalen Kontexts, des Teams und des einzelnen Managers anhand bestimmter Kriterien beurteilt werden. Zu dieser Beurteilung benötigt man Daten, die zum Teil schon vorliegen und im Rahmen des Management Audits analysiert und zum Teil eigens erhoben werden müssen. Nachdem ich in den vorhergehenden Kapiteln die Kriterien herausgearbeitet habe, nach denen das Management auf den drei verschiedenen Ebenen des Audits zu beurteilen ist, geht es in diesem Kapitel darum, wie, das heißt mit welchen Methoden und Verfahren die dazu notwendigen Daten erhoben und analysiert werden.

Hören und Sehen, Befragen und Beobachten

Wir Menschen können Daten über unsere Umwelt mit Hilfe unserer fünf Sinne aufnehmen: Sehen, Hören, Tasten, Schmecken und Riechen. Zur Beurteilung des Managements im Hinblick auf die aufgestellten Kriterien eignen sich das Tasten, Schmecken und Riechen als Datenerhebungsverfahren offensichtlich kaum. Auch typische Aussagen wie „Diese organisationale Struktur schmeckt mir gar nicht", oder „Ich kann meinen Vorgesetzten nicht riechen" bezeichnen wohl meist Bewertungen von Informationen, die durch Sehen oder Hören und nicht durch die genannten Sinne aufgenommen wurden. Das heißt, wir können die für ein Management Audit nötigen Daten vornehmlich durch Sehen oder Hören aufnehmen. Die Sozialwissenschaften im Allgemeinen und die Organisationspsychologie im Besonderen stellen uns dazu Beobachtungsverfahren und Befragungsmethoden zur Verfügung, die eine planmäßige und systematische Datenerhebung durch Sehen und Hören und damit die Qualität der Daten gewährleisten sollen.

Natürlich ist dabei nicht das Sehen mit den Beobachtungsverfahren und das Hören mit den Befragungsmethoden gleichzusetzen, da sowohl bei Beobachtungen wichtige Information durch Hören aufgenommen wird als auch bei mündlichen Befragungsmethoden durch Sehen. Der wesentliche Unterschied zwischen Beobachtung und Befragung als Datenerhebungsverfahren besteht darin, dass bei der Beobachtung Daten zum Verhalten anderer direkt und unverschlüsselt aufgenommen werden, während bei der Befragung der Schwerpunkt auf der sprachlich-symbolisch vermittelten Information liegt. Die in mündlichen Befragungen durch Sehen zusätzlich aufgenommene Information dient meist zur Interpretation der sprachlich vermittelten Daten und oder kann als unabhängige Beobachtungsdaten zu Kriterien wie sprachlichem Ausdruck, Stressresistenz, etc. angesehen werden. Ein weiterer grundsätzlicher Unterschied zwischen Beobachtung und Befragung besteht darin, dass man nur das Handeln anderer Personen im Hier und Jetzt direkt beobachten kann, während der Befragung Daten sowohl zum Verhalten als auch zum Erleben, also zu inneren kognitiven und emotionalen Prozessen, zugänglich sind und darüber hinaus auch vergangenes und hypothetisches zukünftiges Handeln und Erleben erfragt werden kann.

Diese deutlich größere Flexibilität in den erfragbaren Inhalten macht die Befragungsverfahren sowohl in den Sozialwissenschaften und der Organisationspsychologie allgemein als auch konkret im Management Audit zum mit Abstand beliebtesten Datenerhebungsverfahren. Dazu kommt, dass Beobachtungen deutlich zeit- und kostenaufwendiger und oft mit schwerwiegenden praktischen Durchführungsproblemen verbunden sind, die auch und besonders die Akzeptanz der beteiligten Führungskräfte betreffen. Der geringere Aufwand von Befragungen ist darauf zurückzuführen, dass bestimmte Wahrnehmungs-, Selektions-, Interpretations-, Erinnerungs- und sprachliche Ausdrucksprozesse, die von einem Beobachter geleistet werden müssten, den Befragten übertragen werden.

Trotz ihres größeren Aufwandes sind in einem Management Audit Beobachtungen demnach Befragungen dann vorzuziehen, wenn es um die Erhebung aktuellen Verhaltens geht und man annehmen muss, dass die Befragten die genannten Wahrnehmungs-, Interpretations-, und Erinnerungsprozesse nicht „verzerrungsfrei" ausführen können oder wollen.

Durchführungskosten und Datenqualität als Kriterien

In dem Überblick über die verschiedenen Datenerhebungs- und -analyseverfahren werden diese jeweils daraufhin untersucht, für welche der aufgestellten Beurteilungskriterien des Managements sie geeignet sind, die nötigen Daten zu liefern.

Ich werde im Wesentlichen eine Kosten-Nutzen-Analyse der verschiedenen Methoden durchführen, bei der auf der Kostenseite vor allem die ökonomischen Kosten und die sozialen Konsequenzen der Methodenanwendung zu berücksichtigen sind. Letztere hängen vor allem damit zusammen, wie die Verfahrensdurchführung von den betroffenen Führungskräften und den übrigen Mitarbeitern interpretiert werden und welche Folgen diese Interpretationen insbesondere für das Organisationsklima und die Motivation der Mitarbeiter haben. In dieser Hinsicht ist die Akzeptanz der Verfahren unter den Betroffenen ein wesentliches Kriterium, um negative soziale Konsequenzen zu minimieren.

Auf der Nutzenseite geht es um die Qualität der Daten für die Beurteilung anhand der aufgestellten Kriterien. Diese Datenqualität wird in den Sozialwissenschaften üblicherweise durch die drei hierarchisch zusammenhängenden Aspekte Zuverlässigkeit, Genauigkeit und Objektivität beschrieben:

1. Die *Zuverlässigkeit* oder *Validität* von Daten bezeichnet das Ausmaß, in dem die Daten tatsächlich das interessierende Kriterium abbilden. Sie betrifft die Frage, ob gemessen wurde, was gemessen werden sollte.

2. Die *Genauigkeit* oder *Reliabilität* ist notwendige aber nicht hinreichende Voraussetzung der Zuverlässigkeit und bezeichnet das Ausmaß, in dem die Daten frei sind von Zufallsfehlern. Sie betrifft die Frage, wie genau gemessen wurde, was gemessen wurde.

3. Die *Objektivität*, ihrerseits Teilaspekt der Genauigkeit, bezeichnet das Ausmaß, in dem die Daten frei sind von Einflüssen der Person, die sie erhoben hat. Sie betrifft die Frage, ob eine andere Person zu den gleichen Daten gekommen wäre.

5.2 Analyse vorliegender Daten

Praktisch immer stehen zu den relevanten Beurteilungskriterien bereits vor einem Management Audit Daten zur Verfügung, die im Rahmen des Management Audits analysiert werden können. Dies hat neben Zeit- und Kostenersparnis auch bezüglich der Datenqualität den möglichen Vorteil, dass die Daten nicht durch sogenannte Reaktivitätseffekte der Untersuchungsdurchführung beeinflusst sind. Damit ist gemeint, dass in bereits vorliegenden Daten Antworten oder beobachtetes Verhalten nicht auf Grund des Wissens um die Durchführung eines Management Audits verzerrt worden sein können. Dem gegenüber steht der Nachteil, dass über Erhebungsmethoden und Erhebungskontext vorliegender Daten oft kein exaktes Wissen zur Verfügung steht, was deren Bewertung und Interpretation erschwert.

In den Sozialwissenschaften werden üblicherweise zwei Arten vorliegender Daten unterschieden: Dokumente und physikalische Verhaltensspuren. Die wichtigsten in einem Management Audit zu analysierenden Daten liegen in Form von schriftlichen oder elektronisch gespeicherten *Dokumenten* vor. *Physikalische Verhaltensspuren* haben dagegen für ein Management Audit praktisch keine Bedeutung. Es ist höchstens denkbar, dass etwa an architektonischen Gestaltungsmerkmalen wie Raumaufteilungen und Einrichtungsgegenständen Merkmale der Organisationskultur abzulesen sind, oder dass die Hardware von Kommunikations- und Informationssystemen Auskunft über entsprechende Strukturen im Unternehmen liefert. Da jedoch auch das Zu Stande kommen solcher physikalischer Spuren nicht unmittelbar nachvollziehbar ist, sollten sie möglichst nur im Zusammenhang mit anderen, eigens erhobenen Daten und mit der gebotenen Vorsicht interpretiert werden.

Kriterien		Ebene des Audits		
		Kontext	*Team*	*Manager*
Ergebnis	*soll*	Strategiepapiere, Geschäftspläne, Werbung	Geschäftsbereichspläne, Zielvereinbarungen	Geschäftspläne für den Verantwortungsbereich, Zielvereinbarungen
	ist	Jahresberichte, Statistiken, Gutachten	Jahresberichte, Statistiken, Gutachten	Jahresberichte, Statistiken, Gutachten
Handeln /Prozess	*soll*	Unternehmensleitlinien & Führungsgrundsätze, Change-Programme	Stellenbeschreibung, Weiterbildungsprogramme	Führungsgrundsätze, Stellenbeschreibung, Entwicklungspläne
	ist	Aggregierte Daten aus Feedbackverfahren, Gutachten, Evaluationsdaten	Aggregierte Daten aus Feedbackverfahren, Leistungsbeurteilung, Gutachten, Evaluationsdaten	Leistungsbeurteilung, personenbezogene Daten, Evaluationsdaten
Struktur	*soll*	Organigramme, Unternehmensleitlinien; Dokumentationen von Entscheidungsstrukturen	Organigramme, Dokumentation von Spielregeln der Teamarbeit sowie von Entscheidungsstrukturen	Stellenbeschreibung, Anforderungsprofile
	ist	Dokumentationen von Organisations-/ Kulturanalysen; Survey Feedback	Dokumentierte Ergebnisse von Teamworkshops oder Teamfragebögen	Lebensläufe, diagnostische Gutachten

Abb. 16: Im Management Audit analysierbare Dokumente nach Audit-Ebene und Kriterienkategorie

In Management Audits können verschiedenste im Unternehmen erstellte und vorliegende Dokumente analysiert werden, die zu verschiedensten Zwecken (z.B. Information, Selbstdarstellung, Bewertung) erstellt wurden und unterschiedlich zugänglich sind (intern vs. öffentlich).

Die Analyse von Dokumenten kann auf allen Ebenen des Audits (Kontext, Team und Manager) und zu verschiedenen Beurteilungskriterien (Ergebnisse, Handlungen/Prozesse und Strukturen) nützliche Informationen erbringen. Abbildung 16 ordnet verschiedene analysierbare Dokumente diesen Kategorien jeweils zu. Dabei unterscheide ich auf der Kriterienseite zwischen Informationen über Soll-Werte eines Kriteriums und solchen über Ist-Werte. Dokumente mit Informationen über Soll-Werte, wie etwa Zielvereinbarungen oder Stellenbeschreibungen, geben an, welches Niveau oder Soll das Unternehmen bzw. der Bereich, das Team oder der einzelne Manager bezüglich bestimmter Kriterien erfüllen soll. Dem gegenüber liefern Dokumente mit Informationen über Ist-Werte wie z. B. Verkaufsstatistiken oder Lebensläufe Daten zu den zu einem bestimmten Zeitpunkt tatsächlich erreichten Werten bezüglich der entsprechenden Kriterien.

Die wichtigsten vorliegenden Daten betreffen zweifellos die *Ergebniskriterien*, und zwar auf allen drei Analyseniveaus. Sowohl für das Unternehmen oder den Bereich insgesamt als auch für bestimmte, in den Verantwortungsbereich eines Management Teams und eines einzelnen Managers fallende Abteilungen liegen meist Ergebnisdaten verschiedener Art in Dokumenten wie Jahresberichten, Gutachten oder Statistiken vor. Solche Daten können in Produktions- oder Verkaufszahlen, Qualitätskennwerten oder Zufriedenheitsstatisken bestehen. Informationen über Sollwerte bezüglich der Ergebniskriterien lassen sich Strategiepapieren, Prognosen oder Plänen sowie schriftlichen Zielvereinbarungen für Teams oder einzelne Manager entnehmen.

Bezüglich der *Handlungs- und Prozesskriterien* können vorliegende interne Gutachten , Daten aus Projektevaluationen sowie Leistungsbeurteilungsdaten herangezogen werden. Daten aus Feedbackverfahren, wie etwa dem bottom-up oder dem 360°-Feedback, sollten meines Erachtens nicht auf individueller Ebene, also zur Einschätzung einzelner Manager, in ein Management Audit einbezogen werden, da sie als subjektive Einschätzungen das Objektivitätsgebot der Datenqualität nicht erfüllen. Eine solche Verwendung von Feedbackdaten kann darüber hinaus ihren unbestreitbar hohen Nutzen für einen gegenseitigen Klärungsprozesses im Hinblick auf die Verbesserung der Zusammenarbeit stark gefährden. Auf aggregiertem Datenniveau, zum Beispiel zur Beschreibung von Stärken und Schwächen in Management Teams oder dem Management der Organisation insgesamt, können Feedbackdaten interessante Hinweise liefern. Vorliegende Daten zu Fehlzeiten, Beförderungen, Versetzungen und Disziplinarmaßnahmen können einbezogen werden, die Sensibilität ihrer Nutzung sollte dabei aber in Rechnung gestellt und hinterfragt werden, ob der Nutzen die Kosten, zum Beispiel im Hinblick auf die Akzeptanz bei den Betroffenen, rechtfertigt. Sollwerte können auf Einzel- und Teamebene den Stellenbeschreibungen und speziellen Richtlinien, sowie Weiterbildungsprogrammen oder Entwicklungsplänen entnommen werden, bezüglich des organisationalen Kontexts sind ggf. Unternehmensleitlinien und Führungsgrundsätze heranzuziehen.

Was *strukturelle Beurteilungskriterien* angeht, stehen auf Organisations- und Teamebene im Wesentlichen Unternehmensleitlinien und Organigramme zur Verfügung, die sowohl als Information zu Soll- als auch zu Istwerten interpretiert werden können, je nachdem ob man sie präskriptiv oder deskriptiv versteht. Außerdem stehen ggf. für Ist-Daten die Dokumentationen von Analysen auf Organisations- oder Teamebene zur Verfügung. Auf der Ebene des einzelnen Managers liegen auf der Sollseite Anforderungsprofile im Kontext von Stellenbeschreibungen und Karriereplänen vor, auf der Ist-Seite Lebensläufe mit demografischen sowie Aus- und Weiterbildungsdaten, sowie möglicherweise Gutachten und Ergebnisse diagnostischer Verfahren zu Personalauswahl oder Personalentwicklung.

Durchführungskosten und Datenqualität

Da die wichtigsten in Dokumenten vorliegenden Daten, insbesondere die zu den Ergebniskriterien, zum größten Teil bereits in Zahlenform vorliegen, ist die Analyse und Interpretation meist kein Problem, die Durchführungskosten sind also in der Regel gering. Auch die soziale Akzeptanz der Analyse vorliegender Daten ist üblicherweise hoch. Was die Qualität der Daten angeht, so hängt diese direkt von den Methoden ihrer Erhebung ab, über die teils wenig Information vorliegt. Dennoch kann gerade bei den harten Ergebnisdaten (wie Produktions- oder Verkaufszahlen, Qualitätskennziffern, Fehlzeiten etc.) meist von einer hohen Zuverlässigkeit der Daten ausgegangen werden. Bei subjektiveren Daten wie Leistungsbeurteilungen ist dies nicht ohne weiteres der Fall.

Andere im Unternehmen vorliegende Dokumente wie Organigramme, Stellenbeschreibungen oder Unternehmensleitlinien sind nicht so einfach zu analysieren und bedürfen zum Teil aufwendigerer Interpretationsprozesse. Im Rahmen eines Management Audits kann dabei aus Kostengründen nicht auf systematische Verfahren der Dokumentenanalyse zurückgegriffen werden. Stattdessen sollen solche Dokumente bei Bedarf in Zusammenarbeit mit Experten aus dem jeweiligen Unternehmen analysiert und interpretiert werden.

Schlussfolgerungen: Analyse vorliegender Daten im Management Audit

Die Analyse bereits vorliegender Daten ist, insbesondere in Form von Dokumenten und bezüglich der Ergebniskriterien auf allen drei Beurteilungsebenen (Kontext, Team, einzelner Manager) ein wesentlicher Bestandteil des Management Audits:

▶ Jahresberichte, Gutachten oder Statistiken enthalten Ergebnisdaten wie Produktions- oder Verkaufszahlen, Qualitätskennwerte oder Zufriedenheitsmaße für alle drei Analyseebenen.

▶ Verhaltensdaten liegen hauptsächlich in den Akten für einzelne Manager vor: Leistungsbeurteilungsdaten, Fehlzeiten, Beförderungen, Versetzungen und Disziplinarmaßnahmen. Auf Team- und Kontextebene können Gutachten vorliegen. Entsprechende Sollwerte können auf Einzel- und Teamebene den Stellenbeschreibungen, speziellen Richtlinien und Weiterbildungsplänen entnommen werden.

▶ Daten bezüglich struktureller Kriterien können sich in Organigrammen, Unternehmensleitlinien, Entwicklungs- und Karriereplänen sowie Lebensläufen und diagnostischen Gutachten finden.

▶ Statt aufwändige Verfahren der Dokumentenanalyse einzusetzen, sollten interpretationsbedürftige Daten in Zusammenarbeit mit Unternehmensexperten analysiert werden.

5.3   Beobachtungsverfahren

Praktisch alle Daten, die in einem Management Audit erhoben werden, beruhen direkt oder indirekt auf Beobachtungen. Auch den Antworten in Befragungen können nur Beobachtungen zu Grunde liegen, entweder des eigenen Handelns oder Erlebens (Wahrnehmungen, Gedanken, Gefühle) oder fremden Handelns. Diese Beobachtungen sind meist völlig unsystematisch und die Wahrnehmungs-, Selektions-, Interpretations-, Erinnerungs- und sprachlichen Ausdrucksprozesse, die dabei bis zur Befragung durchlaufen werden müssen, sind für bewusste oder unbewusste Verzerrungen relativ anfällig. Wie in der Einleitung schon geschildert, sind Beobachtungsverfahren für ein Management Audit demnach immer dann angezeigt, wenn die zu beurteilenden Kriterien Befragungen schwer zugänglich oder absichtliche Verzerrungen zu befürchten sind.

Im *Management Context Audit* kann eine Beobachtung durch externe Experten gerade bei der Beurteilung von Kriterien der Unternehmenskultur, der Kommunikation und Information, des Feedbacks und der Konfliktlösung wertvolle zusätzliche Daten liefern, die mit den Angaben der Führungskräfte und Mitarbeiter aus Befragungen kontrastiert werden sollten. Die mit der Gewohnheit einhergehende Betriebsblindheit und die oft sehr subjektive Wahrnehmung und Interpretation dieser doch recht abstrakten Konzepte spiegeln sich häufig in den Interviewdaten wieder, und diese können durch objektivere externe Beobachtungen ergänzt und relativiert werden.

Ähnliches gilt für den Nutzen von Beobachtungen im *Management Team Audit*. Bestimmte Kommunikations- und Konfliktmuster sind den beteiligten Teammitgliedern selbst oft so vertraut, dass sie in Befragungen nicht die gebührende Aufmerksamkeit erhalten können. Hier ist es die Aufgabe einer Beobachtung, das Vertraute durch den Blick von Aussen einer detaillierteren Betrachtung und Analyse zuzuführen. Wird für die Mitarbeiter alltägliches Verhalten beobachtet, als handelte es sich um das Verhalten exotischer Tiere, können für selbstverständlich gehaltene Interaktionsmuster offengelegt und hinterfragt werden.

Im *Manager Competence Audit* eignen sich Beobachtungen vor allem zur Beurteilung von Fähigkeiten und Fertigkeiten sowohl aus dem aufgaben- als auch aus dem menschenorientierten Kriterienbereich. Hier bieten sogenannte situative Verfahren die Möglichkeit, das interessierende Verhalten direkt zu beobachten und zu beurteilen, ohne auf die Zuverlässigkeit von Aussagen im Interview vertrauen zu müssen. Dabei können dann Rückschlüsse auf benötigte Fähigkeiten und gegebenenfalls auf zu Grunde liegende Eigenschaften gezogen werden.

Im Folgenden werde ich einige relevante Unterscheidungsmerkmale und methodologische Erkenntnisse zu Beobachtungsverfahren in ihrer Anwendung auf ein Management Audit besprechen.

5.3.1 Beobachtung in natürlichen versus künstlichen Situationen

Die in der Literatur zu Beobachtungsverfahren grundlegende Unterscheidung zwischen Beobachtung in natürlichen vs. Beobachtung in künstlichen Situationen betrifft nicht die Beobachtung selbst, sondern das Setting, in dem sie durchgeführt werden soll. Beobachtungen in natürlichen Situationen haben den Vorteil, dass auch das beobachtete Verhalten dem natürlichen, also unbeobachteten eher entspricht als bei Beobachtungen in künstlich hergestellten Situationen. Das beobachtete Verhalten in natürlichen Situationen wird um so authentischer sein, je weniger den beobachteten Personen bewusst ist, dass sie beobachtet werden. Für ein Management Audit kommt eine unwissentliche Beobachtung aus ethischen und rechtlichen Gründen jedoch nicht in Frage. In jedem Fall stellen Beobachtungen in natürlichen Situationen einen Eingriff in den natürlichen Ablauf des Geschehens dar und bedürfen insbesondere in Unternehmen sowohl der rechtlichen Absicherung als auch des Einverständnisses und der Zusammenarbeit aller Beteiligten. Beobachtungen in künstlich hergestellten Situationen haben den Vorteil, dass sich bestimmte Situationen herstellen lassen, um besonders interessierendes Verhalten provozieren und beobachten zu können. Da sowohl das Setting als auch das zu erwartende Verhalten geplant werden und bekannt sind, sind die Anforderungen an die Beobachter in künstlichen Situationen in der Regel geringer. Sie können spezifischer auf ihre Aufgabe vorbereitet werden und auf die Situation zugeschnittenes Material benutzen (siehe Kapitel 5.3.4).

In einem Management Audit hängt die Frage nach dem optimalen Beobachtungssetting wesentlich vom Analyseniveau ab. In einem *Management Context Audit* z. B. geht es besonders um die Beurteilung des Kontextes, des Settings. Das Setting künstlich herzustellen wäre hier also unsinnig. Eine Beobachtung des natürlichen Organisationskontextes kann dagegen, wie oben bereits angedeutet, wertvolle Informationen zu einigen der relevanten Kriterien liefern. Entscheidend ist hier natürlich das Einverständnis der Beteiligten und ein durchdachter Beobachtungsplan, der einerseits die Beobachtung relevanten Verhaltens sicherstellt und andererseits den Beobachtungsaufwand und die Störung der unternehmensinternen Abläufe minimiert.

Im *Management Team Audit* sind sowohl Beobachtungen in natürlichen wie auch in künstlichen Situationen denkbar. Es kann höchst aufschlussreich sein, einen externen Beobachter etwa an einer echten Teamsitzung teilnehmen und diese beobachten zu lassen. Aber auch die Beobachtung des (echten) Teams in einer künstlichen Situation, z.B. ebenfalls einer Teamsitzung bietet interessante Möglichkeiten, da durch eine bestimmte Aufgabenstellung oder Rollenverteilung besonders interessierende Situationen hergestellt werden können, wie etwa eine typische Konfliktsituation. Wenn in einem Management Team Audit eine Beobachtung in einer künstlichen Situation durchgeführt wird, so sollte diese möglichst eine aus der Sicht der Auftraggeber und / oder der Beteiligten besonders erfolgskritische oder problematische Situation sein. Typische künstlich hergestellte Situationen zur Beobachtung von Teams, wie etwa Fallstudien, Gruppendiskussionen und Planspiele werden unter den situativen Verfahren beschrieben.

Allgemein ist zu bedenken, dass die Kosten der Durchführung und Akzeptanz für Beobachtungen von Management Teams relativ hoch sind. Die Durchführung ist insbesondere dann kostspielig, wenn sie in künstlichen Situationen stattfinden und alle Teammitglieder zum selben Zeitpunkt von ihrer Arbeit freigestellt werden müssen. Jedenfalls sind Gruppenbeobachtungen auf Beobachterseite aufwendig, zumindest wenn alle Teammitglieder auch einzeln beobachtet und beurteilt werden sollen. Die Akzeptanz von Gruppenbeobachtungsverfahren ist bei vielen Führungskräften eher niedrig, da sie die Gefahr sehen, sich vor ihren Mitarbeitern und Kollegen bloß zu stellen oder zu blamieren. Wenn ich eine Teambeobachtung trotz dieser hohen Kosten dennoch für ein Management Team Audit als Datenerhebungsverfahren nicht ausschließe, so liegt das an der Relevanz der zu erhaltenden Information, die jedoch im Einzelfall zu bewerten ist.

Im *Manager Competence Audit* sind Beobachtungen in natürlichen Situationen zwar denkbar, die Vorteile rechtfertigen aber hier den Aufwand kaum. Es kann zwar interessante Ergebnisse erbringen, einen Manager einen oder gar mehrere Tage lang in allen seinen Tätigkeiten zu begleiten und zu beobachten, der zeitliche Aufwand und die praktischen Konsequenzen für die Führungskraft und ihre Aufgabenerfüllung sind jedoch enorm. Insbesondere die psychische Belastung, die eine solche „Verfolgung" bedeuten kann, ist kaum zu rechtfertigen. Außerdem sind sehr hohe Reaktivitätseffekte zu erwarten. Wenn es sich um eine nur zu Personalentwicklungszwecken (z.B. Coaching) durchgeführte Maßnahme handelt, ist die Belastung gegebenenfalls zwar geringer, aber auch dann wird es viel verlorene Zeit geben, in der der Manager kaum relevantes beobachtbares Verhalten zeigen wird sondern etwa an Unterlagen arbeitet oder Wege zurücklegt, etc. Hier bieten künstlich hergestellte Beobachtungssituationen den klaren Vorteil, entweder als erfolgskritisch erkannte Situationen zu simulieren oder solche Gegebenheiten herstellen zu können, die ein kriterienrelevantes Verhalten provozieren.

5.3.2   Teilnehmende versus nicht-teilnehmende Beobachtung

Eine zweite grundlegende Unterscheidung innerhalb der Beobachtungsmethoden ist die zwischen teilnehmenden Beobachtungen, in denen die Beobachter direkt am beobachteten Geschehen teilnehmen und mit den beobachteten Personen interagieren, und nicht-teilnehmenden Beobachtungen, in denen sich die Beobachter auf ihre Beobachtungsaufgabe beschränken. Der Extremfall teilnehmender Beobachtung bestünde in einer längeren Tätigkeit als Mitarbeiter in einem Unternehmen bei gleichzeitiger Beobachtung der interessierenden Kriterien. Obschon gerade auf der Ebene des Managementkontextes die unternehmensspezifischen Bedeutungskonstruktionen (Normen, Werte, Kultur, Sprachspiele, Rituale, etc.), vielleicht nur so gegenstandsangemessen zu beobachten sind, ist ein solches Vorgehen für ein Management Audit in der Regel zu zeit- und kostenaufwendig. Daher betrifft die Frage nach der Teilnahme der Beobachter am zu beobachtenden Geschehen für unsere Zwecke nur die Beobachtung in zeitlich befristeten natürlichen Situationen und in künstlich hergestellten Situationen auf Team und Einzelebene, in denen Mitglieder des Audit Teams etwa als Rollenspielpartner fungieren und gleichzeitig Beobachtungsaufgaben übernehmen können.

Vor- und Nachteile der teilnehmenden Beobachtung ergeben sich aus eben dieser Doppelrolle. Einerseits kann die direkte Interaktion mit dem Team oder dem einzelnen Manager Information „aus erster Hand" zugänglich machen, die ohne eine solche direkte Interaktion nicht verfügbar wären. Andererseits führt die Doppelrolle als Interaktionspartner und Beobachter zu einer Aufteilung der Informationsverarbeitungskapazitäten, die zu Lasten der Beobachtungs- und / oder Interaktionsleistung gehen kann. Darüber hinaus können Beobachtungsmaterialien nicht benutzt und die Beobachtungsdaten nicht synchron aufgezeichnet werden. Daher ist es in der Regel empfehlenswert, die Eindrücke der Rollenspiel- oder Interaktionspartner in situativen Übungen als wichtige zusätzliche Information zu nutzen, sie aber nicht an der systematischen Beobachtung der interessierenden Kriterien zu beteiligen.

5.3.3   Beobachtungssysteme: Beobachtungseinheit, -kategorien und -bogen

Die Qualität von Beobachtungsdaten hängt auch im Management Audit ganz entscheidend vom verwendeten Beobachtungssystem oder -schema ab. Im Beobachtungssystem wird festgelegt, was genau wie und wann beobachtet und wie die Beobachtungsdaten protokolliert werden sollen. In natürlichen wie in künstlichen Beobachtungssituationen ist das Verhalten selbst kontinuierlich. In der Beobachtung kann dieser kontinuierliche Fluss in unterschiedlichem Ausmaß strukturiert werden. Er kann ohne weitere Vorgaben beobachtet und frei dokumentiert werden, z. B. in Stichworten oder in Beschreibungen, die nach persönlichem Gutdünken strukturiert werden. Er kann aber auch durch ein Beobachtungssystem in interessierende *Beobachtungseinheiten* unterteilt werden, die dann kodiert und registriert werden können. Die Definition der Beobachtungseinheiten erfolgt im Management Audit durch ein *Kategoriensystem*, in dem die interessierenden Beurteilungskriterien als Beobachtungskategorien (etwa: Kommunikation und Ausdruck) definiert werden. Soweit die zu beobachtenden Kategorien abstrakt und nicht unmittelbar beobachtbar sind, sondern Rückschlüsse erfordern, sollte in deren Definition angegeben werden, welche beobachtbaren Merkmale des Handelns gezeigt werden müssen, um es der Kategorie zuzuordnen. Dazu sollten Beispiele benutzt werden, die einerseits typisch sein, andererseits gerade auch schwer einzuordnende Grenzfälle berücksichtigen sollten. Wo immer möglich und im Hinblick auf den Gegenstandsbereich sinnvoll, sollte eine Strukturierung des Beobachtungs- und Kodierungsprozesses vorgenommen werden. Besonders viele Erfahrungen liegen dazu im Bereich der Kompetenz- und Potenzialeinschätzung von Managern vor, aber auch im Team- und Kontext-Audit ist eine Strukturierung von Beobachtungen möglich und sinnvoll. In der Beobachtung von Kontextaspekten werden sich Beobachter allerdings anderer Strukturierungsmuster bedienen als in der eher personenorientierten Beobachtung von Teams oder Managern. Typischerweise werden die Zeitintervalle länger, logisch zusammen gehörende Beobachtungen ggf. auch zeitlich unterbrochen sein. Beobachtungskriterien werden weniger verhaltensorientiert definiert werden, sondern eher den Strukturkomponenten und den Wirkungen von Kontextfaktoren folgen.

Aufgabe der Beobachter ist es dann, die in einem bestimmten Beobachtungsintervall gezeigten Verhaltensweisen oder wahrgenommenen Aspekten des Kontextes den verschiedenen Beobachtungskategorien zuzuordnen. Darüber hinaus müssen sie meist ein Urteil über die Ausprägung der jeweiligen Beurteilungskriterien für das gesamte Beobachtungsintervall abgeben. Dazu werden üblicherweise 4- bis 7-stufige *Beurteilungsskalen* benutzt, die möglichst beispielhafte Aspekte, aufweisen sollten, die den Ausprägungsrad des Kriteriums auf den verschiedenen Skalenstufen illustrieren sollen, um einheitliche Beurteilungsstandards zu erzeugen.

Was die Anzahl der zu beobachtenden und zu beurteilenden Kategorien angeht, so haben verschiedene Studien gezeigt, dass eine mittlere Anzahl von etwa sechs gleichzeitig zu beurteilenden Kategorien im Vergleich zu drei oder neun genauere und validere Urteile ergibt. Es lässt sich vermuten, dass sie einen gelungenen Kompromiss zwischen ausreichender Differenzierungsmöglichkeit und Überforderung der Informationsverarbeitungskapazität der Beobachter darstellen.

Für Management Team Audit und Manager Competence Audit muss auch die Zuordnung der Beobachter zu den beobachteten Personen für jedes Beobachtungsintervall eindeutig geklärt werden. Dabei sollte einerseits die Zahl der gleichzeitig zu beobachtenden Personen drei nicht übersteigen, um die Beobachter nicht zu überfordern, andererseits sollte ein Rotationssystem dafür sorgen, dass nicht immer dieselben Beobachter dieselben Personen beobachten, um Urteilstendenzen und Effekte persönlicher Sympathie auf Seiten der Beobachter auszugleichen.

Zur Protokollierung der Beobachtungsdaten werden *Beobachtungsbögen* benutzt, auf denen alle wichtigen Merkmale des Beobachtungssystems übersichtlich angeordnet sein sollten. Insbesondere die Kategoriendefinitionen mit den Beispielen und die jeweiligen Beurteilungsskalen mit den Ankern müssen auf den ersten Blick lesbar sein.

Bestehende Beobachtungssyteme für Führungsverhalten

Es liegen verschiedene Systeme zur Beobachtung von Führungsverhalten vor, die ich jedoch in einem Management Audit aus verschiedenen Gründen für nicht ohne Weiteres anwendbar halte. Zum einen ist es generell sinnvoll, die zu beobachtenden und zu beurteilenden Kriterien entsprechend der spezifischen Kontextbedingungen und Anforderungen des Unternehmens mit dem Auftraggeber zu erarbeiten und / oder auszuwählen. Zum anderen sollten die Beobachtungssysteme auf die jeweilige Beobachtungssituation zugeschnitten sein, um die Informationsverarbeitungsprozesse der Beobachter zu optimieren und überflüssige Informationslast zu minimieren. So wurde etwa das von Luthans & Lockwood (1984) vorgestellte Beobachtungssystem für natürliche Settings entwickelt und eignet sich daher nicht besonders für Beobachtungen in künstlichen Situationen im Rahmen eines Management Audits. Die Interaktionsprozessanalyse (IPA) von Bales (1950), ein Beobachtungsverfahren für Interaktionsprozesse in Gruppen und ihre Weiterentwicklung, die „Systematic Multiple Level Observation of Groups" (SYMLOG, Bales & Cohen, 1982) wurden viel in der Führungsforschung eingesetzt. Die SYMLOG unterscheidet drei Verhaltensebenen (verbales und nonverbales Verhalten, Kommunikationsinhalte und Werte) auf den drei Dimensionen Einflussnahme, emotionale Zuwendung und Kooperationsverhalten. Diese sind anhand von insgesamt 27 Kategorien zu beobachten und einzuschätzen, was zu einer Komplexität führt, die das SYMLOG-Verfahren für Simultanbeobachtungen wie im Management Audit unpraktikabel macht (siehe Frey, Bente & Frenz, 1993).

5.3.4 Qualität von Beobachtungsdaten: Fehler, Training und Übereinstimmung von Beobachtern

Neben dem Beobachtungssystem liegt die Qualität von Beobachtungsdaten natürlich in der Beobachtungsleistung der Beobachter. Beobachtungsprozesse sind wie alle Wahrnehmungsprozesse immer aktiv und selektiv und damit anfällig für Verzerrungen. Da die

Beobachtungsaufgabe im Management Audit darüber hinaus hohe Anforderungen an die Informationsverarbeitungskapazitäten der Beobachter stellt, sollten diese in einem Training vorbereitet werden. Wesentliche Ursachen mangelnder Qualität von Beobachtungsdaten sind neben möglichen Fähigkeits- oder Motivationsdefiziten vor allem in einer geringen Beherrschung des Beobachtungssystems und in bestimmten Fehlertendenzen, die in der wissenschaftlichen Literatur zur Leistungsbeurteilung (z. B. Schuler, 1991) und zur sozialen Wahrnehmung (z. B. Kruglanski, 1989) beschrieben werden. Diese Fehlertendenzen hängen oft mit impliziten Annahmen über die Verteilung und Zusammenhänge der Beurteilungskategorien zusammen.

In einem Beobachtertraining müssen demnach Ziele, Einheiten und Kategorien der Beobachtung grundlegend geklärt werden, sodass die Beobachter das Beobachtungssystem beherrschen und mit den notwendigen Materialien gut vertraut sind. Praktische Beobachtungs- und Beurteilungsübungen mit anschließendem konkretem und individuellem Feedback helfen, persönliche Fehlertendenzen zu vermindern und einheitliche Beurteilungsstandards unter den Beobachtern herzustellen.

Zur Bewertung der Qualität von Beobachtungsdaten werden üblicherweise Maße der Beobachterübereinstimmung herangezogen. Dabei ist es wichtig zu beachten, dass Fehler im Beurteilungssystem und bei verschiedenen Beobachtern gleich wirkende Verzerrungstendenzen die Übereinstimmung zwischen den Beurteilungen und damit scheinbar die Zuverlässigkeit der Daten erhöhen. Deshalb ist es besonders wichtig, solche Fehler zu vermeiden und zusätzlich die Validität der Beobachtungsdaten zu überprüfen.

5.3.5 Beobachtung in situativen Verfahren oder Simulationen

Abschließend stelle ich in diesem Abschnitt einige typische in Management Audits einsetzbare diagnostische Beobachtungsverfahren zusammenfassend dar. Allen ist gemein, dass die Beobachtungssituation zwar künstlich hergestellt wird, man sich dabei aber bemüht, leistungsrelevante Anforderungssituationen in wichtigen Aspekten möglichst realitätsnah abzubilden. In Abgrenzung zu verschiedenen Befragungsmethoden werden diese Verfahren häufig „situative Verfahren" oder „situative Übungen" genannt (vgl. Sarges, 1995), der Begriff „Simulationen" ist meiner Ansicht nach jedoch umfassender. Die Mehrzahl dieser Verfahren wurde im Rahmen von Assessmant-Center-Verfahren entwickelt und untersucht.

Die situativen oder Simulationsverfahren setzen üblicherweise auf der Ebene des *Manager Competence Audit* an, obwohl Simulationen im Rahmen von Management Team Audits trotz des beschriebenen Durchführungsaufwandes unter bestimmten Bedingungen sinnvoll sein können. Bei der Beurteilung einzelner Manager durch Simulationsverfahren werden zwei unterschiedliche Strategien oft gleichzeitig verfolgt, was in der Literatur und in der praktischen Verfahrenskonstruktion zu einiger Verwirrung geführt hat.

Einerseits wird eine inhalts- oder kriterienorientierte Strategie verfolgt, in der erfolgskritische Arbeitssituationen der betreffenden Managementposition in ihren relevanten Aspekten simuliert werden und man beobachtet, in welchem Ausmaß der zu beurteilende Manager die jeweils als günstig oder ungünstig identifizierten Bewältigungsstrategien oder Verhaltensweisen zeigt. Per Induktion wird dann von dem aktuellen beobachteten Verhalten auf zukünftiges Verhalten in vergleichbaren Situationen geschlossen. Kriterium dieser inhaltsorientierten Strategie ist es, eine möglichst repräsentative Stichprobe der erfolgsrelevanten Situationen und des entsprechenden Verhaltens zu erheben. Typische Beispiele eher inhaltsorientierter situativer Übungen sind etwa Rollenspiele in Form von Kunden- oder Mitarbeitergesprächen.

Andererseits wird in einer eigenschaftsorientierten Strategie versucht, situative Verfahren so zu gestalten, dass das beobachtbare Verhalten möglichst gute Rückschlüsse auf als leistungsrelevant angesehene Eigenschaftsmerkmale erlaubt. Das heisst, dass das beobachtete Verhalten in einem Analogieschluss zunächst als Indikator zu Grunde liegender Eigenschaften oder Persönlichkeitsmerkmale interpretiert wird, welche dann die Vorhersage des zukünftigen Leistungsverhaltens ermöglichen sollen. Kriterium situativer Verfahren nach der eigenschaftsorientierten Strategie ist, wie viel für die jeweilige Beurteilungsdimension als Indikator relevanten Verhaltens wie leicht beobachtbar gemacht wird. Typische Beispiele eher eigenschaftsorientierter Simulationsverfahren sind etwa ungeführte Gruppendiskussionen, insbesondere zu nicht berufsspezifischen Themen, oder auch Postkorbübungen, in denen Zeitdruck und Zusammenhang der Poststücke nicht repräsentativ oder realistisch sind, sondern bestimmte Eigenschaften wie Stressresistenz und Denken in Zusammenhängen beobachtbar machen sollen.

Neben der zu Grunde liegenden Diagnosestrategie kann man Simulationen danach unterscheiden, ob die simulierten Situationsmerkmale symbolisch, also sprachlich oder bildlich dargestellt werden und die zu beurteilende Führungskraft dann in Reaktion auf diese Vorgaben handelt, oder ob die Situation tatsächlich und anschaulich in den zentralen Merkmalen nachgebildet und der Manager gleichsam in der Situation handeln muss. Rein symbolische Simulationen sind eher selten und verlieren deutlich den Charakter von Simulationen, während Mischformen, in denen zunächst einige Situationsmerkmale sprachlich oder durch Multimediaverfahren dargestellt werden, um dann mit Rollenspielpartnern in die Situation einzusteigen, eher der Regelfall sind.

Ein drittes wichtiges Unterscheidungsmerkmal von Simulationen ist deren Komplexität, die man wiederum sinnvollerweise in die Aufgabenkomplexität und die soziale Komplexität und Dynamik unterteilen kann. Die in einer Simulation vom Manager zu lösende Aufgabe kann in ihrer inhaltlichen Komplexität von einer persönlichen Vorstellung oder einem Kurzvortrag zu einem bekannten Thema bis zu Postkorbübungen und hochkomplexen Planspielszenarien, Fallstudien oder Verhandlungssituationen stark variieren. Auch die soziale Komplexität und unvorhersehbare Dynamik von Simulationen reicht von Postkorbübungen, die die Führungskräfte allein durchführen und Vorträgen über Rollenspiele mit einem Gegenüber bis zu Unternehmensplanspielen mit mehreren Teilnehmern, die Stunden und bis zu Tage dauern und unvorhersehbare Entwicklungen nehmen können. Diese Zusammenhänge werden in Abbildung 17 übersichtsartig dargestellt.

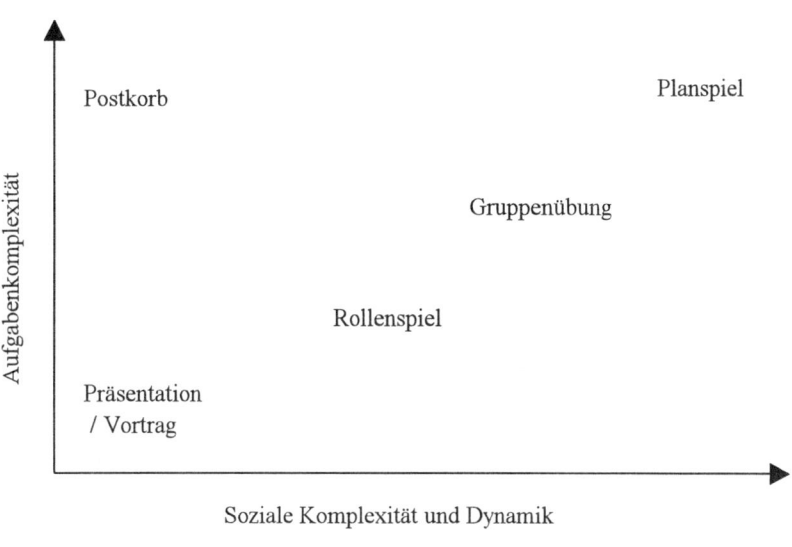

Abb. 17: Aufgaben- und soziale Komplexität / Dynamik von Simulationen

Aus methodischer Sicht haben weniger komplexe und weniger dynamische Simulationen einerseits den Vorteil, die Beobachtungsprozesse zu erleichtern und sind andererseits standardisierter, das heisst für alle teilnehmenden Führungskräfte und bei jeder Durchführung eher ähnlich. Komplexe und dynamische Simulationen führen demnach zwar möglicherweise zu weniger zuverlässigen Beobachtungsdaten, entsprechen aber andererseits eher typischen und erfolgskritischen Anforderungssituationen von Managern und können so wichtige Daten zum Umgang mit diesen liefern.

Abschließend sei auf einen Befund aus der Assessment Center-Forschung hingewiesen, der für die Durchführung von Simulationsübungen im Rahmen eines Management Audits von Bedeutung ist. In verschiedenen Studien hat sich erwiesen, was wie so oft auch der gern zitierte „gesunde Menschenverstand" voraussagen würde, nämlich, dass Menschen, die in situativen Übungen beobachtet und beurteilt werden, Hypothesen darüber bilden, was Zweck der Übung ist und nach welchen Kriterien sie beurteilt werden. Die Teilnehmer verhalten sich entsprechend dieser Hypothesen und bemühen sich um eine möglichst gute Selbstdarstellung entsprechend der vermuteten Kriterien. Dabei hat sich gezeigt, dass die Hypothesen zwischen verschiedenen Personen und in verschiedenen Übungen unterschiedlich sind, und dass, wie man erwarten könnte, Teilnehmer mit zutreffenden Annahmen über Zweck der Übung, Beurteilungskriterien und „erfolgreiches" Verhalten im Durchschnitt bessere Beurteilungen erhalten. Um solche Unterschiede, die zu Lasten der Validität der Beobachtungsdaten gehen, zu vermeiden und gleichzeitig das Simulationsverfahren für die Manager transparenter und damit akzeptabler zu machen, sollten vor jeder situativen Übung deren Zweck und die beurteilten Kriterien offengelegt werden.

Postkorbübung

Die Postkorbübung ist eines der klassischen situativen Verfahren, die in Assessment Centern zur Beurteilung von Managern eingesetzt werden. Die namensgebende Grundidee besteht darin, der Führungskraft nach einer kurzen Instruktion über die simulierte Stelle und den Aufgabenbereich einen für diese typischen Posteingang vorzulegen, der dann in einer vorgegebenen Zeit von meist ein bis eineinhalb Stunden zu bearbeiten ist. Danach wird der Manager üblicherweise über sein Vorgehen, seine Entscheidungen und die dahinter liegenden Überlegungen und Beweggründe befragt.

Die Postkorbübung bietet insofern eine große Flexibilität, als verschiedene Variablen der vorgelegten Dokumente je nach Diagnoseinteresse gestaltet werden können: etwa die Anzahl und Länge der Dokumente, der Inhalt der Dokumente, die Art und Stärke der inhaltlichen und terminlichen Zusammenhänge zwischen den Dokumenten und die Dilemmata / Prioritätenfragen, die bei den zu treffenden Entscheidungen provoziert werden sowie der Zeitdruck bei der Bearbeitung. Entsprechend den oben beschriebenen Diagnosestrategien können diese Variablen so gestaltet werden, dass ein unternehmens- und positionstypischer Postkorb entsteht, oder so, dass Verhalten zu bestimmten interessierenden Beurteilungskriterien beobachtbar oder im späteren Interview erfragbar wird. Meist wird eine Kombination beider Strategien am interessantesten sein.

Neben der vorgelegten Dokumente lässt sich auch die Art der möglichen oder gewünschten Reaktionen variieren. Im Wesentlichen kann man hier unterscheiden, ob der Manager zu jedem Posteingang nur entscheiden muss, ob und wie er darauf reagieren will, oder ob er diese Reaktion auch tatsächlich durchführen soll, indem er Antwortschreiben oder Notizen anfertigt oder telefonische oder persönliche Gespräche zur Klärung, Delegation oder Terminabsprache führt. In letzterem Fall sind die Beobachtungsmöglichkeiten bezüglich verschiedener der vorgeschlagenen Kriterien deutlich reichhaltiger, es ist allerdings auch mehr Durchführungsaufwand erforderlich.

Von den in Kapitel 4 heraus gearbeiteten Beurteilungskriterien für ein Manager Competence Audit lassen sich in Postkorbübungen folgende beobachten oder nach dem anschließenden Interview beurteilten:

- ▶ Stressresistenz
- ▶ Umgang mit Ambiguität und Komplexität
- ▶ Kognitive Fähigkeiten (analytisches Denken, Denken in Zusammenhängen, Kreativität)
- ▶ Flexibilität
- ▶ Gewissenhaftigkeit
- ▶ Werthaltungen
- ▶ Problemlösen und Entscheiden
- ▶ Planen und Organisieren
- ▶ Kommunikation und Ausdruck (schriftlich und mündlich)

Die Möglichkeit, durch den Inhalt der Dokumente bestimmte Dilemmata zu erzeugen und anschließend deren Lösung zu beobachten und im Interview die Beweggründe zu erfragen, bietet die Möglichkeit, anhand konkreter Entscheidungen etwas über die Werthaltungen einer Führungskraft zu erfahren. Daher sollte auf das anschließende Interview auch bei den mittlerweile vorliegenden computergestützten Postkorbübungen nicht verzichtet werden. Die computergestützten Verfahren bieten die Möglichkeit einer exakten und objektiven Messung der Bearbeitungszeit für jedes Dokument und der gesamten quantitativen Bearbeitungsleistung, sowie erste Hinweise auf bestimmte Bearbeitungsstrategien.

Vortrag und Präsentation

Wie in Kapitel 4 dargelegt wurde, gehört es zu den häufigeren Aufgaben von Managern, sich selbst, das Unternehmen, ein Produkt, ein Projekt, eine Strategie, einen Plan, eine Idee oder ein Ergebnis zu präsentieren. Es ist demnach nicht verwunderlich, dass auch Präsentationen und Kurzvorträge zum Standardinventar der Managementdiagnostik gehören. Präsentationen zur Beurteilung von Führungskräften können inhaltlich und formal sehr stark variieren, von spontanen Selbstvorstellungen bis hin zur Präsentation fachspezifischer Konzepte, Projekte oder Strategien mit längerer Vorbereitungszeit.

Formale Unterschiede spielen eine eher untergeordnete Rolle und betreffen die (minimale und maximale) Länge der Präsentation, die einsetzbaren Medien und die Länge der Vorbereitungszeit, wenn es denn eine gibt.

Wichtiger ist meines Erachtens die Frage nach dem Präsentationsinhalt und insbesondere seiner Nähe zu jeweils relevanten Fachthemen. Ein fachspezifisches Thema bietet die Möglichkeit, neben den Präsentations-, Kommunikations- und Überzeugungsfähigkeiten auch Fachkenntnisse zu überprüfen. Eine solche Vermischung fachlicher und allgemeiner Qualifikationen stellt aber hohe Anforderungen an die Beobachter, da die Leistung in einem Bereich leicht das Urteil im anderen verzerren kann. So werden häufig rhetorisch oder kommunikativ schwache Präsentationen bei der inhaltlichen Beurteilung unterschätzt oder inhaltlich brillante Vorträge fälschlicherweise auch für rhetorisch hervorragend gehalten. Abhilfe können da die schon erwähnten Maßnahmen zur Steigerung der Beobachtungsqualität schaffen: Beobachtertrainings und ein Beobachtungssystem, dass die verschiedenen Kriterien klar unterscheidet und konkrete verhaltensnahe Beurteilungsrichtlinien enthält.

Werden Dokumente oder Problemsituationen vorgegeben, deren Analyse mitsamt Lösungsvorschlägen dann präsentiert werden sollen, wie dies etwa in Fallstudien üblich ist, lassen sich auch kognitive und Problemlösefähigkeiten beurteilen, wobei jedoch die gleichen Interferenzen auftreten können wie bei den Fachkompetenzen.

Je nach inhaltlichen Vorgaben lassen sich also in Präsentationen folgende Kriterien beobachten und beurteilen:

- ▶ Präsentation als allgemeine Management-Methode
- ▶ Kommunikation und Ausdruck
- ▶ Durchsetzung (Argumentations- und Überzeugungsfähigkeit)
- ▶ Stressresistenz
- ▶ Kognitive Fähigkeiten
- ▶ Problemlösen und Entscheiden
- ▶ Fachwissen

Rollenspiele

In Rollenspielen steigt das Niveau der sozialen Komplexität und Dynamik im Vergleich zu Postkorb und Präsentation, da andere Personen in der simulierten Situation auf für die Führungskraft nicht immer vorhersehbare Weise handeln und nicht nur als Zuhörerschaft agieren. Auch Rollenspiele können sich in formalen und in inhaltlichen Aspekten sehr stark unterscheiden.

Auf der Inhaltsebene können bestimmte für das Führungshandeln im betreffenden Unternehmen erfolgskritische Interaktionssituationen simuliert werden, wie z.B. ein Kunden- oder Verkaufsgespräch, eine Verhandlung, ein Mitarbeiter- oder Feedbackgespräch, ein Konfliktgespräch.

Auf formaler Ebene kann zum einen das Ausmaß der Standardisierung, also der Umfang der Rollenspielinstruktionen für den Manager variieren. Die Führungskraft kann praktisch ohne Vorbereitung oder Anweisung in die simulierte Situation geschickt werden, oder es können sehr konkrete und umfassende Vorgaben über die zu spielende Rolle, das Verhalten des Gegenübers, die zu erreichenden Ziele, etc. gemacht werden. Erstere Variante hat den Vorteil, eher spontanes, für die Führungskraft typisches Handeln zu ermöglichen, die zweite hat einerseits den methodischen Vorteil einer größeren Standardisierung, die zu besserer Beobachtbarkeit und Vergleichbarkeit führen kann und verringert andererseits die oben beschriebenen Effekte der Hypothesen über erwünschtes Verhalten. Entsprechend kann auch für den Rollenspielpartner unterschiedlich stark markiert werden, wie er zu reagieren hat. Trotz der geringeren Standardisierung bevorzuge ich auf Grund meiner Erfahrung Rollenspiele mit relativ wenigen konkreten Vorgaben für beide Partner, um möglichst viel über das vom Manager selbst bestimmte Handeln zu erfahren und um die Simulation möglichst realitätsnah, glaubwürdig und damit akzeptabel zu gestalten.

Im Verhalten der Rollenspielpartner liegt natürlich der Reiz und die Vielfalt der diagnostischen Möglichkeiten, die dieses Verfahren bietet. Es können verschiedene Schwierigkeits- oder Konflikthaftigkeitsgrade von Interaktionspartnern simuliert werden, bestimmte Dilemmata lassen sich zur Sprache bringen, verschiedene Ausmaße von Stress können herzustellen versucht werden, etc. Dabei sollte die Situation immer möglichst realitätsnah nachgestellt werden, damit sich der teilnehmende Manager möglichst leicht in sie hineinversetzen und sich mit seiner Rolle identifizieren kann, um dann auch möglichst „echt" zu handeln.

In Rollenspielen stellt sich die methodische Frage, ob die Rollenspielpartner, die im Management Audit immer Mitglieder des Projektteams und nicht andere Manager sein sollten, gleichzeitig auch beobachten und beurteilen sollen. Einerseits kann eine solche Doppelrolle mit den einhergehenden Anforderungen an die Informationsverarbeitungskapazität zu Lasten einer der beiden Funktionen gehen, andererseits haben natürlich gerade die Rollenspielpartner privilegierte Beobachtungsmöglichkeiten und somit Zugang zu Informationen, die sonst vielleicht verloren gingen. Wie bereits oben angedeutet, halte ich es für eine vernünftige Lösung, diese besondere Information systematisch in Form von qualitativen Eindrücken zu nutzen, die Rollenspielpartner jedoch nicht mit den üblichen standardisierten Beobachtungsaufgaben zu belasten.

In Rollenspielen sollen im Wesentlichen Daten zu menschenorientierten Kriterien erhoben werden, in zweiter Linie auch zu übergreifenden:

- ▶ Soziale Wahrnehmung und Einfühlung
- ▶ Kommunikation und Ausdruck
- ▶ Kooperation und Konfliktlösung
- ▶ Durchsetzung
- ▶ Stressresistenz
- ▶ Flexibilität
- ▶ Werthaltungen

Gruppendiskussionen und -übungen

Auch Gruppendiskussionen oder -übungen gehören zum Standardrepertoire vor allem im Rahmen von Assessment Centern zur Personalauswahl und -entwicklung eingesetzter managementdiagnostischer Verfahren. Prinzipiell lassen sich die wesentlichen zum Rollenspiel angestellten Überlegungen auch auf Gruppendiskussionen übertragen. Diese können variieren bezüglich der Vorgabe von Themen, Rollen (insbesondere der des Diskussionsleiters), eines zu erzielenden Ergebnisses, eines bestimmten Zeitrahmens, bestimmter Handlungsaufgaben und bezüglich der Teilnehmer in ihrer Anzahl und Funktion. Hier ist die Frage angesprochen, ob Beobachter an der Diskussion teilnehmen oder nicht.

Über diese Gestaltungsvariablen von Gruppendiskussionen muss in Abhängigkeit von der Diagnosestrategie und den zu beobachtenden Kriterien entschieden werden, und ich will sie in ihren Vor- und Nachteilen hier nicht im Einzelnen besprechen. Stattdessen soll auf die generelle Brauchbarkeit von Gruppendiskussionen und -übungen im Management Audit eingegangen werden. Obwohl Gruppendiskussionen ähnlich wie Rollenspiele gute Möglichkeiten liefern, insbesondere menschenorientierte, sozial-kommunikative Beurteilungskriterien zu erheben, bringt die Tatsache, dass an Gruppendiskussionen, wie der Name schon sagt, üblicherweise mehrere zu beurteilende Personen teilnehmen, in Management Audits gerade bei Managern der oberen Führungsebene starke Akzeptanzprobleme mit sich. Im Gegensatz zu Auswahlverfahren von Führungsnachwuchskräften haben Topmanager eine oft langjährige Zusammenarbeitsgeschichte und werden nach dem Audit in der Regel weiter zusammen arbeiten. Befürchtungen, dass persönliche Antipathien oder unternehmensinterne Macht- oder Verteilungskämpfe sich auf das Geschehen in Gruppenübungen auswirken können, sind Ernst zu nehmen und lassen dazu raten, im Zweifelsfall auf Gruppenübungen eher zu verzichten. Auch der von vielen Managern im Zusammenhang von Gruppenübungen befürchtete Gesichtsverlust schmälert ihre Akzeptanz.

Eine Ausnahme stellt meines Erachtens der Sonderfall dar, in dem es sich bei der Gruppe um eine echtes Arbeitsteam handelt, das auch im Unternehmensalltag häufig und relativ eng zusammen arbeitet. Hier kann eine sorgfältig geplante Gruppenübung, die bestimmte, als schwierig identifizierte Situationen simuliert, im Rahmen eines Management Team Audit besonders interessante Daten zu den in Kapitel 3 beschriebenen Kriterien der Teamprozesse (z. B. Feedback, Kooperation und Unterstützung, Kohäsion, innovationsfreundliches Klima, Konflikte und Lösungsstrategien) sowie der Führung im Team liefern.

Wie im Allgemeinen Teil dieses Kapitels zu Beobachtungsmethoden schon angedeutet, bedeuten Gruppenübungen im Rahmen eines Management Audits generell einen hohen organisatorischen und personellen Aufwand, da alle Gruppenmitglieder sowie eine genügende Anzahl von Beobachtern im gleichen Zeitraum verfügbar sein müssen.

Planspiele

Planspiele stellen eine Komplexität und Dynamik steigernde Sonderform von Gruppenübungen dar. In Planspielen schlüpfen die Teilnehmer in verschiedene Rollen, die in
ihrer Gesamtheit ein mehr oder weniger komplexes soziales System darstellen, das über
einen längeren Zeitraum simuliert wird. Diese Simulation wird häufig durch Computer-
programme gestützt, die nach jeder Spielrunde oder -periode aus den Handlungsergeb-
nissen der einzelnen Teilnehmer oder Teams nach einem bestimmten Modell die Aus-
gangsbasis für die nächste Runde errechnen.

Für Management Audits bieten sich am ehesten die immer weiter verbreiteten Unter-
nehmensplanspiele an, in denen die beteiligten Teams simulierte Unternehmen, die an
einem gemeinsamen Markt konkurrieren, durch die Einstellung bestimmter Variablen
(Einkauf, Produktion, Vertrieb, Marketing, etc.) im Hinblick auf bestimmte Unternehmensziele (Gewinn, Umsatz, Image) zu steuern haben. Aber auch Simulationen eines
gemeinsamen Unternehmens mit verschiedenen Abteilungen können einen für ein Management Audit potentiell interessanten Beobachtungskontext darstellen.

Im Vergleich zu anderen Gruppenübungen bieten Planspiele durch die erhöhte Zeitdauer
und Dynamik einerseits die Möglichkeit, wichtige Teamprozesse wie Kommunikation,
Problemlösen und Entscheiden, Zusammenarbeit und Konflikte im zeitlichen Verlauf zu
beobachten, ebenso wie das soziale Handeln der einzelnen Führungskräfte. Andererseits
erlaubt die Art der Aufgaben in Unternehmensplanspielen und deren zeitliche Dynamik
die Beobachtung bestimmter analytischer Fähigkeiten und Lernprozesse, die der angemessenen Herstellung eines Modells zur Systemsteuerung zu Grunde liegen, wie etwa
der Umgang mit Komplexität, das Denken in Zusammenhängen oder das unternehmerische und strategische Denken und Handeln.

Auf der Kostenseite dieses Verfahrens steht vor allem der enorm hohe zeitliche und
organisatorische Aufwand. Dieser führt neben der für alle Gruppenübungen zu beachtenden tendenziellen Ablehnung auf Seiten von Topmanagern zu der Schlussfolgerung,
Planspiele als Beobachtungsverfahren in Manager Competence Audits eher nicht einzusetzen. Für ein Management Team Audit kann ein Planspiel durchaus eine sinnvolle
Option sein, wenn im Vorfeld die genannten Teamprozesse (siehe Kapitel 3) als zentraler Fokus des Audits identifiziert wurden. Die im Planspiel simulierten Systemaspekte
sollten dabei wiederum entweder möglichst realitätsnah oder so ausgewählt werden, dass
die interessierenden Teamprozesse möglichst häufig und leicht beobachtbar werden.

5.3.6 Schlussfolgerungen zu Beobachtungsverfahren im Management Audit

Beobachtungsverfahren können auf allen drei Analyseebenen des Management Audits zur Datenerhebung gewinnbringend eingesetzt werden, obwohl in der Management Diagnostik ein durch die Assessment-Center-Tradition bedingter Schwerpunkt auf den situativen oder Simulationsverfahren im Rahmen eines Manager Competence Audits nicht zu verkennen ist.

Allgemeines zu Beobachtungen im Management Audit

▶ *Beobachtungen in natürlichen Situationen* haben den Vorteil, dass das beobachtete Verhalten meist mit dem authentischen unbeobachteten Verhalten stark übereinstimmt und bietet sich besonders für ein Management Context Audit und für bestimmte Situationen in einem Management Team Audit an (etwa eine Teamsitzung).

▶ *Beobachtungen in künstlichen Situationen* wie mittels situativer Verfahren oder Simulationen ermöglichen es, bestimmte Situationsmerkmale herzustellen, um erfolgsrelevantes Handeln in optimalen Bedingungen beobachtbar zu machen und bieten sich vor allem für Manager Competence Audits, aber auch für Management Team Audits an.

▶ Die Eindrücke der Rollenspiel- oder Interaktionspartner aus *teilnehmenden Beobachtungen* in situativen Übungen sollten als wichtige zusätzliche Information genutzt, diese aber nicht an der systematischen Beobachtung der interessierenden Kriterien beteiligt werden.

▶ Zur Erstellung eines adäquaten *Beobachtungssystems* müssen Beobachtungseinheiten und Beobachtungskategorien klar definiert und Beurteilungsskalen mit verhaltensorientierten Beispielen auf einem Beobachtungsbogen übersichtlich angeordnet werden.

▶ Zur Gewährleistung der Qualität der Beobachtungsdaten sollten in einem *Beobachtertraining* Ziele, Einheiten und Kategorien der Beobachtung grundlegend geklärt und durch praktische Beobachtungs- und Beurteilungsübungen mit anschließendem Feedback Fehlertendenzen vermindert und einheitliche Beurteilungsstandards hergestellt werden.

▶ Zur Kontrolle der *Qualität von Beobachtungsdaten* sollten Maße der Beobachterübereinstimmung durch Daten zur Validität ergänzt werden.

Beobachtungsverfahren im Management Context Audit

▶ Im Management Context Audit kann eine Beobachtung zur Beurteilung von Kriterien der Unternehmenskultur, der Kommunikation und Information, des Feedbacks und der Konfliktlösung wertvolle Information zur Ergänzung von Befragungsdaten liefern.

▶ Dabei wird es sich fast immer um Beobachtungen in natürlichen Situationen handeln, für die ein Beobachtungsplan grundlegend ist, der einerseits die Beobachtung relevanten Verhaltens sicherstellt und andererseits den Beobachtungsaufwand und die Störung der unternehmensinternen Abläufe minimiert.

▶ Beobachtungen in künstlichen Situationen, also Simulationen, eignen sich für ein Managment Context Audit nur in Ausnahmefällen (etwa eines komplexen Planspiels zu Zusammenarbeitsprozessen zwischen echten Teams), da es ja gerade um die natürliche Situation, den Kontext des Managementhandelns geht.

Beobachtungsverfahren im Management Team Audit

▶ Die Beobachtung von Management Teams in einer natürlichen Situation kann sehr aufschlussreiche Daten liefern, insbesondere wenn es sich dabei um eine als erfolgskritisch und / oder problematisch identifizierte Situation handelt.

▶ Die künstliche Herstellung einer solchen Situation bietet zwar methodische Vorteile der Optimierung des Beobachtungsprozesses, bedeutet aber einen hohen zeitlichen und organisatorischen Aufwand, durch die nötige gleichzeitige Freistellung aller Teammitglieder. Auch ist die Akzeptanz von Gruppenverfahren bei vielen Führungskräften eher gering.

▶ Typische Gruppenübungen wie Gruppendiskussionen oder komplexere Planspiele können so gestaltet werden, dass entweder erfolgskritische Situationsmerkmale möglichst realitätsnah simuliert werden oder so, dass Verhalten zu den interessierenden Beurteilungskriterien der Teamprozesse beobachtbar wird, etwa Feedback, Kooperation und Unterstützung, Kohäsion, innovationsfreundliches Klima, Konflikte und Lösungsstrategien sowie der Führung im Team.

Beobachtungsverfahren im Management Competence Audit

▶ Beobachtungen einzelner Manager in ihrem *natürlichen Arbeitsumfeld* können zwar durchaus relevante Informationen liefern, rechtfertigen jedoch in aller Regel den nötigen Aufwand und den Eingriff in den Arbeitsalltag der Führungskraft nicht.

▶ Beobachtungen von Managern in künstlich hergestellten *situativen Übungen* gehören seit jeher zum Standardrepertoire der Managementdiagnostik, da sie den Vorteil bieten, entweder als erfolgskritisch erkannte Situationen zu simulieren oder solche Gegebenheiten herstellen zu können, die ein kriterienrelevantes Verhalten provozieren.

- In *Postkorbübungen* lassen sich durch die Gestaltung der vorgelegten Dokumente und der Durchführungsmodalitäten verschiedene übergreifende (Stressresistenz, Umgang mit Ambiguität und Komplexität, kognitive Fähigkeiten, Flexibilität, Gewissenhaftigkeit und Werthaltungen) und aufgabenorientierte Kriterien (Problemlösen und Entscheiden, Planen und Organisieren) beobachten oder in einem anschließenden Interview erfragen.
- In *Präsentationen* und Kurzvorträgen lassen sich neben der Beherrschung dieser typischen Managementmethode mitsamt der beteiligten Kommunikations-, Ausdrucks- und Überzeugungsfähigkeiten sowie der Stressresistenz je nach Inhaltsvorgaben auch kognitive und Problemlösungs- und Entscheidungsfähigkeiten sowie Fachwissen beobachten. Dabei besteht jedoch die Gefahr einer Vermischung oder Überlagerung inhaltlicher und formaler oder Prozesskriterien.
- *Rollenspiele* bieten auf Grund ihrer hohen Gestaltungsflexibilität die Möglichkeit, zentrale Interaktionssituationen aus dem Aufgabenbereich der Führungskraft zu simulieren und besonders Indikatoren zu den menschenorientierten Beurteilungskriterien wie soziale Wahrnehmung, Kommunikation und Ausdruck, Kooperation, Konfliktlösung und Durchsetzung zu beobachten, sowie in zweiter Linie auch zu den übergreifenden Kriterien Stressresistenz, Flexibilität und Werthaltungen.
- *Gruppenübungen* wie *Gruppendiskussionen* und *Planspiele* erlauben zwar durch ihre erhöhte soziale Komplexität und Dynamik die Beobachtung komplexerer Interaktions-, Problemlöse- und Entscheidungs- sowie Lernprozesse im zeitlichen Verlauf, sie sind aber wegen des erhöhten Aufwandes und v. a. wegen der häufigen Akzeptanzprobleme unter Führungskräften für ein Manager Competence Audit nur in Ausnahmefällen angezeigt.

5.4   Befragungsmethoden

Wie schon in der Einleitung dieses Kapitels erwähnt, sind Befragungen sowohl in den Sozialwissenschaften allgemein als auch speziell im Management Audit die meistangewandten Datenerhebungsmethoden. Dies liegt neben der universellen und vergleichsweise weniger aufwendigen Anwendbarkeit vor allem an der Flexibilität bezüglich der erfragbaren Inhalte. Das nicht beobachtbare innere Erleben von Personen, ihre emotionalen und kognitiven Prozesse, lassen sich ebenso erfragen wie vergangenes oder hypothetisches zukünftiges Handeln und Erleben. Und auch bei der Erhebung von beobachtbarem Verhalten bieten Befragungen die Möglichkeit, dessen subjektive Wahrnehmung und Interpretation und deren Unterschiede zwischen verschiedenen Befragten oder Befragungszeitpunkten zu erheben. Andererseits sind es gerade diese subjektiven Wahrnehmungs- und Interpretationsprozesse, die Befragungen bei bestimmten Gegenständen unzuverlässigere Daten produzieren lassen als Beobachtungen.

Von großer Bedeutung in einem Management Audit ist die im Vergleich zu Beobachtungen gerade bei Führungskräften oft deutlich höhere Akzeptanz von Befragungsmethoden. Besonders Manager fühlen sich in mündlichen Befragungen eher als gleichberechtigte Partner mit einem gewissen Ausmaß an Kontrolle über die Situation als in Beobachtungen, in denen sie sich leicht als ausgelieferte Datenlieferanten vorkommen.

Befragungsmethoden lassen sich in schriftliche, in Form von Fragebögen und Testverfahren, und mündliche, in Form von Interviews, unterteilen. Der entscheidende Unterschied zwischen mündlichen und schriftlichen Befragungen liegt im Ausmaß der sozialen Interaktion zwischen Fragendem und Befragtem. Eine solche Interaktion bringt den Vorteil mit sich, den Befragungsprozess in Abhängigkeit von dessen Verlauf und den Antworten des Befragten flexibel gestalten und zusätzliche Beobachtungsdaten erheben zu können, die entweder der Steuerung des Interviews oder zur Beurteilung interessierender Kriterien dienen können. Die Anwesenheit und Interaktion des Interviewers kann aber Verzerrungen der Antworten, etwa im Sinne der sozialen oder unternehmensspezifischen Erwünschtheit, verstärken und die Objektivität der Daten negativ beeinflussen. Außerdem sind schriftliche Befragungen deutlich weniger zeit- und kostenaufwendig.

Auch in diesem Abschnitt werden zunächst einige für ihre Anwendung im Management Audit zu beachtenden allgemeinen Merkmale von Befragungsmethoden kurz dargelegt, bevor dann getrennt mündliche und schriftliche Befragungsverfahren auf ihre Nützlichkeit für ein Management Audit hin untersucht werden.

5.4.1 Allgemeine Aspekte von Befragungsmethoden

Wie man sich wohl denken kann, haben fast alle allgemeinen Aspekte von Befragungsmethoden mit den Fragen zu tun, ihrem Inhalt, ihrer Form, ihrer Formulierung, ihrer Anzahl und ihrer Reihenfolge

Frageninhalt

Aus befragungsmethodischer Sicht kann man mit Tränkle (1983) drei Fragenarten unterscheiden:

▶ *Inhaltsfragen* (Tränkle nennt sie „Ergebnisfragen", der Terminus „Inhaltsfragen" scheint mir aber passender), die auf die interessierenden Inhaltsbereiche zielen, typischerweise also Fragen zum Wissen, zu Bewertungen, Meinungen und Einstellungen, zum Handeln und zur Motivation.

▶ *Korrelationsfragen* zu Aspekten, die im Zusammenhang mit den interssierenden Inhalten von Bedeutung sind (etwa demografische Daten),

▶ *Instrumentelle Fragen* zur Steuerung des Befragungsprozesses (etwa Einleitungs-, Filter- oder Kontrollfragen).

Im Management Audit werden Korrelationsfragen kaum von Bedeutung sein und die instrumentellen Fragen nur im nötigen Ausmaß. Die in den Inhaltsfragen anzusprechenden Bereiche hängen natürlich direkt vom jeweils zu erhebenden Beurteilungskriterium ab. Dabei sollten bei Wissensfragen, die im Management Audit eine eher untergeordnete Rolle spielen, die Befragten in ihrem Kenntnisstand weder unter- noch überfordert werden, damit die Auskunftsbereitschaft aufrecht erhalten wird. Wer ständig die Antwort nicht weiß oder die Frage für lächerlich hält, verliert schnell die Lust zu antworten. Ähnliches gilt für die Anzahl der Fragen und damit für die Länge der Befragung.

Form, Formulierung und Reihenfolge der Fragen

Bezüglich der *Form der Fragen* wird allgemein zwischen offenen und geschlossenen Fragen unterschieden. *Offene Fragen* erfordern vom Befragten, dass er seine Antwort sprachlich frei formuliert. *Geschlossene Fragen* geben die Antwortmöglichkeiten implizit (ja/nein-Fragen) oder explizit vor. Dabei können entweder unterschiedliche Antwortmöglichkeiten verschiedener Anzahl formuliert oder numerische Antworten durch Vorlegen einer mehrstufigen Skala erfragt werden. Offene Fragen stellen höhere Anforderungen sowohl an den Befragten, der die zutreffende Antwort erinnern und sprachlich formulieren muss, als auch an die Auswertung der Antworten. In vielen Aspekten eines Management Audits dürften offene Fragen angemessen sein, in jedem Fall in mündlichen Befragungen vorherrschen. Werden – insbesondere in schriftlichen Befragungen – zur Standardisierung und Vereinfachung der Auswertung Antwortalternativen vorgegeben, so sollten diese möglichst vollständig sein (eine offene Kategorie „Sonstiges" ist immer empfehlenswert) und dem zu erwartenden Differenzierungsniveau der Befragten entsprechen.

Bei der *Fragenformulierung* gilt ganz besonders das Gebot jeglicher Kommunikation: Einfachheit und Klarheit. Damit die Befragungsdaten brauchbar sein können, müssen die Befragten bei jeder Frage genau wissen, wonach gefragt wird. Typische Verstöße gegen dieses Eindeutigkeitsgebot sind:

▶ Verneinungen, die bei Antwortvorgaben dann zu doppelten Verneinungen und damit sehr leicht zu Verwirrungen führen (z.B. „Haben Sie keine Angst, im Team ihre Fehler einzugestehen? – ja / nein")

▶ Vermischung der oben genannten Inhaltsbereiche, oft Handlungen oder Meinungen mit Motivationen oder Begründungen (z.B. „Gibt es Schwierigkeiten im Team, weil der Vorgesetzte einzelne Mitglieder bevorzugt?"). Hier sollten stattdessen Verzweigungsfragen gestellt werden („Gibt es Schwierigkeiten im Team? – Wenn ja, liegt das an der Bevorzugung einzelner Mitglieder durch den Vorgesetzten?")

▶ Vermischung unterschiedlicher Konzepte (z.B. „Wie beurteilen Sie die Zusammen-arbeit und das Klima in ihrem Team?")

Auch den richtigen Ton zu treffen und eine den Befragten angemessene Sprache zu wählen, ist gerade in mündlichen Befragungen wichtig.

Bezüglich der *Fragenreihenfolge* lassen sich einige allgemeine Hinweise geben, die zwar selbstverständlich erscheinen mögen, in der Praxis jedoch leider allzu häufig miss-achtet werden. Der Fragende soll sich selbst vorstellen und den Zweck der Befragung zu Beginn derselben erläutern, um die Bedeutung der Befragung für den Befragten zu klä-ren und so Transparenz herzustellen, Einverständnis zu erreichen und möglichst Interes-se und Antwortbereitschaft zu wecken. Sogenannte „Eisbrecherfragen" zu allgemeinen, wenig heiklen und möglichst das Interesse der Befragten weckenden Themen sollen zu Beginn eine entspannte Befragungssituation und in mündlichen Befragungen ein gewis-ses Vertrauensverhältnis herstellen. Natürlich gehört es sich, dem Befragten am Ende für seine Mitarbeit zu danken. Über Effekte der Reihenfolge inhaltlicher Fragen auf die Antworten finden sich etwa bei Tränkle (1983) weitere Angaben.

5.4.2   Interviews (mündliche Befragungen)

Interviews sind sowohl in der Personalauswahl insgesamt als auch im Management Au-dit das verbreitetste diagnostische Verfahren. Dies liegt neben der schon erwähnten hohen formalen und inhaltlichen Flexibilität von Interviews wohl einerseits daran, dass es durch die direkte Interaktion mit dem Befragten die Möglichkeit einer persönlichen Eindrucksbildung bietet und andererseits an der in aller Regel hohen Akzeptanz des Verfahrens bei den Befragten.

Diese mündliche Form der Befragung eignet sich gleichermaßen für das Management Context Audit, das Management Team Audit und das Manager Competence Audit. Wer der jeweils angemessene Interviewpartner ist, muss selbstverständlich jeweils geklärt werden und die Kriterien, auf die sich die Fragen beziehen, und damit die Inhalte der Fragen, werden selbstverständlich mit den Analyseebenen variieren. Dennoch gelten für alle Interviews unabhängig davon, ob sie zum Zweck des Kontext Audits, des Team Audits oder des Manager Audits durchgeführt werden, die gleichen Anforderungen an Gestaltungs- und Durchführungsqualität.

Noch bis vor etwa zehn Jahren herrschte in der wissenschaftlichen Literatur zum Einstel-lungsinterview der Tenor, dass die vorliegenden Daten zu dessen Gütekriterien die Be-liebtheit und Verbreitung des Interviews nicht rechtfertigte. So sprachen etwa Schuler & Funke (1989, S. 293f.) von einer „Diskrepanz zwischen subjektiver Wertschätzung und

empirischer Bewährung" des Interviews. Die Ergebnisse verschiedener seitdem durchge-
führter metaanalytischer Studien zur Validität und Reliabilität von eignungsdiagnostischen Interviews (vgl. v.a. Wiesner & Cronshaw, 1988, McDaniel et al. 1994, Huffcutt
& Arthur, 1994, Conway, Jako & Goodman, 1995) sprechen mittlerweile jedoch eine
andere Sprache. Die für statistische Artefakte in den Originalarbeiten korrigierten mittleren Validitätswerte für Interviews zur Vorhersage der Berufsleistung konvergieren in
diesen Studien um einen Wert von $\rho = 0,37$, der deutlich über den zuvor angenommenen
Werten liegt (vgl. Hunter & Hunter, 1984, Reilly & Chao, 1982). Er entspricht der von
Gaugler, Rosenthal, Thornton & Bentson (1987) in ihrer Metaanalyse angegebenen
korrigierten mittleren Validität des Assessment Centers.

Im Folgenden werde ich einige Unterscheidungsmerkmale von Interviews besprechen
und ihren Einfluss auf die Gütekriterien der Interviewdaten beschreiben, den die erwähnten Metaanalysen empirisch ermittelt haben.

Interviewstrukturiertheit

Die Strukturiertheit ist wohl das meistdiskutierte und -untersuchte Merkmal von Interviews. Sie bezeichnet das Ausmaß, in dem Flexibilität im Befragungsprozess zugelassen
wird und reicht von völlig freien unstrukturierten Interviews bis zu hochstandardisierten
Interviews. In unstrukturierten Interviews beschränkt sich der Interviewer darauf, ein
Thema oder mehrere Themen vorzugeben und sich dann in Abhängigkeit von den Antworten des Befragten auf vertiefende Fragen zur Erhöhung des Verständnisses und zur
Entwicklung des Themas zu beschränken. Unstrukturierte Interviews sind eine der wichtigsten Methoden der qualitativen Sozialforschung und werden auch klinische oder Tie-
feninterviews genannt. Die voll strukturierten Interviews als anderes Extrem entsprechen
praktisch dem interaktiven Ausfüllen eines Fragebogens. Alle Fragen sind in ihrer exakten Formulierung und Reihenfolge in einem Interviewleitfaden festgelegt, gleiches gilt
meist für die Antwortvorgaben oder zumindest für die dem Interviewer zur Beurteilung
vorliegenden Antwortkategorien.

Tatsächlich lässt sich die Strukturierung oder Standardisierung von Interviews mit Huffcutt & Arthur (1994) als Standardisierung von Fragen und Antworten zweidimensional
systematisieren. Diese Autoren schlagen jeweils folgende Standardisierungsgrade vor,
die zu insgesamt zwölf verschiedenen Kombinationsmöglichkeiten führen.

Vier Niveaus der *Fragenstandardisierung*:

1. keine formalen Einschränkungen (freies, unstrukturiertes Interview),
2. einige formale Einschränkungen (z.B. Vorgabe von Themenbereichen),
3. Spezifizierung der Fragen, ohne völlige Standardisierung (Möglichkeit, verschie-
    dene Fragenformulierungen zu wählen oder nachzufragen)

4. totale Standardisierung (exakt gleiche Fragen für alle Interviewten ohne Nachfragemöglichkeit)

Drei Niveaus der *Standardisierung der Antwortbewertung*:

1. ein Gesamtrating für das Interview
2. mehrere Beurteilungen zu verschiedenen vorliegenden Bewertungsdimensionen (z.B. Anforderungskriterien oder Eigenschaften)
3. Bewertung jeder einzelnen Antwort anhand vorliegender Skalen mit Ankerantworten

Entscheidender Vorteil einer hohen Strukturiertheit ist neben den geringeren Anforderungen an die Interviewer vor allem die größere Standardisierung, die zu einer höheren Objektivität und Reliabilität der Daten führt. Bei einer guten Auswahl der Interviewinhalte schlägt sich die größere Zuverlässigkeit auch in einer höheren Gültigkeit, also Validität der Interviewdaten nieder. Der wichtigste Nachteil der hohen Strukturiertheit ist der Verlust der flexiblen Interviewgestaltung, die ja gerade ein Hauptvorteil der mündlichen gegenüber der schriftlichen Befragung ist. Für Management Audits sind völlig strukturierte Interviews meines Erachtens nicht zu empfehlen, weil sie von den beteiligten Führungskräften nicht ganz zu Unrecht als sehr rigide und wenig partnerschaftlich erlebt werden. Das Gefühl, keinen Einfluss auf den Interviewprozess zu haben und nicht als gleichberechtigter Experte und Gesprächspartner behandelt zu werden, kann leicht zu Akzeptanzverlusten und dadurch zu geringer Datenqualität führen. Wie so oft ist eine Kombination in teilstrukturierten Interviews für Management Audits wohl der angemessenste Weg. Dabei können sich strukturiertere und weniger strukturierte Interviewteile zu verschiedenen oder auch zum gleichen Inhaltsbereich abwechseln.

Bevor ich nun auf einige empirische Ergebnisse zu den Gütekriterien mehr oder weniger strukturierter diagnostischer Interviews eingehe, will ich kurz drei spezifische Typen strukturierter Interviews vorstellen, die sich in diesem Bereich etabliert haben und die für eine Anwendung oder Adaptation im Management Audit in Frage kommen. Die Ausführungen werden deutlich machen, dass diese Interviewtypen im Wesentlichen für Interviewsituationen und -ziele entwickelt wurden, die in unserer Systematik dem Manager Competence Audit entsprechen.

Situatives Interview

Wie der Name schon andeutet, können situative Interviews (vgl. Latham, 1989) als der Versuch aufgefasst werden, das Simulationsprinzip der beschriebenen situativen Verfahren (vgl. Kapitel 5.3.7) auf das Interview anzuwenden. Den Interviewten werden durch Anforderungsanalysen als erfolgskritisch identifizierte Arbeitssituationen geschildert, um sie dann zu fragen, wie sie sich in dieser Situation verhalten würden. Dabei sollen den Befragten die Beurteilungsdimensionen möglichst nicht klar sein, um sozial erwünschte Antworten zu vermeiden. Dem gegenüber liegen den Interviewern zur Ant-

197

wortbewertung fünfstufige Skalen mit klaren Beurteilungsrichtlinien vor. In dem recht aufwendigen Konstruktionsprozess werden zudem die in einem Probedurchgang einheitlich beantworteten oder uneinheitlich bewerteten Fragen aussortiert. Situative Interviews sollten nach Meinung der Entwickler dieser Vorgehensweise von mindestens zwei Interviewern durchgeführt werden, um die Bewertung nicht einer subjektiven Perspektive zu überlassen. Weiter unten werde ich ein Forschungsergebnis zitieren, das deutlich macht, dass Boardinterviews in der Qualität der Ergebnisse Einzelinterviews nicht überlegen sind. Allerdings gibt es andere Aspekte, die durchaus für eine Durchführung im Team sprechen: Zum einen dürfte die Akzeptanz des Vorgehens höher ausfallen, da eine größere Objektivität wahrgenommen wird, und zum anderen können innerhalb des Interviewteams Feedbacks zum Vorgehen ausgetauscht und dadurch Schwächen darin ausgemerzt werden. Wie das Interviewerteam zusammengesetzt wird, muss im Einzelfall entschieden werden. Bei entsprechend gewünschter Neutralität kann es aus zwei externen Interviewern bestehen, es ist aber auch denkbar, ein Team aus externem Berater und einem Mitglied des Managements oder einem internen Mitglied des Projektteams, das für das Management Audit verantwortlich ist, zu bilden.

Verhaltensbeschreibungsinterview

Das strukturierte Verhaltensbeschreibungsinterview („Patterned Behavior Description Interview", Janz, 1989) geht von der Lord Byron zugesprochenen Annahme aus, dass der beste Prophet der Zukunft die Vergangenheit ist. Dem entsprechend wird im Verhaltensbeschreibungsinterview nach dem vergangenen Verhalten des Befragten in erfolgskritischen Situationen gefragt. Während im situativen Interview gefragt wird *„Was würden Sie tun, wenn..."* lautet die Standardfrage im strukturierten Verhaltensbeschreibungsinterview *„Was haben Sie getan, als...".* Statt hypothetischer Antworten wird eine Beschreibung tatsächlichen vergangenen Verhaltens des Interviewten in der befriedigendsten, frustrierendsten oder jüngsten Situation erfragt, die dem kritischen Ereignis ähnelt. Ansonsten ähneln sich die beiden Interviewtypen in Art und Entwicklung stark.

Bezogen auf die in den Kapiteln 2 bis 4 entwickelten Kriterienebenen zielen demnach situative Interviews eher auf Absichten und Motivationen, sowie auf Fähigkeiten und Wissen zur Interpretation der vorgelegten Situationen, während strukturierte Verhaltensbeschreibungsinterviews direkt Verhaltens- und Ergebniskriterien zu erheben versuchen, samt der dazu nötigen Qualifikationen.

Multimodales Interview

Das von Schuler & Funke (1989b) vorgeschlagene multimodale Interview stellt einen Versuch dar, Elemente aus verschiedenen eignungsdiagnostischen Verfahren mit unterschiedlicher Strukturierung und Standardisierung im Zusammenhang eines Interviews zu einem neuen Ganzen zu integrieren. Neben verschiedenen Fragenarten wie biografischen Fragen, situativen Fragen und Fragen zu Berufsinteressen und -wahl werden eine freie Präsentation (hier werden Beobachtungsverfahren einbezogen, vgl. Kapitel 5.3.7), Information über die zu besetzende Stelle („realistic job preview") und Phasen freien Gesprächs ohne formelle Beurteilungen integriert. Der von den Autoren beschriebene Ablauf eines multimodalen Interviews ist folgender:

1. Einleitung (zur Schaffung einer angenehmen Atmosphäre, keine formalen Ratings)
2. Selbstpräsentation (3-5 Minuten, je drei 3-Punkte-Skalen zu Inhalten und Form)
3. Standardisierte Fragen zu Berufsinteressen und -wahl (verhaltensverankerte 3-Punkte-Skalen)
4. Freies Gespräch (einige Minuten, kein formales Rating)
5. Biographische Fragen (verhaltensverankerte 3-Punkte-Skalen)
6. Realistische Stelleninformation
7. Situative Fragen (verhaltensverankerte 5-Punkte-Skalen)
8. Fragen der Interviewten und Gesprächsabschluss

Qualität der Daten aus strukturierten Interviews

Übereinstimmendes Ergebnis aller Metaanalysen zu eignugngsdiagnostischen Interviews ist, dass die Strukturiertheit positiv mit der Reliabilität und mit der Validität von Interviews zusammenhängt.

Zur *Reliabilität* von Daten aus unstrukturierten und strukturierten Interviews liegen Ergebnisse aus zwei Studien vor. Wiesner & Cronshaw (1988) erhielten in ihrer Metaanalyse für strukturierte Interviews eine mittlere Reliabilität von r = 0,82 und für unstrukturierte Interviews von r = 0,61. Conway et al. (1995) geben mittlere Interraterreliabilitäten (Übereinstimmung zwischen unterschiedlichen Beurteilern) aus verschiedenen Interviews für gering (r = 0,34), mittelmäßig (r = 0,56) und hoch strukturierte Interviews (r = 0,67) an. Die trotz gleicher Tendenz im Ausmaß unterschiedlichen Ergebnisse sind durch die Verwendung unterschiedlicher Reliabilitätsmaße zu erklären.

Auch bezüglich der *Validität* von unstrukturierten und strukturierten Interviews ist die Tendenz eindeutig, die absoluten Zahlen jedoch in verschiedenen Metaanlysen unterschiedlich. So stimmen zwischen den beiden umfangreichsten Metaanalysen von Wiesner & Cronshaw (1988) und McDaniel et al. (1994) die Schätzungen für die Validität unstrukturierter Interviews zwar praktisch überein (ρ = 0,31 bzw. ρ = 0,33), die Validität strukturierter Interviews ist jedoch bei Wiesner & Cronshaw (1988) genau doppelt so hoch (ρ = 0,62) wie die unstrukturierter, während sie nach McDaniel et al. (1994) nur um ein Drittel höher (ρ = 0,44) ausfällt. Diese Unterschiede sind nach Huffcutt & Arthur (1994) durch unterschiedlich strenge Kriterien bei der Einteilung in unstrukturierte und strukturierte Interviews zu erklären. Wiesner & Cronshaw (1988) zogen dabei ein strengeres Strukturiertheitskriterium heran, das zu höheren durchschnittlichen Validitäten führte.

Zwei weitere Ergebnisse der Metaanalysen zur Validität mehr oder weniger strukturierter Interviews sind hier von Interesse. Zum einen fanden Huffcutt & Arthur (1994) einen sogenannten Deckeneffekt des Einflusses der Strukturiertheit auf die Validität. Das heißt, dass ab einem bestimmten Strukturiertheitsgrad eine zusätzliche Strukturierung sich nicht mehr positiv auf die Validität auswirkt. Für ein Management Audit bedeutet diese Erkenntnis, dass die geringe Akzeptanz von allzu standardisierten Verfahren auf Seiten der Manager ohne große Einbußen der Datenqualität vermieden werden kann. Zum anderen nimmt mit zunehmender Strukturiertheit der Interviews die Varianz in den Validitätswerten verschiedener Studien zu. Die mir am plausibelsten erscheinende Erklärung dieses Ergebnisses besteht darin, dass mit zunehmender Strukturiertheit der Inhalt der Interviews an Bedeutung gewinnt und die einzelnen zu beurteilenden Kriterien durch die höhere Standardisierung genauer gemessen werden. Für diese Erklärung spricht der Befund von Wiesner & Cronshaw (1988), dass unter den strukturierten Interviews solche bessere Validitätswerte aufweisen, in denen die Arbeitsbezogenheit der Interviewinhalte durch Anforderungsanalysen zu gewährleisten versucht wurde.

Anzahl der Interviewer

Die Anzahl der Interviewer ist eines der in den meisten Metaanalysen zur Interviewvalidität untersuchten Unterscheidungsmerkmale. Interviews können von einem (Einzelinterview) oder mehreren Interviewern (Boardinterview) durchgeführt werden. Obwohl die Idee der Boardinterviews zum großen Teil in der Verbesserung der Datenqualität liegt, haben die verschiedenen Untersuchungen gezeigt, dass Urteile aus Board-Interviews denen aus Einzelinterviews bezüglich der Gültigkeit nicht überlegen, möglicherweise sogar unterlegen sind (McDaniel et al., 1994, Huffcutt & Woehr, 1999). Nur für unstrukturierte Interviews fanden Wiesner & Cronshaw (1988), dass mehrere Interviewer zu einer Erhöhung der Validität beitragen können.

Für unsere Zwecke eines Management Audits folgt aus diesen Befunden, dass zumindest bei einer gewissen Strukturiertheit der Interviews mehrere Interviewer zur Steigerung der Datenqualität nicht nötig sind.

Gesamturteilsbildung

Sowohl in Einzel- als auch in Boardinterviews müssen die Urteile zu einzelnen Fragen zumindest zu Dimensionsurteilen, möglicherweise auch zu Gesamturteilen für das Interview zusammengefasst werden. Bei mehreren Interviews müssen darüber hinaus die Urteile der verschiedenen Interviewer integriert werden. In beiden Fällen wird dazu üblicherweise zwischen subjektiver oder konsensueller und mechanisch-statistischer Gesamturteilsbildung unterschieden. Die wenigen zu dieser Frage vorliegenden Befunde sind uneinheitlich und lassen keine definitiven Schlüsse zu.

Eine nicht nur für Management Audits interessante Möglichkeit scheint, beide Verfahren anzuwenden, um die Sicherheit der Einschätzung zu überprüfen. Wenn die subjektive

bzw. konsensuelle Urteilsintegration und die mechanisch statistische (meist Mittelwerts-
bildung oder Summe) zu gleichen Ergebnissen führt, um so besser. Tauchen Unterschiede auf, sind gerade sie interessant und eine nähere Analyse wert.

Interviewinhalt

Der Inhalt von Interviews wurde nur in eine der vorliegenden Metaanalysen zur Validität
von Interviews als Unterscheidungsmerkmal einbezogen, was schon etwas überraschend
ist. Die Ergebnisse zeigen, dass zur Vorhersage der Berufsleistung konkrete berufsbezo-
gene Inhalte wie in den oben beschriebenen situativen und Verhaltensbeschreibungsinterviews besser geeignet sind (Validitätsschätzung von $\rho = 0,5$) als allgemeinere arbeitsbezogene Themen ($\rho = 0,39$) und nicht direkt arbeitsbezogene psychologische Inhalte ($\rho
= 0,29$). Diese Ergebnisse werden durch den schon beschriebenen Befund von Wiesner
& Cronshaw (1988) zum validitätssteigernden Einfluss von Anforderungsanalysen bestätigt.

Die Ergebnisse zum Interviewinhalt sprechen dafür, etwa in einem Manager Competence Audit auch die übergreifenden und menschenorientierten Kriterien immer im konkreten Kontext beruflicher Situationen zu erfragen und möglichst wenige außerberufliche
Inhalte einzubeziehen.

Empirische Unterschiede in der Datenqualität zwischen situativen und Verhaltensbeschreibungsinterviews liegen meines Wissens bisher nicht vor. Dennoch ist ein Ergebnis
der Metaanalyse zum Zusammenhang von Ergebnissen kognitiver Fähigkeitstests mit
Interviewurteilen von Huffcutt et al. (1996) aufschlussreich. Sie fanden für situative
Interviews etwa doppelt so hohe Zusammenhänge mit Intelligenztestergebnissen wie für
Verhaltensbeschreibungsinterviews, was man als Hinweis darauf interpretieren kann,
dass kognitive Fähigkeiten bei der Generierung einer Antwort zu hypothetischem Verhalten eine größere Rolle spielen als bei der Beschreibung vergangenen Verhaltens.

Interviewertraining

Was in Kapitel 5.3.6 zur Beobachtung gesagt wurde, gilt selbstverständlich entsprechend
auch für Interviews. Die Qualität der zu erhebenden Daten hängt neben dem Verfahren
selbst entscheidend von der Leistung der Interviewer ab. Diese in einem Training auf
ihre Aufgabe vorzubereiten, sollte daher auch in einem Management Audit zum Standard gehören. Diese Forderung wird auch durch die metaanalytischen Untersuchungen
zur Qualität von Interviewdaten untermauert.

Die Metaanalyse zur Reliabilität von Interviewdaten von Conway et al. (1995) ergab
höhere mittlere Interraterreliabilitäten in Interviewstudien mit Interviewertraining (r =
0,74) als in solchen ohne (r = 0,62). Diese Reliabilitätsverbesserung wird zumindest

teilweise verantwortlich sein für das Ergebnis einer Analyse verschiedener interviewer-bezogener Merkmale von Huffcutt & Woehr (1999), in der das Interviewertrainig das einzige war, das abgesehen von der Interviewstrukturiertheit einen positiven Beitrag zur Interviewvalidität leistete.

Schlussfolgerungen: Interviews im Management Audit

Interviews sind das zentrale Datenerhebungsverfahren im Management Audit und werden es wohl auch bleiben. Die bisher dargestellten Ergebnisse der Interviewforschung sollten dabei aber weit mehr als in der Praxis üblich berücksichtigt werden. Sie beziehen sich auf das „Wie" der Interviewführung. In den nächsten Abschnitten werde ich auf das „Wer" und „Was" von Interviews eingehen also für das Management Context Audit, das Management Team Audit und das Manager Competence Audit getrennt darlegen, wen man zu welchen Inhalten interviewen kann.

Management Context Audit

Die in einem Management Context Audit üblicherweise zu beantwortenden und daher zu stellenden Fragen (wenn auch nicht immer wörtlich und in dieser Form) habe ich in Kapitel 2.11 zusammengefasst. Wie in Kapitel 5.3 geschildert, lassen sich einige dieser Fragen zumindest auch durch Beobachtungen beantworten.

Wem man bestimmte Fragen jeweils stellt, hängt im Wesentlichen von deren Inhalt ab. Einige der im Rahmen des Management Context Audits zu beantwortenden Fragen betreffen Tatsachen im Unternehmen, sodass es ausreichend sein dürfte, eine Person zu befragen, die diese Tatsachen möglichst gut kennt und zu einer unverzerrten Auskunft bereit ist. Diese Person kann entweder der Auftraggeber oder ein dem Unternehmen angehörendes Mitglied des Projektteams selbst oder eine von diesen zu benennende Person sein.

Bei anderen Fragen ist dagegen die persönliche Sichtweise, das subjektive Erleben der Mitarbeiter und gerade auch deren Unterschiedlichkeit von Bedeutung. Beispiele sind etwa Aspekte der Unternehmenskultur, Kommunikation, Feedback, Entscheiden und Konfliktlösung. Hier können neben direkt am Audit beteiligten Führungskräften auch eine im Projektteam zu treffende Auswahl von Vorgesetzten und Mitarbeitern sowie möglicherweise internen und externen Kunden befragt werden. Eine weitere sinnvolle Möglichkeit besteht darin, zunächst weniger aufwendige schriftliche Befragungen (vgl. Kapitel 5.5) durchzuführen, um dann auf der Basis der Ergebnisse die Interviewpartner und -inhalte festzulegen.

Management Team Audit

Von den in Kapitel 3.3 zusammengefassten Kriterien für ein Management Team Audit sind die zu Aufgaben und Kontexteinflüssen sowie zur Zusammensetzung des Management Teams weitgehend durch Faktenfragen an einen zu identifizierenden Experten im Unternehmen erhebbar, wenn sie nicht zum Teil schon durch vorliegende Unterlagen (vgl. Kapitel 3.2) geklärt werden können.

Zu Struktur, Prozessen und Führung im Management Team sollten alle Mitglieder interviewt werden. Dabei kann es auch hier hilfreich sein, durch Fragebögen zunächst die kritischen Themenbereiche zu identifizieren, um zu diesen dann im Interview ein vertieftes Verständnis zu erreichen. Außerdem ist es empfehlenswert, wann immer möglich, auch ein mit dem Team vertrautes Nicht-Mitglied zu befragen, um die Daten durch eine Sichtweise von Außen zu ergänzen.

Gerade im Management Team Audit stellt sich die Frage, ob die Interviews mit den einzelnen Mitgliedern oder mit dem gesamten Team gemeinsam durchgeführt werden sollen. Wie so oft hat beides seine Vor- und Nachteile (vgl. Fontana & Frey, 1994). Vorteile eines *Gruppeninterviews* liegen in der Zeit- und Kostenersparnis und in der gegenseitigen Anregung der Befragten zu Antworten, auf die sie allein nicht kommen würden. Andererseits können bestimmte Gruppennormen den Ausdruck der Einzelnen gerade zu heiklen Themen auch behindern, können dem „group think" (s. Kapitel 3) ähnliche Phänomene eintreten oder kann die Befragung von einzelnen Teammitgliedern stark dominiert werden. Gleichzeitig bieten Gruppeninterviews von Management Teams eine gute Möglichkeit, bestimmte Interaktionsprozesse im Team zu beobachten. Die Anforderungen an die Inteviewer sind natürlich um Einiges höher als in Einzelinterviews.

Manager Competence Audit

Bei der Auswahl der in einem Interview zu erfragenden Inhalte aus der in Kapitel 4.3.2 aufgestellten Liste von Beurteilungskriterien für ein Manager Competence Audit sind folgende Überlegungen anzustellen.

Zunächst ist zu entscheiden, zu welchen der Kriterien die Datenerhebung durch Interviews das günstigste Kosten-Nutzen-Verhältnis ergibt. Einige der Kriterien, wie etwa die Ziel- und Leistungsorientierung, die kognitiven Fähigkeiten, die Gewissenhaftigkeit, das Kontrollieren, das Sorgen für und Fördern von Innovation, das Vertrauen, das Erkennen, Einsetzen und Fördern von Potentialen sowie Fachwissen und -interesse lassen sich nur eingeschränkt direkt beobachten. Für einige von diesen liegen Fragebögen oder Testverfahren vor; letztere stoßen jedoch leicht auf Ablehnung bei den Managern. Insgesamt lassen sich die Verhaltensaspekte der Kriterien beobachten, was Rückschlüsse auf die daran beteiligten Qualifikationen und ggf. Persönlichkeitseigenschaften erlaubt. Die motivationalen Aspekte verschiedener Kriterien lassen sich jedoch nicht beobachten und müssen direkt erfragt oder aus vergangenem Verhalten erschlossen werden, das wiederum nur erfragt werden kann. Auch für beobachtbare Kriterien kann es sehr interessant sein, in einem Interview die persönliche Sichtweise des Managers kennen zu lernen und mit den Beobachtungsdaten zu kontrastieren.

Je nach dem im Projektplan festgelegten Zeitbudget halte ich es für empfehlenswert, mit den am Audit beteiligten Managern mindestens zwei persönliche Interviews zu führen. Eines davon sollte eher zu Beginn des Auditprozesses einem ersten Kennenlernen und einer Erhebung von Daten zu zentralen Beurteilungskriterien, nach Möglichkeit auf der Basis des Lebenslaufes der Führungskraft, dienen. In einem späteren zweiten Interview können nach der Erhebung weiterer Daten durch andere Verfahren und einer Integration der persönlichen Ergebnisse mit denen aus Management Context und Team Audit diese dem Manager zumindest teilweise dargelegt werden, um Unklarheiten oder Widersprüche auszuräumen oder zu verstehen und der Führungskraft die Möglichkeit zu bieten, das bisherige Bild zu ergänzen, zu kommentieren oder zu korrigieren. Dieses zweite Interview ist nicht mit dem abschließenden Rückmeldegespräch zu verwechseln, sondern soll integraler Bestandteil einer partnerschaftlichen und reflektierten Datenerhebung sein.

5.4.3   Fragebögen (schriftliche Befragungen)

Wie schon erwähnt, sind die wesentlichen Vorteile schriftlicher gegenüber mündlichen Befragungen der geringere Erhebungsaufwand einerseits und die hohe Standardisierung und Objektivität andererseits. Beide Vorteile lassen sich meines Erachtens im Management Audit Gewinn bringend nutzen.

Der relativ geringe Aufwand schriftlicher Befragungen gerade auch mehrerer Personen macht Fragebögen besonders geeignet, um in einem Management Context oder einem Management Team Audit einen ersten Überblick über zentrale Beurteilungskriterien zu gewinnen und mögliche Problemfelder, Stärken oder Besonderheiten zu identifizieren, die dann einer näheren Betrachtung und Analyse unterzogen werden können, meist wohl in Interviews.

Der Vorteil des geringen Aufwands ist insbesondere dann gegeben, wenn man vorliegende Fragebögen benutzen und diese nicht selbst erstellen muss. Dabei kann man auch von Erfahrungen vorheriger Anwendungen, im Idealfall in Form von Daten zu den Gütekriterien des Fragebogens, profitieren. Dennoch ist in jedem Fall zu prüfen, ob ein vorliegender Fragebogen tatsächlich zur Erhebung der interessierenden Kriterien im Rahmen eines Management Audits und im spezifischen Unernehmenskontext geeignet ist. Werden für die spezifische Anwendung Fragebögen erstellt, sind dabei neben den genannten Empfehlungen zur Fragenformulierung und -reihenfolge einige spezielle Hinweise zur Fragebogenkonstruktion zu beachten, deren Darstellung den Rahmen dieses Kapitels sprengen würde (vgl. etwa Tränkle, 1983 oder Mummendey, 1987).

Der zweite Vorteil schriftlicher Befragungen, nämlich die hohe Standardisierung und Durchführung- und Auswertungsobjektivität, wird zur möglichst exakten Messung bestimmter psychologischer Konstrukte oder Eigenschaftsmerkmale in psychologischen Testverfahren genutzt. Auf Möglichkeiten und Grenzen der Testanwendung im Rahmen eines Management Audits werde ich noch gesondert eingehen.

Einverständniserklärungen oder die Klärung sonstiger rechtlicher Voraussetzungen müssen vor Durchführung einer schriftlichen Befragung eingeholt und gegebenenfalls geklärt werden.

In den folgenden Abschnitten werde ich kurz auf Kosten und Nutzen der Anwendung von schriftlichen Befragungen in den drei Audits eingehen und beispielhaft einige vorliegende Fragebogenverfahren vorstellen, deren Anwendung in Betracht gezogen werden kann.

Fragebögen im Management Context Audit

Zu verschiedenen der in Kapitel 2 herausgearbeiteten Beurteilungskriterien und Fragen für ein Management Context Audit bieten sich Fragebögen als Erhebungsmethoden geradezu an, da sich mit ihrer Hilfe auch von einer größeren Zahl von Mitarbeitern unterschiedlicher Ebenen oder Abteilungen Daten mit relativ geringem Aufwand erfragen lassen. Wie erwähnt, ist in jedem einzelnen Management Audit zu entscheiden, ob ein auf die zur Beurteilung ausgewählten Kriterien und die Besonderheiten des Unternehmens zugeschnittener Fragebogen entwickelt werden soll, oder ob man ein bereits vorliegendes Standardverfahren anwenden will. Im zweiten Fall ergibt sich neben dem geringeren Aufwand gegebenenfalls der Vorteil, Kenntnisse aus früheren Anwendungen, wie etwa Daten zu den Gütekriterien des Verfahrens oder Normwerte zur vergleichenden Beurteilung der Ergebnisse, nutzen zu können.

Die Ergebnisse aus Fragebögen sind an sich zur Beurteilung verschiedener der erarbeiteten Kriterien von Interesse, sollten aber jedenfalls auch mit in die Datenbasis zur Vorbereitung der Interviews aufgenommen werden und den befragten Führungskräften gegebenenfalls zur Stellungnahme und Bewertung vorgelegt werden.

In den folgenden Abschnitten seien nun beispielhaft einige vorliegende Fragebogenverfahren, die sich für einen Einsatz im Management Context Audit anbieten, kurz dargestellt.

Organisationsklima

Das Organisationsklimaprofil („organizational climate profile", O'Reilly, Chatman & Caldwell, 1991) ist ein Verfahren zur individuellen Erhebung der Einschätzung der realen und/oder idealen Unternehmenskultur, das Aggregationen und Vergleiche („Passung" von Individuum zu Team oder Organisation, Ist-Soll-Vergleiche) auf Einzel-,

Gruppen-, Abteilungs- und Unternehmensebene ermöglicht. Den Mitarbeitern werden 54 (in der deutschen Versuchsversion sind es 27) Karten mit Aussagen oder Merkmalen zur Unternehmenskultur vorgelegt, die sie nach dem Ausmaß ihres Zutreffens auf die Unternehmenswirklichkeit oder ihrer persönlichen Wichtigkeit oder Erwünschtheit in sieben Gruppen einteilen sollen. Faktorenanalysen haben folgende Dimensionen ergeben, durch die sich die Ergebnisse zu den 54 Merkmalen beschreiben lassen:

1. Innovation
2. Stabilität
3. Respekt vor Menschen
4. Ergebnisorientierung
5. Aufmerksamkeit fürs Detail
6. Teamorientierung
7. Aggressivität

Eine halbierte deutschsprachige Version mit 27 Merkmalen, die sich im Versuchsstadium befindet, beschreibt Richter (2000).

Arbeitsbezogene Werte

Die vergleichende Werte-Skala („Comparative Emphasis Scale", Meglino & Ravlin, 1992) ist ein Fragebogen, der mittels 24 Paarvergleichen die relative Wichtigkeit der folgenden vier arbeitsbezogenen Werte erheben soll:

1. Leistung / hartes Arbeiten
2. Beachtung anderer / Hilfsbereitschaft
3. Fairness
4. Ehrlichkeit / Integrität

Auch hier lassen sich die Daten auf individuellem, Team- und Unternehmensniveau auswerten und vergleichen. Es werden Zusammenhänge der Fragebogendaten mit Entscheidungsverhalten, prosozialem Verhalten und Leistungsverhalten berichtet. Bei hoher Ähnlichkeit der Werte von Vorgesetzten und Untergebenen sei deren Zufriedenheit und Engagement größer.

Kommunikation

Der „Fragebogen zur Erfassung der Kommunikation in Organisationen" (KomminO, Sperka, 1997) beinhaltet in seiner letzten Version 26 Fragen, die die Kommunikation mit dem Vorgesetzten, den Kollegen und den unterstellten Mitarbeitern betreffen. Dabei werden die Antworten jeweils zu folgenden sieben faktorenanalytisch gewonnenen Skalen zusammengefasst:

1. Bedeutung der Kommunikation
2. Kommunikationsqualität

3. Feedback
4. Vertrauen in den Kommunikationspartner
5. Informationsüberlastung
6. Zusammenfassung von Informationen
7. Zurückhaltung von Informationen

Die Ergebnisse können sowohl zwischen Teams oder Abteilungen als auch mit Normwerten verglichen werden, die an über 2000 Personen aus unterschiedlichen Organisationen gewonnen wurden.

Fragebögen im Management Team Audit

Die im vorigen Abschnitt dargestellten Fragebögen lassen sich ausnahmslos auch auf der Teamebene auswerten und somit auch im Rahmen eines Management Team Audits nutzen. Darüber hinaus können zur Beurteilung einiger der in Kapitel 3 erarbeiteten Kriterien zum Beispiel folgende Verfahren eingesetzt werden, die spezifisch zur Teamdiagnose entwickelt wurden.

Teamrollen

Auf den von Belbin (1981) entwickelten Selbstwahrnehmungsfragebogen zu Rollen im Team habe ich bei der Vorstellung ihres Teamrollenmodells in Kapitel 3.2.2 bereits hingewiesen. Es handelt sich dabei um sieben Gruppen von je acht Aussagen zu verschiedenen Teamarbeitsbereichen. Für jeden Bereich müssen die Führungskräfte zehn Punkte so auf die acht Aussagen verteilen, dass ihr Verhalten insgesamt optimal beschrieben wird. Entsprechend den Ergebnissen werden die Manager einer Haupt- und einer Ersatzrolle zugeordnet, die mit ihren Stärken und Schwächen oben beschrieben wurden.

Teamarbeit

Der Fragebogen zur Arbeit im Team (F-A-T, Kauffeld & Frieling, 2001) besteht aus 24 Items, die die faktorenanalytisch gewonnenen Skalen Personen- und Strukturorientierung messen sollen, die auffallend der Unterscheidung in Aufgaben- und Menschenorientierung ähneln. Beide Skalen werden in je zwei Subskalen unterteilt, sodass folgende vier Skalen erhoben werden:

1. Zielorientierung
2. Aufgabenbewältigung
3. Zusammenhalt
4. Verantwortungsübernahme

Die Autoren berichten vielversprechende Daten zur Reliablität und zu Zusammenhängen mit Produktivitätskennwerten und Arbeitszufriedenheitsmaßen. Außerdem geben sie Vergleichswerte unter anderem von Führungsteams an.

Teamklima

Zum Teamklima sind zwei deutschsprachige Fragebögen zu erwähnen. Das Teamklima-Inventar (TKI, Brodbeck, Anderson & West, 2000, vgl. Kapitel 3.2.3) ist die deutsche Adaptation des „team climate inventory" von Anderson & West (1994). Mittels 44 Fragen soll das Teamklima für Innovationen, also die Innovationsfreundlichkeit des Teamklimas erhoben werden, das in folgende vier Subskalen unterteilt wird:

1. Vision (klar defnierte, erreichbare und im Team geteilte Ziele)
2. Aufgabenorientierung (Leistungsstandards, Feedback und Zusammenarbeit)
3. Unterstützung von Innovation (Offenheit für und Umsetzung von neuen Ideen)
4. Partizipative Sicherheit (Informationsaustausch, Kohäsion)

Sowohl die Reliabilitätswerte als auch die Validitätshinweise durch Zusammenhänge mit objektiven und subjektiven Leistungsdaten sowie Selbst- und Fremdeinschätzungen der Innovation im Team erscheinen vielversprechend, obschon die Stichproben relativ klein sind.

Der meines Wissens bisher unveröffentlichte Fragebogen, den Müller & Bierhoff zu verschiedenen, vor allem emotionalen Facetten des Teamklimas entwickelt haben, nennt sich verwirrenderweise auch „Teamklima-Inventar" und umfasst 120 Items. Daten zu Reliabilität und Validität sind mir bisher nicht bekannt.

Weitere Skalen für Teamfragebögen

Neben den beschriebenen Fragebogenverfahren liegen einige Skalen zu bestimmten Aspekten von Teamprozessen vor, die in verschiedenen der in Kapitel 3 referierten Studien erfolgreich eingesetzt wurden, und die bei der Entwicklung eines maßgeschneiderten Fragebogens übernommen oder adaptiert werden können.

So beschreiben Smith et al. (1994) eine aus neun Fragen bestehende Skala zur Messung der *sozialen Integration und Zusammenarbeit* in Management Teams, die in ihrer Untersuchung als einzige Variable die monetären Erfolgskriterien vorhersagte.

In verschiedenen Studien zu Effekten von persönlichen und aufgabenbezogenen *Konflikten* in Teams wird zu deren Messung Jehns (1995) „intragroup conflict scale" angewandt oder abgewandelt. Janssen et al. (1999) beschreiben in ihrer in Kapitel 3.2.3 berichteten Studie neben ihrer Adaptation der Jehn'schen Skalen auch die von ihnen zur Messung des integrativen oder kooperativen vs. distributiven oder kompetitiven *Konfliktverhaltens* benutzten Skalen. Simons & Peterson (2000) stellen in ihrer Arbeit zu Konflikten neben den Skalen Jehns zwei weitere zur Messung des *Vertrauens* und der *Kontrollstrategien* in Management Teams vor.

Fragebögen im Manager Competence Audit

Einige der zum Management Context und Management Team Audit vorgestellten Fragebögen liefern natürlich auch Informationen, die im Rahmen des Manager Competence Audits von Interesse sind. Verbreiteter zur Messung persönlicher Eigenschaften sind jedoch psychologische Testverfahren, die man in ihrer typischen Form als Spezialfall von Fragebögen auffassen kann. Tests zeichnen sich durch eine testtheoretischen Kriterien entsprechende Erstellung und eine empirische Überprüfung ihrer psychometrischen Gütekriterien aus. Darüber hinaus bieten sie in der Regel Normwerte zur Standardisierung der Ergebnisinterpretation.

Klassische Bereiche, zu denen eine Vielzahl psychologischer Testverfahren vorliegen, sind die kognitiven Fähigkeiten und die Persönlichkeit. Aber auch zu spezifischeren Fähigkeiten, Interessen, Einstellungen und Motivationen liegt eine mittlerweile kaum mehr zu überblickende Vielfalt von Tests vor. Einen diese Vielfalt widerspiegelnden aktuellen Überblick deutschsprachiger Verfahren bietet das zweibändige „Brickenkamp Handbuch psychologischer und pädagogischer Tests" (Brähler et al., 2001). Tests zu wirtschaftspsychologischen Anwendungen beschreiben Sarges & Wottawa (2000). Im Rahmen dieses Buches ist es natürlich unmöglich, diese Vielfalt von Testverfahren auch nur annähernd zusammenzufassen. Stattdessen soll für einige klassische Gebiete der Testanwendung deren Nutzen für ein Manager Competence Audit diskutiert und einige Verfahren beispielhaft vorgestellt werden.

Tests kognitiver Fähigkeiten

Mit dem Wort „Test" wird wahrscheinlich allgemein am ehesten ein Intelligenztest assoziiert. Wie in Kapitel 5.3.2 beschrieben, sind kognitive Fähigkeiten eines der klassischen Beurteilungskriterien in einem Manager Competence Audit und Intelligenztests das typische Verfahren zu dessen direkter Erhebung. Obwohl verschiedene metaanalytische Untersuchungen seit Hunter & Hunter (1984) immer wieder bestätigen, dass Intelligenztestergebnisse der beste einzelne Prädiktor der Berufsleistung auch für Manager sind, erfreuen sich Testverfahren allgemein und speziell Intelligenztestverfahren in Management Audits geringer Beliebtheit. Dies liegt im Wesentlichen an der geringen Akzeptanz der Verfahren insbesondere bei Managern oberer Führungsebenen. Im Rahmen des Manager Competence Audits ist hier jeweils in Absprache mit dem Auftraggeber zu klären, welche Bedeutung den kognitiven Fähigkeiten und deren exakter Messung durch ein Testverfahren zuzuschreiben ist. Gegebenenfalls müssen die Führungskräfte in den vielleicht gar nicht so sauren Apfel beißen; schließlich kann die Verfahrensauswahl nicht nur dem Geschmack der Manager angepasst werden.

Als Beispiel eines Tests kognitiver Fähigkeiten sei hier der Intelligenz-Struktur-Test (IST 2000, vormals IST 70 und IST, Amthauer et al., 1999) kurz vorgestellt, der im deutschen Sprachraum zu den in der Eignungsdiagnostik meistverwandten Tests gehört. Folgende sieben Intelligenzfähigkeiten werden im IST 2000 erhoben und zu einem Gesamtscore der allgemeinen Intelligenz zusammengefasst:

▶ verbale Fähigkeiten
▶ figural-räumliche Fähigkeiten
▶ rechnerische Fähigkeiten
▶ Merkfähigkeit
▶ schlussfolgerndes Denken (fluide Intelligenz)
▶ wissensbezogene Intelligenz (kristallisierte Intelligenz)

Die Durchführung dauert eineinhalb bis zwei Stunden und kann einzeln oder in Gruppen erfolgen. Zur näheren Beschreibung dieses und weiterer kognitiver Testverfahren sei nochmals auf die Handbücher von Brähler et al. (2001) und Sarges & Wottawa (2000) verwiesen.

Persönlichkeitstests

Auch auf die Vielzahl verschiedener Persönlichkeitstests, die je nach zu Grunde liegendem Persönlichkeitsmodell und Erstellungsverfahren verschiedene Schwerpunkte und Faktorenanzahlen aufweisen, kann hier nicht eingegangen werden. Neben den schon erwähnten Handbüchern verweise ich auf das Buch von Hossiep, Paschen & Mühlhaus (2000) zu Persönlichkeitstests im Personalmanagement.

Einer der in den letzten Jahren am weitesten verbreiteten allgemeinen Persönlichkeitsfragebögen ist das NEO - Fünf Faktoren Inventar (Borkenau & Ostendorf, 1993). Dabei handelt es sich um die deutsche Übersetzung des „NEO Five Factor Inventory" von Costa und McCrae (1992), das auf dem Fünf-Faktoren-Modell („big five") der Persönlichkeit basiert. Dieses Modell nimmt an, dass Menschen sich auf den folgenden fünf relativ breiten Persönlichkeitsdimensionen umfassend beschreiben lassen:

1. Neurotizismus
2. Extraversion
3. Offenheit (für neue Erfahrungen)
4. Verträglichkeit
5. Gewissenhaftigkeit

Wie in Kapitel 4 beschrieben, haben mehrere Metaanalysen Zusammenhänge der Gewissenhaftigkeit und speziell für Manager auch der Extraversion mit der Berufsleistung ergeben (Barrick & Mount, 1991).

Als Beispiel eines spezifischer auf Managementleistungen hin interpretierbaren Persönlichkeitsfragebogens, sei hier auf die deutsche Version des „California Pychological

Inventory" CPI (Weinert et al., 1982) verwiesen, deren revidierte Auflage bereits ange-kündigt ist. Die 462 Items des revidierten Deutschen CPI sollen 20 Grundskalen messen, die folgenden fünf Klassen zugeordnet werden:

1. Soziale Ausgeglichenheit, Selbstsicherheit und zwischenmenschliche Kompetenz
2. Maturität, Verantwortlichkeit und interpersönliche Wertsystemstrukturierung
3. Leistungspotential und intellektuelle Effizienz
4. Intellekt und Interessen
5. Führungsstil, Führungspotential und Arbeitstechnik

Der deutsche CPI erscheint auf Grund seiner starken zwischenmenschlichen Orientie-rung und seiner langjährigen Anwendung in eignungs- und speziell managementdiagnos-tischen Kontexten (vgl. Weinert, 1990) als eine interessante Option, wenn im Rahmen eines Manager Competence Audits ein Persönlichkeitstest durchgeführt werden soll.

Über die Akzeptanz von Persönlichkeitstests unter Managern bzw. deren Fehlen ist Ähn-liches zu sagen wie bei den Intelligenztests.

Leistungsmotivation

Zum Abschluss dieses kurzen beispielhaften Überblicks über Testverfahren, die in Ma-nager Competence Audits zum Einsatz kommen können, sei auf einen kürzlich vorge-stellten Fragebogen zur Messung der Leistungsmotivation hingewiesen, da deren Erhe-bung bisher üblicher Weise Interviewverfahren vorbehalten war. Das Leistungsmotivati-onsinventar (LMI, Schuler & Prochaska, 2000) hat den Anspruch, berufsrelevante Di-mensionen zu integrieren, die in verschiedenen Leistungsmotivationstheorien angespro-chen werden. Folgende 17 Dimensionen oder „Leistungsorientierungen" wurden zur Messung mit jeweils zehn Items ausgewählt: Beharrlichkeit, Dominanz, Engagement, Erfolgszuversicht, Flexibilität, Flow, Furchtlosigkeit, Internalität, Kompensatorische Anstrengung, Leistungsstolz, Lernbereitschaft, Schwierigkeitspräferenz, Selbständigkeit, Selbstkontrolle, Statusorientierung, Wettbewerbsorientierung und Zielsetzung. Für den Managementbereich relevante Validitäts- oder Normwerte liegen bisher jedoch nicht vor.

Computergestützte Befragungen

Die moderne Informationsverarbeitungstechnologie hat auch in die Befragungsmethoden Eingang gefunden. Zu vielen Testverfahren liegen neben der traditionellen „Papier- und Bleistiftversion" auch am Computer dargebotene, zu beantwortende und auswertbare Versionen vor. Diese garantieren einerseits die Standardisierung der Durchführung (etwa der Bearbeitungszeiten), erleichtern den Auswertungsaufwand und ermöglichen anderer-seits, gegebenenfalls interessierende zusätzliche Informationen wie Reaktionszeiten, Fehlreaktionen und Korrekturen zu erheben. Allgemein wird von einer Äquivalenz von traditioneller und computergestützter Testdurchführung ausgegangen (Klieme & Stumpf, 1990).

Die computergestützte Durchführung von Testverfahren ermöglicht darüber hinaus das sogenannte adaptive Testen, bei dem der Testperson nur die für sie angemessenen Fragen gestellt werden, indem sie in Abhängigkeit von der vorhergehenden Antwort ausgewählt werden, um so eine möglichst schnelle und genaue Messung zu ermöglichen. Da solche adaptiven Testverfahren für unsere Zwecke meines Wissens jedoch bisher nicht vorliegen, soll auf sie hier nicht näher eingegangen werden.

Ein eigenständiger Bereich computergestützter Befragungen sind die Simulationen, in denen die Befragten als steuernde Akteure in ein komplexes Szenario einbezogen werden. Die Zusammenhänge zwischen einzelnen Systemvariablen und die Wirkmechanismen von Veränderungen sind den Probanden in der Regel nur zum Teil bekannt und müssen daher überwiegend aus den Reaktionen des zu steuernden Systems auf bestimmte Eingriffe erschlossen und in weitere Entscheidungen einbezogen werden. Die Anforderungen, die solche Simulationen an die Befragten stellen, sind „Komplexitätsreduktion, Bewältigung von Intransparenz, Anpassung an sich ändernde Situationen und Anwendung und Überprüfung allgemeinen Vorwissens in einer neuen Situation" (Putz-Osterloh, 1991) und entsprechen zentralen übergreifenden Beurteilungskriterien im Manager Competence Audit. Einen Überblick über computergestützte Simulationen zur Eignungsdiagnostik allgemein geben Strauß & Kleinmann (1995, Kleinmann & Strauß, 1998) und Kersting (1999). Spezielle Anwendungen im Bereich der Managementdiagnostik beschreibt Etzel (1998). Auch hier kann auf einzelne Verfahren nicht näher Bezug genommen werden. Der relativ hohe zeitliche Aufwand von Computersimulationen muss im Einzelfall durch die konkrete Fragestellung und die Verfahrensgüte gerechtfertigt werden.

5.5   Fazit: Methoden für ein Management Audit

Nach diesem Überblick über das für ein Management Audit potenziell zur Verfügung stehende Methodenarsenal seien abschließend einige praxisorientierte Empfehlungen für die methodische Gestaltung eines Management Audits gegeben. Dabei sei nochmals ausdrücklich betont, dass die Methodenauswahl in Abhängigkeit von den zu beurteilenden Ebenen des Managements (Kontext, Team, Manager), den als relevant identifizierten Kriterien und den spezifischen Bedingungen des jeweiligen Unternehmens erfolgen muss. Diese Auswahl sollte im Projektteam, ggf. auch in Absprache mit dem Auftraggeber im Anschluss an die Festlegungen der genannten Parameter geschehen. Die folgenden Empfehlungen beziehen sich auf den Fall, dass das Management auf allen drei genannten Ebenen des Audits anhand der in den Kapiteln 2 bis 4 erarbeiteten Kriterien beurteilt werden soll und keine besonderen Bedingungen im Unternehmen vorliegen, die die Methodenauswahl einschränken würden.

Interviews als Herzstück des Management Audit

Methodischer Kern eines Management Audits sollte das *Einzelinterview* mit den zu beurteilenden Managern selbst sowie relevanten Dritten sein, in dem Daten zu Kriterien aller drei Audit-Ebenen (Kontext, Team und Manager-Kompetenz) erfragt werden. Mit jenen Führungskräften, für die im Rahmen des gesamten Management Audits auch ein Manager Competence Audit durchgeführt wird, dient das Interview sicherlich in erster Linie der Datensammlung zu den dort zugeordneten Kriterien, aber auch mit ihnen sollten Fragen zum Managementkontext sowie zu Management Teams besprochen werden. Sie werden also zu allen drei Audit Ebenen befragt. Andere, deren eigene Kompetenz im konkreten Management Audit nicht Gegenstand der Analyse ist, können dennoch als Experten für Fragen des Kontexts oder zu Aspekten der Leistung von Management Teams befragt werden. Im Hinblick auf den Kontext können bestimmte zur Beurteilung verschiedener Kriterien wichtige Fakten über das Unternehmen, etwa seine Markt- und finanzielle Situation, Strategie, Organisation, Strukturen, formale Beurteilungs-, Belohnungs- und Feedbacksysteme, etc. mit dem Auftraggeber, mit Mitgliedern des Projektteams oder anderen Personen in der Organisation besprochen werden, die über die entsprechenden Kenntnisse verfügen. Auch grundlegende Aspekte zu Prinzipien der Teamarbeit insgesamt, ggf. aber auch konkrete Fragen zur Leistung und Leistungsfähigkeit einzelner Teams können Gegenstand solcher Interviews sein.

Sind sie selbst nicht als Personen in das Audit einbezogen, kommen zwei Personenkreisen im Management im Hinblick auf alle drei Audit Ebenen eine besondere Rolle zu: zum einen dem Top Management, dessen übergeordnete Einschätzung vor allem zum Kontext, sicherlich auch zu Teamkriterien und in Einzelfällen auch zu Personen sehr relevant ist, zum anderen denjenigen Führungskräften, die hierarchisch gesehen eine Ebene über den direkt in das Audit einbezogenen Managementebenen angesiedelt sind (wenn nicht mit dem Top Management identisch). Einerseits ist ihre Sicht auf Kontext- und Teamfaktoren in den Ebenen, für die sie verantwortlich sind, sehr wertvoll, andererseits können sie in strukturierter Form zu den Kompetenzen der Mitarbeiter, die sie führen, befragt werden und so einen Beitrag zum Manager Competence Audit leisten.

Die wesentlichen Erfolgsfaktoren sind dabei die gründliche Vorbereitung dieser Interviews und die den oben beschriebenen Qualitätsstandards entsprechende Durchführung. Aus praktischen Gründen ist es oft nur möglich, mit jeder Führungskraft nicht mehr als ein Interview zu führen, in dem alle nötigen Daten zu den drei Audit-Bereichen erfragt werden. Eine im Sinne höherwertiger Ergebnisse trotz des Aufwands zu bevorzugende Variante ist es, zwei Interviews bzw. zwei Interviewteile zu getrennten Zeitpunkten durchzuführen. Dadurch wird zum einen die Länge der einzelnen Interviews vertretbar gehalten, vor allem aber ergibt sich so die Möglichkeit, aus dem ersten Interview entstehende Hypothesen in weiteren Audit-Elementen zu prüfen sowie im zweiten Interview Eindrücke und Ergebnisse des bisherigen Audits zu reflektieren und gegebenfalls zu revidieren. Wenn nur ein Interview mit jedem Manager durchgeführt wird, ist es in jedem Fall wünschenswert, dass möglichst viele Daten aus anderen Auditverfahren zur Vorbereitung des Interviews bereits vorliegen, wie zum Beispiel Beobachtungsdaten aus situativen Übungen und einer echten Teamsitzung sowie Fragebogendaten zu zentralen Kriterien aus Management Team Audit und Managment Context Audit.

Immer ist eine gründliche Vorbereitung der Interviews für deren Erfolg von entscheidender Bedeutung. Die Fragen sollten für jeden der drei Audit-Bereiche von den meist externen Methodenexperten vorbereitet werden. Sie sollten im Projektteam diskutiert und verabschiedet werden, um sicherzustellen, dass Wissen zu Organisation und Management, das die Auswahl und Gestaltung der Fragen beeinflussen sollte, ausreichend berücksichtigt wird. Der inhaltliche Schwerpunkt von Interviews sollte jeweils auf denjenigen Kriterien liegen, die durch andere Verfahren nicht oder kaum erhoben werden. Fragen zum Management Context Audit sollten etwa besonders Aspekte der Unternehmenskultur, der Führungsleitbilder, der Zielsetzung und des Entscheidens beinhalten. Im Interviewteil zum Management Team Audit sind Aufgaben und Kontexteinflüsse, Führung im Team, Teamnormen und der Umgang mit Konflikten zentrale im Interview zu besprechende Themen. Bezüglich der Managerkompetenz sollte ein lebenslaufbezogener Teil durch Fragen zu motivationalen und wertorientierten Kriterien ergänzt werden, die durch Beobachtungs- und Testverfahren kaum zu erheben sind. Auch die übergreifenden Kriterien des Lernens und der Ziel- und Leistungsorientierung, verschiedene aufgabenorientierte Kriterien sowie das Vertrauen und das Erkennen und Fördern von Potenzialen sind Gegenstand des Interviews.

Die Fragenform sollte jeweils auf die zu erfragenden Inhalte abgestimmt werden. Wenn immer möglich, können strukturierte Interviewteile mit situativen und verhaltensbeschreibenden Fragen die Datenqualität steigern, aber auch offenere Fragen sollten in weniger strukturierten Interviewteilen den Führungskräften die Möglichkeit geben, sich zu komplexen Inhalten frei zu äußern. Ein übersichtlicher Interviewleitfaden mit Beurteilungsskalen und Raum für Notizen muss erstellt und die Interviewer müssen auf iher Aufgabe in einem Training vorbereitet werden. Ich halte es aus den oben dargelegten Gründen für sinnvoll, die Interviews in Zweierteams durchzuführen.

Auf allen drei Audit-Ebenen müssen Interviews durch andere Datenerhebungsverfahren ergänzt werden, die ich in den folgenden Abschnitten noch einmal zusammenfassen will. Wie bereits erwähnt, ist es wünschenswert, möglichst viele Ergebnisse dieser ergänzenden Verfahren im Interview bzw. bei dessen Vorbereitung schon zu kennen. Diese Kenntnis bietet die Möglichkeit, Unklarheiten oder Widersprüche auszuräumen oder aufzuklären und bei auffälligen Ergebnissen nachzufragen, um zu einem tieferen Verständnis zu gelangen.

Weitere Verfahren im Management Context Audit

In einem Management Context Audit empfielt es sich, die Einzelinterviews mit den zu beurteilenden Managern durch die *Analyse vorliegender Dokumente und Daten* zu ergänzen. Jahresberichte, Gutachten oder Statistiken liefern nützliche Informationen, insbesondere zu Ergebniskriterien.

Andererseits sind *schriftliche Befragungen* der vom Audit betroffenen Mitarbeiter zu den zentralen Kontextthemen Unternehmenskultur, Kommunikation, Feedback und Konflikte das Verfahren der Wahl, da sie die Befragung vieler Personen mit relativ geringem Aufwand ermöglichen. Dabei kann auf die beschriebenen vorliegenden Verfahren zurückgegriffen werden oder ein auf die Bedürfnisse der spezifischen Unternehmenssituation zugeschnittener Fragebogen entwickelt werden.

Beobachtungsverfahren sind im Rahmen eines Management Context Audits nur in Ausnahmefällen angezeigt, wenn die Befragungsdaten zu Kriterien von Unternehmenskultur, Kommunikation und Konfliktlösung unzureichend oder verzerrt erscheinen.

Weitere Verfahren im Management Team Audit

Im Management Team Audit plädiere ich in Ergänzung zu den Einzelinterviews dafür, wann immer möglich die betroffenen Teams in einer als erfolgskritisch oder schwierig identifizierten *natürlichen Situation zu beobachten*. Um dabei die Qualität der Daten zu garantieren, müssen die oben beschriebenen Durchführungsstandards erfüllt werden. Die Teilnahme von Beobachtern an einer solchen Situation wird sicherlich das Teamverhalten bereits beeinflussen und muss gerade deswegen vorab mit dem Team besprochen und eingeführt werden. Die Zahl der Beobachter ist gering zu halten, sie müssen über ein Beobachtungssystem verfügen, das den im entsprechenden Teil dieses Kapitels beschriebenen Standard erfüllt. Die zu beobachtenden Kriterien sind dabei die Teamprozesse, insbesondere Kommunikation, Feedback, Kooperation und Unterstützung, sowie Konflikte und Konfliktverhalten.

Schriftliche Befragungen stellen wichtige Bausteine im Management Team Audit dar, da verschiedene Fragebögen und Skalen zu den genannten zentralen Teamkriterien vorliegen. Die meist allgemeineren Antworten auf die Fragebogenskalen sollten mit den spezifischen Beobachtungsdaten sowie den ersten Interviewergebnissen kontrastiert werden und mögliche Diskrepanzen dann in den zweiten Einzelinterviews angesprochen und zu klären versucht werden. Darüber hinaus können Teamrollen durch schriftliche oder mündliche Befragung der Teammitglieder erhoben werden.

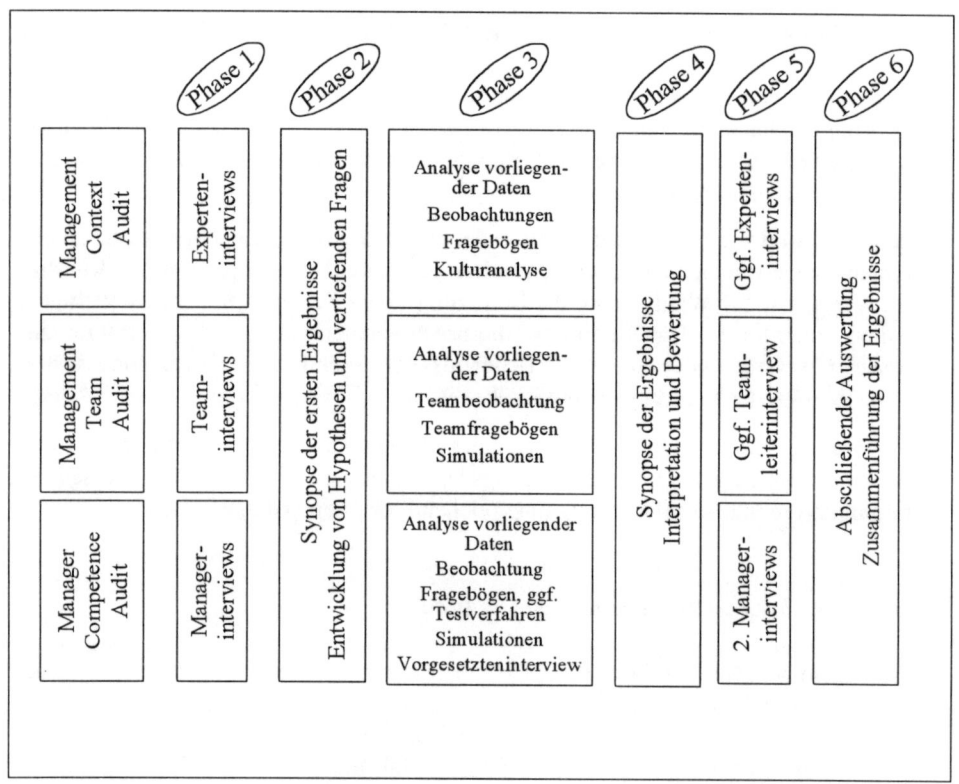

Abb. 18: Chronologie im Management Audit

Weitere Verfahren im Manager Competence Audit

Das Einzelinterview ist im Manager Competence Audit durch eine *Beobachtung* v.a. menschenorientierter Kompetenzen in mindestens einer *situativen Übung* zu ergänzen. Aus Gründen des praktischen Durchführungsaufwandes und der Akzeptanz bei den Managern empfehlen sich dabei Einzelübungen, die gegebenenfalls in das Interview integriert oder zumindest zeitlich mit ihm zusammen durchgeführt werden können. Art und Inhalt der Übungen sollten möglichst entsprechend erfolgskritischer stellenbezogener Situationen gestaltet werden, wobei Rollenspiele flexible Möglichkeiten zur Beobachtung sozialer Kompetenzen bieten. Kurze Präsentationen können im Stil multimodaler Interviews in das Einzelgespräch integriert werden. Für die Beobachtungsvorbereitung und -durchführung gilt dabei Ähnliches wie bei der Teambeobachtung. Zusätzlich muss jedoch die Situationsgestaltung, im Wesentlichen das Verhalten und die möglichen Reaktionen des Rollenspielpartners geplant und geübt werden. Letzteres soll einerseits möglichst realistisch und flexibel sein, andererseits die Manager nicht mit sehr unterschiedlichen Anforderungen konfrontieren.

Als zusätzliche Befragungsmethoden bieten sich im Manager Competence Audit *psychologische Testverfahren* an, deren Einsatz jedoch nur empfehlenswert ist, wenn in den Anforderungskriterien der betreffenden Stelle etwa kognitive Fähigkeiten besonders hervorstechen oder wenn dies ausdrückliches Anliegen des Auftraggebers ist.

Die *Analyse vorliegender Dokumente* zu einzelnen Managern, wie etwa von Ergebniszahlen, Aktendaten sowie insbesondere des Lebenslaufs wird im Wesentlichen zur Vorbereitung des Einzelinterviews benutzt werden.

Analyseprozess

Abbildung 18 veranschaulicht die Chronologie der Analyse im Management Audit entsprechend der methodischen Vorschläge in diesem Kapitel. Datenerhebungen auf den drei Analyseebenen wechseln phasenweise mit der Zusammenschau und Bewertung der Ergebnisse dieser Erhebungsphasen ab. Am Ende der Bewertungs- und Interpretationsphasen zwei und vier steht die Entwicklung weiterer Hypothesen und Fragen, die die Analyse in den Phasen drei und fünf leiten. In Phase sechs erfolgt die abschließende Zusammenführung und Bewertung der Ergebnisse. In den Phasen eins und fünf werden interviewgestützte Vorgehensweisen gewählt, während Phase drei Datenerhebungen mit den jeweils als adäquat angesehenen ergänzenden Methoden vorsieht. Die Auswahl der Methoden muss im Projektmangementkreis getroffen werden.

—

6   Praktische Umsetzung

Die Durchführung eines Management Audits stellt einen Prozess dar, der präzises Projektmanagement verlangt. Zunächst ist zwischen Auftraggeber und dem Leiter des Projektes der Auftrag im Detail zu klären. Diesem Auftrag entsprechend muss der Projektleiter ein Projektteam definieren und zusammenführen, das die notwendigen Kompetenzen zusammenbringt. Im Team muss der Auftrag diskutiert werden und daraufhin ggf. nochmals Rücksprache mit dem Auftraggeber erfolgen. Projektorganisation, -planung und -durchführung sowie Evaluation des Projekterfolgs schließen sich mit jeweils wichtigen Teilschritten an.

Das in Abb. 19 dargestellte Projektmanagementmodell ist eine gute allgemeine Basis für die Aufsetzung eines Management Audits.

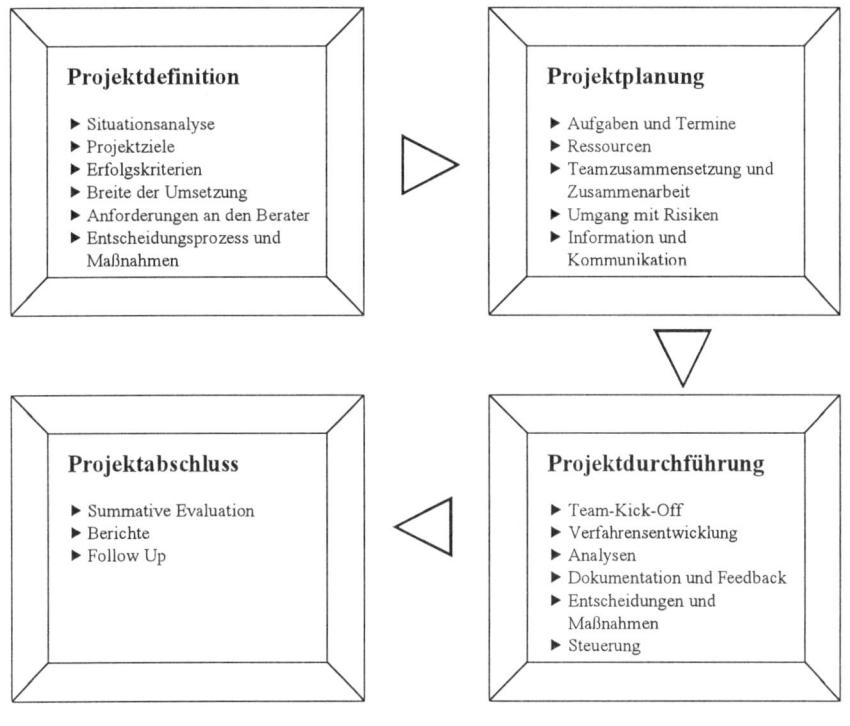

Abb. 19:   Projektmanagementmodell als Basis für die Gestaltung eines Management-Audit-Prozesses

6.1 Projektdefinition

Die Projektdefinition beginnt beim Auftraggeber und ist insofern im Kern Auftragsklärung. Auftraggeber für ein Management Audit ist typischerweise diejenige Person oder der Kreis von Personen, der bzw. die die Gesamtverantwortung für ein Unternehmen, unter Umständen auch einen Unternehmensteil haben. Das kann Geschäftsführung oder Vorstand sein, kann aber auch ein Aufsichtsgremium oder der Eigentümer sein, die dann die Geschäftsführung bzw. den Vorstand ggf. in das Audit einbeziehen. Hinter den unmittelbaren Auftraggebern können Investoren stehen, die ein Management Audit im Rahmen von Due-Diligence-Verfahren initiieren. Der jeweilige Auftraggeber wird sich in der Regel eine mit ihm eng und vertrauensvoll zusammen arbeitende Person als internen Projektleiter auswählen und dieser Person die Verantwortung für die Planung und Umsetzung des Audits übertragen. Typischerweise arbeitet dieser interne Projektleiter im weiteren Projektverlauf mit einem sorgfältig auszuwählenden externen Berater zusammen, der konzeptionelle und ausführende Unterstützung liefert. Freilich sind auch andere Konstellationen denkbar, zum Beispiel eine Durchführung ohne externe Begleitung oder die Leitung durch einen externen Berater, der direkt dem Auftraggeber zugeordnet ist. Im Weiteren gehe ich jedoch von der Konstellation aus, dass der Auftraggeber einen internen Projektleiter benennet, der dann einen externen Berater hinzuzieht, dabei allerdings die Wünsche des Auftraggebers berücksichtigt (dazu unten mehr). Diese Konstellation erlaubt es, die Stärken beider Seiten zu integrieren. Interne Projektleiter und Projektmitarbeiter bringen eine tiefere Kenntnis von Strukturen und ungeschriebenen Regeln des Unternehmens ein und ihr Bezugsrahmen ermöglicht es, Ergebnisse schnell und treffend einzuordnen. Externe Berater bringen größere Neutralität ein, deren Wahrnehmung bei den Betroffenen zu größerer Akzeptanz führt. Darüber hinaus liefern sie Benchmarking-Informationen, Professionalität durch Spezialisierung (Know-How) und sind unabhängig von unternehmenstypischen Wahrnehmungs- und Denkmustern. Die Kosten des externen Beraters sind in der Regel hoch, so dass sicher zu stellen ist, dass die genannten Beiträge auch tatsächlich geliefert werden, um sie zu rechtfertigen (dazu s. Kap. 6.1.5).

Für den Erfolg des Projektes ist gleich zu Beginn eine detaillierte Klärung des Auftrags ausschlaggebend. Der Projektleiter muss wissen, was sein Auftraggeber alles von ihm erwartet. Insofern hat er wie ein guter Berater oder Verkäufer eine systematische Bedarfsanalyse durchzuführen, um anschließend sein Projekt exakt den Anforderungen entsprechend aufsetzen zu können.

Voraussetzung einer gelingenden Auftragsklärung ist ein intensiver persönlicher Kontakt. Eine vertrauensvolle persönliche Beziehung habe ich oben bereits vorausgesetzt. Die Klärung muss folgende Aspekte einbeziehen:

▶ Situationsanalyse
▶ Projektziele

- ▶ Erfolgskriterien
- ▶ Breite der Umsetzung
- ▶ Anforderungen an den Berater
- ▶ Entscheidungsprozess und Maßnahmen

Damit sind die Aspekte der Definition des Management Audits aus Kapitel 1 wieder aufgenommen: Warum (Ausgangssituation) und wozu (Ziele) soll wer (Team / Anforderungen an Berater) was bzw. wen (Breite der Umsetzung) wie (Erfolgskriterien) beurteilen und mit welchen Konsequenzen?

Auf die einzelnen Aspekte wird im Folgenden näher eingegangen.

6.1.1 Situationsanalyse

Zunächst ist zu klären, welche Ausgangssituation vorliegt und welche Aspekte dieser Situation die Idee generieren, ein Management Audit durchzuführen. In der Regel wird dem ausgewählten internen Projektleiter diese Ausgangssituation in vielen Aspekten bekannt sein. Dennoch ist es zwischen ihm und seinem Auftraggeber wichtig, ein gemeinsames Verständnis darüber zu entwickeln, welche Aspekte der Situation die Durchführung eines Management Audits sinnvoll oder notwendig erscheinen lassen. Es ist wichtig, dass die Hauptverantwortlichen einen gemeinsamen Bezugsrahmen über das „Warum" und „Wozu" ihres Handelns entwickeln. Der Konsens darüber wird sich sowohl in der Gestaltung des Audits als auch in der Kommunikation an Beteiligte und Betroffene positiv auswirken. Auf die folgenden Aspekte sollte eine Situationsanalyse eingehen:

- ▶ Aktuelle Leistung des Unternehmens (Daten zur wirtschaftlichen Lage)
- ▶ Allgemeine Einschätzung zu Stärken und Schwächen des Unternehmens
- ▶ Allgemeine Einschätzung zu Chancen und Risiken für das Unternehmen unter aktuellen und zukünftigen Rahmenbedingungen
- ▶ Strategische Zielsetzungen des Unternehmens
- ▶ Eigentumsverhältnisse und ggf. deren Veränderung
- ▶ Die wichtigsten Daten zur Geschichte des Unternehmens
- ▶ Haltung von Interessenvertretern (Betriebs- oder Personalrat) im Unternehmen zu einem Management Audit
- ▶ Bisherige Erfahrungen mit Management Audits oder Management Potenzialanalysen
- ▶ Einschätzung zur Bereitschaft des Managements, an einem Audit teilzunehmen
- ▶ Persönliche und generelle Einschätzung des Managements und seiner Leistung sowie Leistungsfähigkeit durch den Auftraggeber

6.1.2   Projektziele

Die zentrale Aufgabe der Projektdefinition ist die Klärung der Ziele, die der Auftraggeber mit dem Audit verfolgt.

Zum einen werden sachliche Ziele vorhanden sein. Dient das Audit der Bestandsaufnahme der aktuellen Management-Kompetenz oder der Einschätzung des Management-
Potenzials? Sollen die Ergebnisse in erster Linie für Selektion (Auswahl- bzw. Platzierungsentscheidungen) oder für die Generierung von Maßnahmen der Führungskräfteentwicklung verwendet werden? Verfolgt der Auftraggeber dem entsprechend eher Ziele
im Hinblick auf die einzelnen Manager, oder hat er umfassendere Ziele im Hinblick auf
Management Teams und Rahmenbedingungen der Organisation? Das in diesem Buch
entwickelte Management-Audit-Konzept sollte den Projektleiter dahin führen, mit dem
Auftraggeber über eine individualistische Betrachtung hinaus die Möglichkeit von Zielsetzungen der Team- und Organisationsentwicklung zu diskutieren.

Auch persönliche Ziele des Auftraggebers spielen in der Regel eine Rolle. In welcher
konkreten Situation befindet er sich, und inwiefern ist die Durchführung eines Audits für
ihn in dieser Situation hilfreich?

Daneben stehen häufig politische Ziele. Welchen Interessen dient die Durchführung
eines Audits? Für wen veranlasst der Auftraggeber das Audit? Welche Interessen stehen
daher hinter ihm? Wessen Macht oder Einfluss wird dadurch gestärkt, wessen Macht
oder Einfluss begrenzt?

Über persönliche und politische, also eher inoffizielle Ziele etwas zu erfahren, ist ebenso
wichtig wie schwierig. Nur wenige Auftraggeber sind bereit, auch solche Aspekte offen-
zulegen. Häufig muss der Projekteiter, der den Auftrag übernimmt, auf seine eigene
Kenntnis der Situation und des Auftraggebers zurückgreifen, sie kritisch betrachten und
eigene Hypothesen entwickeln und zu prüfen versuchen. Dafür sind die angesprochene
Vertrautheit mit Situation und Auftraggeber eine große Hilfe, können aber auch gefähr-
lich sein, da persönliche Nähe und kritische Distanz häufig schwierig zu vereinbaren ist.

6.1.3   Erfolgskriterien

In der Regel in Abhängigkeit von den Zielen wird ein Auftraggeber implizit oder explizt
bestimmte Erfolgskriterien definieren. Woran wird er nach der Durchführung festma-
chen, wie erfolgreich das Projekt verlaufen ist? Eine bestimmte Qualität der erarbeiteten
Ergebnisse, die Geschwindigkeit der Durchführung, die Reibungslosigkeit des Prozesses, die Zufriedenheit der Betroffenen mit dem Vorgehen oder Anderes kommen in Betracht. Heikel ist die gelegentlich gehegte, in der Regel aber nicht offen geäußerte
Erwartung, ganz bestimmte Ergebnisse zu generieren, d. h. Vorannahmen über die
Management-Kompetenz eines Teams oder Einzelner mit Hilfe des Audits zu bestätigen.
In der Regel werden solche Vorannahmen in der Situationsanalyse (s. Kap. 6.3.1)

der Regel werden solche Vorannahmen in der Situationsanalyse (s. Kap. 6.3.1) deutlich, wenn mit dem Auftraggeber über seine Einschätzung der Leistung bzw. Leistungsfähigkeit des Managements gesprochen wird. Dieses Briefing soll dem Projektleiter einen Eindruck davon vermitteln, wie kritisch der Auftraggeber dem Management oder einzelnen Managern gegenübersteht. Aufgabe des Projektleiters ist es dann, sich von dieser Einschätzung zu lösen, im Rahmen des Audits ein von dieser Einschätzung unabhängiges Bild zu entwickeln und den Auftraggeber mit dem Ergebnis zu konfrontieren. Es ist dabei sehr wichtig, ihm dieses Ergebnis in einer Weise zu erläutern, die es ihm ermöglicht, seine eigene Einschätzung kritisch zu hinterfragen und auch das Ergebnis des Audits in die Entscheidungs- und Maßnahmenfindung einfließen zu lassen. Wenn der Auftraggeber die Ergebniskommunikation als belehrend und rechthaberisch erlebt, wird die Akzeptanz der Ergebnisse abnehmen, erlebt er sie als Angebot einer zusätzlichen, professionell erarbeiteten Einschätzung mit hoher Glaubwürdigkeit, wird die Akzeptanz der Ergebnisse steigen.

Die Explizierung von Erfolgskriterien ist für den Projektleiter von besonderer Bedeutung, da er dadurch sein Vorgehen auf diese Kriterien ausrichten und deutlich mehr Einfluss darauf nehmen kann, seine Arbeit zum Erfolg zu führen. Mit entsprechender Sensibilität sollte er auch versuchen, möglichst genau zu erfahren, in welcher Priorität der Auftraggeber seine Erfolgskriterien sieht und ob es inoffizielle Kriterien wie oben angesprochen gibt.

Als für sein Handeln verantwortliche Person muss jeder Projektleiter dann die eigene Entscheidung fällen, ob er die Zielsetzungen und Erfolgskriterien des Auftraggebers akzeptiert und, wenn nicht, mit ihm in die Diskussion eintreten und seine Bedenken deutlich machen.

Sind Erfolgskriterien verabschiedet, ist es Aufgabe des Projektleiters, sie in die Planung der formativen und summativen Evaluation des Projektes aufzunehmen. Die formative Evaluation hat die Aufgabe, projektbegleitend und prozessorientiert darauf zu achten, dass das Projekt der Planung entsprechend verläuft und ggf. anzuzeigen, wo steuernd einzugreifen ist. Teil dieser begleitenden Bewertung und Steuerung ist die Frage, ob der Projektverlauf die Erfüllung von Zielvorgaben und Erfolgskriterien sicherstellt oder ob ggf. Ziele modifiziert werden müssen. In der summativen Evaluation wird abschließend bewertet, in welchem Ausmaß Ziele erreicht und Kriterien erfüllt wurden.

6.1.4   Breite der Umsetzung

Ausgehend von den Zielsetzungen ist zu definieren, wie breit das Audit angelegt werden soll. Nicht zuletzt auf Grund der verbreiteten impliziten Annahme, ein Management Audit sei eine spezielle Form der Potenzialanalyse, ist vor allem zu klären, inwieweit Kontext- und Teamaspekte zusätzlich zu Manager-Kompetenz-Aspekten einbezogen werden sollen. Ich habe in diesem Buch ausführlich dargelegt, dass und warum ich das für sinnvoll halte. Dennoch ist damit noch nicht definiert, welche Aspekte des Kontexts, welche Kriterien im Hinblick auf das Team und auch welche Kompetenzkriterien einbezogen werden sollen. Die Detailarbeit dazu wird sicherlich auch nicht in der Phase der Auftragsklärung, sondern in der Projektplanung zu leisten sein. Dennoch muss mit dem Auftraggeber der grundsätzliche Rahmen abgesteckt werden. Die Aufgabe des Projektleiters besteht darin, bei seinem Auftraggeber das implizite Verständnis eines Management Audits zu explizieren und ihn entsprechend seiner persönlichen Einschätzung der Lage auf die Zweckmäßigkeit des Einbeziehens von Aspekten des Management Kontexts und des Management Teams hinzuweisen. Indem der Projektleiter den Auftraggeber vertiefend nach seiner Einschätzung der Wirkung von Kontext- und Teamfaktoren auf die Managementleistung fragt, kann eine solche Bewusstmachung gelingen, ohne belehrend zu wirken. Die Fragen nach den Einschätzungen des Auftraggebers sollten sich an den in den Kapiteln 2 und 3 als wichtig heraus gearbeiteten Kriterien orientieren.

Mit der Breite der Umsetzung hängt unmittelbar der Zeitrahmen für die Durchführung zusammen. Häufig liegen bei Auftraggebern bestimmte Erwartungen darüber vor, wann ein Audit starten und wann es abgeschlossen sein soll. Solche Erwartungen sollten besprochen und gemeinsam im Hinblick auf die Machbarkeit bewertet werden. Typischerweise werden im Verlauf der Auftragsklärung Anforderungen offengelegt, die die ursprünglichen Wünsche zum Zeitplan nicht realistisch erscheinen lassen und zu dessen Modifikation zwingen. Es ist eine der wichtigsten Aufgaben des Projektleiters, auf einen realistischen Zeitplan zu drängen und mit dem Auftraggeber zu verabreden, in der Phase der Projektplanung ggf. Terminvorgaben nochmals zu diskutieren.

6.1.5   Anforderungen an den Berater

Der externe Berater sollte frühzeitig ausgewählt und in das Projektteam integriert werden. Die Auswahl sollte in einem möglichst strukturierten Prozess verlaufen, in dessen Rahmen sich mehrere Anbieter vorstellen und schließlich anhand einer Bewertungsmatrix, die die Anforderungen an den externen Partner repräsentiert, eine Entscheidung gefällt werden.

Gemeinsam mit dem Auftraggeber sollten die Kriterien festgelegt werden, durch die der externe Partner zur Durchführung des Audits ausgewählt werden soll. Diese gemeinsame Festlegung ist für den Projektleiter wichtig, um mögliche besondere Erwartungen des Auftraggebers an die externen Partner zu kennen und berücksichtigen zu können. Die in aller Regel wichtigen Dimensionen der Bewertung sind entsprechend der vorgeschlagenen Kompetenzstrukturierung aus Kapitel 4:

Übergreifende Kompetenzen

Für viele Unternehmen, die Berater beauftragen, sind die in den Projekten handelnden Personen von ausschlaggebender Bedeutung. Je intensiver der persönliche Kontakt des Beraters mit wichtigen Persönlichkeiten des Unternehmens ist, desto wichtiger wird seine Akzeptanz als Person. Es liegt auf der Hand, dass bei der Durchführung eines Management Audits aus zwei Gründen die persönliche Integrität des Beraters von herausragender Bedeutung ist: Zum einen steht er in engem Kontakt mit Führungspersonen des Unternehmens, die akzeptieren müssen, dass der Berater eine Einschätzung ihrer Managementkompetenzen abgibt, die auf ihre weitere Entwicklung vermutlich erheblichen Einfluss haben wird. Diese Akzeptanz gewinnt er nur zu einem geringen Teil aus der Rolle im sozialen Kontext. Zum größeren Teil hängt sie von seiner persönlichen Glaubwürdigkeit und Überzeugungsfähigkeit ab. Zum Zweiten erlangt er in seiner Tätigkeit intime Kenntnisse über das Unternehmen und sein Management. Der Auftraggeber muss sich darauf verlassen können, dass der Berater mit diesem Wissen streng vertraulich umgeht.

Aufgabenorientierte Kompetenzen

Management Audits haben enge Bezüge zur strategischen Ausrichtung und Entwicklung des Unternehmens. Sie werden durch Neuausrichtungen veranlasst und richten sich in jedem Fall im Hinblick auf die Festlegung der Kriterien und Erwartungen an die Managementleistung an strategischen Vorgaben aus. Strategisches und unternehmerisches Denken des Beraters ist daher von besonderer Bedeutung, um ein Verständnis der Situation und der Ziele aus Sicht des Auftraggebers sicherzustellen.

Der Berater wird typischerweise der Lieferant des Analysesystems und damit der Hauptverantwortliche für die Herangehensweise und die eingesetzten Methoden sein. Daher steht sein Wissen über Vor- und Nachteile bestimmter Herangehensweisen und Methoden im Hinblick auf ihren Nutzen und ihre Akzeptanz weit oben in der Kriterienliste. Auftraggeber und Projektleiter sollten klären, ob sie auf Grund eigenen Wissens und eigener Erfahrungen bestimmte Herangehensweisen bevorzugen oder aber ausschließen, ob sie methodische Ansätze favorisieren oder grundsätzlich ablehnen und sollten diese Vorgaben bei der Beraterauswahl berücksichtigen.

Soll nicht nur Manager Competence, sondern auch Management Context und Management Team in das Audit einbezogen werden, muss definiert werden, welches methodische Wissen über personenbezogene Assessment-Methoden hinaus im Hinblick auf Organisations- und Teamdiagnose vorhanden sein sollte.

Neben der auf die Analyse bezogenen methodischen Kompetenz, sollte ausgehend von der Rolle, die dem Berater zugedacht wird, seine Prozess- und Projektmanagementkompetenz berücksichtigt werden. Erfahrung in der Durchführung so sensibler Prozesse wie

den eines Management Audits sollte vorhanden sein, wenn der Berater – was typischerweise der Fall ist – in das Projektmanagement integriert wird. Insbesondere seine planerische und organisatorische Handlungssicherheit sowie seine Herangehensweise an Information und Kommunikation sollten erfragt und bewertet werden.

Wie in Kapitel 2 angesprochen, sind für ein Management-Audit-Projekt qualifizierte
Branchenkenntnisse sehr hilfreich. Häufig wird diese Kenntnis durch den Berater in das
Projektteam eingebracht. Allerdings steht bei sehr intensiven und aktuellen Beziehungen
des Beraters in die Branche seiner Beauftragung ggf. die Unsicherheit entgegen, ob die
erlangten vertraulichen Kenntnisse über das Unternehmen unveröffentlicht bleiben.
Auftraggeber und Projektleiter müssen diese Problematik diskutieren und eine gemeinsame Position dazu erarbeiten, um bei der Beraterauswahl entsprechend agieren zu können.

Menschenorientierte Kompetenzen

Die Fähigkeit des Beraters, aktiv Beziehungen zu unterschiedlichsten Charakteren aufzubauen und das Vertrauen unterschiedlichster Personen in kurzer Zeit zu gewinnen, ist
ein entscheidender Erfolgsfaktor seines Wirkens im Rahmen eines Management Audits.
Durch seine Rolle wird er dazu vor allem Einfühlungsvermögen und kommunikative
Kompetenz benötigen. Die Beschreibung dieser Kriterien findet sich in Kapitel 4 in
passender Form auch für den Berater.

6.1.6   Entscheidungsprozess und Maßnahmen

Je nach Breite des Management-Audit-Ansatzes, liegen nach Abschluss der Analyse
Ergebnisse zu Kontext-, Team- und Personenkriterien vor, die in Abschlussberichten je
nach Erwartungen des Auftraggebers dokumentiert wurden. Abgesehen von der Bedeut-
samkeit dieser Ergebnisse als solcher stellt sich bereits zu Beginn des Prozesses die
Frage, in welcher Form diese Ergebnisse in konkrete Maßnahmen umgesetzt werden.
Wer nimmt die Ergebnisse zur Kenntnis, und welche Person bzw. Personen treffen letztendlich Entscheidungen bzw. definieren Maßnahmen? Wie bindend sind die Ergebnisse
des Audits für diese Personen? Die Handhabung von Auditergebnissen ist in verschiedenen Unternehmen durchaus sehr unterschiedlich. Einige Organisationen betrachten
Auditergebnisse als eine unter mehreren Informationsquellen und treffen
Entscheidungen auf der Basis von Informationen aus unterschiedlichen Quellen, andere
versehen Auditergebnisse mit automatischer Wirkung im Hinblick auf die weitere
Entwicklung von Managern. Nur wer bestimmte Ergebnisse erzielt, hat die Chance für
bestimmte Entwicklungen, bzw. wer bestimmte Mindestergebnisse nicht erzielt, wird
von bestimmten Entwicklungen ausgeschlossen. Der Umgang mit und der Stellenwert
von Ergebnissen muss im Vorfeld diskutiert werden, nicht zuletzt um die

muss im Vorfeld diskutiert werden, nicht zuletzt um die Kommunikation an die betroffenen Führungskräfte klar und verlässlich halten zu können.

Umgang mit negativen Ergebnissen

Ein ganz entscheidender Punkt im Hinblick auf Ergebnisse und Maßnahmen ist die Frage, wie damit umgegangen werden soll, wenn die Ergebnisse von Teams oder einzelnen Managern gegebenenfalls aufgestellten Mindestkriterien nicht genügen. Diese häufig unter dem Stichwort „Verliererproblematik" diskutierte Frage muss unbedingt in der Projektdefinition berücksichtigt werden. In der Zieldefinition wird festgelegt, zu welchen Zwecken das Audit durchgeführt wird, und aus diesen Festlegungen ergibt sich unter anderem, ob Mindestkriterien für Auditergebnisse zu definieren sind. Ist das der Fall, muss auch beschlossen werden, welche Konsequenzen es hat, wenn jemand diese Kriterien nicht erfüllt. Aber auch ohne direkte Fixierung von Mindestergebnissen ist zu reflektieren, welche Maßnahmen sich an schwache Ergebnisse des Audits anschließen. Häufig ergibt sich die spezielle Problematik, dass man Mitarbeiter mit kritischen Ergebnissen durchaus im Unternehmen halten und durch die Rückmeldung von Schwächen und negativen Ergebnissen nicht demotivieren möchte. Möglichkeiten, auf der emotionalen Seite die Belastungen aufzufangen und in der Sache hilfreiche Angebote für Aufgabenzuordnung und Personalentwicklung zu machen, müssen daher ausgelotet und konkrete Vorgehensweisen definiert werden.

6.2   Projektplanung

6.2.1   Aufgaben und Termine

Der erste Schritt der Projektplanung ist die Definition der Aufgaben und ihre Systematisierung. Abb. 20 stellt beispielhaft eine mögliche Aufgabenstruktur für ein Management Audit vor. Wohlgemerkt handelt es sich hier um eine Strukturierung der Aufgaben zu sinnvollen Clustern, die weder eine bestimmte zeitliche Reihenfolge noch eine bestimmte Zuordnung von Verantwortlichen festschreibt.

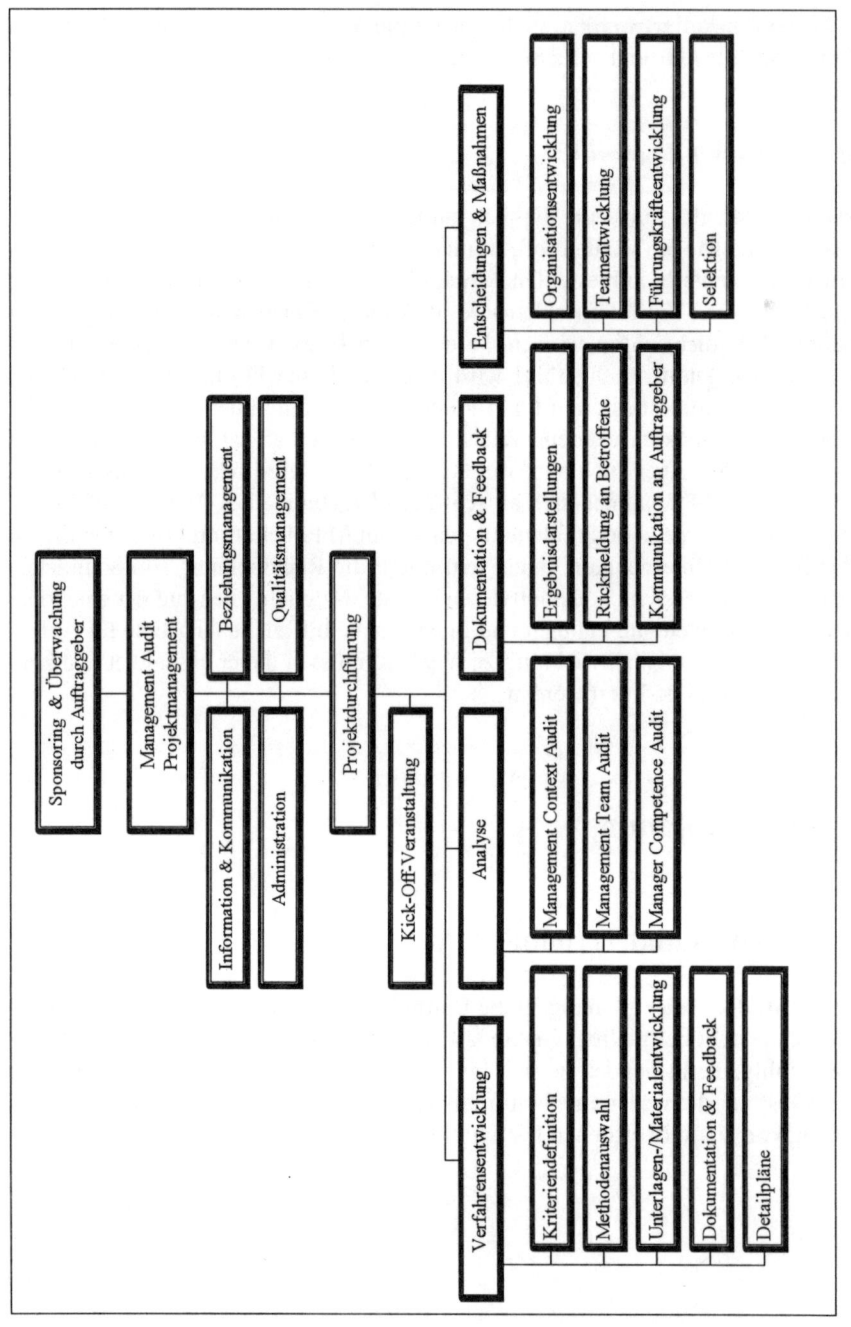

Abb. 20: Aufgaben im Management Audit Prozess

Der Auftraggeber ist nach der Erteilung des Auftrags nicht als teilnahmslos zu betrachten. Vielmehr kommt ihm die wichtige Aufgabe des Sponsoring zu. Er muss klar machen, dass er hinter dem Projekt steht und es zu keinem Zeitpunkt in Zweifel zieht. Sollte er auf Grund seiner zweiten Aufgabe, der Überwachung des Projektes, den Eindruck gewinnen, das Projekt laufe nicht seinen Zielsetzungen entsprechend, verlangt die Sponsoring-Aufgabe von ihm, diese Bedenken außerhalb der Öffentlichkeit mit dem Projektleiter zu besprechen und Lösungen zu entwickeln.

Zentrale Aufgaben sind das Projektmanagement und die ihm direkt zugeordneten Sonderaufgaben Information und Kommunikation, Beziehungsmanagement, Qualitätsmanagement und Administration. Dem Projektmanagement fallen die klassischen Aufgaben zu:

- ▶ Zielsetzungen definieren
- ▶ Planung des Prozesses
- ▶ Organisation der Umsetzung
- ▶ Führung des Projektteams
- ▶ Koordination aller Aktivitäten
- ▶ Kontrolle

Information und Kommunikation im Rahmen eines Management-Audit-Projektes hat extrem hohen Stellenwert, um Beteiligten und Betroffenen jeweils rechtzeitig in der angemessenen Form die für eine Akzeptanz des Vorgehens erforderliche Transparenz zu vermitteln. Je größer das Projekt ist, desto wichtiger wird eine systematische Ausarbeitung von Kommunikationsprozessen im Projekt. Bei kleineren Projekten ist die Kommunikation nicht weniger wichtig, ihre Planung und Gestaltung aber einfacher. Von entscheidender Bedeutung ist, dass die Aufgabe der Information und Kommunikation nicht als einseitig verstanden wird. Sicherlich steht ein Informationsbedürfnis über das Projekt bei den genannten Personen bzw. Gruppen im Vordergrund. Sie sollten aber aktiv um Stellungnahme und Feedback zum Prozess gebeten werden. Dieses Feedback ist an das Projektmanagement weiterzuleiten.

Die wichtigsten Zielpersonen bzw. -gruppen der Kommunikation sind:

- ▶ Auftraggeber
- ▶ Betroffene Führungskräfte
- ▶ Interessenvertreter
- ▶ Andere Beteiligte

Beachtung sollten auf jeden Fall die rechtlichen Bestimmungen zu Informations- und ggf. auch Mitbestimmungsrechten im Sinne des Betriebsverfassungsgesetzes, des Sprecherausschussgesetzes sowie der einschlägigen Rechtsprechung der Arbeitsgerichtsbarkeit finden. Eine sehr informative und klare Darstellung dazu findet sich bei Fischer & Littig (2001).

Hinter dem Stichwort „Beziehungsmanagement" verbirgt sich eine Aufgabe, die eng mit Information und Kommunikation verbunden ist. Es geht um die innere Haltung, mit der ein Audit von den handelnden Personen durchgeführt wird und um die Auswirkungen dieser Haltung auf die am Audit beteiligten Manager. Nicht selten werden in Management Appraisals, Potenzialanalysen und/oder Manager Audits die auditierten Manager implizit, manchmal auch explizit als Objekte einer systematischen Analyse und Betrachtung verstanden. Bestenfalls wird ihnen vorher etwas darüber gesagt, was man mit ihnen vorhat und ihnen die Gelegenheit gegeben, sich zu informieren. Ihre Rolle gleicht aber häufig der eines Prüflings, der vor die Kommission tritt: Einer nach dem anderen, allein oder ggf. auch in Gruppen, wird durchgeschleust und erhält anschließend sein Prädikat. Die Beziehung der Auditoren zu den Managern ist geprägt von Distanz und Herrschaftsanspruch in der Audit-Situation. Aus drei Gründen empfiehlt sich eine Abkehr von dieser Grundhaltung: Erstens werden im Audit an die betroffenen Manager typischerweise außerordentlich hohe Erwartungen im Hinblick auf ihre persönliche Reife sowie ihre fachlichen, methodischen, sozialen und Führungskompetenzen gerichtet, und es ist ein eklatanter Widerspruch zu diesen Erwartungen, wenn dieselben Manager durch das Vorgehen der Auditoren und die Beziehungsgestaltung implizit als passive und abhängige Personen betrachtet werden. Zweitens verkennt diese Haltung, dass Manager im Audit ihre eigenen Konstruktionen darüber entwickeln, worum es geht, was man von ihnen erwartet, welche Bewertungskriterien herangezogen werden, welche Rolle sie im Ganzen spielen etc. Diese impliziten Erwartungen und Annahmen werden voraussichtlich nur in Teilen mit denen der Verantwortlichen für das Audit übereinstimmen. Das kann zu erheblichen Missverständnissen führen, die nur durch ein offenes und partnerschaftliches Gespräch über Zielsetzungen, Bewertungskriterien, anstehende Maßnahmen auf der einen Seite, Befürchtungen, Erwartungen, Vermutungen auf der anderen Seite vermieden werden können. Drittens werden nur durch ein solches Vorgehen, das Auditoren und Manager gleichermaßen als Subjekte des Geschehens auffasst, dauerhafte Akzeptanz erreicht und Mitwirkung der Manager gewährleistet, ohne die brauchbare Daten kaum zu erheben sein werden.

Qualitätsmanagement bezieht sich auf alle anderen Teilaufgaben des Projektes sowie auf das Management der Schnittstellen zwischen Aufgaben. Besonders anfällig für Qualitätsdefizite sind typischerweise:

▶ Die Planung im Hinblick auf die Machbarkeit des geplanten Umsetzungsprozesses.
▶ Die Verfahrensentwicklung im Hinblick auf Kriterienklarheit, Detailpläne und Unterlagengestaltung.
▶ Die Analyse im Hinblick auf die souveräne und professionelle Führung des Analyseprozesses durch die verantwortlichen Personen.
▶ Dokumentation und Feedback im Hinblick auf Schnelligkeit der Dokumentation und der Feedbackdurchführung sowie im Hinblick auf die Nachvollziehbarkeit des Feedbacks.

▶ Entscheidungen und Maßnahmen im Hinblick auf die Verbindlichkeit und die zügige Realisierung.

Eine gut organisierte Administration aller Prozesse im Projekt ist ohne nähere Erläuterung eine nachvollziehbare Notwendigkeit für den Erfolg und die Professionalität der Umsetzung.

Die Hauptaufgaben des Projektes sind neben diesen zentralen Funktionen die Verfahrensentwicklung, die Verfahrensdurchführung – differenzierbar in die eigentliche Analyse einerseits und Dokumentation und Feedback andererseits – sowie die Entwicklung von Entscheidungen und Maßnahmen. Die einzelnen Teilaspekte dieser Aufgaben sind in Abb. 20 dargestellt.

Im Anschluss an die Definition der Aufgaben ist die Terminplanung eine der zentralen Aufgaben der Projektplanung. Sie beginnt mit der Definition von Meilensteinen und bricht dann das Vorgehen innerhalb der Projektabschnitte in kleinere Einheiten herunter.

6.2.2 Ressourcen

Die Ressourcenplanung ist eine der zentralen Aufgaben der Projektplanung. Sie bezieht sich auf

▶ Personelle Ressourcen
▶ Materialressourcen
▶ Finanzielle Ressourcen

Die Leitfragen der Planung lauten: Zu welchen Projektzeitpunkten werden wie viele Mitarbeiter mit welchen Qualifikationen benötigt? Welche sachlichen Voraussetzungen bzw. Ausstattungen werden wann benötigt? Welches Budget ist für die einzelnen Projektaufgaben erforderlich?

6.2.3 Teamzusammensetzung und Zusammenarbeit

Die Zusammensetzung des Projektteams muss sich an den mit dem Auftraggeber verabredeten Zielen und Anforderungen orientieren. Wichtig ist für den Projektleiter die Integration unterschiedlicher Kompetenzen und Erfahrungen in sein Projektteam. Wie bereits zu Beginn von Kapitel 2 formuliert, muss er zum einen dafür sorgen, dass aktuelles, intensives und möglichst persönliches Branchenwissen im Team repräsentiert ist, um die Angemessenheit von Beurteilungsmaßstäben im Vergleich zu den Standards im Markt einschätzen zu können. Darüber hinaus muss Wissen über die Geschichte der Organisation im Projektteam präsent sein, um sicherzustellen, dass bestimmte Erfahrungen, die das Management geprägt haben, dort bekannt sind, ggf. auch spezielle Vorerfahrungen mit Potenzialanalysen und Audits bei der Planung berücksichtigt werden können. Außerdem ist spezielles Wissen über die Gestaltung von Projektkommunikation wichtig. Selbstverständlich ist das Vorhandensein von fachlichem und methodischem Wissen zur Gestaltung und Durchführung eines Management-Audit-Prozesses unerlässlich.

In jedem Fall sollte das Projektteam interne und externe Projektmitarbeiter umfassen und die Projektorganisation sicherstellen, dass der Austausch zwischen ihnen optimal ist.

Das wirksame Ineinandergreifen der Teilaufgaben des Projektes hängt ganz wesentlich von der Zusammenarbeit der verschiedenen Personen ab, die an den Aufgaben mitarbeiten, ab. Um diese Zusammenarbeit zu optimieren, muss zunächst eine Rollenklärung erfolgen. Rollenklärung heißt in diesem Zusammenhang vor allem Aufgabenzuordnung, Beziehungsdefinition und Erwartungsklärung. Das Bündel aus Aufgaben, Einordnung in das Beziehungsnetz des Projektes und Erwartungen, die an eine Person gerichtet werden, definiert ihre Rolle im Projekt.

- ► Aufgabenzuordnung: Für welche Aufgaben ist wer verantwortlich, und wie hat er diese Verantwortung wahrzunehmen?
- ► Beziehungsdefinition: Wer ist wem gegenüber zu Information, Ergebnislieferung und/oder Berichterstattung verpflichtet?
- ► Erwartungsklärung: Was kann jeder von den unterschiedlichen Anderen erwarten?

Zu dieser eher formalen Rollenklärung müssen weitere Elemente hinzukommen, die die Zusammenarbeit optimieren. Diese Elemente liegen zum Teil ebenfalls im Bereich formaler Regelungen, zum Teil aber auch im Bereich der persönlichen Beziehungen zwischen den Beteiligten. Auf formaler Seite sind insbesondere Spielregeln für verschiedene Bereiche zu definieren. Im Wesentlichen ist dabei an Spielregeln zu denken für:

- ► den Umgang mit vertraulichen Informationen,
- ► die Kommunikation mit Beteiligten und Betroffenen, aber auch mit Personen, die in das Projekt nicht eingebunden sind,
- ► die Vorbereitung und Durchführung von Projektmeetings,
- ► die Eskalation von Themen/Ereignissen in das Projektmanagement,
- ► den Umgang mit Konflikten im Team.

Auf der persönlichen Ebene sollte die Projektplanung die Notwendigkeit berücksichtigen, dass Mitarbeiter im Projekt auch persönliche Kontakte aufbauen und sich kennen lernen sollten, um ihre Zusammenarbeit besser gestalten und als angenehmer erleben zu können. Dementsprechend sollte sowohl in die unten erwähnte Kick-Off-Veranstaltung als auch ggf. in weitere Teamveranstaltungen im Projektverlauf Zeit für persönliche Begegnungen eingeplant werden.

6.2.4 Umgang mit Risiken

Jedes Projekt wird durch mehr oder weniger vorhersehbare und gänzlich unvorhersehbare Risiken gefährdet. Daher ist eine systematische Risikoanalyse zwingender Bestandteil eines professionellen Planungsprozesses. Im Hinblick auf ein Management Audit sind einige Risikopotenziale als typisch anzusehen und sollten auf jeden Fall einer Ex-Ante-Betrachtung unterzogen werden. Zu jedem der betrachteten Risikoaspekte sind die Eintretenswahrscheinlichkeit einzuschätzen und dieser Einschätzung entsprechend mehr oder weniger weitgehende Alternativszenarien zu planen. Einige wichtige Risikopotenziale werden im Folgenden angesprochen:

Veränderungen in Interessen und Zielsetzungen von Auftraggebern

Die Anforderungen an eine Auftragsklärung im Hinblick auf Ziele und Interessen von Auftraggebern und hinter ihnen stehenden Interessengruppen wurde bereits deutlich gemacht. Dennoch darf unter den Risiken nicht unerwähnt bleiben, dass Interessen und Zielsetzungen von Auftraggebern sich ändern können, unter Umständen sogar der Auftraggeber als Person aus dieser Rolle ausscheiden oder – sollte der Auftraggeber eine Institution sein – Personen, die den Auftraggeber repräsentieren, durch veränderte Verantwortungen das Audit neu bewerten und in ihrer Prioritätenliste anders ansiedeln können.

Veränderungen in den grundlegenden Rahmenbedingungen

Entsprechend der Situationsanalyse zur Projektdefinition wird ein Management Audit unter bestimmten Voraussetzungen aufgesetzt. Die Leistungsfähigkeit des Unternehmens, die wirtschaftlichen und rechtlichen Rahmenbedingungen, in denen es agiert bzw. agieren wird, strategische Ziele und Eigentumsverhältnisse sind die Wichtigsten dieser Voraussetzungen. Es ist nicht auszuschließen, dass sich von der Projektdefinition bis zur Durchführung und zum Abschluss des Audits an diesen Voraussetzungen Maßgebliches ändert. Ändern sich beispielsweise rechtliche oder wirtschaftliche Rahmenbedingungen und von ihnen ausgehend Chancen und Risiken für das Unternehmen am Markt sowie konsequenterweise dessen strategische Ausrichtung, wird das Management davon selbstverständlich stark betroffen sein. Im Hinblick auf das Audit muss hinterfragt werden, ob es unter den gegebenen Veränderungen und der aus ihnen resultierenden Belastung des Managements fortgesetzt werden kann bzw. welche Modifikationen im Hinblick auf Ausrichtung, Zeitplanung, Bewertungskriterien und Ergebnisverwendung vorzunehmen sind. Die Planungsphase sollte die Stabilität der Rahmenbedingungen prüfen sowie die Wahrscheinlichkeiten für Veränderungen an bestimmten Aspekten reflektieren und ggf. Alternativszenarien bereitstellen.

Veränderungen in Teilnahmebereitschaft und/oder Verfügbarkeit des Managements

Die in ein Management Audit einbezogenen Führungskräfte sind weiterhin ihren Aufgaben verpflichtet und in der Regel körperlich, geistig, emotional und zeitlich stark eingebunden. Je nach Breite des Audits verlangt dieses von ihnen gleichzeitig nicht nur persönliche Bereitschaft und Energie, sondern auch Zeit. Insbesondere die innere Einstimmung auf das Audit beschäftigt den Geist und die Emotionen der betroffenen Führungskräfte nicht unerheblich und bedarf eines gewissen Freiraums für die persönliche Auseinandersetzung, ggf. auch für Gespräche mit den für das Audit verantwortlichen Personen. Diese Konkurrenz um die Ressourcen der Führungskräfte stellt ein grundsätzliches Spannungsverhältnis zwischen Alltagsaufgaben und Audit als Sonderaufgabe dar, mit dem das Projektmanagement planen muss. Dieses Spannungsverhältnis kann aber durch Ereignisse im geschäftlichen Verantwortungsbereich der Führungskräfte, genauso aber auch in deren privatem Umfeld, zusätzlich belastet werden. Je nach dem Ausmaß der Vorhersehbarkeit solcher zusätzlichen Belastungen muss das Projektmanagement Maßnahmen planen, die die aktive und erfolgreiche Teilnahme der betroffenen Führungskräfte am Audit sicherstellen. Da diese Risiken sich häufig aber schwer kalkulieren lassen und eher auf individueller Ebene auftreten, wird mit ihnen zu einem großen Teil ad hoc umzugehen sein. Im Vorfeld muss daher bei den Verantwortlichen und im Audit handelnden Personen vor allem das Bewusstsein dafür geschärft werden, entsprechende Entwicklungen wahrzunehmen und die Verpflichtung vermittelt werden, solche Wahrnehmungen an das Projektmanagement zu kommunizieren.

Veränderungen im Projektteam

Kein Projekt ist davor geschützt, dass im Projektverlauf Mitarbeiter aus dem Team ausscheiden. Dafür kann es unterschiedliche Gründe geben, die aufzulisten hier nicht notwendig ist. Für die Planung des Projektes ist es wichtig, sich Rechenschaft darüber abzulegen, wie stabil das Team ist. Dazu gehört auch die individuenbezogene Betrachtung, ob Entwicklungen bekannt oder erkennbar sind, die Zweifel an der kontinuierlichen Verfügbarkeit rechtfertigen. Auf der Ebene der Gruppe der Teammitglieder ist zu hinterfragen, ob Teamkonstellation, Rollenverteilung, persönliche Beziehungen zu einer positiven, motivierenden Arbeitsatmosphäre führen oder ob das Team von vornherein durch Unzufriedenheit stiftende, konfliktträchtige Konstellationen belastet ist. Je nach Vorhersehbarkeit kritischer Entwicklungen sollte vorbeugend gehandelt werden, ggf. auch im Vorfeld geplant werden, wer u. U. schnell als Ersatzperson in das Team integriert werden kann bzw. welche Maßnahmen getroffen werden müssen, um schnelle Wechsel reibungslos zu ermöglichen.

6.2.5 Information und Kommunikation

Information und Kommunikation wurden als zentrale Projektaufgaben definiert (vgl. Kap. 6.2.1). Je nach Komplexität des Projektes müssen sie im Hinblick auf Strukturen und Prozesse geplant werden, und die Notwendigkeit einer detaillierten Planung nimmt mit der Komplexität des Projektes zu. In einem Kommunikationsplan sind folgende Aspekte zu strukturieren:

► Wer erhält Informationen?
► Wann werden die jeweiligen Bezugspersonen oder -gruppen informiert?
► Worüber werden sie zu den jeweiligen Zeitpunkten informiert?
► Wer informiert sie jeweils?
► Welche Medien werden zur Information genutzt?
► Wie wird Feedback von den jeweiligen Bezugspersonen oder -gruppen eingeholt?
► Welche Möglichkeiten haben die jeweiligen Bezugspersonen oder -gruppen, sich aktiv zu informieren bzw. das Gespräch aufzunehmen?
► Welche Informations- und Kommunikationsstrukturen für die Unterstützung der Arbeit innerhalb des Projektteams sind einzurichten?
► Wie wird sichergestellt, dass die Planung zu Information und Kommunikation eingehalten wird?

Der Kommunikationsplan ist integraler Bestandteil des Projektplans und bestimmte Termine der Kommunikation sind an Voraussetzungen im Durchführungsplan gebunden.

6.3 Projektdurchführung

6.3.1 Kick-Off-Veranstaltung

Die ersten Aufgaben der Projektdurchführung sind die Zusammenführung der einzelnen Personen zu einem gemeinsam am Audit und dessen Zielen orientierten und arbeitenden Team sowie die Information des Projektteams über die Zielsetzungen und Rahmenbedingungen des Projektes. Dafür ist eine Kick-Off-Veranstaltung zu empfehlen, deren Gestaltung diesen ersten Aufgaben gerecht wird.

Einbeziehung des Auftraggebers

Es ist sehr hilfreich, im Rahmen dieses Kick-Offs eine Begegnung zwischen Auftraggeber und dem gesamten Projektteam zu organisieren. Ein solches Treffen gibt dem Auftraggeber die Gelegenheit, sich einen persönlichen Eindruck von den handelnden Personen zu machen und seine Anliegen und Ziele direkt mit dem gewünschten Nachdruck zu kommunizieren. Dem Projektteam gegenüber wird die Wichtigkeit des Projektes für den Auftraggeber deutlich gemacht, und beide Seiten erhalten die Chance, ein gemeinsames Verständnis der Ziele und Vorgaben zu entwickeln. Vor allem sollten die Erfolgsfaktoren aus Sicht des Auftraggebers besprochen werden, damit die Teammitglieder wissen, woran sie am Ende gemessen werden. Es ist hilfreich und wichtig, diese Erfolgsfaktoren dann auch schriftlich zu dokumentieren, um sie in der Evaluationsphase des Projektes nutzen zu können. Andererseits ist eine solche Dokumentation für den Fall hilfreich, dass der Auftraggeber nach Abschluss des Projektes andere oder weitere Evaluationskriterien ins Spiel bringt.

Projektbriefing

Darüber hinausgehende Informationen des Projektleiters sollten zu einem konsistenten und vollständigen Projektbriefing zusammengeführt und vorgestellt, aber auch dokumentiert und allen Beteiligten ausgehändigt werden. In ein vollständiges Projektbriefing gehören eine Reihe von Themen:

► Ergebnisse der Situationsanalyse
► Projektziele und Erfolgskriterien
► Grundlagen der Zusammenarbeit im Team und mit den Projektbeteiligten
► Umfang des Projektes inclusive einer Beschreibung der Projektaufgaben
► Terminplanung / Milestones
► Ressourcenplanung
► Hinweis auf Risiken und den geplanten Umgang mit ihnen
► Information und Kommunikation im Projekt

Rollenabstimmung

Von besonderer Bedeutung im Projektbriefing ist die Abstimmung über die Rollen, die in Aufgabenzuordnung, Beziehungsdefinition und Erwartungsklärung bestehen. Darüber hinaus sollten die Spielregeln der Zusammenarbeit Gegenstand im Kick-Off-Workshop sein.

Es gibt unterschiedliche methodische Wege, diese Themen zu bearbeiten und zu einem für alle Beteiligten einvernehmlichen Ergebnis zu kommen. Für die Wahl des Vorgehens ist neben dem zeitlichen Rahmen und der Anzahl der Teilnehmer vor allem die Frage relevant, welchen Anteil der Aufbau von Konsens, gemeinsamen Überzeugungen und auch persönlichen Beziehungen im Projektteam innerhalb der Kick-Off-Veranstaltung haben soll. Mit Vollständigkeit der Information, plausiblen Argumenten und persönlicher Überzeugungsfähigkeit wird die Rollenklärung auch in einem Vortrag zu einem vernünftigen Ergebnis zu bringen sein. Die tiefere Verarbeitung dieser Rollen, insbesondere deren Bedeutung für die eigene Person, sowie die Bildung eines Beziehungsnetzwerks innerhalb des Projektteams werden sicherlich eher erreicht, wenn die Arbeitsform des Workshops gewählt wird. In dieser Variante werden Vortragselemente mit Diskussionen, Kleingruppenarbeit, Zweier-Interaktionen, Übungen etc. vermischt und Wert darauf gelegt, dass alle Teilnehmer aktiver beteiligt sind, sich intensiver einbringen, ihre eigene Rolle besser verinnerlichen und ihr Zusammenspiel mit anderen Projektbeteiligten selbst mitbestimmen.

Konkretisierung der ersten Schritte

Als Abschluss der Kick-Off-Veranstaltung sollten für die unterschiedlichen Projektbeteiligten die ersten bzw. nächsten Schritte konkretisiert werden, umsicherzu stellen, dass der Projektestart reibungslos verläuft.

6.3.2   Verfahrensentwicklung

Die konkrete Entwicklung des für die aktuelle Situation angemessenen Management-Audit-Ansatzes knüpft an die Klärungen und Verabredungen mit dem Auftraggeber im Rahmen der Projektdefinition an. Besonders die Festlegung über die Breite des Ansatzes, also über die Einbeziehung der unterschiedlichen Analyseebenen Kontext, Team und Individuum sind hier von grundlegender Bedeutung.

Kriteriendefinition

Zunächst sind die Kriterien zu definieren, anhand derer auf den verschiedenen Ebenen die Bewertung vorgenommen werden soll. Die in den Kapiteln 2 bis 4 für Kontext, Team und Individuum vorgestellten Kriterien und Fragestellungen eines Audits auf der jeweiligen Betrachtungsebene stellen einen Bezugsrahmen dar, der zur Orientierung genutzt werden kann. Sie sind in ihrer Fülle nicht als allein vollständiges und einzig sinnvolles Kriterienpaket zu verstehen. Bei der Entscheidung über die Kriterien wird man sich im Wesentlichen von folgenden Überlegungen leiten lassen.

Für ein *Management Context Audit* werden Projektleiter und Berater, ggf. unter Einbeziehung des Auftraggebers, darüber diskutieren, welche der in Kapitel 2 genannten Kriterienbereiche im Unternehmen einen besonders wichtigen Stellenwert haben. Dabei ist zu hinterfragen:

► Wie sehr ist man an einer grundsätzlichen Bestandsaufnahme der Funktionstüchtigkeit des Managementsystems interessiert?
► Was weiß man bereits über die Wirkungen der in Frage kommenden Kontextaspekte auf die Leistung des Managements?
► Wie sicher ist man sich in seiner Einschätzung?
► Welchen Detaillierungsgrad der Analyse erwartet der Auftraggeber?
► Wäre man im Falle entsprechender Ergebnisse bereit, auf der Ebene der Rahmenbedingungen und Systeme Veränderungen vorzunehmen und die dafür erforderlichen Investitionen zu tätigen?

Ist die Entscheidung über die einzubeziehenden Aspekte gefallen, sind die detaillierten Fragen zu klären, die die Analyse beantworten soll. Dazu bietet der Fragenkatalog am Ende von Kapitel 2 eine Orientierung an.

Für ein *Management Team Audit* kann auf die in Kapitel 3 aufgedeckten für die Teamleistung relevanten Faktoren Bezug genommen werden, um einen Kriterienkatalog zu erstellen. Auch zu dieser Analyseebene werden aber Projektleiter und Berater, ggf. gemeinsam mit dem Auftraggeber anhand einiger Fragen den Rahmen der Betrachtung präzisieren:

► In welchem Ausmaß arbeiten Führungskräfte im Unternehmen in Management Teams zusammen, um Entscheidungen zu treffen und umzusetzen?
► Wie sehr ist man an einer grundsätzlichen Bestandsaufnahme der Funktionstüchtigkeit von Managementteams interessiert?
► Was weiß man bereits über die Wirkungen der in Frage kommenden Teamaspekte auf die Leistung des Managements?
► Wie sicher ist man sich in seiner Einschätzung?
► Welchen Detaillierungsgrad der Analyse erwartet der Auftraggeber?
► Wäre man im Falle entsprechender Ergebnisse bereit, auf der Ebene der Management Teams Veränderungen vorzunehmen und die dafür ggf. erforderlichen Investitionen zu tätigen?

Auch für die Analyse im Management Team Audit bietet der Fragenkatalog im entsprechenden Kapitel 3 mögliche Betrachtungsweisen an.

Die Kriteriendefinition für das *Manager Competence Audit* wird wesentlich von der Frage geleitet, welche Anforderungen zukünftig an die einzelnen Manager auf den jeweiligen Managementebenen gestellt werden. Dabei werden vorhandene Kompetenzmodelle einzubeziehen sein, um mit Begriffen zu arbeiten, die im Unternehmen vertraut sind und zu denen bereits ein gemeinsames Verständnis vorliegt.

sind und zu denen bereits ein gemeinsames Verständnis vorliegt. Außerdem wird dadurch eine Vergleichbarkeit der Audit-Ergebnisse mit bereits vorliegenden früheren Einschätzungen erleichtert. Allerdings sollte sichergestellt sein, dass diese Kompetenzmodelle in ausreichender Qualität vorliegen, das heißt vor allem, dass sie Kriterien in einer plausiblen Weise strukturieren und angemessen definieren. Insofern ist der Rückgriff auf die Kriterienstruktur und -beschreibung in Kapitel 4 als Prüfstein möglicherweise hilfreich. Um heraus zu arbeiten, welche Kriterien Verwendung finden sollten, sind über das Gesagte hinaus folgende Überlegungen sinnvoll:

▶ Wie sehr ist man an einer grundsätzlichen Bestandsaufnahme der Breite und Tiefe der individuellen Kompetenzen der Manager interessiert?
▶ Welche zukünftigen Anforderungen hält man für zentral?
▶ In welchen Alltagssituationen entscheidet sich der Erfolg einer Führungskraft?
▶ Welches Verhalten verlangen diese Situationen ganz besonders von einer Führungskraft, um in ihnen Erfolg zu haben, und welche Verhaltensdispositionen (Eigenschaften, Fähigkeiten, Fertigkeiten, Motivation) gewährleisten, dass eine Führungskraft sich entsprechend verhalten kann und tatsächlich verhält?
▶ Welchen Detaillierungsgrad der Analyse erwartet der Auftraggeber?
▶ Wäre man im Falle entsprechender Ergebnisse bereit, auf der Ebene der Manager Veränderungen vorzunehmen und die dafür ggf. erforderlichen Investitionen zu tätigen?

Um für die unterschiedlichen Analyseebenen zu einer konsistenten Kriterienauswahl zu gelangen, sollte sie möglichst konzentriert, beispielsweise in einem Workshop, der eigens diesem Thema gewidmet ist, erfolgen. Eine offizielle Verabschiedung des Kriterienkatalogs durch die Projektleitung nach ggf. erforderlichen Feedbackschleifen sowie eine klare Dokumentation des Ergebnisses ist für das weitere Vorgehen unerlässlich.

Methodenauswahl

Die unterschiedlichen für die Analyse vorstellbaren Methoden werden im Hinblick auf Kosten und Nutzen in Kapitel 5 ausführlich gewürdigt. Liegt eine Kriterienliste vor, die die Fragestellungen präzisiert, kann unter Rückgriff auf diese Informationen und ggf. existierende Vorgaben des Auftraggebers entschieden werden, welche Methoden zum Einsatz kommen sollen. Die Voraussetzungen des Einsatzes müssen dann zur Qualitätssicherung im Einzelfall geprüft und ggf. noch hergestellt oder optimiert werden:

▶ Ressourcen: Sind ausreichend personelle und finanzielle Ressourcen für den Einsatz verfügbar?
▶ Qualifikation: Insbesondere ist zu bedenken, welche Qualifikationen diejenigen benötigen, die die Methoden einsetzen und inwieweit sie diese Qualifikationen besitzen oder sie noch vermittelbar sind.

▶ Material: Wird spezielles Material für den Einsatz benötigt, dessen Verfügbarkeit noch sichergestellt werden muss?

▶ Akzeptanz: Es ist zu klären, ob spezielle argumentative oder erläuternde Schritte erforderlich sind, um die Akzeptanz des Einsatzes bestimmter Methoden zu unterstützen.

Entwicklung von Unterlagen und Material für die Analyse

Die ausgewählten Methoden verlangen jeweils spezifische Unterlagen für ihren Einsatz. Es muss systematisch dokumentiert werden, worum es sich dabei im Einzelnen handelt, in welchem Umfang und zu welchem Zeitpunkt es benötigt wird. Es muss ein Prozess definiert werden, wie diese Unterlagen erstellt oder besorgt werden, und dieser Prozess muss den Beteiligten kommuniziert werden.

Dieser Arbeitsschritt erscheint mühsam und ist sehr operativ. Er verlangt allerdings außerordentliche Sorgfalt und eine sehr gut organisierte Projektadministration zur Unterstützung. Besonderer Wert ist auf die Definition der Schnittstellen zwischen Entwicklung und Administration zu legen.

Die Projektleitung sollte darauf achten, hier im erforderlichen Maß in die Untiefen der Details einzutauchen, um die zentrale Funktion der Qualitätssicherung wahrzunehmen.

Typischerweise sind folgende Materialien her- und bereit zu stellen:

▶ Informationsmaterial für Teilnehmer
▶ Kriteriendarstellungen und Erläuterungen
▶ Beurteilungssystematik und Beurteilungsunterlagen
▶ Interviewleitfäden
▶ Fragebögen
▶ Anleitungen/Instruktionen zu speziellen Aufgaben

Prozessvorgaben für Dokumentation und Feedback

In der Vorbereitung wird gegenüber der Analyse die sorgfältige Konzipierung und Planung von Dokumentation und Feedback leider viel zu häufig vernachlässigt. Dabei ist evident, dass wichtige Beteiligte, insbesondere der Auftraggeber, die Qualität des Audits zu einem ganz erheblichen Anteil über die Ergebniskommunikation wahrnehmen und einschätzen. Auch für die Teilnehmer am Audit entscheidet sich die Akzeptanz neben dem Aufbau einer vertrauensvollen Beziehung und einer fairen, professionellen Durchführung über die Art, in der ihnen ein Feedback zu den Ergebnissen gegeben wird.

Die Verfahrensentwicklung sollte auf jeden Fall die Konzipierung des Prozesses von Dokumentation und Feedback als eigenständige Aufgabe beinhalten, die mit ausreichend Kapazität durchgeführt wird. Dazu gehören folgende Teilaufgaben:

▶ *Konzipierung der Gesamtergebnisdokumentation für den Auftraggeber:* Diese sollte auf hohem Abstraktionsniveau die zentralen Ergebnisse der unterschiedlichen Analyseebenen beinhalten und im Anschluss daran für die jeweiligen Ebenen in die Details gehen. Die Darstellung sollte sowohl die eingesetzten Methoden als auch die Ergebnisse und ihre Interpretation beinhalten.

▶ *Prozess der Kommunikation dieser dokumentierten Ergebnisse an den Auftraggeber:* Die Projektleitung sollte größten Wert darauf legen, Ergebnisse nicht ausschließlich schriftlich und unabhängig von einer erläuternden Präsentation an den Auftraggeber zu kommunizieren. Entsprechende Termine sollten früh geplant werden.

▶ *Abstimmung mit dem Auftraggeber über die Kommunikation der Ergebnisse an das Management insgesamt bzw. an Teams und die einzelnen Manager:* Es sollte eingeplant werden, dass nach Vorliegen der Ergebnisse und deren Kommunikation an den Auftraggeber auch gemeinsam festgelegt wird, wann und in welcher Form die Ergebnisse an das Management, die Teams und die einzelnen Manager kommuniziert werden.

▶ *Kommunikation der Ergebnisse aus dem Management Context Audit an das Management insgesamt:* Ergebnisse, zu deren Generierung die Teilnehmer am Audit beigetragen haben, sollten ihnen nach Maßgabe der Verabredungen mit dem Auftraggeber zurückgemeldet werden, auch wenn sie nicht direkt einzelne Personen betreffen. Auch hierfür muss eine Dokumentations- und Präsentationsform entwickelt werden.

▶ *Kommunikation der Ergebnisse aus dem Management Team Audit an die entsprechenden Teams:* Es gilt auch hier, dass die Teams, zu denen im Audit Einschätzungen generiert werden, über die Ergebnisse informiert werden sollten. Die Vorgehensweise dazu muss sorgfältig geplant werden, insbesondere ist Wert darauf zu legen, dass unterschiedliche Teams möglichst zeitgleich bzw. in einem engen Zeitrahmen in vergleichbarer Form informiert werden.

▶ *Feedback an einzelne Manager:* Nicht zuletzt ist jeder Manager individuell an seinen Ergebnissen interessiert. Die Art dieser Ergebniskommunikation sollte Wertschätzung jedem Individuum gegenüber zum Ausdruck bringen. Persönliche Gespräche, in denen ggf. erstellte Gutachten erläutert werden, sind in der Regel die sinnvollste Form. Auch sie müssen in ihrer Struktur gestaltet werden, um Standards für alle Gespräche sicherzustellen. Außerdem ist eine frühzeitige Terminplanung notwendig, um einen schnellen und vollständigen Feedbackprozess zu gewährleisten.

Bei allen Feedbackvarianten an Teilnehmer am Management Audit ist zu berücksichtigen, dass die für sie häufig interessanteste und meist begehrte Information die nach den

Konsequenzen aus den Ergebnissen ist. Sicherlich ist das Interesse an persönlichen Konsequenzen besonders hoch, aber auch strukturelle Veränderungen im Anschluss an ein Audit sind für die Einzelnen von hoher Bedeutung, weil sie ihr Umfeld verändern und auf sie einwirken – insofern letztlich also auch persönliche Konsequenzen darstellen. In der Entwicklung von Vorgaben für Dokumentation und Feedback sollte das auf jeden Fall berücksichtigt und in die Planung integriert werden. Nicht immer können alle Konsequenzen unmittelbar kommuniziert werden. In diesen Fällen muss darüber nachgedacht werden, welche Perspektive der Klärung aufgezeigt und wie kommunikativ damit umgegangen werden kann.

Detailpläne des konkreten Ablaufs

Schließlich gehört in die Verfahrensentwicklung die Aufstellung konkreter Ablaufpläne der einzelnen Audit-Aktivitäten. Es ist zu planen, wie möglichst effizient die Daten zu den unterschiedlichen Analyseebenen erhoben werden. Ein Interview mit einer Führungskraft kann durchaus mehrere Teile beinhalten, die sich dann (a) auf die individuellen Kompetenzkriterien, (b) auf Teamaspekte und (c) auf Kontextfaktoren beziehen. Insofern ist in der Zeitplanung die logische Trennung der drei Ebenen nicht in eine strikt getrennte Durchführung der Analysen zu übersetzen.

An den Durchführungsdetails werden diejenigen, die ausschließlich in der Analysephase in das Audit einbezogen sind, in erheblichem Ausmaß die Professionalität der Organisation des gesamten Prozesses messen. Daher ist auf diese Planung größter Wert zu legen. Die Detailplanung dient aber auch der Gewährleistung einer angemessenen projektinternen Kommunikation während der Datenerhebung und sollte auf jeden Fall auch Treffen und Kommunikationsformen der Projektteammitglieder untereinander sowie mit der Projektleitung beinhalten. In die Planung gehören:

▶ Genaue Zeitpläne für die einzelnen Audit-Tage
▶ Detaillierte Zeitangaben und Vorgehensinformationen für die Audit-Teilnehmer
▶ Raumpläne
▶ Projektteam-Einsatzpläne

Nach welcher Struktur und in welcher Reihenfolge die einzelnen Analyseschritte aufgesetzt werden, muss die spezifische Betrachtung der Situation ergeben: Wird nach Management-Ebenen, nach Management Teams oder nach Bereichen bzw. Abteilungen vorgegangen? Werden Interviews den anderen eingesetzten Verfahren voran- oder nachgestellt? Es ist kaum möglich, dazu generelle Aussagen zu machen. Vorgabe sollte allerdings immer sein, durch die Struktur und die Reihenfolge sicherzustellen, dass im Hinblick auf Akzeptanz leichter vermittelbare Instrumente vor schwerer vermittelbaren Methoden stehen und dass Manager, die im Alltagsgeschäft eng zusammen arbeiten, möglichst im gleichen Zeitabschnitt am Audit teilnehmen.

6.3.3 Analysen

Die Durchführung der Analysen ist zweifellos das Herzstück des Management Audits. Entsprechend der gewählten Breite des Ansatzes und der Kriterienauswahl auf den einbezogenen Ebenen der Analyse wird der Zeitplan umgesetzt. In dieser Phase zahlt sich das gründliche Projektmanagement aus den Phasen der Projektdefinition und Projektplanung sowie aus den vorbereitenden Arbeiten der Projektdurchführung aus. Die gewünschten Daten werden mit Hilfe angemessener Methoden erhoben und ausgewertet.

Alle Darlegungen aus den konzeptionellen Kapiteln 2 bis 4 zu Management Context Audit, Management Team Audit und Manager Competence Audit sowie aus dem methodischen Kapitel 5 fließen hier zusammen. Daher kann an dieser Stelle die Beschreibung verkürzt werden.

Da die Analysephase die Hauptphase des Kontakts mit einer erheblichen Zahl von Managern des Unternehmens ist, kommt es neben konzeptionellen, methodischen und planerischen Leistungen auch sehr auf das Wirken der Personen an, die das Audit durchführen und die Methoden konkret einsetzen. Da es sich hier typischerweise um externe Berater handelt, sei an die Darlegungen zu deren Kompetenzprofil aus 6.1.5 erinnert.

Die Auswertung der erhobenen Daten erfolgt entsprechend den Anforderungen des Auftraggebers, in der Regel für die jeweiligen Analyseebenen separat und innerhalb der Ebenen getrennt nach Personen und Kriterien (Manager Competence Audit), nach Team und Kriterien (Management Team Audit) sowie nach Kontextkriterien (Management Context Audit). Außerdem werden Antworten auf spezifische Fragen, deren Beantwortung das Audit ggf. leisten sollte, gesondert heraus gearbeitet.

6.3.4 Dokumentation und Feedback

Entsprechend den Prozessvorgaben für Dokumentation und Feedback (vgl. 6.3.2) werden die Auditergebnisse aus den verschiedenen Analyseebenen schriftlich dokumentiert und an den Auftraggeber sowie das Management bzw. die einzelnen Manager kommuniziert.

Neben der sorgfältigen Planung und Vorbereitung von Dokumentationen und Feedbacks ist deren zügige, sorgfältige und kompetente Vermittlung an Auftraggeber und Betroffene entscheidend für den Audit-Erfolg. Schließlich wurde der Aufwand eines Management Audits der Ergebnisse wegen getrieben. Daher sollte die Aufbereitung und Kommunikation entsprechenden Raum erhalten. Dem Auftraggeber sollten die Projektleitung und ggf. wichtige Mitglieder des Projektteams die Ergebnisse auf der Ebene der drei Analyseebenen vorstellen und die Interpretationen mit ihm diskutieren. Das Management insgesamt sollte in einer gemeinsamen Veranstaltung über diejenigen Ergebnisse informiert werden, die nicht individuenbezogen sind. Insbesondere Ergebnisse zu Kontextaspekten, aber auch zu Teamergebnissen, soweit sie nicht ausschließlich für das Team selbst interessant sind, sollten auf allgemeiner Ebene zurück gemeldet werden. Die Gespräche mit Teams und einzelnen Managern sollten sich auf die jeweils einschlägigen Ergebnisse beziehen. Für die Durchführung der Feedbacks ist hohes Einfühlungsvermögen, ausgeprägte kommunikative Kompetenz und eine nicht unerhebliche Erfahrung in der Führung schwieriger Gespräche erforderlich. Da das Thema der persönlichen Konsequenzen aus dem Audit von besonderer Bedeutung ist, sollte das Feedback möglichst nach deren Definition gegeben werden. Andererseits ist der dadurch entstehende zeitliche Abstand zwischen Analyse und Feedback häufig zu groß, sodass ein erstes Zwischenfeedback die Einschätzungen zu den Kriterien beinhalten könnte, die Maßnahmenfrage aber erst in einem zweiten Schritt kommuniziert und diskutiert wird.

6.3.5   Entscheidungen und Maßnahmen

Die zentrale Ausgangsthese dieses Buches auf Grund der geschichtlichen Betrachtung des Management Audits sowie der systemischen Auffassung von Organisationen ist die, dass Management Audits Informationen auf drei Ebenen erheben sollten: Management Context, Management Team und einzelne Manager.

Die Aspekte des Kontexts werden hier als Rahmenbedingungen definiert, die die Leistungsfähigkeit und Leistung von Management Teams und Managern erheblich beeinflussen können. Daraus ergibt sich die Notwendigkeit, aus den Ergebnissen des Management Context Audits Maßnahmen der Optimierung von Rahmenbedingungen abzuleiten. Damit ist angesprochen, besonders Steuerungssysteme wie Zielvereinbarungen und Beurteilungen, aber auch typische Konfliktlösungsstrategien und andere der in Kapitel 2 angesprochenen Bereiche selbst in Angriff zu nehmen und den Ergebnissen entsprechend zu verändern. In diese Maßnahmen der Organisationsentwicklung sollten Experten für die jeweiligen Systeme oder Themen eingebunden und die Auditergebnisse detailliert eingearbeitet werden.

Aus dem Management Team Audit können sich konkrete Maßnahmen im Hinblick auf die Zusammensetzung einzelner Teams, die Aufgabenverteilung innerhalb der Teams oder die Prozesse der Zusammenarbeit ergeben. Auch diese Maßnahmen müssen sehr systematisch hergeleitet, über die verschiedenen Management Teams koordiniert und geplant werden.

Auf der individuellen Ebene sind entsprechend der Zielsetzungen des Audits Selektionsentscheidungen oder Platzierungsentscheidungen zu fällen oder Pläne zur systematischen Führungskräfteentwicklung zu definieren. Diese Pläne sollten zum einen Schwerpunkte aufgreifen, die systematisch im gesamten Management auf individueller Basis auftreten und zum anderen Spezifika der Situation einzelner Manager gerecht werden.

Die Kommunikation der Maßnahmen sollte an die Betroffenen möglichst schnell erfolgen, allerdings ist darauf zu achten, dass vor einer Mitteilung geklärt ist, dass eine Umsetzung der Maßnahmen auch tatsächlich erfolgen wird, also vor allem die Ressourcenzuordnung für diese Maßnahmen positiv entschieden wurde.

6.3.6 Steuerung

Eine zeitlich die gesamte Phase der Projektdurchführung begleitende Aufgabe ist die der Projektsteuerung durch die Projektleitung. Sie stellt sicher, dass Entscheidungsträger, Betroffene und Meinungsbildner sowie ggf. Interessenvertreter jederzeit angemessen informiert und eingebunden sind. Außerdem koordiniert sie die Aktivitäten der Beteiligten, stellt Qualitätsmaßstäbe sicher und sorgt für ein Vorgehen, das an den Zielen und Erfolgskriterien orientiert ist. Die wichtigsten Aufgaben der Steuerung sind dem entsprechend:

► Organisation und Durchführung regelmäßiger Arbeitstreffen (Projektmeetings)
► Ständiger Informationsaustausch
► Konfliktmanagement
► Mitarbeiterführung
► Formative Evaluation

Arbeitstreffen (Projektmeetings)

Während des Projektes sollten in regelmäßigen Abständen Arbeitstreffen stattfinden, um den aktuellen Stand des Projektes zu analysieren, akute Arbeitsschritte zu definieren und bisherige Aktionen zu reflektieren. Bei der Vorbereitung, Durchführung und Nachbereitung dieser Treffen sollten Qualitätsstandards definiert und eingehalten werden, um die Effektivität der Treffen sicherzustellen. In der *Vorbereitung* sollte u. a. geklärt werden, wer am Treffen teilnimmt, welche Inhalte besprochen werden müssen und welche Materialien man benötigt. Bei der *Durchführung* des Treffens müssen die Rollenverteilung (Moderator, Referenten, Protokoll, etc.) sowie der Sinn und die Ziele des Treffens klar sein. Jeder sollte die Möglichkeit erhalten, (Ideen-) Beiträge zu liefern und sich einzubringen. Weiterhin muss festgelegt werden, wie mit Vereinbarungen/Entscheidungen verfahren wird. Die *Nachbereitung* befasst sich hingegen mit Themen wie Verteilung des Protokolls an die relevanten Personen, zu erledigende Aufgaben bis zum nächsten Treffen, mögliche Beiträge/Vorschläge für zukünftige Meetings etc.

Abb. 21 zeigt eine Checkliste, die die wichtigsten Aspekte für eine professionelle Gestaltung von Meetings nennt.

Ständiger Informationsaustausch

Der ständige Informationsaustausch innerhalb des Projektteams sowie mit allen beteiligten Personen oder Gruppen ist zentrale Aufgabe der Projektesteuerung. Die Aspekte die zu berücksichtigen sind, sind unter 6.2.5 bereits im Sinne von Planungsaufgaben beschrieben. Die Projektleitung hat in ihrer Steuerungsfunktion sicher zu stellen, dass die geplanten Aktionen auch umgesetzt werden.

Vorbereitung des Treffens

▶ Wer sollte an den Arbeitstreffen teilnehmen?
▶ Welche visuellen Medien sind für das Treffen erforderlich (Overhead, Flipcharts, Beamer, PC, etc.)?
▶ Welche Inhalte müssen besprochen werden?
▶ Sind Räumlichkeiten festgelegt sowie weitere organisatorische Maßnahmen berücksichtigt (Einladung der Teilnehmer, Bewirtung, etc.)?

Durchführung von Treffen

▶ Kennt jeder der Teilnehmer die Ziele des Treffens?
▶ Wer ist für die Moderation, das Zeitmanagement und das Protokoll zuständig?
▶ Wie wird mit (vergangenen und zukünftigen) Vereinbarungen umgegangen?
▶ Können bestimmte Themenbereiche effektiver in anderen Arbeitstreffen abgehandelt werden?

Nachbereitung von Treffen

▶ Wer benötigt das Protokoll bis wann?
▶ Welche Aufgaben muss jedes einzelne Projektmitglied z. B. bis zum nächsten gemeinsamen Treffen fertiggestellt haben?
▶ Welche möglichen Vorschläge bzw. Anfragen fallen von jedem einzelnen für das nächste Treffen an?

Abb. 21: Checkliste für die Gestaltung von Projektmeetings

Konfliktmanagement

Während der Durchführung eines Projektes treten Konflikte fast unvermeidlich auf. Sobald mehrere Personen mit unterschiedlichem Hintergrund und voneinander abweichenden Fähigkeiten zusammen arbeiten und gemeinsam Ziele festlegen, Entscheidungen treffen und sich in deren Umsetzung koordinieren und disziplinieren müssen, besteht ein hohes Konfliktpotential. Konflikte haben allerdings nicht unbedingt destruktiven Charakter; sie können auch anregend auf das Projekt wirken (vgl. Kap. 2). Aufgabe der Projektesteuerung ist die Identifikation, Analyse und Evaluation positiver sowie negativer Konfliktfaktoren und ihres Einflusses auf die Projektleistung. Die Projektleiter müssen einschätzen, in welchem Maße und zu welchem Zeitpunkt sie gewisse Konflikte stimulieren, um eine Leistungssteigerung innerhalb des Projektes hervorzurufen. In Fällen unerwünschter und die Arbeit beeinträchtigender Konflikte sollte vorbeugend agiert bzw. konfliktlösend eingegriffen werden. Hilfreiche Hinweise zum Konfliktmanagement finden sich bei Berkel (1997) und bei Glasl (1999).

Mitarbeiterführung

Eine weitere wichtige Aufgabe der Projektesteuerung ist die Führung der Mitarbeiter im Projekt. Entscheidend ist dafür die Entwicklung bzw. Einführung von Systemen und Beziehungen, die es ermöglichen, die Arbeit der Projektmitarbeiter so zu initiieren und zu organisieren, dass sie gemeinsam die angestrebten Projektergebnisse erzielen. Mit Systemen sind hier alle strukturellen Rahmenbedingungen gemeint, die für einen reibungslosen Ablauf erforderlich sind. Insbesondere ist an folgende zu denken:

▶ Verfügbarkeit der Mitarbeiter
▶ Qualifikation der Mitarbeiter
▶ Ausstattung mit den erforderlichen Ressourcen
▶ Klare Zielvereinbarungen und Ergebniskriterien
▶ Klare Qualitätsstandards
▶ Beurteilungsprozesse
▶ Systematische Feedbackprozesse
▶ Motivierende Aufgaben

Auf der Seite der Beziehungen ist es wichtig, zwischen Projektleitung und Projektmitarbeitern sowie unter den Projektmitarbeitern klare Verhältnisse zu schaffen und durch den Aufbau persönlicher Kontakte die Zufriedenheit zu fördern und die Motivation zu unterstützen. Dazu sind vor allem folgende Aspekte erforderlich:

▶ Vertrauen untereinander
▶ Klare Rollenvorgaben
▶ Unmissverständliche Formulierung von Erwartungen und Vorgaben durch die Projektleitung

▶ Unterstützungsangebote durch die Projektleitung
▶ Entwicklung eines Teamverständnisses, einer Teamkultur
▶ Persönliche Gespräche zwischen Projektleitung und Projektmitarbeitern
▶ Raum für persönliche Beziehungen innerhalb von Projektmeetings sowie bei der Arbeit insgesamt

Formative Evaluation

Um einen reibungslosen Projektablauf zu gewährleisten und Leistungen sowie Fortschritte zu überprüfen, müssen projektbegleitend in bestimmten Zeitintervallen Soll-Ist-Vergleiche angestellt und alle in den Projektphasen angesprochenen Pläne auf ihre Einhaltung hin überprüft werden. Bei Abweichungen müssen Probleme analysiert und effektive Lösungen erarbeitet, ggf. auch Pläne angepasst werden. Die konkrete Gestaltung dieser formativen Evaluation hängt sehr von der Komplexität des Projektes ab. In jedem Fall müssen einheitliche Tools zur Verfügung gestellt werden, mit deren Hilfe Informationen über den Stand der Ergebniserreichung, über Budgetausschöpfung und Ressourcenverbrauch sowie über kritische Ereignisse im Projektverlauf an die Projektleitung zurück gemeldet und dort zu einer Gesamtübersicht integriert werden können.

Aufgabe der Projektleitung ist es dann, jeweils erforderliche Maßnahmen abzuleiten und in die weitere Durchführung des Projektes zu integrieren.

6.4   Projektabschluss

Zum Projektabschluss gehört die summative (abschließende) Evaluation des Projektes sowie die Erstellung eines Abschlussberichtes und die Definition von Follow-up-Maßnahmen mit dem Auftraggeber, falls diese für erforderlich oder sinnvoll gehalten werden.

6.4.1   Summative Evaluation

Die summative Evaluation bewertet das Projekt im Hinblick auf die Erreichung der Projektziele und der Erfolgskriterien, die in der Projektdefinition mit dem Auftraggeber vereinbart wurden. Je klarer zu Beginn die Ziele und Kriterien definiert wurden, desto klarer und systematischer kann das Projekt insgesamt bewertet werden. In diese Evaluation müssen in der Regel sowohl quantitative Daten im Hinblick auf Termine, Budget und Ressourcen eingehen als auch qualitative Daten. Letztere entstehen im Wesentlichen aus der Befragung der Projektbeteiligten zum Projektverlauf. Wie bei jeder datenbezogenen Analyse ist von den Zielen und Kriterien abzuleiten, welche konkreten Daten Informationen liefern können, mit Hilfe welcher Methode sie erhoben und wie sie ausgewertet werden sollen.

Häufig ist es sinnvoll, in Entsprechung zur Kick-Off-Veranstaltung eine abschließende Veranstaltung als Evaluationsworkshop durchzuführen, um von allen Teammitgliedern Feedback einzuholen und die Bewertung auf möglichst breite Basis zu stellen. Eine solche Veranstaltung bietet darüber hinaus die Möglichkeit, das Projektteam zu verabschieden und einen formellen Schlusspunkt zu setzen. Die Ergebnisse der Evaluation fließen in die Dokumentation des Projektes ein.

6.4.2   Projektdokumentation

Es ist essentiell für ein Projekt, dass es sowohl während seiner Realisierung als auch nach seiner Beendigung ausreichend dokumentiert wird, um eine Basis und Verbesserungspotential für zukünftige Projekte zu schaffen. Der Projektabschluss wird mit Hilfe eines Projektberichtes durchgeführt, der im Wesentlichen eine Überprüfung der Daten aus dem Projektauftrag vornimmt. Es wird festgehalten, ob der Auftrag eingehalten und die Ziele erreicht wurden, inwiefern die Auslastung der Ressourcen ausreichend war und ob die zeitlichen Vorgaben sowie finanziellen Mittel (Soll-Ist Analyse der Gesamtkosten) eingehalten wurden. Zudem sollten alle aufgetretenen Störungen im Bericht festgehalten werden. Folgende Kriterien sollten bei der Dokumentation von Projekten berücksichtigt werden:

► Projektauftrag und Projektziel
► Projektleiter und Projektteam
► Milestones des Projektes
► Informations- und Kommunikationsprozesse
► Zwischenergebnisse und Endergebnisse
► Ergebnisbewertung (Vor- und Nachteile)
► Aufwand-Ergebnis-Betrachtung (Effizienz/Effektivität des Projektes)
► Lernerfahrungen
► Empfehlungen zum weiteren Vorgehen

6.4.3   Follow-Up

Nicht selten ergeben sich nach Evaluation und Dokumentation des Projektes einige Aufgaben, die zur Abrundung notwendig sind oder für die Durchführung zukünftiger Projekte angegangen werden sollten, um Lernerfahrungen später nutzen zu können. Dazu können folgende Aspekte gehören:

- ▶ Speicherung aller Daten
- ▶ Behandlung der vertraulichen personenbezogenen Informationen
- ▶ Prozessänderungen für zukünftige Projekte
- ▶ Änderungen in Vorlagen und Planformaten für zukünftige Projekte

7 Zusammenfassung und Ausblick

In den vorangegangen Kapiteln wurden die Geschichte des Management Audit betrachtet, die Grundrichtung des Denkens skizziert, die diesem Buch zu Grunde liegt und ein Management-Audit-Konzept entwickelt, das aus den drei Ebenen Management Context Audit, Management Team Audit und Manager Competence Audit besteht. Es wurden die Methoden dargestellt, die in diesen drei Ebenen zum Einsatz kommen können, um mit angemessenem Aufwand und unter Berücksichtigung der Interessen der Betroffenen und Beteiligten brauchbare Daten zu sammeln und ein angemessenes Bild der Situation im Management zu entwickeln. Schließlich ist der Implementierungsprozess eines Management Audit beschrieben worden, um darzustellen, welche Aufgaben und Projektschritte bearbeitet und gestaltet werden müssen, um ein Audit erfolgreich zu machen.

Abb. 22 veranschaulicht abschließend die Gesamtperspektive des hier vorgestellten Management Audit Ansatzes. Die drei Analyseebenen werden, wie in Kapitel 1.4 erläutert, als Systemebenen betrachtet und hier als umeinander liegende Kreise dargestellt. In jedem Kreis sind entsprechend der in den einzelnen Kapiteln detailliert beschriebenen Strukturierung die Kriterien jeder Ebene als Kreissegmente angeordnet. Im Innern befindet sich das Manager Competence Audit, umgeben vom Management Team Audit und schließlich beide umringt vom Management Context Audit. Ausgehend von der Kriterieneinteilung im Manager Competence Audit schlage ich hier in Ergänzung zum bisher Dargestellten eine grundlegende Aufteilung nach drei Perspektiven vor:

- ▶ Übergreifende Aspekte
- ▶ Aufgabenorientierte Aspekte
- ▶ Menschenorientierte Aspekte

Die einzelnen Kriterien der jeweiligen Analyseebene sind in Abb. 22 jeweils einer dieser Kriteriengruppen zugeordnet, sodass die Kriterien nicht nur im Manager Competence Audit, für das diese Strukturierung bereits detailliert angewendet wurde, sondern auch im Management Context Audit und im Management Team Audit in übergeordnete, aufgabenorientierte und menschenorientierte Kriterien sortiert werden. Diese Gesamtübersicht verdeutlicht die Komplexität des hier vorgestellten Management Audit Konzepts. Einige Aspekte tauchen auf unterschiedlichen Ebenen der Betrachtung auf, wie beispielsweise Zielsetzung und Zielverpflichtung oder Information und Kommunikation und werden je nach Betrachtungsebene aus einem anderen Blickwinkel beleuchtet. Auf diesem Weg wird der Anspruch eingelöst, Managementleistungen nicht ausschließlich einzelnen Köpfen zuzuordnen, sondern ihre Genese oder ihr Ausbleiben aus dem Zusammenspiel der Kräfte zu verstehen. Andererseits sind die einzelnen Betrachtungsebenen auch voneinander trennbar, sodass die jeweiligen Anteile auf den unterschiedlichen Ebenen lokalisiert und Analysen ggf. auch nur auf einer Ebene vorgenommen werden können.

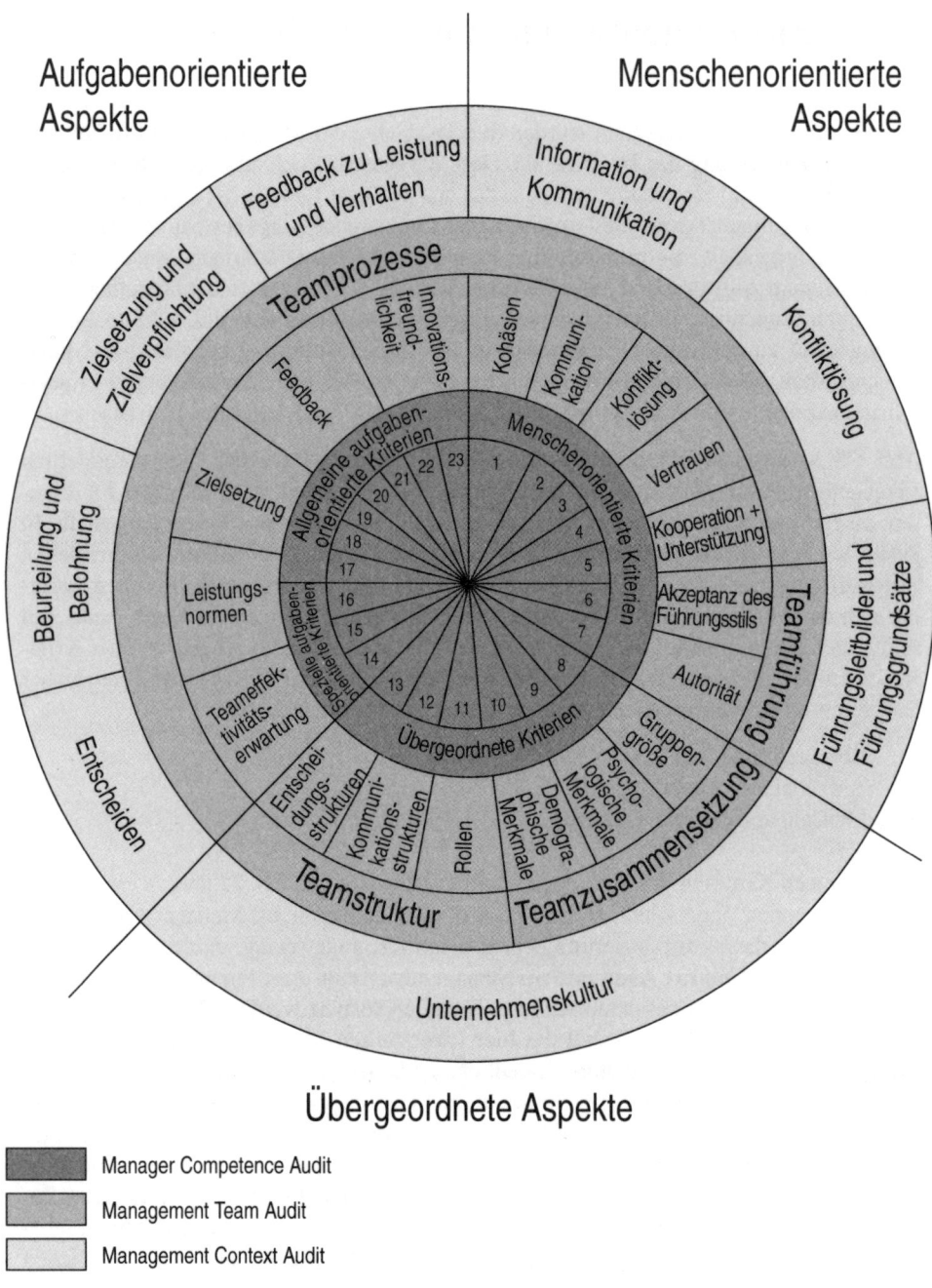

Abb. 22: Gesamtperspektive Management Audit

Mit dem vorgestellten Ansatz soll ein Beitrag zur Differenzierung der Konzepte in der Management Diagnostik geleistet werden. Dies betrifft insbesondere die übliche Gleichsetzung von Management Audit und Management Potenzialeinschätzung. Management Audit beinhaltet die Leistungs- und Potenzialeinschätzung für Manager und geht über sie hinaus. Es geht von konkreten Ergebnissen aus, die im Management und von einzelnen Managern in ihrem Verantwortungsbereich erbracht werden, und fragt nach den Bedingungen der Entstehung dieser Ergebnisse im Gesamtsystem des Unternehmens. Als angemessene Ebenen der Analyse dieser Bedingungen werden relevante Systeme, Instrumente und Prozesse im Managementkontext sowie relevante Aspekte von Management Teams vorgeschlagen, die die Betrachtung der persönlichen Leistungsvoraussetzungen einzelner Führungskräfte ergänzen. Alle Analysen aber dienen letztlich dazu zu verstehen, warum bestimmte Ergebnisse zustande gekommen sind, aktuelle Ergebnisse vorliegen oder welche Ergebnisse in Zukunft mit hoher Wahrscheinlichkeit zu erwarten sind.

Abb. 22: Gesamtperspektive Management Audit (S. 252)
Zuordnung der Begriffe zu den Zahlen im inneren Kreis

Menschenorientierte Kriterien

1. Soziale Wahrnehmung
2. Kommunikation
3. Konfliktlösung
4. Vertrauen
5. Kooperation
6. Potenziale erkennen, einsetzen und fördern
7. Durchsetzung

Übergreifende Kriterien

8. Werthaltungen und persönliche Integrität
9. Gewissenhaftigkeit
10. Kognitive Fähigkeiten
11. Anpassung, Flexibilität und Lernen
12. Umgang mit Ambiguität und Komplexität
13. Stressresistenz

Spezifische aufgabenorientierte Kriterien

14. Fachinteresse
15. Fachwissen
16. Fachliche Fähigkeiten

Allgemeine aufgabenorientierte Kriterien

17. Kontrollieren
18. Ziel- und Leistungsorientierung
19. Planen und Organisieren
20. Problemlösen und Entscheiden
21. Unternehmerisches und strategisches Denken
22. Für Innovation sorgen und sie fördern
23. Allgemeine Managementmethoden

Auch die Interventionsmöglichkeiten im Anschluss an ein Management Audit erweitern sich mit der Breite des Ansatzes im Audit. Aus den Ergebnissen eines Management Audit, das Kontext-, Team- und Personenfaktoren berücksichtigt, lassen sich auch Maßnahmen auf diesen Ebenen entwickeln. Neben den typischen Selektions-, Platzierungs- und Entwicklungsmaßnahmen im Anschluss an individuelle Potenzialeinschätzungen können Maßnahmen der Entwicklung der Zusammenarbeit im Management Team angestoßen werden und leistungssteuernde Systeme auf organisationaler Ebene verändert werden. Im Einzelnen sind folgende Handlungsfelder vorstellbar, die der Übersichtlichkeit halber nach Ebenen sortiert werden. In der Praxis erzeugen viele Maßnahmen zu diesen Handlungsfeldern Wirkungen auf allen Ebenen – wenn auch in unterschiedlichem Ausmaß:

Auf organisationaler Ebene:

▶ Implementierung neuer Führungsleitbilder
▶ Veränderungen im Zielsetzungssystem
▶ Veränderungen im Beurteilungssystem
▶ Veränderungen im Management-Vergütungssystem
▶ Veränderungen in Verantwortlichkeiten und Entscheidungsstrukturen
▶ Implementierung von Feedbackprozessen
▶ Unterstützung für die Konfliktlösung, z. B. Einführung und Vermittlung von Angeboten zur Mediation

Auf Teamebene:

▶ Schaffung oder Intensivierung von Interaktionsnotwendigkeiten
▶ Aktive Entwicklung einer Teameffektivitätserwartung
▶ Veränderungen in Aufgabenverteilungen
▶ Maßnahmen zur Steigerung der Kohäsion und der Kommunikation im Team
▶ Unterstützung für die Konfliktlösung, z. B. Einführung und Vermittlung von Angeboten zur Mediation
▶ Maßnahmen zur Steigerung der Akzeptanz des Teamführers

Auf individueller Ebene:

▶ Neuzuordnung von Aufgaben und Verantwortungen
▶ Übernahme einer anderen Funktion im Unternehmen
▶ Coaching zur Forcierung von Stärken und zur Überwindung von Schwächen, zum flexibleren Umgang mit den eigenen Rollen im Unternehmen und zur Entwicklung jeweils rollenadäquateren Verhaltens
▶ Outcounseling

Die Vielfalt der Betrachtungsebenen sowie der möglichen Interventionen macht das vorliegende Management-Audit-Konzept zu einem wertvollen Bezugsrahmen der Organisations- und Managemententwicklung.

Literatur

Alper, S., Tjosvold, D. & Law, K. S. (2000). Conflict management, efficacy, and performance in organizational teams. *Personnel Psychology, 53*, 625-642.

Amthauer, R., Brocke, B., Liepmann, D. & Beauducel, A. (1999). *Intelligenz-Struktur-Test 2000*. Göttingen: Hogrefe.

Anders, W. (1986). *Die Gestaltung der organisatorischen Kommunikation*. München: Dissertation.

Anderson, N. R. & West, M. A. (1994). *The Team Climate Inventory: Manual and user's guide*. Windsor: NFER Nelson.

Andrews, J. D. W. (1967). The achievement motive and advancement in two types of organizations. *Journal of Personality and Social Psychology 6*, 163-168.

Antoni, C. H. (1999). Konzepte der Mitarbeiterbeteiligung. In: Frey, D. & Hoyos, C. (Hrsg.). *Arbeits- und Organisationspsychologie* (S.569-583). Weinheim: Beltz Verlag.

Argote, L. & McGrath, J. E. (1993). Group processes in organizations: Continuity and change. In C. L. Cooper & I. T. Robertson (Eds.), *International Review of organizational Psychology* (Vol. 8, S. 333-389). Chichester: Wiley.

Argyris, C. (1957). Some problems in conceptualizing organizational climate: A case study of a bank. *Administrative Science Quarterly 2*, 501-520.

Argyris, C. (1964). *Integrating the individual and the organization*. New York: Wiley.

Atwater, L. E., Fleenor, J. W., Ostroff, C. & Yammarino F. J. (1998). Self-other agreement: Does it really matter? *Personnel Psychology 51*, 577-597.

Bales, R. F. & Cohen, St. P. (1982). SYMLOG – Ein System für die mehrstufige Beobachtung von Gruppen. Stuttgart: Klett-Cotta.

Bales, R. F. & Slater, P. E. (1969). Role differentiation in small decision making groups. In C. Gibb (Ed.), *Leadership* (S. 255-276). Harmondsworth: Penguin.

Bales, R. F. (1950). Interaction Process Analysis. A method for the study of small groups. Cambridge, MA: Addison-Wesley.

Bandura, A. (1982). Self-efficacy mechanism in human agency. *American Psychologist, 37*, 122-147.

Bantel, K. A. & Finkelstein, S. (1995). The determinants of top management teams. *Advances in Group Processes*, 12, 139-165.

Bantel, K. A. & Jackson, S. E. (1989). Top management and innovations in banking: Does the composition of the top team make a difference? *Strategic Management Journal, 10*, 107-112.

Barrick, M. R. & Mount, M. K. (1991). The big five personality dimensions and job performance: A meta-analysis. *Personnel Psycholog,y 44*, 1-25.

Barrick, M. R., Stewart, G. L., Neubert, M. J. & Mount, M. K. (1998). Relating member ability and personality to work-team processes and team effectiveness. *Journal of Applied Psychology, 83*, 377-391.

Batinic, B., Frese, M., Garst, H. & Rybowiak, V. (1999). Error Orientation Questionnaire (EOQ): reliability, validity and different language equivalence. *Journal of Organizational Behavior. 20*, 527-549.

Bearley, W. L. & Jones, E. J. (1996). *360° Feedback. Strategies, Tactics, and Techniques for Developing Leaders.* MA: HRD Press & MN: Lakewood Publications.

Becker, T. E. & Klimoski, R. J. (1989). A field study of the relationship between the organizational feedback environment and performance, *Personnel Psychology 42*, 343-358.

Belbin, R. M. (1981). *Management teams: Why they succeed or fail.* Oxford: Butterworth Heinemann.

Bente, G., Frenz, H.-G. & Frey, S. (1993). Analyse von Interaktionen. In: Schuler, H., *Organisationspsychologie* (S.353-375). Göttingen: Hogrefe.

Berkel, K. (1997). *Konflikttraining.* Arbeitshefte Führungspsychologie, Band 15. 6. Auflage, Heidelberg: Sauer.

Berthel, J. (1992). Führungskräfte-Qualifikationen (Teil II). *Zeitschrift Führung und Organisation, 61*, 279-286.

Bierhoff, H. W. & Müller, G. F. (1993). Kooperation in Organisationen. *Zeitschrift für Arbeits- und Organisationspsychologie 2*, 42-51.

Bishop, D. (1974). Management and Operations Auditing. *The Accountant, 171*, 262-264.

Bittel, L. R. & Bittel, M. A (1978). *Encyclopedia of Professional Management.* New York: McGraw Hill.

Borkenau, P. & Ostendorf, F. (1993). *NEO-Fünf-Faktoren Inventar (NEO-FFI).* Göttingen: Hogrefe.

Boulding, W., Morgan, R. & Staelin, R. (1997). Pulling the plug to stop the new product drain, *Journal of Marketing Research 34*, 164-176.

Brähler, E., Holling, H., Leutner, D. & Petermann, F. (Hrsg.) (2001). *Brickenkamp Handbuch psychologischer und pädagogischer Tests.* Göttingen: Hogrefe.

Bray, D.W. & Grant, D.L. (1966). The assessment center in the measurement of potential for business management. *Psychological Monographs, 80,* No. 625.

Bretz, R. D. & Judge, T. A. (1994). Person-organization fit and the theory of work adjustment: Implications for satisfaction, tenure, career preparation and job search behavior. *Journal of Vocational Behavior 44*, 32-54.

Brodbeck, F. Anderson, N. & West, M. (2000). *Teamklima-Inventar.* Göttingen: Hogrefe.

Bühler, K. (1934). *Theorie der Sprache.* Jena: Fischer.

Burton, J. (1968). Management Auditing. *The Journal of Accountancy, 171*, 41-46.

Butler, R. J., Cray, D., Hickson, D. J., Mallory, G. R. & Wilson, D. C. (1986). *Top decisions. Strategic decisionmaking in organizations.* San Francisco: Jossey-Bass.

Caldwell, D.F., Chatman, J. & O'Reilly, C. A. (1991). People and organizational culture: A profile comparison approach to assessing person-organization fit. *Academy of Management Journal 34*, 487-516.

Campion, M. A., Medsker, G. J. & Higgs, A. C. (1993). Relations between work group characteristics and effectiveness: Implications for designing effective work groups. *Personnel Psychology, 46*, 823-850.

Campion, M. A., Palmer, D. K. & Campion, J. E. (1997). A review of structure in the selection interview. *Personnel Psychology, 50*, 655-702.

Chatman, J. (1991). Matching people and organizations: Selection and socialization in public accounting firms. *Administrative Science Quarterly 36*, 459-484.

Churchill, N. C. & Cyert, R.M. (1966). An experiment in management auditing. *The Journal of Accountancy*, p. 40.

Conway, J. M., Jako, R. A. & Goodman, D. F. (1995). A meta-analysis of interrater and internal consistency reliability of selection interviews. *Journal of Applied Psychology, 80*, 565-579.

Costa, P. T. & McCrae, R. R. (1992). *Revised NEO Personality Inventory (NEO PI-R) and NEO Five Factor Inventory. Professional Manual.* Odessa, FL.

Craig-Cooper, Sir M. & De Backer, P. (1993). *The Management Audit: How to create an effective management team.* London: Pitman.

Dachler, H. P. (1990) Managementdiagnostik aus systemischer Sicht. In W. Sarges (Hrsg.): *Managementdiagnostik* (S. 1 – 9). Göttingen: Hogrefe.

De Dreu, C. (1997). Conflict Management and Performance. In: Van de Vliert, E. (Hrsg.). *Using Conflict in Organizations* (S. 8-22). London: Cromwell Press Ltd.

Dehner, U. (2001). *Die alltäglichen Spielchen im Büro*, Frankfurt, New York: Campus.

Dick, P. (1992). *Personalentwicklung aus mikropolitischer Perspektive*. Augsburg: Dissertation.

Donnelly, J. H., Gibson, J. L. & Ivancevich, J. M. (1990). *Fundamentals of management*. 7. Aufl.. Plavo: Texas.

Dulewicz, V. (1989). Assessment centres as the route to competence. *Personnel Management, 21*, 56-59.

Edds, J. (1980). *Management Auditing – Concepts and Practice*. Dubuque (Iowa): Kendall-Hunt.

Etzel, S. (1998). *Multimediale, computergestützte diagnostische Verfahren: Neue Perspektiven für die Managementdiagnostik*. Aachen: Shaker Verlag.

Farr, J. L. (1991). Leistungsfeedback und Arbeitsverhalten. In: Schuler, H. (Hrsg.). *Beurteilung und Förderung beruflicher Leistung* (S. 57-80). Göttingen: Hogrefe Verlag.

Festinger, L. (1957). *A theory of cognitive dissonance*, Stanford: Stanford University Press.

Fischer, S. & Littig, J. (2001). Rechtliche Rahmenbedingungen für ein Management-Audit. In J. Samland (Hrsg.). *Management Audit. Wie fit sind Ihre Führungskräfte?* (S. 77-99). Frankfurt: F.A.Z.-Institut für Management-, Markt- und Medieninformationen.

Fisher, S. G., Hunter, T. A. & Macrosson, W. D. K. (1998). The structure of Belbin's team roles. *Journal of Occupational and Organizational Psychology, 71*, 283-288.

Fleishman, E. A. & Zaccaro, S. J. (1992). Toward a taxonomic classification of team performance functions: Initial considerations, subsequent evaluations and current formulations. In R. W. Sweezy & E. Salas (Eds.), *Teams: Their training and performance* (S. 31-56). Norwood, NJ: Ablex.

Flügge, G. (1994). Mitarbeiterbeurteilung im Betrieb. In: Gros, E. (Hrsg.), *Anwendungsbezogene Arbeits-, Betriebs- und Organisationspsychologie* (S. 249-272). Göttingen: Hogrefe Verlag.

Fontana, A. & Frey, J. H. (1994). Interviewing: The art of science. In N. K. Denzin & Y. S. Lincoln (Eds.), *Handbook of qualitative research* (pp. 361 - 376). Thousand Oaks, CA: Sage.

Frese, M. (2000). The Changing Nature of Work. In: Chmiel, N. (Hrsg.). *Introduction to work and organizational psychology. A european Perspective* (S. 424-439). Oxford : Blackwell Publishers.

Frese, M., Sonnentag, S. & Van Dyck, C. (1998). *Organizational error management climate: on enhanced error handling and orgaizational performance.* University of Amsterdam: Manuscript, Department of Psychology.

Frey, D. & Schulz-Hardt, S. (1999). Fehlentscheidungen in Organisationen. In: Frey, D. & Hoyos, C. (Hrsg.). *Arbeits- und Organisationspsychologie* (S.313-327). Weinheim: Beltz Verlag.

Frey, S., Bente, G. & Frenz, H.-G. (1993). Analyse von Interaktionen. In H. Schuler (Hrsg.), *Lehrbuch der Organisationspsychologie* (S. 353 - 375). Bern: Huber.

Fritzsche, H. & Cichon, W. (1990). Neue Aufgabenfelder im Management Auditing. *Interne Revision, Heft 1,* 38-42.

Furnhan, A. (1997). *The Psychology of Behaviour at Work.* London: Psychology Press Publishers.

Gaugler, B. B., Rosenthal, D. B., Thornton, G. C. & Benson, C. (1987). Meta-analysis of assessment center validity. *Journal of Applied Psychology, 72,* 493-511.

Gebert, D. (1993). Interventionen in Organisationen. In: Schuler H. (Hrsg.). *Organisationspsychologie* (S. 481-494). Göttingen: Hogrefe Verlag.

Glasl, F. (1999). *Konfliktmanagement.* 6. Aufl.. Bern: Haupt Verlag.

Gluminski, I. & Wottawa, H. (1995). Psychologische Theorien für Unternehmen. Göttingen: Hogrefe Verlag.

Goldstein, H. W., Kristof, A. L., Schneider, B. & Smith, D. B. (1997). What is this thing called fit? In: Anderson N. R. & Herriott, P. (Hrsg.). *Handbood of selection and appraisal.* 2. Aufl.. London: Wiley.

Grosser, C. (1988). *Kommunikationsform und Informationsvermittlung: Eine experimentelle Studie zu Behalten und Nutzung von Informationen in Abhängigkeit von ihrer Präsentation.* Wiesbaden: Gabler.

Guzzo, R. A. & Shea, G. P. (1992). Group performance and intergroup relations in organizations. In M. D. Dunnette & L. H. Hough (Eds.), *Handbook of industrial and organizational psychology* (Vol. 3, 2nd ed., S. 269-313). Palo Alto, CA: Consulting Psychologists Press.

Hackman, J. R. & Walton, R. E. (1986). Leading groups in organizations. In P. S. Goodman & Associates (Eds.), *Designing effective work groups* (S. 72-119). San Francisco: Jossey Bass.

Hackman, J. R. (Ed.) (1990). *Groups that work (and those that don't).* San Francisco: Jossey Bass.

259

Halebian, J. & Finkelstein, S. (1993). Top management team size, CEO dominance, and firm performance: The moderating roles of environmental turbulence and discretion. *Academy of Management Journal, 36*, 313-327.

Hambrick, D. C. (1994). Top management groups: A conceptual integration and reconsideration of the „team" label. In L. L. Cummings & B. M. Staw (Eds.), *Research in organizational behavior* (Vol. 16, S. 171-213). Greenwich, CT: JAI Press.

Harris, T. E. (1993). *Applied organizational communication: Perspectives, principles and pragmatics.* Hillsdale, NJ: Lawrence Earlbaum.

Heckhausen, H. (1989). *Motivation und Handeln.* 2. Aufl. Berlin: Springer.

Hedberg, B. T., Nystrom, P. C. & Starbuck, W. (1976). Camping on seesaws: Prescription for a self-designing organization. In: *Administrative Science Quarterly 21,* 41-65.

Hengst, W. (1997). Chancen realisieren durch Manangement Audit. *Interne Revision 4,* 198-206.

Hocker, J. L. & Wilmot, W. W. (1991). *Interpersonal conflict.* Dubuque, IA: Brown Publishers.

Hofstede, G. (1991). *Cultures and Organizations.* London: Mc Graw Hill.

Holling, H. & Liepmann, D. (1993). Personalentwicklung. In: Schuler, H. (Hrsg.). *Organisationspsychologie* (S. 285-313). Göttingen: Hogrefe Verlag.

Holling, H., Lammers, F. & Pritchard, R. D. (Hrsg.) (1999). *Effektivität durch Partizipatives Produktivitätsmanagement.* Göttingen: Hogrefe Verlag.

Horváth, P. (1996). *Controlling.* München Verlag Franz Vahlen.

Hossiep, R., Paschen, M. & Mühlhaus, O. (2000). *Persönlichkeitstests im Personalmanagement – Grundlagen, Instrumente und Anwendungen.* Göttingen: Hogrefe.

Hoyos, C. G., Kroeber-Riel, W., Rosenstiel, L. & Strümpel, B. (Hrsg.) (1999). *Wirtschaftspsychologie in Grundbegriffen,* München: Psychologie Verlags Union.

Huffcutt, A. I. & Arthur, W. (1994). Hunter and Hunter (1984) revisited: Interview Validity for entry-level jobs. *Journal of Applied Psychology, 79,* 184-190.

Huffcutt, A. I. & Woehr, D. J. (1999). Further analysis of employment interview validity: a quantitative evaluation of interviewer-related structuring methods. *Journal of Organizational Behavior, 20,* 549-560.

Huffcutt, A. I., Roth, P. L. & McDaniel, M. A. (1996). A meta-analytic investigation of cognitive ability in employment interview evaluations: Moderating characteristics and implications for incremental validity. *Journal of Applied Psychology, 81,* 459-473.

Hunter, J. E. & Hunter, R. F. (1984). Validity and utility of alternative predictors of job performance. *Psychological Bulletin, 96*, 72-98.

Ivancevich, J. M. & Matteson, M. T. (1982). Type A and B behavior patterns and health symptoms: Examining individual and organizational fit. *Journal of Occupational Medicine 24*, 585-589.

Janis, I. L. (1972). *Victims of groupthink*. Boston: Houghton Mifflin.

Janssen, O., Van de Vliert, E. & Veenstra, C. (1999). How task and person conflict shape the role of positive interdependence in management teams. *Journal of Management, 25*, 117-142.

Janz , T. (1989). The patterned behavior description interview: The best prophet of the future is the past. In R. W. Eder & G. R. Ferris (Eds.), *The Employment Interview: Theory, Research, and Practice* (pp. 158 - 168). Newbury Park: Sage.

Jehn, K. A. (1995). A multimethod examination of the benefits and detriments of intragroup conflict. *Administrative Science Quartely, 40*, 256-282.

Jochmann, W. (1996). Wandel in den Köpfen. *Blick durch die Wirtschaft, 9.12.1996*, 26.

Jochum, E. (1991). Gleichgestelltenbeurteilung – ein Instrument der Personalführung und Teamentwicklung. In: Schuler, H. (Hrsg.). *Beurteilung und Förderung beruflicher Leistung* (S. 107-134). Göttingen: Hogrefe Verlag.

Kahnemann, D. & Tversky, A. (1979). Prospect Theory: An analysis of decision under risk, *Econometrica 47*, 263-291.

Kauffeld, S. & Frieling, E. (2001). Der Fragebogen zur Arbeit im Team (F-A-T). *Zeitschrift für Arbeits- und Organisationspsychologie, 45*, 26-33.

Kersting, M. (1999). *Diagnostik und Personalauswahl mit computergestützten Problemlöseszenarien? Zur Kriteriumsvalidität von Problemlöseszenarien und Intelligenztests.* Göttingen: Hogrefe.

Kiesler, S. & Sproull, L. (1992). Group decision making and communication technology. *Organizational Behavior and Human Decision Processes, 52*, 96-123.

Kilduff, M., Angelmar, R. & Mehra, A. (2000). Top management-team diversity and firm performance: Examining the role of cognitions. *Organizational Science, 11*, 21-34.

Kivimäki, M., Kuk, G., Elovainio, M., Thomson, L. Kalliomäki-Levanto, T. & Heikkilä, A. (1997). The Team Climate Inventory (TCI) - four or five factors? Testing the structure of TCI in samples of low and high complexity jobs. *Journal of Occupational and Organizational Psychology, 70*, 375-389.

Kleinbeck, U. (1991). Die Wirkung von Zielsetzungen auf die Leistung. In: Schuler, H. (Hrsg.). *Beurteilung und Förderung beruflicher Leistung Band 4* (S.41-50). Stuttgart: Hogrefe Verlag.

Kleinmann, M. & Strauß, B. (1998). Validity and application of computer-simulated scenarios in personnel assessment. *International Journal of Selection and Assessment, 6,* 97-106.

Klieme, E. & Stumpf, H. (1990). Computereinsatz in der pädagogisch-psychologischen Diagnostik. In K. Ingenkamp & R. S. Jäger (Hrsg.), *Tests und Trends 8* (S. 13-63). Weinheim: Beltz.

Kluwe, R. H. (1995). Wissen. In W. Sarges (Hrsg.): *Managementdiagnostik* (S. 218-225). Göttingen: Hogrefe.

Koontz, H. & O'Donnell, C. (1968). *Principals of Management: An Analysis of Managerial Functions.* New York: McGraw Hill.

Koontz, H. & O'Donnell, C. (1972). *Management,* New York: McGraw-Hill.

Kouzes, J. M., Posner, B. Z. & Schmidt, W. H. (1985). Shared values make a difference: An empirical test of corporate culture. *Human Resource Management 24,* 293-309.

Kristof, A. L. (1996). Person-organization fit: An integrative review of its conceptualizations, measurement, and implications. *Personnell Psychology 49 (1),* 1-49.

Kriz, J. (1999). *Systemtheorie für Psychotherapeuten, Psychologen und Mediziner.* Wien: Facultas.

Kruse, P. (1994). Interventionen am Rande des Normalzustandes. *GDI-Impuls, 12,* 29-41.

Langenderfer, H. & Robertson, J. (1969). A theoretical structure for independent Audits of Management. *Accounting Review, XLIV, 4,* 777-789.

Latham, G. P. & Sue-Chan, C. (1999). A meta-analysis of the situational interview: an enumerative review of reasons for its validity. *Canadian Psychology, 40,* 56-67.

Latham, G. P. (1989). The reliability, validity and practicality of the situational interview. In R. W. Eder & G. R. Ferris (Eds.), *The Employment Interview: Theory, Research, and Practice* (S. 169 - 182). Newbury Park: Sage.

Leciejewski, K. (1998). Führungskräfte auf dem Prüfstand. *Blick durch die Wirtschaft, 27.7.1998,* 3.

Leciejewski, K. (1998). Methoden der Top-Berater. *Personalwirtschaft, 9,* 36-41.

Leciejewski, K. (2001). Das Management Audit als neues Führungsinstrument. In J. Samland (Hrsg.). *Management Audit. Wie fit sind Ihre Führungskräfte?* (S. 18-34). Frankfurt: F.A.Z.-Institut für Management-, Markt- und Medieninformationen.

Leupold, J. (1989). *Management Development*. Landsberg/Lech: Verlag Moderne Industrie

Likert, R. (1972). *Neue Ansätze der Unternehmensführung*. Bern, Stuttgart: Haupt.

Livingstone, L. P. & Nelson, D. L. (1994). Toward a person-environment fit perspective of creativity: The model of creativity fit. *Paper presented at the Annual Meetings of the Academy of Management*, Dallas, TX.

Locke, E. A. & Latham, G. P. (1990). *A theory of goal setting and task performance*. Englewood Cliffs, NJ: Prentice-Hall.

Lück, W. (1996). *Lexikon der Rechnungslegung und Abschlussprüfung (3. Aufl.)*. München: Oldenbourg.

Luthans, F. & Lockwood, D. L. (1984). Toward an observational system for measuring leader behavior in natural setting. In J. G. Hunt, D. Hosking, C. Schriesheim & R. Stewart (Eds.), *Leaders and managers: International perspectives on managerial behavior and leadership* (pp. 117 - 141). New York: Pergamon Press.

Malik, F. (2000). *Führen, leisten, leben: Wirksames Management für eine neue Zeit*. Stuttgart: Deutsche Verlags Anstalt.

Martin, J. & Siehl, C. (1983). Organizational culture and counterculture: An uneasy symbiosis. *Organizational Dynamics 12 (2)*, 52-64.

Martindell, J. (1962). *The Appraisal of Management: For Executives and Investors*. New York, Evaston: Harper & Row.

McDaniel, M. A., Whetzel, D. L., Schmidt, F. L.& Maurer, S. D. (1994). The validity of employment interviews: A comprehensive review and meta-analysis. *Journal of Applied Psychology, 79*, 599-616.

McGrath, J. E. (1984). *Groups: Interaction and performance*. Englewood Cliffs, NJ: Prentice Hall.

McGrath, J. E. (1991). Time, interaction, and performance (TIP): A theory of groups. *Small Group Research, 22*, 147-174.

McNamee, S. & Gergen, K. (Hrsg.) (1997). *Relational responsibility: Resources for sustainable dialogue*. Thousand Oaks: Sage.

Meglino, B. M. & Ravlin, E. C. (1992). The measurement of work value congruence: A field study comparison. *Journal of Management, 18*, 33-43.

Moreno, J. L. (1934). *Who shall survive? A new approach to the problem of human interrelations*. Washington, DC: Nervous and Mental Disease Publishing Company.

Morgan, B. B., Glickman, A. S., Woodard, E. A., Blaiwes, A. S. & Salas, E. (1986). *Measurement of team behaviors in a Navy environment* (Tech. Rep. No. NTSC TR-86-014). Orlando, FL: Naval Training Systems Center.

Mummendey, H. D. (1987). *Die Fragebogen-Methode*. Göttingen: Hogrefe.

Neuberger, O. (1982). *Miteinander arbeiten – miteinander reden!* München: Bayerisches Staatsministerium für Arbeit und Sozialordnung.

Neuberger, O. (1995). Unternehmenskultur. In: Sarges, W. (Hrsg.). Managementdiagnostik (S. 162-165). Göttingen: Hogrefe Verlag.

Neuberger, O. (2000). *Das 360° Feedback: Alle fragen? Alles sehen? Alles sagen? Schriftenreihe Organisation & Personal*. München: Mering Hampp.

Neuman, G. A. & Wright, J. (1999). Team effectiveness: Beyond skills and cognitive Ability. *Journal of Applied Psychology, 84*, 376-389.

O'Reilly, C. A., Chatman, J. & Caldwell, D. F. (1991). People and organizational culture: A profile comparison approach to assessing person-organization fit. *Academy of Management Journal, 34*, 487-516.

Petermann, F. & Noack, H. (1995). Nicht-reaktive Meßverfahren. In E. Roth (Hrsg.), *Sozialwissenschaftliche Methoden* (4. Aufl., S. 440 - 460). München: Oldenbourg.

Pfromm, H.-A. (1998). Wie man Managementleistungen bewertet. *Handelsblatt 9.7.1998*, 3.

Politt, C. (1990). *Entscheidungsverhalten in Innovationsprozessen – Eine Überprüfung der Typologie von Pfeffer anhand von Fallstudien*. Unveröff. Dipl.-Arbeit, Universität Göttingen.

Posner, B. Z. (1992). Person-organization values congruence: No support for individual differences as a moderating influence. *Human Relations 45*, 351-361.

Priem, R. L., Lyon, D. W. & Dess, G. G. (1999). Inherent limitations of demographic proxies in top management team heterogenity research. *Journal of Management, 25*, 935-953.

Putz-Osterloh, W. (1991). Computergestützte Eignungsdiagnostik: Warum Strategien informativer als Leistungen sein können. In H. Schuler & U. Funke (Hrsg.), *Eignungsdiagnostik in Forschung und Praxis* (S. 97-102). Stuttgart: Verlag für angewandte Psychologie.

Reilly, R. R. & Chao, G. T. (1984). Validity and fairness of some alternative employee selection procedures. *Personnel Psychology, 35*, 1-62.

Richter, G. (2000). *Handanweisung Organizational Climate Profile*. Unveröffentlichtes Manuskript.

Roethlisberger, F. & Dickson, W. (1939). *Management and the worker*. Cambridge, MA: Harvard University Press.

Rosenstiel, L. (1993). Kommunikation und Führung in Arbeitsgruppen. In: Schuler, H. (Hrsg.). *Organisationspsychologie* (S. 321-351). Göttingen: Hogrefe Verlag.

Ross, J. & Staw, B. M. (1991). Managing escalation processes in organizations. *Journal of Managerial Issues 3*, 15-30.

Samland, J. (Hrsg.) (2001). *Management Audit. Wie fit sind Ihre Führungskräfte?* Frankfurt: F.A.Z.-Institut für Management-, Markt- und Medieninformationen.

Santocki, J. Management Audit – Chance, Challenge or last Opportunity? *The Accountant, 170,* 14-18.

Sarges, W. (Hrsg.) (1995). *Managementdiagnostik (2. Auflage).* Göttingen: Hogrefe.

Sarges, W. & Wottawa, H. (Hrsg.) (2000)**.** *Handbuch wirtschaftspsychologischer Tests.* Lengerich: Pabst.

Sathe, V. (1983). Implications of corporate culture, *Organizational Dynamics 12 (2).*

Schachter, S., Ellertson, N., McBride, D. & Gregory, D. (1951). An experimental study of cohesiveness and productivity. *Human Relations, 4*, 229-238.

Schein, E. H. (1985). *Organizational culture and leadership: A dynamic view.* San Francisco: Jossey-Bass.

Schein, E. H. (1995). *Unternehmenskultur. Ein Handbuch für Führungskräfte.* Frankfurt: Campus Verlag.

Schircks, A. D. (1994). *Management Development und Führung.* Göttingen: Verlag für angewandte Psychologie.

Schmidt, K. H. (1987). *Motivation, Handlungskontrolle und Leistung in einer Doppelaufgabensituation.* Düsseldorf: VDI-Verlag, Reihe 17.

Schneider, B. (1987). The people make the place. *Personnel Psychology 40*, 437-453.

Scholl, W. (1987). Betriebliche Strategien der Befriedigung von Arbeitnehmerbedürfnissen – Voraussetzungen und Konsequenzen. In: FitzRoy, F. R. & Kraft, K. (Hrsg.). *Mitarbeiterbeteiligung und Mitbestimmung im Unternehmen* (S.131-158). Berlin: de Gruyter.

Scholl, W. (1993). Grundkonzepte der Organisation In: Schuler, H. (Hrsg.), *Organisationspsychologie* (S.409-444). Bern: Verlag Hans Huber .

Schuler, H. & Funke, U. (1989a). Berufseignungsdiagnostik. In E. Roth (Hrsg.), *Organisationspsychologie. Enzyklopädie der Psychologie D/III/3* (S. 281-320). Göttingen: Hogrefe.

Schuler, H. & Funke, U. (1989b). The interview as a multimodal procedure. In R. W. Eder & G. R. Ferris (Eds.), *The Employment Interview: Theory, Research, and Practice* (pp. 183-192). Newbury Park: Sage.

Schuler, H. & Prochaska, M. (2000). Entwicklung und Konstruktvalidierung eines berufsbezogenen Leistungsmotivationstests. *Diagnostica, 46,* 61-72

Seashore, S. E. (1954). *Group cohesiveness in the industrial work group.* Ann Arbor, MI: Institute for Social Research.

Simons, T. L. & Peterson, R. S. (2000). Task conflict and relationship conflict in top management teams: The pivotal role of intragroup trust. *Journal of Applied Psychology, 85,* 102-111.

Smith, C., Lanier, R. & Taylor, M. (1972). A need for and scope of the Audit of Management: A Survey Attitudes. *The Accounting Review, XLII, 2,* 270-283.

Smith, K. G., Smith, K. A., Olian, J. D., Sims, H. P., O'Bannon, D. P. & Scully, J. A. (1994). Top management team demography and process: The role of social integration and communication. *Administrative Science Quarterly, 39,* 412-438.

Smither, J. W. & Walker, A. G. (1999). A five-year study of upward feedback: What managers do with the results matters. *Personnel Psychology 52,* 393-423.

Sperka, M. (1997). Zur Entwicklung eines „Fragebogens zur Erfassung der Kommunikation in Organisationen" (KomminO). *Zeitschrift für Arbeits- und Organisationspsychologie, 41,* 182-190.

Spieß, E. & Winterstein, H. (1999). Verhalten in Organisationen. Stuttgart: Kohlhammer.

Sprenger, R. K. (2001). *Aufstand des Individuums.* Frankfurt, New York: Campus.

Staehle, W. H. (1991). *Management.* 6. Aufl.. München: Franz Vahlen.

Staw, B. M. (1997). The escalation of commitment: An update and appraisal. In: Shapira, Z. (Hrsg.). *Organizational decision making* (S. 191-215). Cambridge: University Press.

Steiner, I. D. (1972). *Group process and productivity.* New York: Academic Press.

Steinmann, H. & Schreyögg, G. (2000). *Management.* Wiesbaden: Gabler Verlag.

Stradal, M. (1990) Management Audit – Ansätze und Risiken. *Der Schweizer Treuhänder, Heft 9,* 425-433.

Straub, R. (1998). Exportschlager Management-Audit. *Personalwirtschaft, Heft 9,* 3

Strauß, B & Kleinmann, M. (1995). *Computersimulierte Szenarien in der Personalarbeit.* Göttingen: Hogrefe / Verlag für Angewandte Psychologie.

Tett, R. P., Jackson, D. N. & Rothstein, M. (1991). Personality measures as perdictors of job performance: A meta-analytic review. *Personnel Psychology, 44*, 703-742.

Theisen, M. R. (1987). *Überwachung der Unternehmensführung. Betriebswirtschaftliche Ansätze zur Entwicklung erster Grundsätze ordnungsgemäßer Überwachung.* Stuttgart. Poeschel.

Tränkle, U. (1983). Fragebogenkonstruktion. In H. Feger & J. Bredenkamp (Hrsg.), *Datenerhebung. Enzyklopädie der Psychologie B/I/2* (S. 222-301). Göttingen: Hogrefe.

Tziner, A. (1987). Congruency issue retested using Fineman's achievement climate notion. *Journal of Social Behavior and Personality 2*, 63-78.

Unswoth, K. L. & West, M.A. (1997). Developing a team vision. In: Parker, G. (Hrsg.). *Handbook of Best Practices for Teams Vol. 2*. Hillsdale, NJ: HRD Press.

V. Rosenstiel, L. (1993). Kommunikation und Führung in Arbeitsgruppen. In H. Schuler (Hrsg.), *Organisationspsychologie* (S. 321-351). Bern: Huber.

Viteles, M. S. (1932). *Industrial Psychology*. New York: Norton.

Vroom, V. H. & Yetton, P. W. (1973). *Leadership and decision making*. Pittsburgh: University of Pittsburgh Press.

Wahren, H.-K. (1987). Zwischenmenschliche Kommunikation und Interaktion in Unternehmen. Berlin: de Gruyter.

Walsh, W. B. (1987). Person-environment congruence: A response to the Moos perspective. *Journal of Vocational Behavior 31*, 347-352.

Weick, K. E. (1995). *Sensemaking in organizations*. Thousand Oaks: Sage.

Weinert, A. B. (1990). Persönlichkeitstests. In W. Sarges (Hrsg.), *Managementdiagnostik* (S. 420-428). Göttingen: Hogrefe.

Weinert, A. B. (1998). *Organisationspsychologie*. Weinheim: Beltz Verlag.

Weinert, A. B., Streufert, S.C. & Hall, W. B. (1982). *Deutscher CPI*. Bern: Huber.

West, M. A. (1990). The social psychology of innovations in groups. In M. A. West & J. L. Farr (Eds.), *Innovation and creativity at work: Psychological and organizational strategies* (S. 309-333). Chichester: Wiley.

Wiegmann, V. T. (1997). Management Audits bei Firmenübernahmen, *Börsenzeitung, 31.10.1997*, 7f.

Wiersema, M. F. & Bantel, K. A. (1992). Top management team demography and corporate strategic change. *Academy of Management Journal, 35*, 91-121.

Wiesner, W. H. & Cronshaw, S. F. (1988). A meta-analytic investigation of the impact of interview format and degree of structure on the validity of the employment interview. *Journal of Occupational Psychology, 61*, 275-290.

Witte, A. E.: Management Auditing: The Present State of the Art. In W. Thomas Porter & John C. Burton (Eds.): *Auditing* (S. 325-332), Belmont (Calif.): Wadsworth.

Wittgenstein, L. (1984). *Philosophische Untersuchungen* (Werkausgabe Band 1). Frankfurt: Suhrkamp.

Zander, A. (1980). The origins and consequences of group goals. In L. Festinger (Ed.), Retrospections in social psychology. New York: Oxford University Press.

Der Autor

Klaus Wübbelmann, geboren am 25.09.1961, Diplomtheologe und Diplom-Psychologe, arbeitet als Human-Resources-Management-Berater. Seine Arbeitsschwerpunkte sind Management Audit, Management-Feedbacksysteme und Management Coaching. In nationalen wie internationalen Beratungsprojekten entwickelt er Ansätze für die Identifikation und Entfaltung von Leistungspotenzialen im Management. Als Resumee aus langjähriger Praxis und kritischer Reflexion gängiger Verfahren zur Management-Potenzialeinschätzung entwickelte er vor dem Hintergrund systemischer Sichtweisen sein Management-Audit-Konzept.

Wenn Sie mit dem Autor Kontakt aufnehmen möchten, wenden Sie sich bitte an:

Klaus Wübbelmann
M. A. Management Audit GmbH
Villa im Park
65835 Liederbach/Ts.

Wuebbelmann@maeurope.com
Klaus.Wuebbelmann@t-online.de

Stichwortverzeichnis

Personalarbeit der Zukunft

Die Mitarbeiter für die Kunden begeistern

Wie gelingt es Führungskräften, ihre Mitarbeiter für die Kunden zu begeistern? Die Autoren stellen einen neuen Ansatz zur systematischen Steigerung der Kundenorientierung vor. Ein sehr gut strukturiertes, fundiertes, praxiserprobtes Buch mit vielen Fallbeispielen, Checklisten und konkreten Handlungsempfehlungen.

Christian Homburg, Ruth Stock
Der kundenorientierte Mitarbeiter
Bewerten, begeistern, bewegen
2000. 230 S. Geb. € 39,00
ISBN 3-409-11646-X

Wie passt der Elefant ins Giraffenhaus?

Mit Hilfe einer kleinen Fabel führt der Autor fantasievoll in das Thema Diversity ein. Er zeigt die Komplexität des menschlichen Miteinanders, betont die Bedeutung von Auseinandersetzungen für fruchtbare Kooperationen. Das Buch ist ideal für Menschen, die es praktisch, lebensnah und anschaulich mögen.

R. Roosevelt Thomas, unter Mitarb. von M. I. Woodruff
Management of Diversity – Neue Personalstrategien für Unternehmen
Wie passen Giraffe und Elefant in ein Haus?
2001. 323 S. Geb. € 44,50
ISBN 3-409-11742-3

Profite generieren ohne Mitarbeiter zu verlieren

Mit seinem innovativen Ansatz PBP (Profit Building Process) führt der erfahrene Berater Techniken ein, um den Ertrag zu verbessern. Der Weg kreativer Problemlösungen setzt beim Team an und führt über Innovations-Management und Brainstorming hin zur schrittweisen, passgenauen Umsetzung. Mit vielen Checklisten.

Perry J. Ludy
Gewinnfaktor Mitarbeiter
Mit 110 innovativen Ideen aus der Kostenfalle
2001. 204 S. Geb. € 37,00
ISBN 3-409-11843-8

Änderungen vorbehalten. Stand: November 2001.
Erhältlich im Buchhandel oder beim Verlag.

Gabler Verlag · Abraham-Lincoln-Str. 46 · 65189 Wiesbaden · www.gabler.de

GABLER